# 中国的跨境资本流动：
## 规模测算、驱动因素与管理策略

张 明 著

责任编辑：王慧荣　赵京晶
责任校对：李俊英
责任印制：程　颖

**图书在版编目（CIP）数据**

中国的跨境资本流动：规模测算、驱动因素与管理策略/张明著.
—北京：中国金融出版社，2019.1
ISBN 978-7-5049-9829-3

Ⅰ.①中… Ⅱ.①张… Ⅲ.①资本流动—研究—中国
Ⅳ.①F832.6

中国版本图书馆 CIP 数据核字（2018）第 244193 号

| | |
|---|---|
| 出版发行 | 中国金融出版社 |
| 社址 | 北京市丰台区益泽路 2 号 |
| 市场开发部 | (010)63266347，63805472，63439533（传真） |
| 网上书店 | http://www.chinafph.com |
| | (010)63286832，63365686（传真） |
| 读者服务部 | (010)66070833，62568380 |
| 邮编 | 100071 |
| 经销 | 新华书店 |
| 印刷 | 保利达印务有限公司 |
| 尺寸 | 169 毫米×239 毫米 |
| 印张 | 21 |
| 字数 | 310 千 |
| 版次 | 2019 年 1 月第 1 版 |
| 印次 | 2019 年 1 月第 1 次印刷 |
| 定价 | 58.00 元 |

ISBN 978-7-5049-9829-3
如出现印装错误本社负责调换　联系电话 (010)63263947

# 致　　谢

本书的写作受到国家万人计划首批青年拔尖人才项目的资助，在此表示感谢。

# 推荐序

20世纪80年代，在里根和撒切尔影响下，市场原教旨主义崛起，资本项目自由化的理念也随之成为经济思想的主流。资本项目自由化浪潮在20世纪90年代末达到顶峰。

在亚洲金融危机爆发之前，当时的IMF总裁康德苏劝导发展中国家加速资本项目开放。他的论点是："资本的自由流动可以帮助资源实现最有生产性的使用，从而提高经济增长速度。在实践中，过去这些年已有充分的证据证明：对于发展中国家来说，资本项目开放可以带来较多的投资和更高的生活水平；对于投资者来说，可以带来较高的回报和较多的资产分散化机会；对于那些同时开放金融部门以引入外国竞争的国家来说，资本项目开放可以带来更高效，更复杂的国内金融市场；对于全球经济来说，资本项目开放为全球可持续增长提供新的经济动力源。"

康德苏所说并非全无道理。在正常情况下，资本项目的开放确实能够改善资源的配置。但是，我们必须记住，资本的跨境自由流动与产品的跨境自由流动有根本的不同。产品的跨境自由流动可以改善资源的全球配置，可以使贸易的参与双方实现帕累托最优。生产要素（如人员和知识）的自由流动多少也可以达到同样结果。当出现外部冲击、市场失灵或失去关税保护的国家因为缺乏竞争力而出现贸易逆差、严重失业和经济陷入衰退等诸种情况之时，由于产品的跨境流动有较强的可控性，政府和企业可以抓紧时间对经济政策和结构进行调整，最大限度地降低负面冲击的影响。但是，资本跨境自由流动的情况与此有根本的不同。资本跨境自由流动即资本项目下人民币的自由可兑换：居民和非居民可以不受限制地将本币兑换成外币，用于购买外币资产；或不受限制地将外币兑换成本币，用于购买本币资产。资金跨境流动与产品跨境流动的不同在于：第一，资金的流动速度可以达到光速；第二，资金的流动可以与实体经济毫无关系，完全为套利、套汇和投机所驱使；第三，由于不同国家资本市场的深度、广度和抗风险能力不同，资本的突然流入和突然流出将对受冲击国的金融稳定造成巨大破坏；第四，资本的大量外逃可能对一国经济造成致命打击，国民财富可以因资本外逃而急剧缩减。简言之，放弃对资本跨境流动的管理和控制，允许本币在资本项目下不受限制地自由兑换，有可能对一个处于发展和转型过程中的国家造成致命打击。

世界经济的发展经验充分证明，放弃对资本跨境流动的管制，后果十分严重。亚洲金融危机期间，一直以自由主义者自居的香港金融管理局总裁任志刚竟然也满腔义愤地说："我们无须那些炒家来操控我们的货币，加深我们的痛楚，他们的目的只是要从沽空期指中获利。……无论人们怎样指责印度尼西亚那种裙带关系式的资本主义、用人唯亲、贪污腐败、种族主义、宏观经济管理不善、忽视金融发展等，但即使这一切指控都成立，也不致令它们的货币和金融制度崩溃至此，国家陷入这样悲惨的困境。然而，残酷的现实是，它们正身处这样的困境……如果我们不谨慎应付，我们的处境也很可能会一样。罪魁祸首是那少数的对冲基金，它们毫不关心香港，更遑论港人的福祉。它们对香港的兴趣只在于香港是一个自由市场，可以任由它们操控，就如其他人所说，好像提款机一样，随时可以提款。"[①]事实上，泰国、中国香港、韩国、马来西亚等东亚国家和地区在东亚危机期间都成了国际投机者的"提款机"。不仅如此，成熟资本主义国家如英国、日本也一度成为国际投机者的"提款机"。相反，尽管国内经济处于不景气状态、银行不良债权居高不下、资本市场发展落后，当时的中国却因为有资本管制的保护，顺利抗御了亚洲金融危机，并使经济在2001年后维持了十余年的高速增长。

国内一些学者认为开放资本项目可以倒逼国内经济改革。他们常援引中国加入世界贸易组织（WTO）经验作为依据。加入WTO何以倒逼中国的国内改革呢？中国在加入WTO时作出的主要承诺包括降低关税、减少出口补贴和国内生产补贴、接受歧视性的保障措施和反倾销标准、引入外

---

① 新加坡《联合早报》，1998年8月27日。

国直接投资时不得有强制性国产化要求、用汇限制和出口要求、开放服务业、加强知识产权保护。这些措施到底"倒逼"了国内的什么改革？到底通过什么途径倒逼了国内改革？似乎没有人给予认真论述。即便我们承认，加入WTO倒逼了国内改革，但这也很难证明中国一旦开放资本的跨境自由流动就能倒逼国内改革。唯一明显的"倒逼"机制恐怕就是"用脚投票"。"你不改革我就走！"这种"倒逼"机制存在于拉丁美洲国家、存在于俄罗斯，但我们并不清楚这种"倒逼"最终成就了这些国家的什么改革。

遗憾的是加速资本项目自由化或加速资本项目下人民币可兑换的主张在2010年一度成为中国经济决策层和经济学界的主流思想。压倒性的观点是中国正处于战略机遇期，中国必须加速资本项目自由化。不仅如此，中国还应有具体的时间表：在2015年实现资本项目下人民币的基本可兑换，在2020年实现资本项目下人民币的完全可兑换。不知何故，我们的决策者和经济学家对实行起来容易得多、危险性小得多，同时也是世界经济学界公认的应该先于资本项目自由化实行的汇率浮动却有一种莫名的恐惧。在汇率和其他改革不到位的情况下，加速推进资本项目自由化后究竟发生了什么，我们就不必赘述了。

中国经济学界存在的一个突出特点是缺乏独立思考精神。中国经济学家，特别是研究宏观经济政策问题的主流经济学家，通常以根据本部门领导意图解释、论证即将或已经推出政策为己任。大家都要做正方，结果就没有反方。即便有不同观点，也要把这些观点表达得尽可能圆通，难以被事实检验。事过境迁，留下一笔糊涂账。另一个特点是大而化之，不肯下功夫研究细节，特别是不愿意研究数字，只有定性分析、没有定量分析（当然，在较年轻经济学家中也存在有定量分析，但却不知道要分析什么的问题）。

在长达五六年的关于资本项目自由化（或资本项目下的人民币可兑换）进程是否应该加速的激烈辩论中，中国的年轻学者和媒体人发挥了中坚作用。张明是反方的代表人物之一。他在这场辩论中不仅立场鲜明，而且为资本项目自由化的一系列重要问题，特别是资本外流问题的研究作出

中国的跨境资本流动：规模测算、驱动因素与管理策略

了贡献。他的新著《中国的跨境资本流动：规模测算、驱动因素与管理策略》集中反映了在这一时期他对资本外流问题的研究成果。张明新著中的文章，不仅涉及资本跨境流动的诸多细节，而且还有详尽的数量分析。他的观点是可以证伪的，在很大程度上避免了不少经济学研究的大而化之、只有定性没有定量分析的缺憾。张明的新著不仅有助于有志于研究经济理论的年轻学生了解过去这些年在学术界到底发生过什么争论，而且可以成为经济学教学和研究者的重要理论参考书。

张明说："十余年来我的研究最为持续关注的问题，应该是中国面临的跨境资本流动。一般而言，跨境资本流动研究可以分为四个方面：资本流动规模的测算（特别对于存在资本账户管制的国家而言）、资本流动的驱动因素的分析、资本流动对宏观经济与金融风险的潜在影响，以及如何管理跨境资本流动。迄今为止，我的学术研究主要集中在规模测算、驱动因素与管理策略这三个方面。而在未来，我会加强对资本流动潜在影响的研究。"在对他的这些想法表示赞同的同时，我还想指出，除资本跨境流动外，还有三个可以关注的领域。

其一，中国通过长期的双顺差，累积了大量海外资产和海外负债。尽管中国的海外净资产最高时应该超过 2 万亿美元，现在也有 1.7 万亿~1.8 万亿美元。但是尽管拥有巨额海外净资产，中国的投资收入项目却一直是逆差。中国应该如何调整海外资产－负债结构，结束不断输入暗物质的情况呢？

其二，中国自 2014 年以来大量海外资产下落不明，以至中国累计经常项目顺差同海外净资产增加量存在巨大缺口。除注意资本通过国际收支平衡表下各项非法逃离中国之外，还应确定合法流出的中国资本是否在海外真正形成了中国的海外资产。

其三，中美贸易战和未来中美在经济领域的激烈竞争已经为中国资本跨境流动研究带来了许多新维度、新视角。中国海外资产存量的安全性应引起我们的高度关切。例如，美国对伊朗进行制裁将是一个大概率事件。如果美国对伊朗实施了制裁，通过它的"长臂管辖"，中国的海外资产将会受到何种影响？中国有何应对之策？又如，中国外汇储备的安全如何保

证？希望张明也能够在这些领域作出自己应有的贡献。

相信张明和他的合作者们必能在过去研究成果基础上，不仅在资本跨境流动，而且在中国海外资产-负债结构调整和中国资产保值、增值等问题的研究上取得更大成绩。

余永定<br>
中国社会科学院学部委员

# 序　言

## 十年磨一剑

——研究中国跨境资本流动的个人轨迹

屈指一算，从我博士毕业进入中国社会科学院世界经济与政治研究所（以下简称中国社科院世经政所）工作至今，已经整整十一年时间了。在进入中国社科院世经政所工作之时，我选择了国际金融作为自己的研究方向。我最早对国际金融问题产生兴趣，是自己在北京师范大学经济系读本科的时候，听了何璋教授讲授的"国际金融"课程。正因为如此，在获得研究生保送资格后，我选择了何璋教授作为我的硕士生导师。我的硕士论文题目是"金融全球化进程中国际货币体系的演进"。尽管现在来看，一个硕士生选择这种大而无当的题目，无疑是眼高手低，但这毕竟反映了我当时的学术志趣。进入中国社会科学院研究生院攻读博士期间，在导师余永定研究员的耳濡目染下，我进一步对国际金融问题产生了研究兴趣。尽管我的博士论文主题是探讨中国国民高储蓄现象产生的根源，这并非一个开放宏观的题目。但进入中国社科院世经政所求职时，我还是主动选择了从事国际金融理论与政策的研究。

过去十余年来，我在国际金融领域的研究可以大致分为以下几个部分：跨境资本流动、国际收支失衡与国际货币体系改革、人民币汇率与人民币国际化、外汇储备管理、国际金融危机与金融系统性风险。在这几个领域中，我都积累了一些研究成果。但十余年来我的研究最为持续关注的问题，应该是中国面临的跨境资本流动。一般而言，跨境资本流动研究可以分为四个方面：资本流动规模的测算（特别对于存在资本账户管制的国家而言)、资本流动的驱动因素的分析、资本流动对宏观经济与金融风险的潜在影响,以及如何管理跨境资本流动。迄今为止,我的学术研究主要集中在规模测算、驱动因素与管理策略这三个方面。而在未来,我会加强对资本流动潜在影响的研究。

1982年至2017年,中国仅在1985年、1986年、1988年、1989年与1993年这5年出现过经常账户逆差,其余年份均为经常账户顺差。相比之下,中国出现非储备性质金融账户(即俗称的资本账户)逆差的年份要多一些,包括1982年、1983年、1984年、1990年、1992年、1998年、2012年、2014年、2015年、2016年这10年。但有趣的是,中国迄今为止还从未出现过年度的国际收支双逆差。这就意味着,在这36年间,中国有21年出现过国际收支双顺差。特别是1999年至2011年,中国连续13年出现国际收支双顺差。同期内,中国国际收支的误差与遗漏项仅有10年是顺差,而有26年是逆差。尤其值得注意的是,中国的误差与遗漏项存在持续逆差与持续顺差的现象。例如,1990年至2001年这12年间以及2009年至2017年这9年间,中国均存在持续的误差与遗漏项逆差。而2002年至2008年这7年间,中国存在持续的误差与遗漏项顺差。

事实上,我对中国面临的跨境资本流动的学术研究,与中国面临的资本流动状况的变化高度相关。我关于中国跨境资本流动的第一篇学术论文,是在北京师范大学攻读硕士期间,与师妹修晶合作在《世界经济文汇》(2002年第1期)上发表的"中国资本外逃的规模测算与因素分析"。这篇文章的背景,无疑与1997年至1998年东南亚金融危机爆发后,中国政府承诺人民币不贬值,导致人民币汇率被高估,进而引发了较大规模的资本外流有关(当然,20世纪90年代中国的资本外流还有很多其他驱动因素)。

2002年至2008,中国面临着非储备性质金融账户余额和误差与遗漏项双双持续为正的罕见现象,这意味着官方渠道与地下渠道同时出现了大规模的资本流入。从宏观上来看,这与该时期内人民币汇率升值压力日益显著,但中国央行不愿意让人民币汇率过快升值,从而导致市场上存在持续的人民币升值预期有关。

## 序　言

2005年至2007年，在中国社科院研究生院攻读博士学位之余，我还在一家外资私募股权投资（PE）基金担任基金经理。这家基金在东京募集资金，在中国投资具有上市潜力的企业，并在这些企业在纽约或香港上市之后退出。换言之，这家外资PE基金的两头均在境外，但投资企业却位于中国境内。由于当时中国政府并未对外国投资者的股权并购完全开放国内市场（尤其对某些敏感行业而言），那么此类基金是如何长袖善舞地将资金转入与转出中国国境的呢？我将自己在外资PE基金的工作心得，用案例分析的方式写入"境外私募股权基金是如何规避中国政府管制的"一文。我还记得此文发表后，有几位基金经理给我打电话，指责我为何将行业操作惯例公之于众。在此，我还要特别感谢时任《世界经济》编辑部主任的何帆研究员。当时该杂志发表的文章基本上以模型推导或实证研究的论文为主，他能够采用我这篇纯案例分析的文章，应该说是有些破例了。

同样也是由于2002年至2008年我国出现了大量资本流入，这其中包含着大量的短期资本（即所谓"热钱"）。我与当时还在《第一财经日报》担任评论部主任的徐以升，合作撰写了"全口径测算中国当前的热钱规模（2003－2008年）"一文。这篇文章主要有两个贡献，第一是通过各种调整，计算了实际上的外汇储备流量变动；第二是运用"调整后的外汇储备流量－贸易顺差－FDI流量＋贸易顺差中隐藏的热钱＋FDI中隐藏的热钱"的方法，来计算2003年至2008年第一季度流入中国的热钱规模。由于我们采用了宽口径方法，导致我们的估算结果规模较大。这篇文章的工作论文一问世，立即引发了广泛关注。我还记得，这篇文章发布的当天，我坐飞机去西安讲课。刚下飞机，发现自己的手机已经收到来自各路记者的上百条短信。随后，我接到中央政策研究室的邀请，去参加关于中国面临短期资本流动的一个研讨会。到了这个会上，我才发现，这个研讨会召开的目的，就是批评我与徐以升的那篇文章。不过一路听将下来，我发现会上不少对这篇文章的批评者，其实根本没有看过这篇文章。再后来，国内也有知名学者专门撰文来批评我们这篇文章。记得当时《国际经济评论》的编辑部主任邵滨鸿老师，还邀请我再撰写文章去回应上述批评，最后我还是婉言谢绝了。在此，需要感谢当时担任《当代亚太》主编的张宇燕研究

## 中国的跨境资本流动：规模测算、驱动因素与管理策略

员。在澳门地区召开的一次研讨会上听我报告论文之后，他热情地邀请我把这篇饱受争议的论文刊登在他负责的杂志上（《当代亚太》2008 年第 4 期）。其实，《当代亚太》当时基本上刊发的是国际关系与亚太经济方面的文章，我们这篇文章出现在这本刊物上，的确显得有些另类。

2008 年 8 月北京奥运会召开之后，我去中国香港金融管理局下属的香港货币研究所开展为期一个月的访问研究。该研究所位于当时香港最高的国际金融中心 2 期塔楼的超高层，可以同时俯瞰维多利亚海湾以及平视太平山山景。而我在研究所有一个独立办公室。在这里的一个月时间内，我撰写了"香港与内地之间贸易与资本流动的结构性变化（1998－2007 年）"这篇文章。这篇文章按照国际收支表的框架，系统梳理了 1998 年至 2007 年香港与内地之间贸易与资本流动的变化，发现总体上香港对内地的依赖性越来越强，而内地对香港的依赖性却逐渐下降。

正是由于我们在 2008 年发表的关于热钱规模估算的文章引发了广泛争论，使我有想法来系统梳理一下中国所面临的短期资本流动的估算方法。"中国面临的短期国际资本流动：不同方法与口径的规模测算（1991－2009 年）"在系统梳理与评价国内外关于短期资本流动规模估算方法的基础上，选择直接法与间接法两种方法来估算中国的短期资本流动规模。在每种方法下，又分别采用了由窄到宽的三种口径进行估算。估算结果表明，尽管采用不同方法以及不同口径的测算结果存在差异，但这些方法的测算结果在很多时期内具有较强的一致性。这篇关于短期资本流动测算方法论的文章，在过去几年内被引用的频率还是比较高的。

在 2008 年美国次贷危机爆发之后，由于发达国家央行普遍采用了超低利率与量化宽松的货币政策进行应对，这加剧了全球流动性过剩，并使新兴市场国家迎来了新一轮大规模的短期资本流入。有趣的是，向来支持资本账户自由化的国际货币基金组织（IMF），在 2008 年之后却显著改变了自己对资本流动管理的意见，认为适当的资本账户管制，可以与宏观经济政策、宏观审慎监管政策等一起，进入新兴市场国家应对资本流动大起大落的工具箱。

"新兴市场国家如何应对资本流入：中国案例"一文认为，新兴市场

## 序　言

国家应该从国别、区域与全球三个层面来应对短期资本流入造成的不利冲击。而中国政府则可以采用增强人民币汇率形成机制弹性、实施冲销式干预、加强宏观审慎监管以避免资产价格过快上涨、提高现有资本账户管制有效性、积极推进东亚区域货币合作、积极支持IMF改革与全球金融安全网构建等具体方式来应对短期资本大量流入。

我与余永定研究员合作的"资本管制和资本项目自由化的国际新动向"则系统梳理了自2008年国际金融危机爆发以来国际经济学界关于资本账户管制的新共识、新思路以及部分国家进行资本账户管制的新实践，指出中国政府应考虑综合运用宏观经济政策（汇率、利率与储备变动）、宏观审慎监管（对金融机构外汇风险头寸、杠杆率与货币错配的限制）以及资本项目管制（包括数量手段与价格手段）来管理跨境资本流动。

为了更好地提出应对短期资本流动的相关政策，就必须准确厘清跨境资本流动的驱动因素。我与谭小芬教授合作的"中国短期资本流动的主要驱动因素（2000－2012年）"通过构建非限制性VAR模型分析了中国短期资本流动的驱动因素，发现人民币汇率变动预期是最重要的驱动因素，且中国股市价格指数是比房地产价格指数更为重要的短期资本流动驱动因素。这就意味着，通过人民币汇率形成机制的市场化改革来消除持续的人民币升值（贬值）预期，有助于缓解短期资本流动的大起大落。

我与肖立晟博士合作的"国际资本流动的驱动因素：新兴市场经济体与发达经济体的比较（2000－2012年）"通过面板回归、系统GMM方法与非线性面板回归模型讨论了在市场平静时期与市场动荡时期，发达国家与新兴市场国家跨境资本流动驱动因素的变化。文章发现，在市场平静时期，本币汇率变动率与经济增长率是新兴市场国家短期资本流动的很重要驱动因素，但这些因素在市场动荡时期变得不再显著；而在市场动荡时期，利率与经济增长率对发达经济体短期资本流动的影响却转而变得显著。这篇文章可以得出两个重要的政策含义。第一，一旦爆发全球性金融危机，新兴市场面临的短期资本流出冲击要比发达国家更为严重；第二，对国际资本流动进行全面管理，离不开发达国家与新兴市场国家之间的政策协调。

在2013年，中国人民银行调查统计司先后发布了两份研究报告，认为当时已经进入了一个中国开放资本账户的战略机遇期，建议在未来三年内实现资本账户的基本开放。对这一观点，我们团队表达了旗帜鲜明的反对态度。我和余永定研究员、张斌研究员合作的评论文章"审慎对待资本账户开放"一文指出，美国经济有望在2015年前后显著复苏，会导致美联储可能从2014年底或2015年初开始加息，而这将会加剧中国的资本外流。此外，中国经济则面临潜在增速放缓、企业去杠杆、地方政府债务压力加剧、商业银行不良贷款率上升等挑战。因此，2013年至2015年绝非中国政府加快资本账户开放的战略机遇期。随后，中国经济学界开启了一轮是否应加快资本账户开放的大讨论。

我在"加快资本账户开放的八大迷思"一文中进一步阐述了自己的观点，认为以下八个用来支持资本账户加速开放的观点都是站不住脚的。第一，当前的资本账户管制是无效的；第二，加快资本账户开放有助于优化资源配置；第三，加快资本账户开放可以缓解人民币升值压力；第四，加快资本账户开放可以倒逼国内结构性改革；第五，加快资本账户开放有助于推动人民币国际化；第六，资本账户开放不需要遵循固定次序；第七，当前是中国政府加快资本账户开放的战略机遇期；第八，庞大的外汇储备足以应对资本账户开放之后的任何风险。

这篇文章发表之后，在国内外引发了较大反响。也曾有专家专门撰文，对我在文中提到的八大迷思进行逐条反驳。我在当时并没有给予及时回应，认为可以让时间来检验这次讨论的真伪。有意思的是，从2014年起，中国转为面临新一轮的资本大规模外流。2014年第二季度至2016年第四季度，中国连续11个季度面临非储备性质金融账户的持续逆差。特别是在2015年"8·11"汇改之后，短期资本外流的压力明显增强，并与人民币贬值预期相互强化。为了抑制人民币贬值压力，中国央行从2016年起，不得不重新加强资本账户管制。这就自动驳斥了2013年至2015年是中国政府加快资本账户开放的战略机遇期的说法。

"资本账户开放的迷思真的被破解了吗"回顾了2013年至2016年中国学术界关于"人民币国际化与资本账户自由化"的争论，我认为，2013年的"八大迷思"一文的观点，是经得住实践检验的、站得住脚的。此

## 序 言

外,本文还探究了为何众多学者与官员在几年前支持加快资本账户开放的深层次原因,包括对中国经济的增长动力、中国金融市场的稳健性以及中国政府管控经济的能力过于自信;在一定程度上忽视了新兴市场国家的经验教训,以及国际学界对资本流动管理看法的转变;对来自市场的微观证据可能重视不足等。

如果说"资本账户开放的迷思真的被破解了吗?"是从财经评论角度对这一轮资本账户开放讨论的回顾,那么"中国的资本账户开放:行为逻辑与情景分析"则从学术论文角度更为系统地对这次辩论进行了分析。这篇文章分析了中国政府为何在资本账户开放方面由审慎渐进转为了加快开放,认为这背后蕴含了中国政府行为逻辑的变化。第一,中国经济体量的扩张与全球排序的上升使中国政府试图在全球范围内扮演更加重要的角色,而推进人民币国际化需要资本账户开放的配合;第二,中国的产业结构转型升级需要促进企业对外直接投资;第三,中国外汇储备已经积累到很大规模,保值增值面临重要挑战;第四,中国政府试图通过资本账户开放来倒逼国内结构性改革。然而,由于中国政府忽视了加快资本账户开放的潜在风险,高估了自己管理大规模资本流动的能力,才导致中国央行在2016年不得不重新加强资本账户管制,特别是对资本流出的管制。

如上所述,由于中国从2014年起开始面临新一轮资本净流出,我也加强了对这一轮资本流出的特征事实以及应对方式的研究。我与匡可可博士合作的"中国面临的跨境资本流动:基于两种视角的分析(2010-2014年)"从基于国际收支表的季度数据以及基于银行跨境支付的月度数据这两种视角出发,系统分析了2014年中国面临的跨境资本流动的新变化。本文发现,以债权债务类资本为特征的其他投资项净流出是2014年中国面临资本净流出的主要原因,而贷款子项与货币和存款子项的净流出又是其他投资项净流出的主要原因。有趣的是,在2014年,贷款子项净流出由非居民主导,而货币和存款子项的净流出则由本国居民主导。银行收付数据则表明居民与企业持有外汇意愿的显著增强。而无论是短期资本由净流入转为净流出,还是"藏汇于民"现象的强化,这均与2014年人民币兑美元升值预期逆转为贬值预期直接相关。

"中国面临的短期资本外流：现状、原因、风险与对策（2010－2015年）"继续系统分析了自2014年以来的这一轮资本净流出。文章发现，本轮资本净流出由本国企业居民与外国居民共同主导，而造成本轮短期资本外流的主要因素则包括人民币兑美元汇率贬值预期的形成、中美经济增速与中美利差的收窄、全球投资者风险偏好程度的下降、中国房地产市场下行以及中国政府资本账户开放进程的加快等。在本文估算的最不利情形下，中国面临的资本外流规模可能超过5万亿美元，显著超过当时中国的外汇储备存量，并成为触发中国金融系统性危机的重要因素。为了更好地应对短期资本外流风险，中国政府除了应加快人民币汇率形成机制改革、建立健全宏观与微观审慎监管机制、加快结构性改革之外，还必须更加审慎地开放资本账户。

在2008年国际金融危机爆发之后，中国政府开始大力推进人民币国际化。2010年至2015年上半年，人民币国际化取得了显著进展。然而从2015年下半年至今，人民币国际化的步伐明显放缓。我们团队的一个核心观点是，跨境套利行为在迄今为止的人民币国际化过程中扮演了重要角色。而自2015年下半年以来，随着人民币升值预期的逆转以及中美利差的收窄，跨境套利行为由盛转衰，从而造成人民币国际化的进展由快变慢。我与李曦晨、朱子阳合作的"资本流动视角的人民币国际化——套利还是基本面驱动（2010－2016年）"从人民币计价的跨境资本流动角度，对2010年至今的人民币国际化驱动因素进行了定量研究。研究发现，跨境套利因素对于人民币净流出与总流出的影响更为显著，而基本面因素对人民币总流入的影响更为显著。在跨境套利过程中，人民币汇率升值预期与利差因素要比股票价格增长率等因素更为显著。而当前人民币国际化进程的放缓或逆转，主要就是跨境套利行为的转弱甚至反转所致。

除了上文所介绍的各篇章之外，本书还收录了两篇尚未发表的论文。"厘清中国面临的国际资本净流动与总流动（1998－2012年）"同时从资本净流动与总流动角度梳理了中国的国际收支表。事实上，近年来，关于资本总流动（Gross Flow）的研究已经成为国际学界研究的热点问题。这是因为，尽管资本净流动对汇率变动的影响程度更高，但资本总流动对一

## 序　言

国金融风险的影响程度却更高。我与朱子阳、李曦晨合作的"跨境资本流动的驱动因素研究：推拉之争、全球动态与中国故事"则是针对跨境资本流动驱动因素研究的国内外相关文献的一个详尽述评。

以上，我按照时间顺序来梳理自己十多年以来关于跨境资本流动问题的学术研究。而在本书中，我采用上中下三篇的形式来排列这些研究。上篇主要是中国所面临跨境资本流动的规模测算问题；中篇主要是中国所面临跨境资本流动的驱动因素问题；而下篇主要是中国所面临跨境资本流动的管理策略问题。附录则收录了2013年以来我们关于中国政府是否应加快资本账户开放的系列长篇财经评论。

"十年磨一剑，霜刃未曾试"。本书算是对我过去十一年从事中国所面临的跨境资本流动研究的一个小结。如果说本书有什么特色的话，我想，那就是体现了一个智库学者的研究特色，即研究是由问题驱动的。我研究的起点，首先是看到中国国际收支面临了新的问题，之后就会设法对这个问题的特征事实进行梳理，进而总结造成这一问题的相关因素，随后再对这一问题产生的影响进行福利分析，最后再在上述研究的基础上提出政策建议。"发现问题—理解问题—解释问题—评估影响—政策建议"，这是我在中国社科院世经政所从事了十一年学术研究与政策研究所总结出来的研究逻辑与心得。

如果说，在问题驱动背后，还有什么更深层次的"原动力"的话，我觉得应该是兴趣驱动与使命驱动。所谓兴趣驱动，是我觉得研究跨境资本流动的问题很有趣，除了宏观上的规模测算、驱动因素与潜在影响的分析之外，还可以看到微观主体（家庭、企业、金融机构）与监管当局之间的博弈过程。如果没有兴趣驱动，我很难十年如一日地对资本流动的问题持续保持关注。所谓使命驱动，是我认为，作为一个在国家智库工作的学者，应该就自己认为重要的问题（特别是有关国民福利的问题），持续发出独立的声音。即使在特定情形下，我可能成为辩论中的少数人，可能面临有形或无形的压力，只要结论是基于自己的研究框架所得出的，只要问心无愧，那就不妨做到"虽千万人吾往矣"。

我要感谢我所在的单位中国社科院世经政所，这是一个团队合作气氛浓厚、对研究者观点格外宽容的集体，我为自己是这个国内外知名智库的成员而感到骄傲。我要感谢我的博士生导师余永定老师与硕士生导师何璋老师，他们启发了我对于国际金融问题研究的兴趣，并以身作则对我持续进行鞭策。我要感谢我的合作者与研究团队，与他（她）们的合作使我受益匪浅，并身心愉悦。我要感谢国家万人计划首批青年拔尖人才项目的支持，因为我当年申报的题目便是"中国政府应如何系统地管理短期国际资本流动"。

最后，我要感谢我的家人。对我夜复一夜蜗居在书房一隅爬格子，而放弃了很多本应该陪伴她们的时光，我深表歉意，但所幸的是，她们一如既往地表示支持。

张　明

# 目　　录

## 上篇　中国跨境资本流动的规模测算

中国面临的短期国际资本流动：不同方法与口径的规模测算
　（1991－2009年） ·················································· 3
全口径测算中国当前的热钱规模（2003－2008年） ··········· 25
厘清中国面临的国际资本净流动与总流动（1998－2012年） ·········· 42
中国面临的跨境资本流动：基于两种视角的分析（2010－2014年） ··· 54
中国面临的短期资本外流：现状、原因、风险与对策
　（2010－2015年） ·················································· 69
香港与内地之间贸易与资本流动的结构性变化
（1998－2007年）
　——基于国际收支框架的分析 ······································ 97

## 中篇　中国跨境资本流动的驱动因素

跨境资本流动的驱动因素研究：推拉之争、全球动态与中国故事
　——文献述评与趋势展望 ········································· 115
国际资本流动的驱动因素：新兴市场经济体与发达经济体的比较
（2000－2012年） ·················································· 138
中国短期资本流动的主要驱动因素（2000－2012年） ·········· 162
资本流动视角的人民币国际化——套利还是基本面驱动
（2010－2016年） ·················································· 190

## 下篇　中国跨境资本流动的管理策略

资本管制和资本项目自由化的国际新动向 ·················· 211
新兴市场国家如何应对资本流入：中国案例 ·················· 218
境外私募股权基金是如何规避中国政府管制的 ·················· 232
中国的资本账户开放：行为逻辑与情景分析 ·················· 249

## 附　录

审慎对待资本账户开放 ·················· 271
加快资本账户开放的八大迷思 ·················· 277
资本账户开放的迷思真的被破解了吗 ·················· 281

**参考文献** ·················· 298

# 上 篇

## 中国跨境资本流动的规模测算

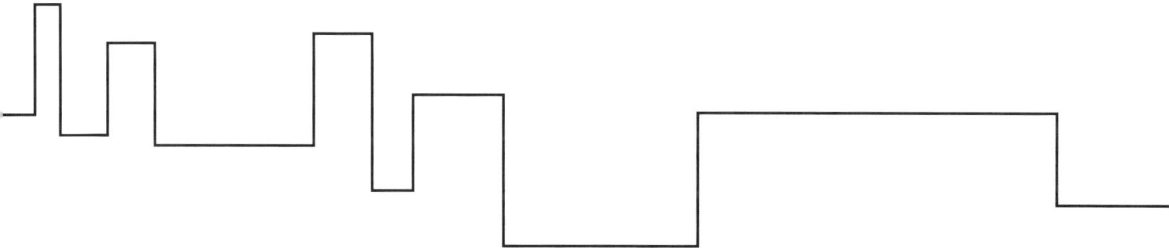

# 中国面临的短期国际资本流动：
# 不同方法与口径的规模测算
# (1991–2009 年)*

**摘要**：本文在系统梳理与评价国内外关于短期国际资本流动规模估算方法的基础上，选用直接法与间接法两种方法估算中国面临的短期国际资本流动，并均采用了由窄到宽的三种口径来进行估算。在估算过程中，全面考虑了通过贸易、其他经常账户项目、资本账户项目以及误差与遗漏项等渠道流入的短期国际资本。在全面计算并比较年度数据的基础上，运用简化的间接法公式对月度数据进行了估算。估算结果表明，尽管不同方法下不同口径的测算结果存在差异，但这些估算方法在一定时期内具有高度的一致性。月度估算结果显示，国际金融市场的动荡（例如次贷危机与欧洲主权债务危机）对中国面临的短期资本流动产生了重要影响。

## 一、引言

随着中国经济日益紧密地融入全球经济，以及政府逐渐开放其资本账户，中国面临的国际资本流动问题越来越受到各方面的重视。除外商直接投资（FDI）、中长期外债等中长期国际资本流动外，短期国际资本流动格外引人关注，因为短期国际资本流动被普遍认为波动性较强、流动规模变化较大、流动方向容易逆转，对一国实体经济与金融市场可能造成显著的负面冲击。

短期国际资本中投机性较强的资金通常被称为热钱或国际游资。根据《新帕尔格雷夫经济学大辞典》的定义，热钱指资本持有者或者出于对货

---

*  发表于《世界经济》2011 年第 2 期。

币预期贬值（或升值）的投机心理，或者受国际利差收益明显高于汇率风险的刺激，在国际间进行的大规模短期资本流动。① 根据维基百科的定义，热钱指流入一国以获取较高利息收入的资金，这种资金通常被投机者在货币市场上持有，具有高度的流动性与波动性。②

事实上，正如区分投资与投机非常困难一样，要区分国际资本流动中的投机性资金与非投机性资金也是非常困难的。例如，在人民币对美元升值的背景下，中国的外商投资企业推迟汇出投资收益，那么这种停留在中国国内试图获得人民币升值收益的资金，究竟是投机性资金（热钱）还是非投机性资金？根据王国刚和余维彬（2010）的定义，热钱指期限在1年以内的国际资本流动，因此外商投资企业推迟汇出的投资收益不算热钱。根据唐旭和梁猛（2007）的定义，未汇出的投资收益系"长期性投机资金"。根据张明和徐以升（2008）的定义，热钱既包括短期投机性资金，也包括长期投机性资金，因此未汇出投资收益自然应该纳入热钱的范畴。

正是出于区分国际资本流动中投机性资金与非投机性资金的困难，因此不少文献将热钱定义为非法的短期国际资本流入（汪洋，2010）。那么，合法的合格的境外机构投资者（QFII）资金流入似乎就不应该算热钱了，然而QFII投资的短期性与投机性却十分明显。这说明用合法或非法来衡量热钱的标准并不恰当。

因此，在本文的分析中，我们并不试图采用狭义的热钱范畴，而是采用广义的短期国际资本范畴。目前国内对短期国际资本流动的研究集中于四个层面：第一个层面是对短期国际资本的流动规模进行估算；第二个层面是从实证分析角度研究吸引短期国际资本流入的主要因素，例如汇率升值预期、利差与资产价格溢价预期等；第三个层面是短期国际资本流入以及流入逆转对实体经济与金融市场的冲击；第四个层面是短期国际资本流动的渠道，以及如何加强对短期国际资本流动的管制等。

大量的国内文献致力于估算短期国际资本流动的规模。一个有趣的现象是，随着中国面临的短期国际资本由流出变为流入，以2002年为界，之

---

① 约翰·伊特韦尔. 新帕尔格雷夫经济学大辞典 [M]. 北京：经济科学出版社，1996.
② 引自维基百科网站 Hot Money 词条。

前的文献集中于估算中国的资本外逃（Capital Flight）规模，而之后的文献集中于估算中国的短期国际资本流入规模。事实上，估算短期国际资本流入与流出（资本外逃）的方法是一致的，只不过方向相反而已。各文献中估算短期国际资本流动的方法主要有直接法、间接法与混合法三种，不同之处在于不同文献选取的指标与统计口径不同。

本文将在系统梳理现有短期国际资本流动规模估算文献的基础上，利用修正后的直接法与间接法，在不同口径下计算1991年至2009年中国面临的短期国际资本流动规模。基于中国的国际收支表，我们将估算中国面临短期国际资本流动的低频数据（年度数据）。基于中国人民银行与商务部的数据库，我们将估算中国面临短期国际资本流动的高频数据（月度数据）。我们将对短期国际资本流动时间序列的特征进行分析，并对不同方法、不同口径下计算的时间序列进行比较。本文的研究可以作为后续关于短期国际资本流动诱因及其冲击的研究的基础。

本文的结构如下：第一部分为引言，第二部分通过文献综述对短期国际资本的规模估算方法进行梳理与评价，第三部分用不同方法与不同口径对中国面临的短期国际资本规模进行估算与比较，第四部分为结论。

## 二、短期国际资本流动规模的测算方法——文献述评

我们首先介绍国际上计算短期国际资本流动的三种基本方法，然后分别对每一种方法进行文献梳理与评价。

### （一）计算短期国际资本流动的基本方法

国际上有三种比较成熟的方法来计算短期国际资本流动，即直接法、间接法与混合法。

直接法是通过用一国国际收支平衡表中的几个项目直接相加而得到短期国际资本流动规模的方法。该方法的创造者是Cuddington（1986）。他使用的计算公式为"短期国际资本流入＝误差与遗漏项（流入）＋私人非银行部门短期资本流入"。Kant（1996）对直接法进行了扩展，提出了三种口径的计算公式。公式1为"短期国际资本流入Ⅰ＝误差与遗漏项（流入）＋其他部门其他短期资本项目中的其他资产项目流入"。公式2为

"短期国际资本流入Ⅱ＝误差与遗漏项（流入）＋其他部门其他短期资本项目流入"，公式2实质上等同于Cuddington公式。公式3为"短期国际资本流入Ⅲ＝短期国际资本流入Ⅱ＋债券投资流入＋股权投资流入"。

间接法又称余额法（Residual Method），是用外汇储备增量减去一国国际收支平衡表中的几个项目而得到短期国际资本流动规模的方法。首先使用该方法的是World Bank（1985），计算公式为"短期国际资本流入＝外汇储备增量－经常项目顺差－FDI净流入－外债增量"。Morgan Guaranty Trust Company（1986）对该方法进行了改进，其公式为"短期国际资本流入＝外汇储备增量－经常项目顺差－FDI净流入－外债增量＋商业银行海外净资产增量"。Cline（1987）又对Morgan Guaranty Trust Company的方法进行了修正，具体公式为"短期国际资本流入＝外汇储备增量－经常项目顺差－FDI净流入－外债增量＋商业银行海外净资产增量＋停留在国外的海外资产再投资收益＋其他投资收益＋旅游收入"。

混合法实质上是直接法与间接法的结合。该方法由Dooley（1986）提出，计算公式为"短期国际资本流入＝误差与遗漏项（流入）－本国居民除FDI之外的对外债权增量－由World Debt Table中获得的债务增量与该国国际收支平衡表中外债增量之差＋产生国际平均收益的对外债权额"。

以上三种方法的统计口径不同，优缺点迥异。一般而言，直接法计算得到的短期国际资本流动规模较小，间接法计算得到的短期国际资本流动规模较大，混合法的结果介于二者之间。因此，可以将直接法估计结果作为短期国际资本流动的下限，而将间接法估计结果作为短期国际资本流动的上限（杨海珍和陈金贤，2000）。

**（二）关于直接法的文献综述**

直接法将一国国际收支平衡表中的几个项目直接相加，得出对短期国际资本流动的估计。这种方法的优点在于简单、直观，而主要缺陷在于两方面的假定。第一，假定选中的项目全为短期国际资本，例如误差与遗漏项。这未必符合实际，例如误差与遗漏项中可能的确包含了统计方面的误差与遗漏项。第二，假定未选中的项目都不是短期国际资本，这无疑将会低估短期国际资本流动的规模。一般而言，直接法容易低估短期国际资流动规模。因此，对直接法的改进通常是加入更多的项目。

用直接法来计算中国面临的短期资本流动规模的一类文献，是直接利用 Cuddington 公式，或者对该公式进行扩展。杨胜刚和刘宗华（2000）、修晶和张明（2002）直接利用 Cuddington 公式计算了中国面临的短期国际资本流动，即"误差与遗漏项（流入）+ 私人非银行部门短期资本流入"。杨海珍和陈金贤（2000）、任惠（2001）在此方法上进一步加入了进出口伪报（转移定价）额与贸易信贷额，只不过前者强调了中国对外国的贸易信贷，而后者强调了外国对中国的贸易信贷。尹宇明和陶海波（2005）则对 Cuddington 公式进行了另一方面的拓展，加入隐藏在投资收益、FDI 净流入与其他投资项目下短期投资中的短期国际资本。在计算正常的投资收益、FDI 净流入与短期投资时，他们分别使用了前五年均值、模型预测值与指数平滑预测值。刘莉亚（2008）剔除了 Cuddington 公式中的私人非银行部门短期资本流入，同时增加了进出口伪报额以及隐藏在贸易顺差与经常转移中的短期国际资本。该文判断隐藏在贸易顺差与经常转移中的异常资本流动的方法是看当期指标值对历史移动平均值的偏离。

另一类文献则不再考虑 Cuddington 公式，而是直接将研究者认为包含短期资本流动的几个项目直接相加。张谊浩等（2007）的公式为"投资收益贷方余额 + 证券投资贷方余额 + 其他投资中短期投资贷方余额 + 误差与遗漏项贷方余额"。刘华和卢孔标（2008）的公式为"货币市场工具 + 短期贸易信贷 + 短期贷款 + 货币与存款 + 短期其他资产"。曹媚（2009）的公式为"进出口伪报额 + 投资收益下的投机资金 + 经常转移项下的投机资金 + 外债年增量 + QFII"。在计算投资收益与经常转移项下的投机资金时，该文采用了用每年名义规模与 1998 年名义规模之差的简单方法。值得注意的是，唐旭和梁猛（2007）提出了所谓"长线投机资金"的概念，并将其定义为"外资企业利润 + FDI 折旧 - 投资收益汇出 + 外资企业新增外债"。

**表1　　使用直接法计算短期国际资本流动的文献**

| 文献作者及发表时间 | 计算方法（流入） |
|---|---|
| 杨胜刚和刘宗华（2000）；修晶和张明（2002） | 误差与遗漏项（正）＋私人非银行部门短期资本流入 |
| 杨海珍和陈金贤（2000） | 误差与遗漏项（正）＋对外贸易信贷－进出口伪报额（出口低报与进口高报）－其他部门其他投资资产流出 |
| 任惠（2001） | 误差与遗漏项（正）＋统计误差－（贸易信贷－来料加工－正常的贸易信贷）－进出口伪报额（出口低报与进口高报） |
| 尹宇明和陶海波（2005） | 误差与遗漏项（正）＋私人非银行部门短期资本流入＋（投资收益－之前五年投资收益的均值）＋（FDI实际值－模型预测值）＋（其他投资短期项目实际值－指数平滑预测值） |
| 唐旭和梁猛（2007） | 长线投机资金＝外资企业利润＋FDI折旧－投资收益汇出＋外资企业新增外债 |
| 刘华和卢孔标（2008） | 货币市场工具＋短期贸易信贷＋短期贷款＋货币与存款＋短期其他资产 |
| 张谊浩等（2007） | 投资收益贷方余额＋证券投资贷方余额＋其他投资中短期投资贷方余额＋误差与遗漏项贷方余额 |
| 刘莉亚（2008） | 超额贸易顺差＋超额经常转移＋错误与遗漏项（正）。超额是以特定指标出现明显增长趋势前的移动平均值为准，将该指标水平值对移动平均值的偏离视为超额指标（即投机性资金） |
| 曹媚（2009） | 进出口伪报额（出口高报与进口低报）＋投资收益下的投机资金＋经常转移项下的投机资金＋外债年增量＋QFII。投资收益下的投机资金为每年海外投资收益汇回规模与1998年海外投资收益汇回规模之差；经常转移项下的投机资金为每年本国获得外国的经常转移规模与1998年本国获得外国的经常转移规模之差 |

### （三）关于间接法的文献综述

间接法是用外汇储备增量减去国际收支表中的几个项目，得到对短期国际资本流动的估计。这种方法暗含的假定是，减去的几个项目中都不含有短期国际资本流动，而除这几个项目之外的其他项目均为短期国际资本流动。一般而言，间接法容易高估短期国际资本流动规模。因此，对间接法的改进通常是扣减更多的项目。

最简单的间接法是"外汇储备增量－贸易顺差－FDI净流入"。王世华和何帆（2007）以及Michaelson（2010）运用此方法对中国面临的短期国际资本流入进行了估算。冯彩（2008）将贸易顺差拓展为货物贸易顺差与服务贸易顺差之和。陈学彬等（2007）以及余姗萍和张文熙（2008）将公式扩展为"外汇储备增量－经常项目顺差－FDI净流入"。杨胜刚和刘宗华（2000）以及修晶和张明（2002）又在此基础上扣减了外债净流入，修改后的公式为"外汇储备增量－经常项目盈余－FDI净流入－外债净流入"。不难发现，该公式与World Bank（1985）的方法是完全一致的。宋文兵（1999）在杨胜刚和刘宗华（2000）的基础上进一步扣减了证券投资流入。杨海珍和陈金贤（2000）以及李晓峰（2000）又在宋文兵（1999）的基础上扣减了其他投资流入。任惠（2001）则在杨胜刚和刘宗华（2000）的基础上扣减了B股与H股发行额。

对间接法的拓展方向之一，是对作为被减数的外汇储备增量进行调整。

第一，由于外汇储备增量中包含了主要货币汇率变动造成的估值效应以及储备资产海外投资收益，这两部分增量都并非真正的资本流入，因此在计算短期资本流动时应该予以剔除。刘莉亚（2008）、林松立（2010）用外汇占款增量来替代外汇储备增量，张斌（2010）用货币当局外汇资产增加额来替代外汇储备增量，均较好地解决了这一问题。此外，王世华和何帆（2007）、徐高（2007）、张明（2008）、张明和徐以升（2008）在运用间接法时，均注意了从外汇储备增量中扣除汇率变动的估值效应与储备资产的海外投资收益。

第二，考虑到中国人民银行参与了运用外汇储备资产对商业银行进行注资、与财政部特别国债进行资产置换以建立中国投资有限责任公司、要求商业银行用美元缴纳法定存款准备金等交易。这些交易降低了当期外汇储备增量，在计算短期资本流动时应该纳入考虑范围。王世华和何帆（2007）以及张明和徐以升（2008）在运用间接法时，均在当期外汇储备增量上加上了上述外汇储备的运用规模。

第三，考虑到当期中国国内金融机构与企业的资本外流，在运用间接法时,应该在外汇储备增量上加入上述资本外流规模。在通行间接法公式"外汇储备增量－经常项目盈余－FDI净流入－外债净流入"的基础上,严启发(2010)加入了商业银行海外净资产增量与正常的非银行部门资本外流;杨海珍和陈金贤(2000)加入了商业银行海外净资产增量与对外贸易信贷;李晓峰(2010)加入了对外直接投资净流出、对外证券投资净流出与对外其他投资净流出;宋文兵(1999)加入了商业银行海外净资产增量、海外直接投资增量、海外证券投资增量、对外贷款增量与出口延期收款增量;李庆云和田晓霞(2000)加入了商业银行海外净资产增量、长期资本项下的延期收款净额、长期资本项下的对外证券投资额与对外贷款净额以及居民境内外币资产增量;任惠(2001)加入了对外证券投资额、对外贷款净额、正常的贸易信贷、货币与贷款、其他资产、外资银行净流出、居民境内外币现钞以及居民境内其他外币资产。

对间接法的拓展方向之二,是对作为减数的贸易顺差与FDI进行调整,即在计算结果中加入贸易顺差与FDI中隐含的短期资本流动。

主流的甄别贸易顺差中隐含的短期资本流动的方法,是将中国统计的贸易对手的进出口规模与贸易对手统计的中国的进出口规模进行对照,从中发现进出口高低报(转移定价)中隐含的短期资本流动。宋文兵(1999)、杨海珍和陈金贤(2000)、李庆云和田晓霞(2000)、李晓峰(2000)、任惠(2001)以及严启发(2010)等均采用了这种方法进行调整。

其他文献则采用了另外一些方法来测算贸易顺差中隐含的短期资本流动。张谊浩和沈晓华(2008)认为,正常的贸易顺差等于当月前四年各月贸易顺差的移动平均值。林松立(2010)指出,贸易顺差中的热钱主要来自加工贸易,而加工贸易的顺差与出口比率较为稳定,因此以未发生大规模热钱流动时期的顺差与出口比率为基准,可以计算其他时期的正常贸易顺差。张明(2008)假定2005年至2007年年均真实贸易顺差增长率为25%,张明和徐以升(2008)假定2005年至2008年真实贸易顺差增长率分别为前一年真实贸易顺差的30%、35%、40%、45%,名义贸易顺差减去真实贸易顺差即等于贸易顺差中隐藏的资本流动。姚枝仲(2008)用中间投入增长率来估算真实贸易增长率，超过真实贸易额的名义贸易额被视为贸易顺差中隐藏的资本流动。

针对FDI中隐含的短期资本流动，张明（2008）以及张明和徐以升（2008）假定FDI中隐藏的资本流动为各年FDI税后利润与折旧之和（假定为上年FDI余额的20%）减去汇出的投资收益。

表2　　使用间接法计算短期国际资本流动的文献

| 文献作者及发表时间 | 计算方法（流入） |
| --- | --- |
| Michaelson（2010）；王世华和何帆（2007） | 外汇储备增量 - 贸易顺差 - FDI净流入 |
| 冯彩（2008） | 外汇储备增量 - 货物贸易顺差 - 服务贸易顺差 - FDI净流入 |
| 张谊浩和沈晓华（2008） | 外汇储备增量 - 正常贸易顺差 - FDI净流入；正常贸易顺差 = 当月前四年各月贸易顺差的移动平均值 |
| 陈学彬等（2007）；余姗萍和张文熙（2008） | 外汇储备增量 - 经常项目顺差 - FDI净流入 |
| 王世华和何帆（2007） | 外汇储备增加额（经过储备价值变化调整，减去银行注资、资产置换与储备投资收益）- 贸易顺差 - FDI净流入 |
| 刘莉亚（2008） | 外汇占款增量 - 贸易顺差 - FDI净流入 |
| 张斌（2010） | 货币当局外汇资产增加额 - 贸易顺差 - FDI净流入 |
| 林松立（2010） | 外汇占款增量 - FDI净流入 - 正常贸易顺差；正常贸易顺差的计算：假定贸易顺差中的热钱主要来自加工贸易，而加工贸易的顺差与出口比率较为稳定，因此以未发生大规模热钱流动时期的顺差与出口比率为基准，可以计算其他时期的正常贸易顺差 |
| 杨胜刚和刘宗华（2000）；修晶和张明（2002） | 外汇储备增量 - 经常项目盈余 - FDI净流入 - 外债净流入 |
| 徐高（2007） | 外汇储备增量（剔除汇率变动造成的储备价值变动）- 贸易盈余 - FDI净流入 - 外债净流入 |
| 张明（2008） | 外汇储备增量（剔除汇率变动造成的储备价值变动）- 贸易盈余 - FDI净流入 + 贸易顺差中隐藏的资本流动 + FDI中隐藏的资本流动；假定2005年至2007年真实贸易顺差增长率为25%，名义贸易顺差减去真实贸易顺差即等于贸易顺差中隐藏的资本流动；FDI中隐藏的资本流动为各年FDI税后利润与折旧之和（假定为上年FDI余额的20%）减去汇出的投资收益 |

续表

| 文献作者及发表时间 | 计算方法（流入） |
|---|---|
| 张明和徐以升（2008） | 外汇储备增量（剔除汇率变动造成的储备价值变动与储备投资收益，加上央行对中投的转账、汇金对国有银行与券商的注资以及银行用美元缴纳的法定存款准备金）- 贸易盈余 - FDI 净流入 + 贸易顺差中隐藏的资本流动 + FDI 中隐藏的资本流动；假定2005年至2008年真实贸易顺差增长率分别为前一年真实贸易顺差的30%、35%、40%、45%，名义贸易顺差减去真实贸易顺差即等于贸易顺差中隐藏的资本流动；FDI 中隐藏的资本流动为各年 FDI 税后利润与折旧之和（假定为上年 FDI 余额的20%）减去汇出的投资收益 |
| 严启发（2010） | 外汇储备增量 - 经常项目盈余 - FDI 净流入 - 外债净流入 + 商业银行海外净资产增量 + 正常的非银行部门资本外流 - 进出口伪报额（出口低报与进口高报） |
| 宋文兵（1999） | 外汇储备增量 - 经常项目盈余 - FDI 净流入 - 外债净流入 - 外国对华股市证券投资 + 商业银行海外净资产增量 + 海外直接投资增量 + 海外证券投资增量 + 对外贷款增量 + 出口延期收款增量 - 进出口伪报额（出口低报与进口高报） |
| 杨海珍和陈金贤（2000） | 外汇储备增量 - 经常项目盈余 - FDI 净流入 - 债权资本流入 - 股权资本流入 - 其他债务流入 + 商业银行海外净资产增量 + 对外贸易信贷 - 进出口伪报额（出口低报与进口高报） |
| 李庆云和田晓霞（2000） | 外汇储备增量 - 经常项目盈余 -（FDI 净流入 - FDI 高报额）-（外债净流入 + 外债低报额）+ 商业银行海外净资产增量 + 长期资本项下的延期收款净额 + 长期资本项下的对外证券投资额与对外贷款净额 + 居民境内外币资产增量 - 进出口伪报额（出口低报与进口高报） |
| 李晓峰（2000） | 外汇储备增量 - 经常项目盈余 - FDI 净流入 - 外债净流入 - 外国证券投资净流入 - 外国其他投资净流入 + 对外直接投资净流出 + 对外证券投资净流出 + 对外其他投资净流出 - 进出口伪报额（出口低报与进口高报） |
| 任惠（2001） | 外汇储备增量 - 经常项目盈余 - FDI 净流入 - 外债净流入 - B 股与 H 股发行额 + FDI 与外债重复部分 + 外资银行贷款与外债重复部分 + 加工贸易中间商利润 + 对外证券投资额 + 对外贷款净额 + 正常的贸易信贷 + 货币与贷款 + 其他资产 + 外资银行净流出 + 居民境内外币现钞 + 居民境内其他外币资产 - 进出口伪报额（出口低报与进口高报） |

续表

| 文献作者及发表时间 | 计算方法（流入） |
|---|---|
| 姚枝仲（2008） | 用中间投入增长率来估算真实贸易增长率，超过真实贸易额的名义贸易额被视为贸易顺差中隐藏的资本流动 |

### （四）关于混合法的文献综述

相对于使用直接法与间接法的文献，采用混合法计算中国面临的短期国际资本流动的文献较少。李扬（1998）采用"国际储备资产＋库存现金－国际资本往来（净）－误差与遗漏（正）"来计算资本流入，且上述所有数据均来自资本流量表。王信和林艳红（2005）的公式则为"资本与金融项目盈余－直接投资净流入＋进出口伪报额（出口高报与进口低报）＋经常转移中的资本流动＋FDI 中的短期资本流动"。

## 三、中国面临的短期国际资本流动：规模测算

本部分将分别在直接法与间接法的框架下，通过几种不同口径来估算中国面临的短期国际资本流动。在进行具体的估算之前，有必要首先计算一下通过进出口途径流入的短期国际资本，即通过进出口渠道的转移定价（高报出口、低报进口以实现资本流入，或高报进口、低报出口以实现资金流出）流入或流出的资金规模。

### （一）进出口伪报额的估算

在计算进出口伪报额方面，我们借鉴了宋文兵（1999）、李庆云和田晓霞（2000）、曹媚（2009）的方法，运用以下三个公式来进行估算：

$$SC = SC_{ex} + SC_{im} \quad (1)$$

$$SC_{ex} = EX_d - (FOB/CIF) \times IM_f + TF \times R_1 \quad (2)$$

$$SC_{im} = EX_f - (FOB/CIF) \times IM_d + TC \times R_2 \quad (3)$$

其中，SC 为通过进出口伪报流入的短期国际资本，$SC_{ex}$ 为通过出口高报流入的短期国际资本，$SC_{im}$ 为通过进口低报流入的短期国际资本。公式（1）表示，进出口伪报额等于出口高报与进口低报之和。

$EX_d$ 为中国统计的对贸易伙伴的出口，$IM_f$ 为贸易伙伴统计的来自中国的进口，FOB/CIF 为货物贸易 FOB 报价与 CIF 报价之间的比率，TF 为

中国香港统计的以中国内地为来源地的转口贸易额，$R_1$ 为以中国内地为来源地的转口贸易的加价率。公式（2）表示，出口高报金额，等于中国统计的对贸易伙伴的出口，减去贸易伙伴统计的来自中国的进口（经过 FOB/CIF 比率调整），再加上中国香港在以中国内地为来源地的转口贸易中获得的增加值。

$EX_f$ 为贸易伙伴统计的对中国的出口，$IM_d$ 为中国统计的从贸易伙伴的进口，TC 为中国香港统计的以中国内地为目的地的转口贸易额，$R_2$ 为以中国内地为目的地的转口贸易的加价率。公式（3）表示，进口低报金额，等于贸易伙伴统计的对中国的出口，减去中国统计的从贸易伙伴的进口（经过 FOB/CIF 比率调整），再加上中国香港在以中国内地为目的地的转口贸易中获得的增加值。

我们采用的数据库为 IMF 的 DOT 数据库以及 CEIC 数据库。中国的贸易伙伴选取了美国、加拿大、巴西、德国、法国、英国、意大利、西班牙、荷兰、俄罗斯、澳大利亚、印度、中国香港、中国台湾、日本、韩国、新加坡、菲律宾、泰国、马来西亚、印度尼西亚 21 个经济体。2009 年，对这 21 个经济体的出口额占到中国总出口额的 76%，从这 21 个经济体的进口额占到中国总进口额的 71%。在时间序列的长度方面，俄罗斯的数据为 1992 年至 2009 年，中国台湾的数据为 1995 年至 2009 年，而其他经济体的数据均为 1991 年至 2009 年。关于 FOB/CIF 比率，我们借鉴冯国钊和刘遵义（1999）的研究，设定为 1/1.1 = 0.91。关于中国香港转口贸易加价率 $R_1$ 与 $R_2$，我们借鉴宋文兵（1999）的研究，分别设定为 40% 与 25%。

进出口伪报额的具体计算过程见附表 1，计算结果见图 1。1991 年至 1998 年，存在进出口伪报下的短期国际资本流入；在东南亚金融危机爆发后的 1999 年至 2004 年，存在进出口伪报下的短期国际资本流出。2005 年至 2009 年，进出口伪报下的短期国际资本再度由流出转为流入，且流入的规模远高于 1991 年至 1998 年。2005 年至 2009 年，通过进出口伪报流入的短期国际资本合计 3221 亿美元，年均流入 644 亿美元。

（二）直接法

在直接法下，我们用三种口径来估算短期国际资本流动规模。计算公

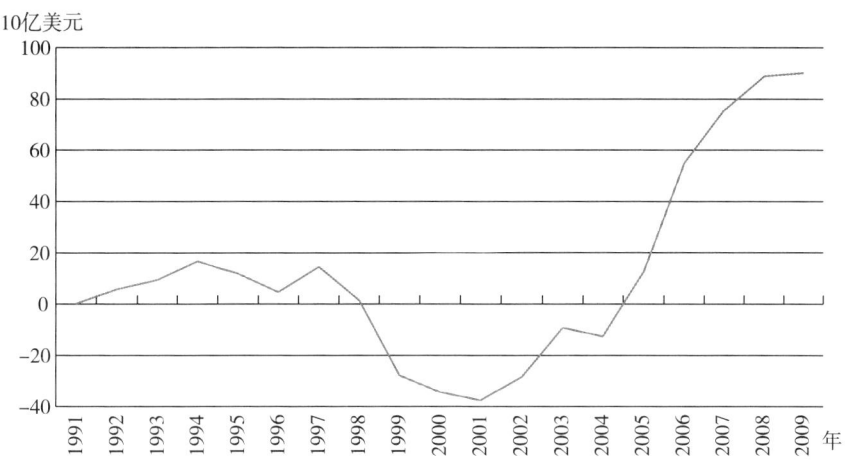

资料来源：DOT 与 CEIC 数据库。

**图 1　进出口伪报额（1991-2009 年）**

式分别为

$$直接法1 = 误差与遗漏项 \quad (4)$$

$$直接法2 = 直接法1 + \genfrac{}{}{0pt}{}{资本往来项目下的短期资本往来}{（1991年至1996年）} \quad (5)$$

$$直接法2 = 直接法1 + \genfrac{}{}{0pt}{}{金融项目下的短期投资}{（1997年至2009年）} \quad (6)$$

$$金融项目下的短期投资 = 货币市场工具余额 + 短期贸易信贷余额$$
$$+ 短期贷款余额 + 货币与存款余额$$
$$+ 其他短期资产余额 \quad (7)$$

$$直接法3 = 直接法2 + 进出口伪报额 \quad (8)$$

在直接法口径 1 中，我们将误差与遗漏项直接视为短期国际资本流动，这显然是最窄的口径。在直接法口径 2 中，我们在误差与遗漏项的基础上加入金融项目下的短期资本流动。由于中国政府公布的国际收支平衡表从 1997 年开始有显著变动。因此，对于 1991 年至 1996 年的数据，口径 2 用误差与遗漏项加上资本往来项目下的短期资本往来；对于 1997 年至 2009 年的数据，口径 2 用误差与遗漏项加上货币市场工具余额、短期贸易信贷余额、短期贷款余额、货币与存款余额以及其他短期资产余额。在直接法口径3中,我们在口径2计算结果的基础上再加入进出口伪报额,这是直接法中最宽的口径。

直接法的具体计算过程见附表2,三种口径下的短期资本流动状况见图2。尽管三种口径计算的短期国际资本流动在规模上有所不同,某些年度上的流动方向也不尽相同,但大致趋势是一致的。1995年至2000年,三种口径的估算都表明短期国际资本持续流出中国;而在2003年至2006年,三种口径的估算都表明短期国际资本持续流入中国。从波动幅度来看,口径1估算结果的波动幅度较小,而口径2与口径3估算结果的波动幅度较大。此外,口径2与口径3在判断短期国际资本流动方向上是更为一致的,1991年至2009年的19年间,上述两种方法只是在1994年、2001年与2007年这3年内对短期国际资本的流动方向判断出现不一致。

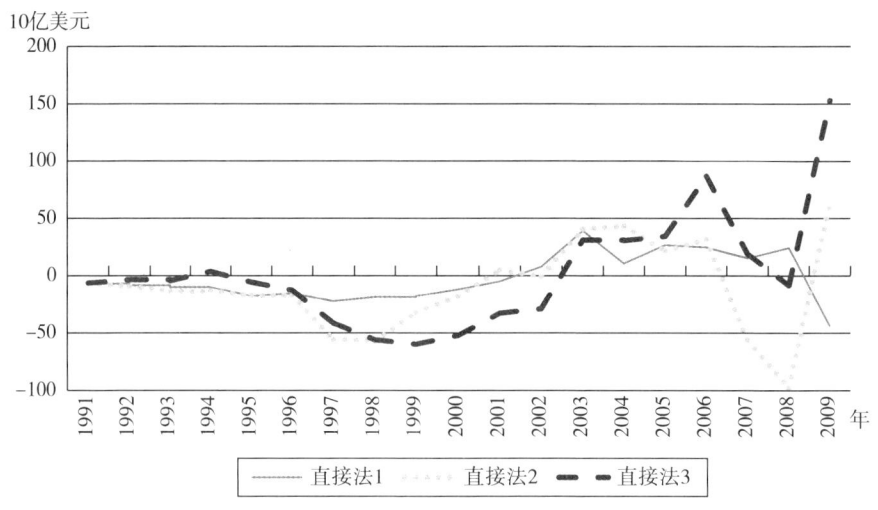

资料来源:CEIC数据库。

**图2 中国面临的短期国际资本流动(直接法)(1991－2009年)**

(三) 间接法

在间接法下,我们同样用三种口径来估算短期国际资本流动规模。计算公式分别为

间接法1 = 外汇占款增量 - 货物与服务贸易顺差
- 无偿转让 - 长期资本往来(1991年至1996年)　　(9)

上篇　中国跨境资本流动的规模测算

间接法 1 ＝外汇占款增量 － 货物与服务贸易顺差 － 职工报酬
　　　　－ 政府部门经常转移 － FDI 净流入
　　　　－ 外国股权与长期债券投资
　　　　－ 外国其他长期投资（1997 年至 2009 年）　　　　（10）
间接法 2 ＝间接法 1 ＋ 中国对外直接投资
　　　　＋ 中国对外证券投资 ＋ 中国对外其他投资　　　（11）
间接法 3 ＝ 间接法 2 ＋ 进出口伪报额　　　　　　　　　　（12）

在三种口径下，我们都用外汇占款增量取代外汇储备增量作为被减数，这是因为前者与后者相比，已经剔除了主要货币汇率波动造成的估值效应以及外汇储备的海外投资收益。由于中国政府公布的国际收支表在 1997 年有重大变化，因此对于 1991 – 1996 年的数据，间接法口径 1 用外汇占款增量减去经常项目下的货物与服务贸易顺差以及无偿转让，再减去资本与金融项目下的长期资本往来。对于 1997 – 2009 年的数据，间接法口径 1 用外汇占款增量减去经常项目下的货物与服务贸易顺差、职工报酬与政府部门的经常转移，再减去资本与金融项目下的 FDI 净流入、外国股权与长期债券投资以及外国其他长期投资。这意味着，该方法假定上述项目中均不存在短期国际资本，而其他项目均为短期国际资本。间接法口径 2 在口径 1 的基础上加上中国对外的直接投资、证券投资与其他投资，理由是如果没有这些投资，那么中国的年度外汇占款增量会进一步上升。间接法口径 3 在口径 2 的基础上加入进出口伪报额。这意味着间接法口径 1 至口径 3 是逐渐放宽的。

间接法的具体计算过程见附表 3 与附表 4，三种口径下的短期资本流动状况见图 3。随着口径的由窄变宽，短期国际资本流动的规模也逐渐放大。三种口径对短期资本流动方向的估算是大致一致的。在 1995 – 1996 年以及 1998 – 2002 年，三种口径的估算结果都表明短期国际资本持续流出中国；在 2003 – 2006 年以及 2008 – 2009 年，三种口径的估算结果都表明短期国际资本持续流入中国。口径 2 与口径 3 无论在规模上还是方向上的一致性更强。1991 – 2009 年这 19 年间，口径 2 与口径 3 对短期资本流向的判断只有 1992 – 1994 年以及 1997 年不一致。

中国的跨境资本流动：规模测算、驱动因素与管理策略

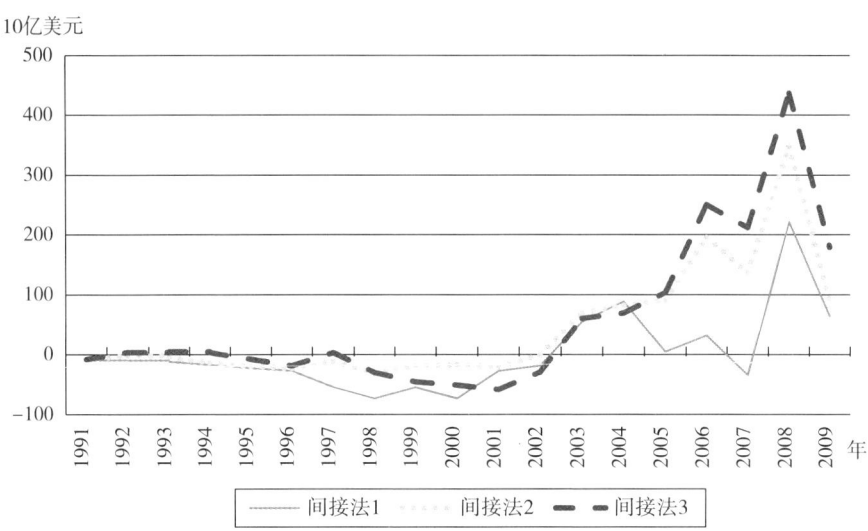

资料来源：CEIC 数据库。

**图 3　中国面临的短期国际资本流动（间接法）（1991 – 2009 年）**

## （四）直接法与间接法的比较

图 4 汇总了在两种方法、6 种口径下对中国面临的短期国际资本流动的规模估算结果。从比较中我们可以获得以下结论：第一，在很大程度上，间接法估算的短期国际资本的流动规模要比直接法更大，这印证了在第二部分文献综述中提出的观点。因此一种合理的看法是将直接法计算的规模视为短期国际资本流动的下限，而将间接法计算的规模视为上限；第二，尽管不同估算对短期国际资本流动方向的判断存在差异，但在特定时期内 6 种关于短期国际资本流动方向判断的估算存在高度一致。例如，在 1991 年、1995 – 1996 年、1998 – 2000 年，6 种估算都认为短期国际资本流出中国；在 2003 – 2006 年，6 种估算都认为短期国际资本流入中国；第三，由于直接法 3 与间接法 3 中都考虑到进出口伪报额，但这两种方法对短期国际资本流动的估算在 2005 – 2008 年的差异相当显著，这意味着在该时期内，贸易渠道的转移定价并非短期国际资本进出中国的最重要渠道。

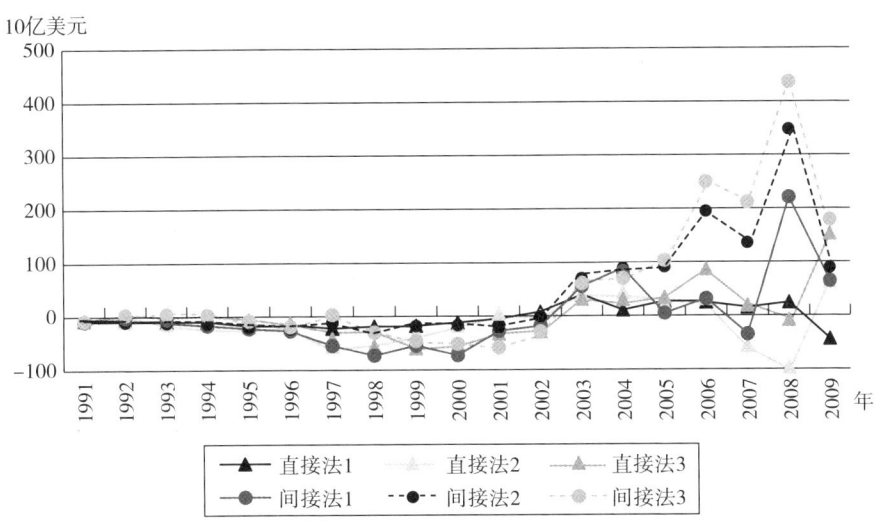

资料来源：CEIC 数据库。

**图 4　两种方法及 6 种口径下短期国际资本流动的比较（1991－2009 年）**

### （五）短期国际资本流动的高频估算

以上估算是基于年度数据进行的。理由是中国人民银行在 2001 年之前仅公布年度的国际收支平衡表，2001 年开始提供半年度国际收支平衡表，从 2010 年开始提供季度国际收支平衡表，这为更高频率的短期国际资本流动规模估算提供了基础。然而在现实分析中，有时我们需要更高频率（例如月度）的短期国际资本流动数据。为估算更高频率的数据，我们就必须根据数据的可获得性，简化短期国际资本流动的计算公式。

由于中国人民银行从 1999 年 12 月开始公布外汇占款月度数据，商务部从 1992 年 1 月开始公布中国商品贸易顺差的月度数据，商务部从 1997 年 1 月开始公布中国 FDI 实际利用额的月度数据，因此我们就能够根据以下经过简化的间接法公式计算 2000 年 1 月以来的短期国际资本流动的月度数据：

间接法 4 ＝ 月度外汇占款增量 － 月度货物贸易顺差 － 月度实际利用 FDI
（13）

间接法 4 的计算结果见图 5。从月度数据来看，短期资本流动规模的波动更为频繁，流动方向的转换也更为频繁。更为重要的是，月度数据往往能够反映被年度数据掩盖的趋势。例如，从间接法年度估算来看，2008 – 2009 年存在持续的短期国际资本流入，这似乎与人们印象中美国次贷危机爆发后的资本外流不符。从月度数据来看，这一矛盾就得到较好的解释。2008 年 1 月至 9 月，短期国际资本持续流入中国，流入规模合计 2120 亿美元；随着雷曼兄弟的破产引发全球金融海啸，短期国际资本在 2008 年 10 月至 2009 年 1 月持续流出中国，流出规模合计 880 亿美元。年度数据掩盖了危机爆发前后短期国际资本流动的逆转，而月度数据就可以清晰地展示出来。另一个例子是，尽管从 2010 年 1 月至 9 月，流入中国的短期国际资本规模达到 1010 亿美元，但月度数据显示，自欧洲主权债务危机爆发后，短期国际资本在 2010 年 5 月、6 月、7 月三个月由流入转为流出，流出规模合计 300 亿美元。

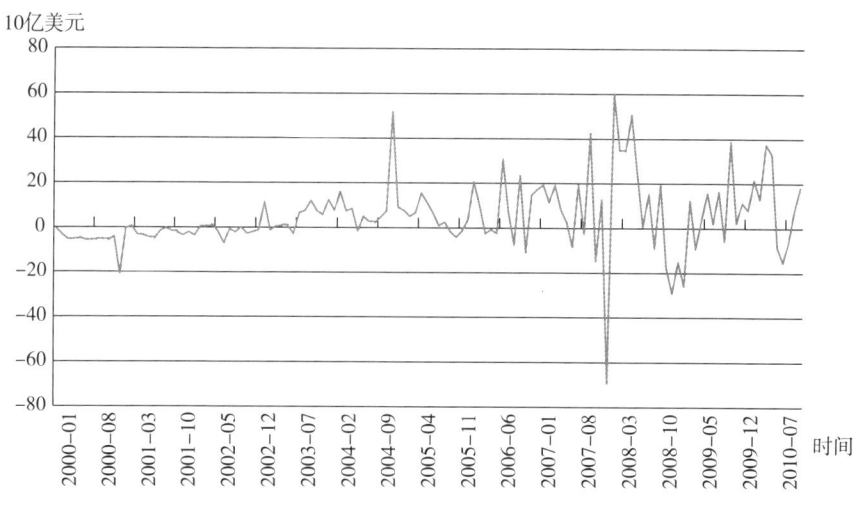

资料来源：CEIC 数据库。

图 5 中国面临的短期国际资本流动（间接法、高频）
（2000 年 1 月至 2010 年 9 月）

## 四、结论

随着美联储在 2010 年 11 月推出第二轮定量宽松政策，全球短期国际资本流动的规模与波动性有望进一步增强。中国等新兴市场国家在未来一段时间内将面临新一轮的大规模短期国际资本流入。在此背景下，对中国面临的短期国际资本流动问题展开研究，具有非常重要的现实意义。

本文在系统梳理与评价国内外关于短期国际资本流动规模估算方法的基础上，选用直接法与间接法两种方法来估算中国面临的短期国际资本流动。在直接法与间接法下，均采用了由窄到宽的3种口径来进行估算。在估算过程中，全面考虑了通过贸易、其他经常账户项目、资本账户项目以及误差与遗漏项等渠道可能流入的短期国际资本。在全面计算并比较了年度数据的基础上，本文还运用简化的间接法公式对月度数据进行了估算。

估算结果表明，尽管不同方法下不同口径的测算结果存在差异，测算的短期国际资本流动方向也不尽相同，但不同估算方法在一定时期内具有高度一致性，例如中国在1991年、1995－1996年、1998－2000年面临短期国际资本流出；而在2003－2006年面临短期国际资本流入。月度估算结果显示，国际金融市场的动荡（例如次贷危机与欧洲主权债务危机）均对中国面临的短期资本流动产生了重要影响。

对短期国际资本（包括热钱）流动的规模估算是争议较大的领域。事实上，正如本文所分析的那样，没有一种方法是非常严谨和完美的，但只要长期采用特定方法进行估算，就能把握短期国际资本流动的大致趋势。这一点毋庸置疑。我们希望本文的研究能够进一步推动国内关于短期国际资本流动的研究，我们也将继续在本文的基础上进一步研究短期国际资本流动的诱因、冲击、福利影响、监管等问题。

**附表1　　　　　　　进出口伪报额的计算　　　　单位：10亿美元**

| 年份 | $EX_d$ | $IM_f$ | $IM_d$ | $EX_f$ | TF | TC | $SC_{ex}$ | $SC_{im}$ | SC |
|---|---|---|---|---|---|---|---|---|---|
| 1991 | 62.2 | 100.1 | 52.0 | 55.1 | 40.6 | 19.7 | -12.6 | 12.7 | 0.1 |
| 1992 | 75.2 | 123.2 | 66.9 | 75.8 | 52.2 | 27.4 | -16.0 | 21.8 | 5.7 |
| 1993 | 78.4 | 142.8 | 78.7 | 99.2 | 61.3 | 35.5 | -27.1 | 36.5 | 9.4 |
| 1994 | 104.8 | 173.2 | 88.5 | 111.3 | 70.6 | 41.8 | -24.6 | 41.2 | 16.6 |
| 1995 | 130.9 | 212.5 | 116.4 | 134.5 | 82.3 | 49.6 | -29.2 | 41.0 | 11.8 |
| 1996 | 133.4 | 231.4 | 121.7 | 143.7 | 88.4 | 54.0 | -41.9 | 46.5 | 4.6 |
| 1997 | 160.3 | 258.6 | 122.8 | 149.5 | 93.4 | 57.3 | -37.6 | 52.1 | 14.5 |
| 1998 | 158.5 | 258.2 | 122.1 | 140.2 | 89.3 | 52.6 | -40.8 | 42.2 | 1.4 |

续表

| 年份 | $EX_d$ | $IM_f$ | $IM_d$ | $EX_f$ | TF | TC | $SC_{ex}$ | $SC_{im}$ | SC |
|---|---|---|---|---|---|---|---|---|---|
| 1999 | 168.2 | 288.5 | 142.6 | 146.3 | 93.0 | 51.5 | -57.2 | 29.4 | -27.7 |
| 2000 | 213.2 | 356.5 | 183.4 | 184.3 | 109.2 | 62.8 | -67.5 | 33.1 | -34.4 |
| 2001 | 225.8 | 365.3 | 199.8 | 193.4 | 103.8 | 63.7 | -65.1 | 27.5 | -37.6 |
| 2002 | 275.9 | 424.0 | 241.7 | 238.7 | 110.9 | 73.4 | -65.5 | 37.1 | -28.4 |
| 2003 | 366.7 | 523.4 | 330.8 | 328.9 | 124.3 | 90.7 | -59.8 | 50.6 | -9.3 |
| 2004 | 495.4 | 682.3 | 439.1 | 426.7 | 145.9 | 109.3 | -67.1 | 54.5 | -12.6 |
| 2005 | 630.0 | 836.6 | 501.2 | 501.1 | 169.0 | 124.5 | -63.7 | 76.2 | 12.5 |
| 2006 | 781.0 | 990.2 | 587.8 | 598.8 | 188.2 | 143.7 | -44.8 | 99.8 | 55.0 |
| 2007 | 959.2 | 1179.4 | 700.9 | 704.8 | 205.1 | 162.6 | -32.1 | 107.6 | 75.5 |
| 2008 | 1094.1 | 1315.9 | 799.4 | 789.0 | 219.6 | 171.6 | -15.6 | 104.5 | 88.9 |
| 2009 | 915.4 | 1122.8 | 709.7 | 724.9 | 194.1 | 159.5 | -28.7 | 118.9 | 90.2 |

资料来源：IMF 的 DOT 数据库以及 CEIC 数据库。

**附表2　　直接法下对中国面临短期资本流动的计算**　单位：10亿美元

| 年份 | 误差与遗漏项 | 短期资本往来 | 货币市场工具 | 短期贸易信贷余额 | 短期贷款余额 | 货币与存款余额 | 其他短期负债余额 | 进出口伪报额 | 直接法1 | 直接法2 | 直接法3 |
|---|---|---|---|---|---|---|---|---|---|---|---|
| 1991 | -6.7 | 0.4 | — | — | — | — | — | 0.1 | -6.7 | -6.4 | -6.3 |
| 1992 | -8.3 | -0.9 | — | — | — | — | — | 5.7 | -8.3 | -9.2 | -3.5 |
| 1993 | -9.8 | -3.9 | — | — | — | — | — | 9.4 | -9.8 | -13.7 | -4.3 |
| 1994 | -9.8 | -3.1 | — | — | — | — | — | 16.6 | -9.8 | -12.9 | 3.7 |
| 1995 | -17.8 | 0.4 | — | — | — | — | — | 11.8 | -17.8 | -17.4 | -5.6 |
| 1996 | -15.6 | -1.6 | — | — | — | — | — | 4.6 | -15.6 | -17.2 | -12.6 |
| 1997 | -22.3 | — | 0.1 | -15.0 | -2.0 | -17.1 | 0.2 | 14.5 | -22.3 | -56.0 | -41.5 |
| 1998 | -18.7 | — | -0.1 | -22.1 | -2.2 | -4.6 | -9.8 | 1.4 | -18.7 | -57.5 | -56.1 |
| 1999 | -17.8 | — | -0.1 | -9.6 | -4.2 | 7.3 | -7.8 | -27.7 | -17.8 | -32.2 | -59.9 |
| 2000 | -11.9 | — | — | — | — | -6.1 | — | -34.4 | -11.9 | -18.0 | -52.4 |
| 2001 | -4.9 | — | -15.1 | -1.7 | 15.2 | -2.7 | 14.0 | -37.6 | -4.9 | 4.8 | -32.8 |
| 2002 | 7.8 | — | -8.8 | 3.9 | -5.0 | -2.2 | 3.7 | -28.4 | 7.8 | -0.6 | -29.0 |
| 2003 | 39.3 | — | -0.0 | 3.3 | 26.6 | -5.8 | -22.9 | -9.3 | 39.3 | 40.5 | 31.2 |

上篇 中国跨境资本流动的规模测算

续表

| 年份 | 误差与遗漏项 | 短期资本往来 | 货币市场工具 | 短期贸易信贷余额 | 短期贷款余额 | 货币与存款余额 | 其他短期负债余额 | 进出口伪报额 | 直接法1 | 直接法2 | 直接法3 |
|---|---|---|---|---|---|---|---|---|---|---|---|
| 2004 | 10.7 | — | -0.0 | 1.2 | 0.3 | 21.8 | 9.3 | -12.6 | 10.7 | 43.3 | 30.7 |
| 2005 | 26.9 | — | -0.4 | 2.3 | -10.0 | 3.0 | 0.0 | 12.5 | 26.9 | 21.8 | 34.3 |
| 2006 | 24.8 | — | -2.2 | -12.0 | 14.8 | 0.8 | 5.6 | 55.0 | 24.8 | 31.8 | 86.8 |
| 2007 | 15.4 | — | 2.3 | 4.9 | -6.4 | 31.9 | -104.5 | 75.5 | 15.4 | -56.4 | 19.1 |
| 2008 | 24.5 | — | -3.7 | -12.3 | -15.0 | -30.8 | -59.9 | 88.9 | 24.5 | -97.3 | -8.4 |
| 2009 | -43.5 | — | 6.7 | -20.8 | 57.9 | 16.7 | 45.7 | 90.2 | -43.5 | 62.8 | 153.0 |

资料来源：CEIC 数据库。

附表3　　　　　　　　　间接法1的计算　　　　　单位：10亿美元

| 年份 | 外汇占款增量 | 货物与服务贸易顺差 | 无偿转让 | 长期资本往来 | 职工报酬 | 政府部门经常转移 | FDI净流入 | 外国股权与长期债券投资 | 外国其他长期投资 | 间接法1 |
|---|---|---|---|---|---|---|---|---|---|---|
| 1991 | 10.5 | 11.6 | 0.8 | 7.7 | 0.0 | 0.0 | 0.0 | 0.0 | 0.0 | -9.6 |
| 1992 | -3.1 | 5.0 | 1.2 | 0.7 | 0.0 | 0.0 | 0.0 | 0.0 | 0.0 | -9.9 |
| 1993 | 4.9 | -11.8 | 1.2 | 27.4 | 0.0 | 0.0 | 0.0 | 0.0 | 0.0 | -11.9 |
| 1994 | 27.4 | 7.4 | 1.3 | 35.8 | 0.0 | 0.0 | 0.0 | 0.0 | 0.0 | -17.0 |
| 1995 | 28.9 | 12.0 | 1.4 | 38.3 | 0.0 | 0.0 | 0.0 | 0.0 | 0.0 | -22.8 |
| 1996 | 34.1 | 17.6 | 2.1 | 41.6 | 0.0 | 0.0 | 0.0 | 0.0 | 0.0 | -27.2 |
| 1997 | 47.2 | 42.8 | 0.0 | 0.0 | 0.2 | 0.5 | 44.2 | 7.8 | 6.3 | -54.5 |
| 1998 | 3.4 | 43.8 | 0.0 | 0.0 | -0.1 | 0.2 | 43.8 | 0.2 | -11.3 | -73.1 |
| 1999 | 12.9 | 30.6 | 0.0 | 0.0 | -0.4 | 0.1 | 38.8 | -0.6 | -0.9 | -54.7 |
| 2000 | -6.1 | 28.9 | 0.0 | 0.0 | -0.5 | 0.1 | 38.4 | 0.0 | 0.0 | -72.9 |
| 2001 | 43.1 | 28.1 | 0.0 | 0.0 | -0.6 | -0.1 | 44.2 | 1.2 | -2.3 | -27.5 |
| 2002 | 64.8 | 37.4 | 0.0 | 0.0 | -0.3 | -0.1 | 49.3 | 1.7 | -4.5 | -18.7 |
| 2003 | 140.4 | 36.1 | 0.0 | 0.0 | 0.2 | 0.0 | 47.1 | 8.4 | -6.4 | 55.0 |
| 2004 | 214.4 | 49.3 | 0.0 | 0.0 | 0.6 | -0.1 | 54.9 | 13.2 | 7.7 | 88.7 |
| 2005 | 233.9 | 124.8 | 0.0 | 0.0 | 1.5 | -0.2 | 79.1 | 20.9 | 3.1 | 4.6 |

23

续表

| 年份 | 外汇占款增量 | 货物与服务贸易顺差 | 无偿转让 | 长期资本往来 | 职工报酬 | 政府部门经常转移 | FDI净流入 | 外国股权与长期债券投资 | 外国其他长期投资 | 间接法1 |
|---|---|---|---|---|---|---|---|---|---|---|
| 2006 | 372.3 | 208.9 | 0.0 | 0.0 | 2.0 | -0.1 | 78.1 | 42.9 | 8.9 | 31.7 |
| 2007 | 446.7 | 307.5 | 0.0 | 0.0 | 4.3 | -0.2 | 138.4 | 21.0 | 10.2 | -34.6 |
| 2008 | 736.9 | 348.9 | 0.0 | 0.0 | 6.4 | -0.2 | 147.8 | 9.9 | 3.2 | 220.9 |
| 2009 | 401.8 | 220.1 | 0.0 | 0.0 | 7.2 | -0.2 | 78.2 | 28.8 | 3.6 | 64.2 |

资料来源：CEIC 数据库。

附表4　　间接法2与间接法3的计算　　单位：10亿美元

| 年份 | 间接法1 | 中国对外直接投资 | 中国对外证券投资 | 中国对外其他投资 | 间接法2 | 进出口伪报额 | 间接法3 |
|---|---|---|---|---|---|---|---|
| 1991 | -9.6 | -0.9 | -0.3 | -0.2 | -8.2 | 0.1 | -8.1 |
| 1992 | -9.9 | -4.0 | -0.5 | -3.3 | -2.2 | 5.7 | 3.5 |
| 1993 | -11.9 | -4.4 | -0.6 | -2.1 | -4.8 | 9.4 | 4.6 |
| 1994 | -17.0 | -2.0 | -0.4 | -1.2 | -13.5 | 16.6 | 3.1 |
| 1995 | -22.8 | -2.0 | 0.1 | -1.1 | -19.8 | 11.8 | -8.0 |
| 1996 | -27.2 | -2.1 | -0.6 | -1.1 | -23.3 | 4.6 | -18.7 |
| 1997 | -54.5 | -2.6 | -0.9 | -39.6 | -11.4 | 14.5 | 3.1 |
| 1998 | -73.1 | -2.6 | -3.8 | -35.0 | -31.6 | 1.4 | -30.2 |
| 1999 | -54.7 | -1.8 | -10.5 | -24.4 | -18.0 | -27.7 | -45.7 |
| 2000 | -72.9 | -0.9 | -11.3 | -43.9 | -16.8 | -34.4 | -51.2 |
| 2001 | -27.5 | -6.9 | -20.7 | 20.8 | -20.8 | -37.6 | -58.4 |
| 2002 | -18.7 | -2.5 | -12.1 | -3.1 | -1.0 | -28.4 | -29.4 |
| 2003 | 55.0 | 0.2 | 3.0 | -17.9 | 69.8 | -9.3 | 60.5 |
| 2004 | 88.7 | -1.8 | 6.5 | 2.0 | 82.1 | -12.6 | 69.5 |
| 2005 | 4.6 | -11.3 | -26.2 | -48.9 | 91.1 | 12.5 | 103.6 |
| 2006 | 31.7 | -21.2 | -110.4 | -31.9 | 195.2 | 55 | 250.2 |
| 2007 | -34.6 | -17.0 | -2.3 | -151.5 | 136.2 | 75.5 | 211.7 |
| 2008 | 220.9 | -53.5 | 32.7 | -106.1 | 347.7 | 88.9 | 436.6 |
| 2009 | 64.2 | -43.9 | 9.9 | 9.4 | 88.9 | 90.2 | 179.1 |

资料来源：CEIC 数据库。

# 全口径测算中国当前的热钱规模
# （2003－2008 年）[*]

**摘要：**我们使用"调整后的外汇储备增加额－贸易顺差－FDI＋贸易顺差中隐藏的热钱＋FDI 中隐藏的热钱"的方法，计算了 2003 年至 2008 年第一季度流入中国的热钱规模。在对外汇储备增加额进行调整时，综合考虑了汇率变动、储备投资收益、中国人民银行对中国投资有限责任公司的转账、中国人民银行对国有银行及券商的注资、商业银行以美元缴纳本币法定存款准备金等因素。此外，我们计算了同期内热钱在中国国内可能获得的投资收益。计算结果显示，2003 年至 2008 年第一季度流入中国的热钱合计 1.20 万亿美元，热钱利润合计 0.55 万亿美元，二者之和为 1.75 万亿美元，约为 2008 年 3 月底中国外汇储备存量的 104%。热钱的集中大规模流出值得中国政府高度重视。

## 一、引言

我们试图估算 2003 年至 2008 年第一季度中国境内累积的热钱规模。我们认为市场普遍使用的以"外汇储备－贸易顺差－FDI"的公式计算热钱流入的方法存在明显缺憾。我们所采纳的新方法的基本思路如下。第一，对外汇储备增加额进行调整；第二，用调整后的外汇储备增加额减去贸易顺差与 FDI；第三，估计通过贸易顺差和 FDI 渠道流入的热钱规模；第四，将通过第二步与第三步得到的热钱规模加总；第五，估算热钱在中国的投资收益；第六，将热钱流入规模与热钱投资收益加总。

本文的特色在于，首先，与其他热钱研究相比，我们对外汇储备增加

---

[*] 与徐以升合作，发表于《当代亚太》2008 年第 8 期。

额的调整可能是最完备的,包括汇率变动、储备投资收益、中国人民银行对中国投资有限责任公司(以下简称中投公司)的转账、中国人民银行对国有银行及券商的注资、中国人民银行要求商业银行以美元缴纳本币法定存款准备金等;其次,我们估算了通过贸易顺差与FDI渠道可能流入的热钱规模;最后,我们估算了热钱在中国国内的投资收益。热钱规模与投资收益的加总数据,对判断潜在热钱流出规模具有重要意义。

必须指出,在本文中我们对热钱的定义进行了扩展。传统上将热钱定义为在一国金融市场上投机牟利的短期国际资本,在该国市场上停留时间不超过1年。而我们认为,热钱不仅仅包括短期国际资本,也包括"长期投机性资金"(唐旭、梁猛,2007)。例如,我们把外商投资企业的未汇回利润及折旧也视为热钱。用"非合意资本流入"(Unwanted Capital Flow)来替代热钱概念或许是更好的做法。

## 二、对外汇储备增加额的调整

根据国家外汇管理局公布的年度国际收支平衡表,2003年至2008年第一季度我国的外汇储备增加额见图1。

### (一)汇率变动调整

我国外汇储备资产主要包括美元资产、欧元资产与日元资产。由于外汇储备资产总体上是以美元计价的,因此只要美元对其他货币贬值,则其他币种资产的美元价值就将升值。这种储备价值上升并非是由外汇储备流量导致的,因此必须把汇率升值收益从计算热钱的外汇储备增加额中剔除。

我们假定自2003年初以来,中国外汇储备的币种结构保持不变,即美元资产占70%,欧元资产占20%,日元资产占10%。用欧元(日元)资产某年初的存量乘以该年内欧元(日元)对美元的升值幅度,就得到该年内欧元(日元)资产的汇率升值收益。汇率升值总收益等于欧元资产与日元资产的汇率升值收益之和。

2003年至2008年第一季度的汇率升值收益见图2。2005年由于美元对欧元及日元升值,汇率升值总收益为负。其他年份由于美元对欧元及日

上篇　中国跨境资本流动的规模测算

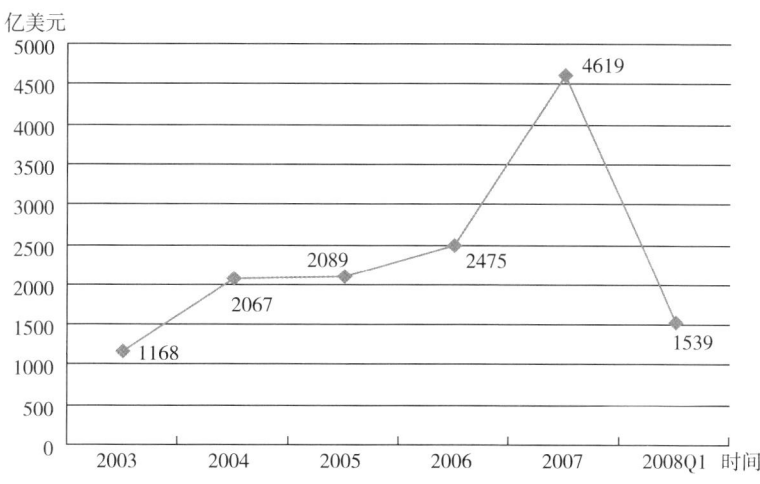

资料来源：国家外汇管理局。

图 1　中国的外汇储备增加额

元贬值，汇率升值总收益为正。从 2006 年至 2008 年第一季度，汇率升值收益不断攀升。

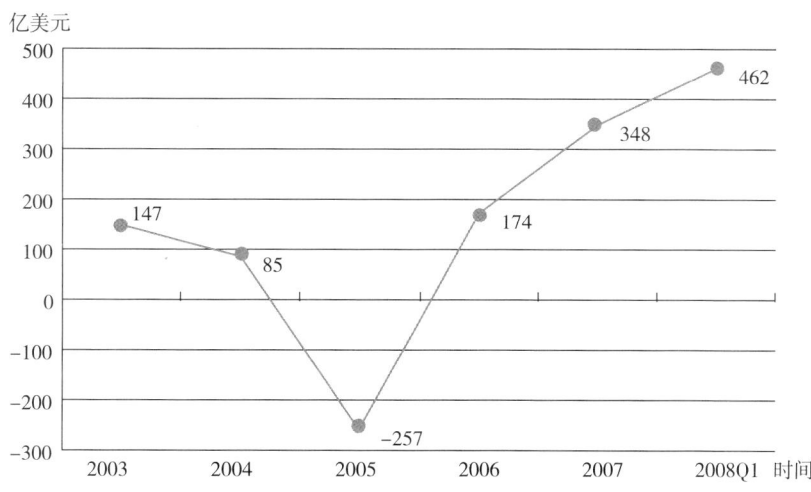

资料来源：中国银行。

图 2　中国外汇储备的汇率升值收益

27

## (二) 储备投资收益

外汇储备投资于以外币计价的金融资产。我们认为，在中国政府公布的外汇储备余额数据中，包括当期的储备投资收益。因此，在计算热钱流入规模时，须从外汇储备增加额中剔除储备投资收益。

我们假定中国的外汇储备全部投资于美国 10 年期国债。用各年初与年末的美国 10 年期国债收益率的算术平均数作为每年外汇储备资产的平均收益率。用每年初的外汇储备存量乘以外汇储备收益率，就得到外汇储备投资收益。

2003 年至 2008 年第一季度的储备投资收益见图 3。2003 年至 2007 年的 10 年期美国国债收益率基本上位于 4.1% ~ 4.6% 的狭窄区间内，因此该时期内储备投资收益的上升主要归因于储备余额的增长，而非收益率的上升。值得注意的是，2008 年第一季度 10 年期美国国债收益率大幅下降至 3.7%。

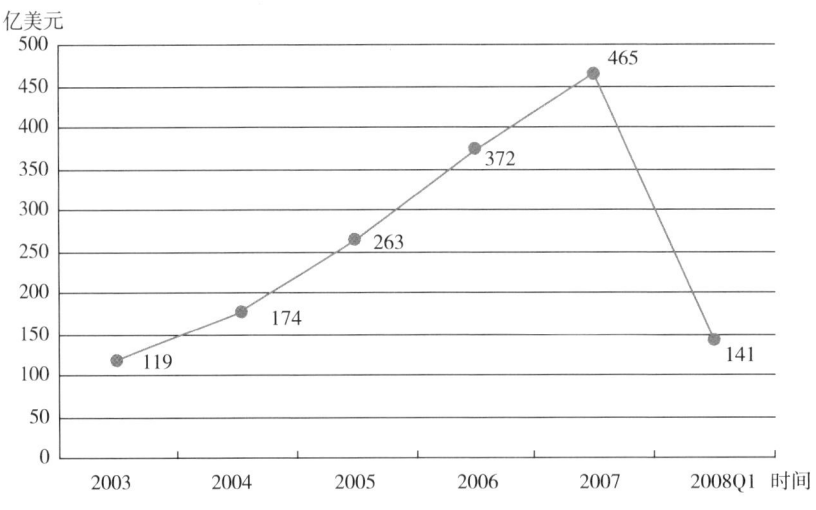

资料来源：美国财政部。

**图 3 中国外汇储备的投资收益**

## (三) 中国人民银行对中投公司的外汇储备转账

为提高外汇储备的投资收益率，中国政府于 2007 年 9 月设立了中投公司。该公司的初始管理资金规模为2000亿美元。筹资方式为，由财政部发行1.55万亿元人民币的特别国债，借道中国农业银行与中国人民银行的外汇资产进行置换。财政部2007年特别国债发行情况见表1。

表1　　　　　　　　财政部2007年特别国债发行情况

| 期次 | 发行时间 | 发行规模（亿元人民币） | 发行对象 | 当期汇率 | 当期汇率折算美元（亿美元） |
| --- | --- | --- | --- | --- | --- |
| 1 | 2007-08-29 | 6000.0 | 中国农业银行转中国人民银行 | 7.5505 | 794.65 |
| 2 | 2007-09-17 | 319.7 | 市场发行 | 7.5230 | 42.50 |
| 3 | 2007-09-21 | 350.9 | 市场发行 | 7.5050 | 46.76 |
| 4 | 2007-09-28 | 363.2 | 市场发行 | 7.5108 | 48.36 |
| 5 | 2007-11-02 | 349.7 | 市场发行 | 7.4624 | 46.86 |
| 6 | 2007-11-16 | 355.6 | 市场发行 | 7.4336 | 47.84 |
| 7 | 2007-12-11 | 7500.0 | 中国农业银行转中国人民银行 | 7.3797 | 1016.30 |
| 8 | 2007-12-17 | 263.5 | 市场发行 | 7.3790 | 35.71 |

资料来源：中国债券信息网。

财政部在2007年8月至12月发行了8期特别国债，总规模为1.55万亿元人民币。①我们假设财政部在特别国债发行当日即从中国人民银行购买外汇资产，则在2007年8月至12月，中国人民银行划出的外汇储备合计2079亿美元。考虑到中投公司以670亿美元从中国人民银行手中收购中央汇金投资有限责任公司（以下简称中央汇金公司），又使得这部分外汇储备回流到中国人民银行资产负债表，因此中投公司从中国人民银行获得的

---

① 在中国人民银行资产负债表资产方"对政府债权"项下，"对中央政府债权"由2007年7月的2826亿元人民币跳升至8月的8820亿元人民币，对应8月29日6000亿元人民币特别国债的发行；该项由2007年11月的8825亿元人民币跳升到12月的16318亿元人民币，对应12月11日7500亿元人民币特别国债的发行。由于同期中国人民银行资产负债表的负债部分并没有相应项目的增加，为保持资产负债表的平衡，我们有理由相信，中国人民银行在同期资产方的"外汇资产"项下将外汇储备划至中投公司名下。

外汇储备净值为 1409 亿美元。①

我们假定以上注资在 2007 年底完成。②为准确计算热钱流入规模，2007 年的外汇储备增加额应调增 1409 亿美元。

### (四) 中国人民银行对国有银行及券商的注资

为推动中国金融体系改革，帮助国有商业银行进行股份制改造与海外上市，加速国内证券公司重组，以及推动政策性银行转变为商业银行，中国人民银行通过中央汇金公司向国有银行及券商不断注入资金，其中大部分是外汇注资。中央汇金公司成立于 2003 年 12 月，迄今为止向中国金融机构的注资详情见表2。

表2　　　　　中央汇金公司对金融机构的投资记录③

| 金融机构 | 日期 | 金额 | 附注 |
| --- | --- | --- | --- |
| 中国银行 | 2003 年 12 月 | 225 亿美元 | |
| 中国建设银行 | 2003 年 12 月 | 200 亿美元 | |
| 中国建银投资有限责任公司 | 2003 年 12 月 | 25 亿美元 | |
| 交通银行 | 2004 年 6 月 | 30 亿人民币 | |
| 中国工商银行 | 2005 年 4 月 | 150 亿美元 | |
| 中国银河证券股份有限公司 | 2005 年 6 月 | 100 亿元人民币 | |
| 申银万国证券股份有限公司 | 2005 年 8 月 | 25 亿元人民币 | 贷款 15 亿元人民币 |
| 国泰君安证券股份有限公司 | 2005 年 8 月 | 10 亿元人民币 | 贷款 15 亿元人民币 |
| 中国银河金融控股有限责任公司 | 2005 年 8 月 | 55 亿元人民币 | |
| 中国光大银行 | 2007 年 11 月 | 200 亿元人民币 | |
| 国家开发银行 | 2007 年 12 月 | 200 亿美元 | |

资料来源：维基百科。

---

① 中投公司从中国人民银行手中购买中央汇金公司的交易记录出现在 2007 年 12 月的中国人民银行资产负债表上，12 月，中国人民银行资产负债表"资产方"的"其他资产"项从 11 月的 11979 亿元人民币骤减至 7098 亿元人民币，减少了 4881 亿元人民币，按当期汇率大约 670 亿美元。

② Logan Wright (2008) 指出，购汇时间可能从 2007 年 8 月延续至 2008 年第一季度。我们的假定可能影响 1409 亿美元在 2007 年与 2008 年之间的分布，但不会影响我们对跨期外汇储备流入额的总体判断。

③ 我们这里没有包括 2007 年 12 月中央汇金公司对国家开发银行注资的 200 亿美元，因为这部分资金是由中投公司出资注入，如果包括进来则有重复计算之嫌。

我们假定中国人民银行在宣布注资当月完成注资，并用月末基准汇率将人民币折算为美元，计算得到的 2003 年至 2008 年第一季度的中央汇金公司注资美元规模见图 4[①]。2003 年至 2007 年，中国人民银行通过中央汇金公司向国有银行及券商合计注资 654 亿美元。为准确计算热钱流入规模，这应该计入 2003 年至 2007 年的外汇储备增加额。

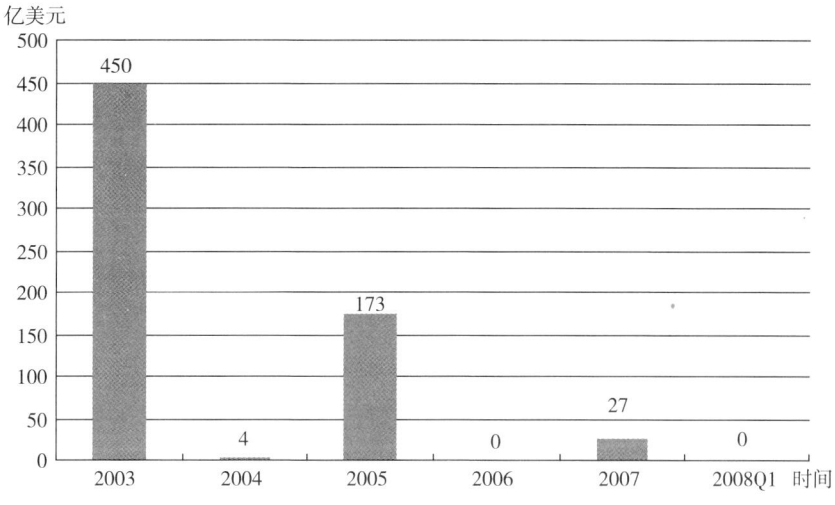

资料来源：维基百科。

**图 4　中国人民银行对国有银行及券商的注资规模**

### （五）商业银行用美元缴纳本币法定存款准备金

自 2007 年 8 月至今，中国人民银行在上调本币法定存款准备金时，要求商业银行（尤其是全国性商业银行）以美元缴纳准备金。为满足中国人民银行新增法定存款准备金要求，商业银行需要在外汇市场上（主要是向中国人民银行）购买美元。

我们首先计算各次准备金率调整可能冻结的人民币资金，并以准备金缴款当天的人民币对美元汇率中间价，计算得到各期准备金率调整冻结资

---

① 关于中央汇金公司对券商和中国光大银行注资所用的人民币资金来源，有一种说法认为，其来源于中国银行、中国工商银行、中国建设银行等银行的人民币利润分红。如果该说法成立，则外汇储备增加额应调降大约 173 亿美元。

金的美元规模。由于并非所有的商业银行均被要求以美元缴纳法定存款准备金，我们以70%的保守比例计算。①计算结果见表3。2007年8月至12月因准备金率调整而冻结资金的美元规模分别为174亿美元、178亿美元、177亿美元、182亿美元与372亿美元，累计1083亿美元。2008年1月和3月因准备金率调整而冻结资金的美元规模分别为190亿美元与207亿美元，累计397亿美元。

商业银行以美元缴纳本币法定存款准备金，这客观上降低了中国外汇储备的增长速度。为更加准确地估算热钱流入，2007年的外汇储备增加额应调增1083亿美元，2008年第一季度应调增397亿美元。

表3　　　　商业银行缴纳的外汇存款准备金规模估算

单位：亿元人民币

| 日期 | 准备金率 | 存款总额 | 冻结资金 | 汇率水平 | 美元资金 | 以70%计 |
|---|---|---|---|---|---|---|
| 2008-03-31 | 15.5 | 415693 | 2078 | 7.0436 | 295 | 207 |
| 2008-01-31 | 15 | 391551 | 1958 | 7.2065 | 272 | 190 |
| 2007-12-31 | 14.5 | 389371 | 3894 | 7.3261 | 531 | 372 |
| 2007-11-30 | 13.5 | 385507 | 1928 | 7.3942 | 261 | 182 |
| 2007-10-31 | 13 | 378484 | 1892 | 7.4867 | 253 | 177 |
| 2007-09-30 | 12.5 | 382981 | 1915 | 7.5135 | 255 | 178 |
| 2007-08-31 | 12 | 377416 | 1887 | 7.5921 | 249 | 174 |

资料来源：存款数据来自中国人民银行，汇率数据来自中国银行。

---

① 根据国家外汇管理局网站对国家外汇管理局储备管理司职能的介绍，储备司"负责国家外汇储备的经营管理，及经批准受托经营中国人民银行的外汇存款准备金等。"也就是说，银行金融机构缴存的外汇存款准备金仍然由中国人民银行运行，这意味着这部分资金将仍然体现在中国人民银行资产负债表上。
在中国人民银行例行公布的"货币当局资产负债表"的"资产方"，中国人民银行的"国外资产"包括"外汇""货币黄金""其他国外资产"三项。"外汇"项对应官方外汇储备，"货币黄金"对应官方黄金储备的货币计价，银行金融机构以外汇缴存准备金记录在了"其他国外资产"。2007年中国人民银行资产负债表数据显示，1月至7月，中国人民银行"其他国外资产"规模均在1060亿元人民币左右，但2007年8月跳升到2085.27亿元人民币，9月至12月也分别升至3746.78亿元人民币、5573.82亿元人民币、6802.52亿元人民币、9319.23亿元人民币。中国人民银行"其他国外资产"2007年8月至12月累计新增规模为8266.92亿元人民币，同期上调存款准备金率冻结的本币资金水平为11515.65亿元人民币，其比例为71.78%，与我们以70%的水平估算类似。70%的水平也显得稍微保守。随着准备金水平的继续调整，到2008年4月中国人民银行"其他国外资产"已经上涨至11240.73亿元人民币。

## (六) 调整汇总

在表 4 中，我们汇总了对外汇储备增加额的各种调整。用原始的外汇储备增加额，减去汇率升值收益与储备投资收益，再加上中国人民银行对中投公司的转账、中国人民银行对国有银行及券商的注资、商业银行用美元向中国人民银行缴纳的本币法定存款准备金，即得到调整后的外汇储备增加额。[①]

表 4　　　　　　　　调整后的外汇储备增加额　　　　　　单位：亿美元

| 时间 | 2003 年 | 2004 年 | 2005 年 | 2006 年 | 2007 年 | 2008 年 Q1 |
|---|---|---|---|---|---|---|
| 外汇储备增加额 | 1168 | 2067 | 2089 | 2475 | 4619 | 1539 |
| 减：汇率升值收益 | 147 | 85 | −257 | 174 | 348 | 462 |
| 减：储备投资收益 | 119 | 174 | 263 | 372 | 465 | 141 |
| 加：中国人民银行对中投公司的转账 | — | — | — | — | 1409 | — |
| 加：中央汇金公司对国有银行及券商的注资 | 450 | 4 | 173 | — | 27 | — |
| 加：以美元缴纳的本币存款准备金 | — | — | — | — | 1084 | 397 |
| 调整后的外汇储备增加额 | 1352 | 1812 | 2256 | 1929 | 6316 | 1333 |

图 5 显示了调整前与调整后的外汇储备增加额。在 2006 年之前，调整前后的外汇储备增加额变动不大。在 2006 年，调整后的外汇储备增加额要比调整前低 22%，这主要是因为扣除了汇率升值收益以及储备投资收益所致；在 2007 年，调整后的外汇储备增加额要比调整前高 37%，这主要是因为中国人民银行向中投公司的转账，以及中国人民银行要求商业银行以美元缴纳本币法定存款准备金所致。调整后的外汇储备增加额数据显示，2007 年外汇储备增长迅猛，同比增长 227%，2008 年延续了 2007 年的外汇储备高流入态势。

---

① 在对外汇储备增加额进行调整时，我们没有考虑中国人民银行与商业银行之间的外汇掉期。主要理由包括：第一，我们不能找到关于中国人民银行与商业银行之间的外汇掉期的详细数据；第二，外汇掉期只能暂时平滑外汇储备的增长，一旦掉期结束，掉期金额将依然体现为中国人民银行外汇储备的增长。但是，未考虑外汇掉期造成外汇储备增长额的跨期差异，将会降低我们在后面进行热钱投资收益计算的准确性。

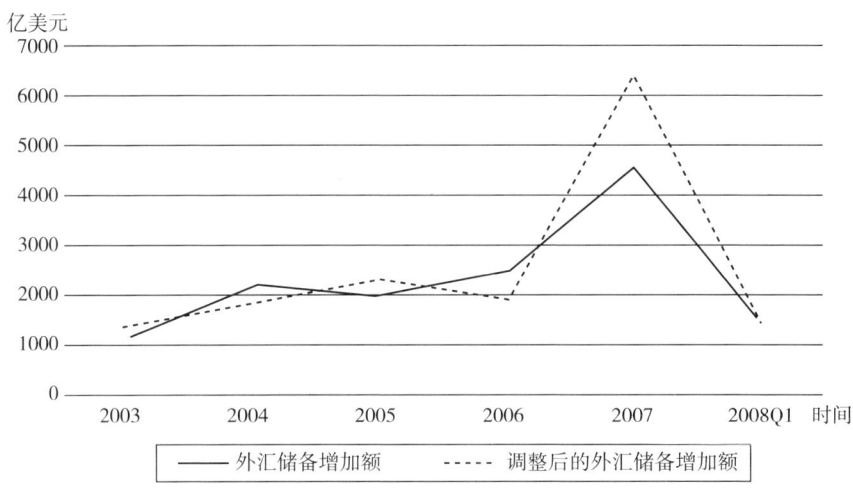

图5 调整前与调整后的外汇储备增加额之对比

## 三、隐藏在贸易顺差及 FDI 中的热钱

### (一) 隐藏在贸易顺差中的热钱

观察近年来中国的贸易顺差数据,不难发现一个重要趋势,即从2005年起,我国的贸易顺差规模突然上升。2001年至2004年,中国贸易顺差分别为225亿美元、226亿美元、255亿美元和319亿美元;2005年至2007年,中国贸易顺差分别为1017亿美元、1776亿美元与2620亿美元。很难相信,2004年至2005年,中国出口部门的产业结构或劳动生产率会急剧提升,或者外国需求会急剧增长。由于人民币汇率改革也发生在2005年,这使得我们怀疑,2005年以来中国贸易顺差的大幅上升,很大程度上是在人民币升值预期下,由贸易项下的热钱流入导致的。[①]

从近年来贸易顺差占进出口总额的比率来看,2000年至2004年,该比率位于2%～4%的区间内,从未超过5%;该比率在2005年为7%,2006年为10%,2007年为12%。贸易顺差占进出口总额的比率的急剧上

---

① 2008年5月,德意志银行经济学家马骏对国内外200家企业和境内外60位高收入个人进行了一个关于"热钱流入渠道"的调查。调查显示,在受访的企业中,有11%的企业选择"低报进口"、10%选择"高报出口"。

升,并不能仅仅用产业结构升级、人民币升值改善贸易条件等常规性理由来解释。①

我们假定2005年之前贸易顺差中没有热钱,并用一种简单方法对2005年至2008年第一季度的虚假贸易顺差进行了测算。2004年中国贸易顺差增长了大约25%。考虑到人民币升值造成的贸易条件改善、出口行业劳动生产率提高、外需增强等因素,假定2005年至2008年真实贸易顺差的年度增长率分别是前一年真实贸易顺差的30%、35%、40%、45%。考虑到以下因素,上述贸易顺差增长率假定并不偏低:第一,中国贸易总额的一半以上为加工贸易,而2005－2007年全球经济增长率保持稳定,外需并未大幅增加;第二,中国一般贸易行业具有劳动密集型与低附加值特征,产业结构和劳动生产率在2005－2007年间并未显著改善。

图6显示了根据以上方法计算的通过贸易渠道流入的热钱规模,2005年至2008年第一季度通过贸易渠道流入的热钱规模分别为601亿美元、1215亿美元、1835亿美元和130亿美元。②

(二) 隐藏在 **FDI** 中的热钱

在马骏 (2008) 进行的热钱渠道调查中,有52%的企业认为"直接投资"最易操作,不管是内资还是外资都以直接投资为首选热钱转移方式。该项调查证明了FDI流入中存在相当规模的热钱流入。然而,由于缺乏估算FDI中隐含热钱的方法,我们暂不对FDI中隐含热钱进行计算。而是假定FDI流入均为真实的,但把FDI未汇出利润及折旧视为热钱 (长期投机性资金)。

---

① 杜艳 (2008) 指出,2005年至2007年我国出口额比2004年出口额分别仅增长了20%、60%和110%,但是相应的贸易顺差却分别增长了2.2倍、4.5倍和7.2倍。由于占我国六成左右的外资出口产能并没有发生明显变化,贸易顺差的剧增表明,我国从2004年以来的出口包含了相当分量的虚假成分。虚假贸易发生可能性最大的来自三类,一是进出口杂项,二是机械及运输设备,三是轻纺制品、橡胶制品、矿冶产品及其制品。这三大类产品的贸易顺差均在2004年以来,出现了超常规的爆发式增长。

② 李东平 (2008) 认为,只要出口部门产业结构未发生明显变化,那么2005年之后的真实出口额与真实进口额之比,应该与2004年之前大致保持相同水平。他同时假定,2004年之前基本没有虚假贸易。沿着上述思路,他的测算表明,2005年的虚假顺差在595亿～630亿美元之间;2006年的虚假顺差在1234亿～1307亿美元之间;2007年的虚假顺差在1940亿～2055亿美元之间;2005－2007年虚假顺差占名义顺差比率的中值分别为60%、72%和76%。我们的计算结果略低于李东平的结论。

中国的跨境资本流动：规模测算、驱动因素与管理策略

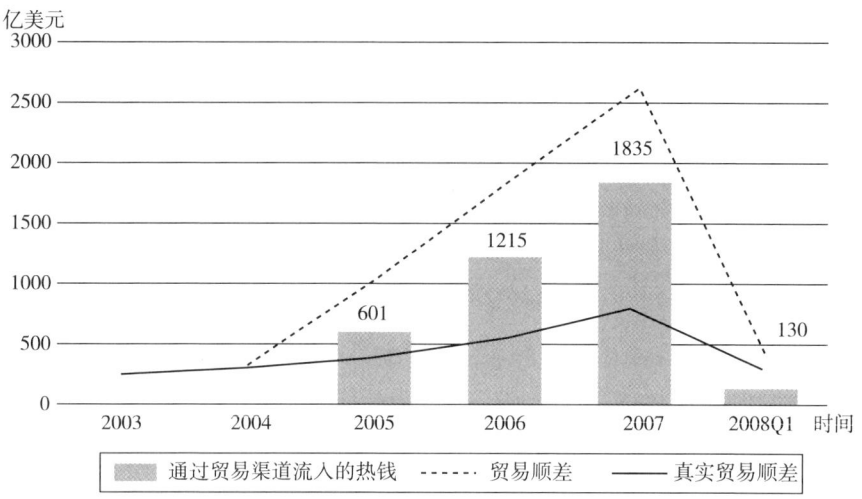

资料来源：名义贸易顺差数据来自商务部。

**图6　通过贸易渠道流入的热钱规模**

要计算FDI未汇出利润及折旧，首先就面临FDI数据的选择。目前国内FDI数据主要有商务部和国家外汇管理局（以下简称外汇局）两种口径，见图7，这两个部门对FDI的统计口径从2005年起出现了显著差异。

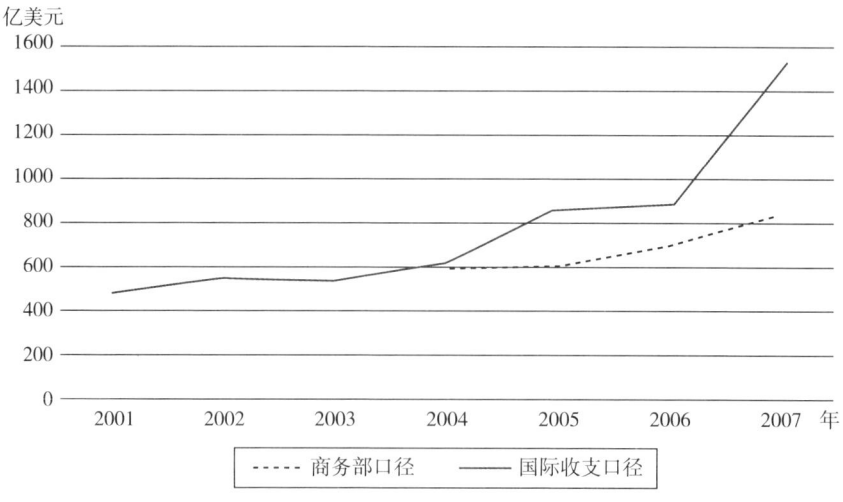

资料来源：商务部、国家外汇管理局。

**图7　商务部与国家外汇管理局FDI数据的分歧**

鉴于以上原因，我们采用了2006年商务部、外汇局、财政部等六部门开展外商投资企业联合年检中的外国来华直接投资存量数据，该数据显示，2004年至2006年底中国的FDI余额分别为3690亿美元、4715亿美元、5442亿美元。2003年的FDI余额为3690亿美元减去2004年商务部口径的FDI流入；2007年的FDI余额为5442亿美元加上2007年商务部口径的FDI流入；2008年第一季度的FDI余额为2007年余额加上2008年第一季度商务部口径的FDI流入。

我们假定，每年的FDI税后利润加折旧（净现金流入）等于上一年FDI余额的20%，由每年FDI的净现金流入减去汇出利润，就等于每年FDI未汇出利润及折旧。计算结果见图8。2003年至2008年第一季度的未汇出利润及折旧分别为403亿美元、511亿美元、678亿美元、716亿美元、706亿美元、190亿美元，累计规模为3204亿美元。①

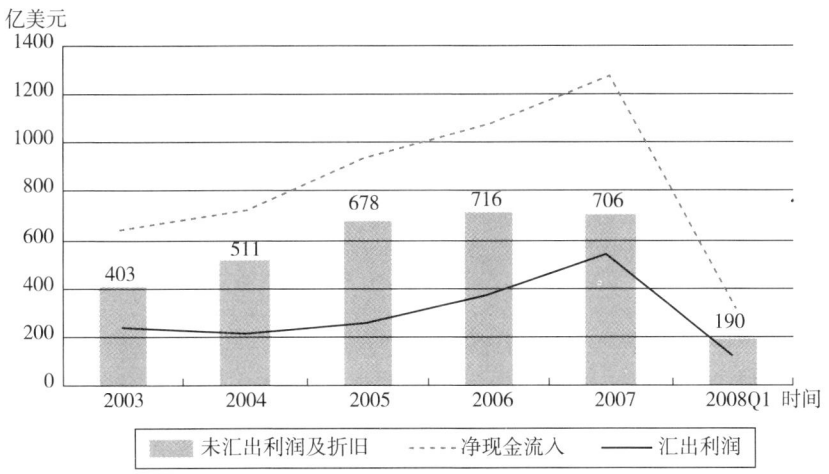

资料来源：2004-2006年FDI余额数据来自外汇局国际投资头寸表。

**图8　FDI的未汇出利润及折旧**

---

① 唐旭和梁猛（2007）认为，在不考虑外债情况下，通过外商投资企业的行为而积累的长线投机资金主要包括未汇出利润与折旧。每年长线投机资金的计算方法为外资利润＋FDI折旧额－收益汇出。由此计算的2003-2005年的长线投机资金分别为476亿美元、671亿美元与722亿美元。姚枝仲（2008）重点计算了中国外商投资企业的留存收益（未汇出利润），如果按照外商投资企业实收资本净利润率为19%来计算，则2004-2006年外资企业未被统计到的留存利润分别为523亿美元、639亿美元与758亿美元。我们的计算结果略低于唐旭和梁猛的计算，与姚枝仲的计算结果比较一致。

## 四、流入中国的热钱规模

用调整后的外汇储备增加额,减去贸易顺差与 FDI,再加上贸易顺差与 FDI 中隐藏的热钱,就得到最终估算的热钱流入规模。

由于国际收支口径(按离岸价格计算)统计的货物和服务贸易顺差大于海关口径(按到岸价格计算)的贸易顺差,国际收支口径的 FDI 大于商务部口径的 FDI,为保守起见,我们以调整后的外汇储备减去国际收支口径的货物和服务贸易顺差及 FDI。由于 2008 年第一季度没有国际收支口径数据,我们沿用海关口径的贸易顺差和商务部口径的 FDI。①

相关计算过程见表 5。计算结果显示,2003 年至 2008 年第一季度的热钱流入规模分别为 956 亿美元、1398 亿美元、1915 亿美元、1389 亿美元、5410 亿美元与 964 亿美元。这 21 个季度累计流入热钱 12032 亿美元,占 2008 年 3 月底外汇储备存量的 72%。

表5　　　　　　　　流入中国的热钱规模　　　　　　单位:亿美元

| 时间 | 2003 年 | 2004 年 | 2005 年 | 2006 年 | 2007 年 | 2008 年 Q1 |
|---|---|---|---|---|---|---|
| 调整后的外汇储备增加额 | 1352 | 1812 | 2256 | 1929 | 6316 | 1333 |
| 减:贸易顺差 | 255 | 319 | 1017 | 1776 | 2620 | 415 |
| 减:FDI | 544 | 606 | 603 | 695 | 827 | 274 |
| 加:贸易顺差中的热钱 | 0 | 0 | 601 | 1215 | 1835 | 130 |
| 加:FDI 未汇出利润 | 403 | 511 | 678 | 716 | 706 | 190 |
| 流入中国的热钱规模 | 956 | 1398 | 1915 | 1389 | 5410 | 964 |

资料来源:国家外汇管理局、商务部。

## 五、热钱在中国的投资收益

热钱流入中国的动因,在于获得利息、人民币升值收益以及资产价格溢

---

① 经计算,2003 年至 2007 年国际收支口径的货物贸易顺差累计 7710 亿美元,比海关口径累计的 5997 亿美元高出 1713 亿美元,这期间另有 444 亿美元的服务贸易逆差。从 FDI 来看,2003 年至 2007 年国际收支统计口径的 FDI 流入比商务部口径累计多出 854 亿美元。采用国际收支口径,我们计算的热钱流入规模比采用常规统计口径计算的热钱流入规模,少了 2122 亿美元,这是一个庞大的数字。

价。流入中国的热钱的投资对象大致包括银行存款、股票、房地产三类。

我们假定，各年度热钱投资上述三类资产的规模均为三分之一。热钱投资银行存款将获得利息收入，投资股市将获得股票溢价收入，投资房地产将获得房地产溢价收入。各种形式的热钱投资均获得人民币升值收益。在计算利息收入时，我们使用1年期人民币存款基准利率。在计算股票溢价收入时，我们使用年度上证指数涨幅。在计算房地产溢价收入时，2003年至2006年使用Wind资讯中北京、天津、上海、重庆四地房屋销售价格平均涨幅；2007年及2008年第一季度使用国家发展和改革委员会全国70个大中城市房地产价格涨幅。

热钱投资收益的具体计算方法是，第一，每年的热钱累计规模等于之前年度的热钱累计流入规模，加上本年度热钱流入规模的50%；第二，将每年的热钱累计用当年年初与年末基准汇率的平均数折算成人民币；第三，用人民币热钱规模乘以各种资产的收益率；第四，将各种资产的投资收益加总。

计算结果见表6，2003年至2008年第一季度，热钱在中国的投资收益分别为264亿元人民币、2亿元人民币、1827亿元人民币、19223亿元人民币、23414亿元人民币与-6057亿元人民币，累计38673亿元人民币，以2008年3月底的汇率计算为5510亿美元。

**表6** 热钱在中国的投资收益

| 时间 | 2003年 | 2004年 | 2005年 | 2006年 | 2007年 | 2008年Q1 |
| --- | --- | --- | --- | --- | --- | --- |
| 流入中国的热钱规模（亿元人民币） | 956 | 1398 | 1915 | 1389 | 5410 | 964 |
| 热钱累计规模（亿美元） | 478 | 1655 | 3311.5 | 4963.5 | 8363 | 11550 |
| 基准汇率 | 8.2770 | 8.2766 | 8.1734 | 7.9395 | 7.5567 | 7.1618 |
| 热钱累计规模（元人民币） | 3956 | 13698 | 27066 | 39407 | 63196 | 82719 |
| 人民币存款利率（%） | 1.98 | 2.03 | 2.25 | 2.34 | 3.15 | 4.14 |
| 银行存款盈利（1） | 26 | 93 | 203 | 307 | 664 | 285 |
| A股市场溢价（%） | 10 | -15 | -8 | 130 | 97 | -34 |
| A股市场盈利（2） | 132 | -685 | -722 | 17077 | 20433 | -9375 |
| 房地产市场溢价（%） | 8 | 13 | 26 | 14 | 11 | 11 |
| 房地产市场盈利（3） | 106 | 594 | 2346 | 1839 | 2317 | 3033 |
| 总盈利＝（1）＋（2）＋（3） | 264 | 2 | 1827 | 19223 | 23414 | -6057 |

## 六、结论

我们运用调整后的外汇储备增加额减去贸易顺差与FDI，再加上贸易顺差与FDI中可能隐藏的热钱的方法，计算了2003年至2008年第一季度的热钱流入规模。我们根据利差、人民币升值收益以及资产价格溢价，计算了同期内的热钱投资收益。2003年至2008年第一季度，累计流入中国的热钱为12032亿美元，热钱在中国的累计收益为5510亿美元（以2008年3月31日汇率计算），二者之和为17542亿美元，约为2008年3月底中国外汇储备余额的104%。这足以说明，当前我国热钱流入的规模是惊人的，一旦爆发危机，目前的巨额外汇储备未必像我们想象中的那么充足。因此，必须采取各种手段，控制热钱的进一步流入，并未雨绸缪地防范热钱大规模撤出。

对热钱的计算大多建立在各种可能偏离现实的假定的基础上，本文也不例外。我们的计算存在以下不足。第一，在计算热钱的可能盈利时，我们是按年度数据计算的，这明显削弱了计算结果的解释力。第二，我们采用的方法隐含地假定了，除贸易顺差与FDI之外的其他外国资金流入均为热钱，这高估了热钱的规模，因为除贸易顺差与FDI之外，职工报酬与正常的外债均不属于热钱范畴。第三，我们以A股指数涨跌估算热钱投资收益，以QFII在A股市场的表现来看，我们倾向于认为这低估了热钱的投资收益。此外，我们也可能低估了热钱在房地产行业的投资收益。第四，如何估算贸易顺差中隐藏的热钱是非常困难的，我们对贸易顺差增长率的假定也许会引发争议。而进一步估算贸易顺差中可能隐藏的热钱，可能成为我们下一步的研究重点。

## 附录 当前热钱的可能去向

关于热钱的话题是当前中国宏观经济中的焦点问题。尽管在热钱的定义、热钱规模的估算方面存在很大争议，但是当前热钱加速流入中国，则是不争的事实。问题在于，2007年10月以来，股市大幅下跌，房地产市场陷入停顿，规模巨大的热钱究竟流向了何方？从目前来看，热钱至少去了两个地方。

第一,在全球金融市场哀鸿遍野、"跌跌不休"的背景下,热钱仅仅以银行存款形式停留在银行账户上,就能获得12%左右的无风险年度收益率(利差加汇差),这样的收益率已经相当不错了。因此,目前有大量热钱以人民币存款形式存在,并时刻对中国资本市场虎视眈眈。2008年5月,中国存款性金融机构中的活期存款为12.3万亿元人民币,同比增长2.0万亿元人民币;定期存款为7.5万亿元人民币,同比增长1.8万亿元人民币;储蓄存款为19.1万亿元人民币,同比增长2.3万亿元人民币;三者合计为38.9万亿元人民币,同比增长6.1万亿元人民币。当然,在银行存款的增长中(尤其是定期存款的增长中),很大一部分源自中国居民资金从股市向银行的回流,但是仅凭这一点恐怕很难完全解释存款如此大规模的增长。根据我们的计算,2007年加上2008年第一季度流入的热钱规模为6374亿美元,这或许可以与同期内中国银行存款的大幅增加相互佐证。

第二,有大量证据表明,热钱已经介入中国沿海一带的民间借贷市场,为大量不能获得贷款的中小企业提供生产运营资金,尤其是中小房地产开发商。国家发展和改革委员会公布的2008年第一季度房地产市场运行报告显示,2008年第一季度全国房地产开发完成投资3544亿元人民币,同比增长26.9%,增幅比去年同期加快6.7个百分点,高于同期固定资产投资增幅1.6个百分点。房地产投资明显出现了反弹。为什么会出现在银行资金趋紧、上市融资趋紧、外商正规投资趋紧的情况下,中国房地产开发投资不降反升的奇特现象呢?热钱介入房地产开发融资领域是一个重要的解释。

如果大规模的热钱进入民间借贷市场,那么民间借贷市场上的资金供应将相当充足,为何民间借贷利率依然居高不下呢?笔者认为,原因可能有两点。其一,民间借贷利率不可能降低至银行贷款利率的水平,因为民间借贷是非法行为,民间借贷利率中必须包含一部分法律风险溢价。由于介入民间借贷的法律风险较高,造成一部分热钱不愿意介入该领域。而介入该领域的热钱为了补偿所承担的风险,将会要求更高的风险溢价。其二,有大量证据表明,民间借贷与银行贷款相比,手续非常简化,获得贷款的时间很短,由于民间借贷提供的上述服务优于银行贷款,因此贷款方认为自己理应获得更高的回报率。

中国的跨境资本流动：规模测算、驱动因素与管理策略

# 厘清中国面临的国际资本净流动与总流动（1998－2012年）

**摘要：** 对国际资本总流动数据的分析能够揭示出被国际资本净流动数据所掩盖的大量信息，故而特别适合被用来研究金融稳定问题。本文利用1998年第一季度至2012年第四季度的国际收支表，对中国面临的国际资本净流动与总流动进行了总体与细项的对比分析，发现国际资本总流动数据的确揭示出一些有趣现象，例如贷款是中国其他投资总流动的最重要形式、国际金融危机后外商直接投资总流出呈现出趋势性上升、国际金融危机爆发前后中国债券投资总流动发生了规模较大的方向转换（先流出后流入）等。

## 一、研究国际资本总流动的原因

长期以来，研究国际资本流动的文献集中于关注国际资本净流动（Net Flow）。然而近年以来，越来越多的文献开始关注于国际资本总流动（Gross Flow）（Obstfeld，2010；Forbes and Warnock，2012；Obstfeld，2012）。尽管国际资本净流动能够更好地被用来解释诸如汇率变动与经济增长之类的宏观变量，但国际资本总流动似乎与金融稳定更为密切相关。

由于国际资本净流动是一个差额数据，等于国际资本总流入减去国际资本总流出，这至少掩盖了如下两个对于金融稳定而言至关重要的问题：第一，一国不同部门之间，或者同一部门的不同主体之间，面临资本总流入与资本总流出的冲击是不对称的。例如，如果一国商业银行体系面临资本大量流出，而其他金融机构面临资本大量流入。尽管该国的资本流动从净额意义上来看是大致平衡的，该国商业银行仍有可能爆发资产负债表危机。第二，一国所面临资本总流入的来源国与资本总流出的目的国可能是

不一样的,而这对各国之间的汇率波动会产生不同影响。例如,如果中国在一段时间内面临来自日本的资本总流入以及去往美国的资本总流出,那么尽管人民币有效汇率不会发生显著变动,但人民币可能对日元升值,而对美元贬值。

因此,厘清中国面临的国际资本净流动与总流动,分析两者之间的联系与差异,对于深化中国面临的跨境资本流动规模、诱因与冲击的讨论,具有重要意义。本文试图利用中国国家外汇管理局近年来公布的1998年第一季度至2012年第四季度的国际收支数据,初步比较中国面临的国际资本净流动与总流动,从而为后续相关研究提供一个基础。

## 二、中国面临的国际资本净流动与总流动:比较分析

如图1所示,1998年第一季度至2012年第四季度,中国面临的国际资本净流入在方向上不断变化,但以流入为主;在规模上呈逐渐放大之势。迄今为止,季度资本净流入的峰值为2010年第四季度的1309亿美元,季度资本净流出的峰值为2012年第三季度的525亿美元。然而,2002年以来,中国面临的国际资本总流入与总流出规模均持续显著放大,在量级上远远超过资本净流动。例如,截至2012年第四季度,季度资本总流入的峰值为2011年第三季度的4125亿美元,季度资本总流出的峰值为2012年第四季度的3908亿美元。此外,在2008年国际金融危机期间,中国面临的资本总流入与总流出均大幅下降。2009年第一季度与2008年第一季度相比,资本总流入与总流出分别下降了1545亿美元与1072亿美元,而作为差额的资本净流入仅下降473亿美元。

如图2所示,就中国面临的国际资本净流动细项来看。直接投资项目自1998年第一季度以来一直为净流入,规模逐渐放大,峰值为2011年第一季度的677亿美元;证券投资项目在方向上不断变化,净流入的峰值为2008年第三季度的329亿美元,净流出的峰值为2006年第四季度的207亿美元;相比之下,其他投资项目无论在方向上还是规模上的波动均最为剧烈。2007年以来,其他投资项目的规模波动显著放大。其净流入的峰值为2009年第二季度的683亿美元,净流出的峰值为2012年第三季度的956亿美元。

中国的跨境资本流动：规模测算、驱动因素与管理策略

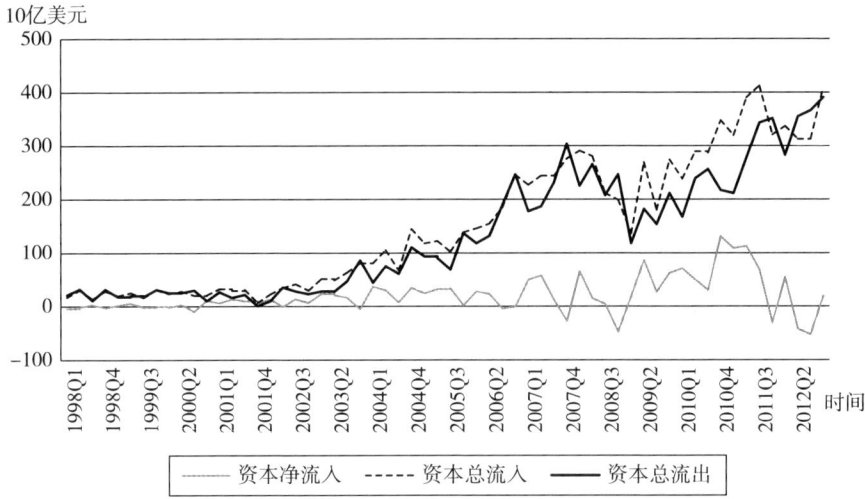

注：我们用国际收支表中的金融账户余额来表示中国面临的资本净流入，用金融账户贷方余额来表示中国面临的资本总流入，用金融账户借方余额来表示中国面临的资本总流出。以下处理均沿用这一思路。

资料来源：CEIC 数据库。

**图 1　中国面临的国际资本净流动与资本总流动**

资料来源：CEIC 数据库。

**图 2　中国面临的国际资本净流动细项**

图 3 与图 4 比较了中国面临的国际资本总流入与总流出的细项。不难

看出,其他投资项目的规模过去十年来增长迅速,其他投资总流入的峰值为2011年第三季度的3168亿美元,其他投资总流出的峰值为2012年第四季度的3431亿美元。近年来直接投资总流入出现较快增长,而直接投资总流出增长较为有限。从量级上来看,证券投资总流入与总流出的规模均相当有限,前者近年来出现多次加快增长,而后者近年来波动趋于平缓。

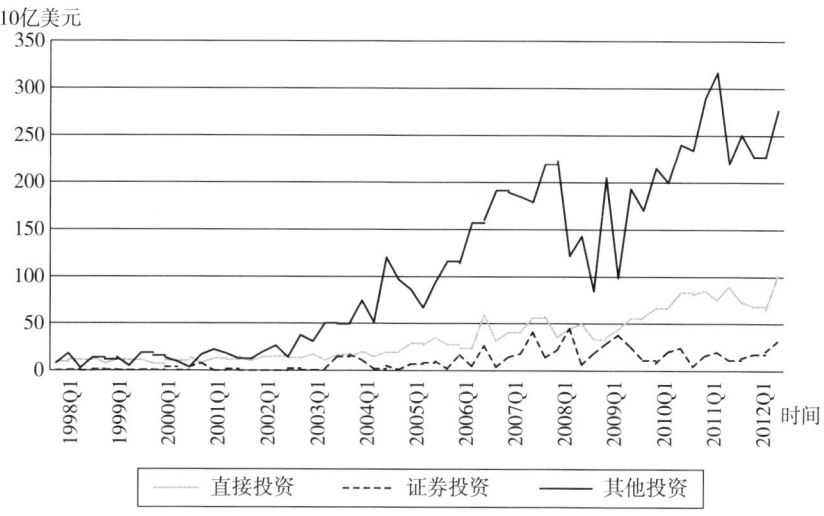

资料来源:CEIC 数据库。

**图3 中国面临的国际资本总流入细项**

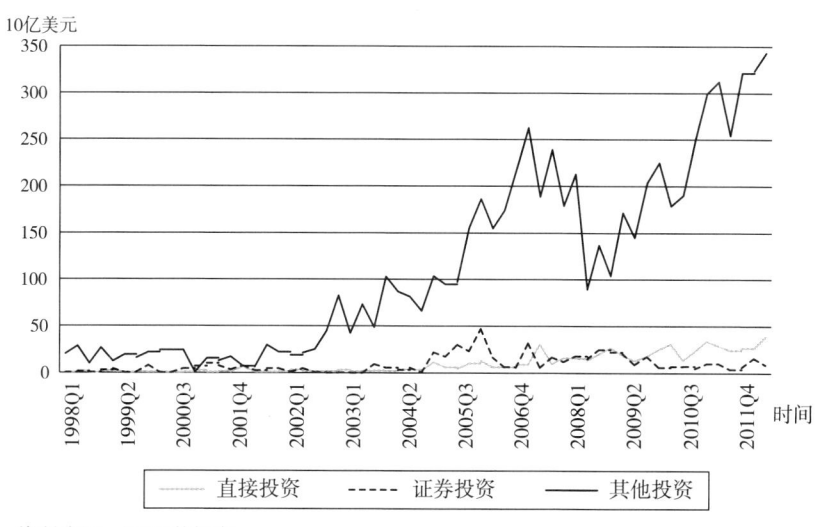

资料来源:CEIC 数据库。

**图4 中国面临的国际资本总流出细项**

无论从国际资本净流动的细项分析,还是从国际资本总流动来看,其他投资项目都是最重要的资本流动类型,这应该成为中国跨境资本流动的分析重点。如图5所示,从其他投资细项的净流动来看,2007年以来,贷款、货币与存款以及其他投资项均出现过显著的净流入,且流入的季度峰值均接近500亿美元。有趣的是,2007年至2008年与2011年至2012年,占主导地位的其他投资净流出细项有很大不同:2007年至2008年,其他投资项是最重要的流出形式(季度峰值超过700亿美元);而在2011年至2012年,货币与存款成为最重要的流出形式(季度峰值超过900亿美元)。造成主导流出形式变化的具体原因值得进一步研究。

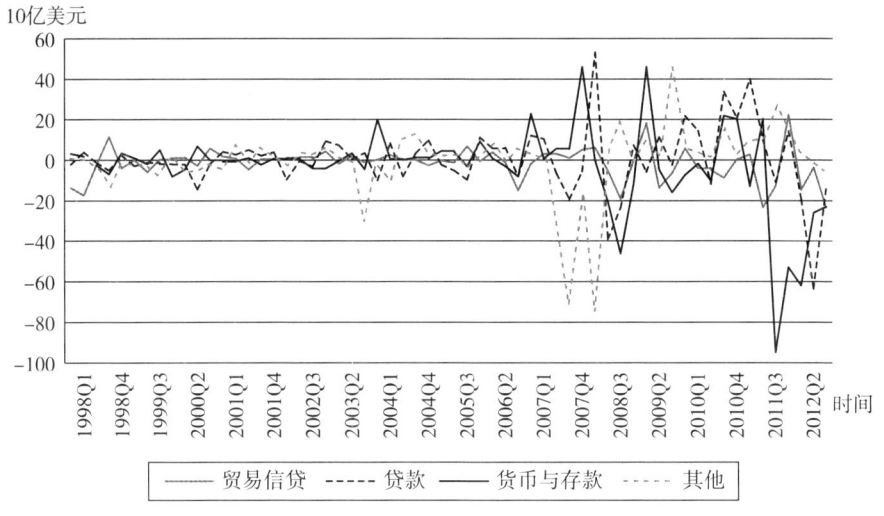

资料来源:CEIC数据库。

**图5 中国面临的其他投资净流动细项**

图6与图7比较了中国面临的其他投资总流入与总流出的细项,从中可以发现一些被其他投资净流动数据所掩盖的事实。第一,贷款项一直是最重要的其他投资总流入与总流出形式,其总流入与总流出的季度峰值均超过2000亿美元;第二,货币与存款自2008年第三季度以来成为第二重要的其他投资总流入与总流出形式,其总流入与总流出均在2012年达到季度峰值,前者为2012年第三季度的804亿美元,后者为2011年第四季度

的1243亿美元；第三，相比之下，贸易信贷与其他投资项的流入流出规模相对较小，但其他投资项在2007年第三季度至2008年第二季度发生过较大规模的总流出，累计规模达到2119亿美元。

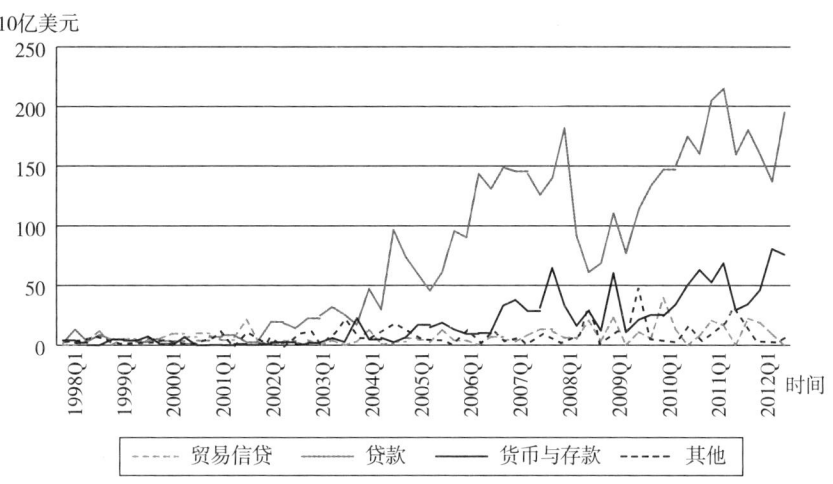

资料来源：CEIC数据库。

**图6 中国面临的其他投资总流入细项**

图8显示了中国面临的直接投资净流动细项。中国对外直接投资从2005年起出现明显增长，从2005年第一季度至2012年第四季度，中国对外直接投资累计流出3241亿美元，季均流出101亿美元。但同一时期内，外国在华直接投资增长更为迅速。除2008年第二季度至2009年第二季度受国际金融危机影响显著下降之外，其余时期均快速增长。从2005年第一季度至2012年第四季度，外国在华直接投资累计流入14642亿美元，季均流入458亿美元。

图9与图10比较了中国面临的直接投资总流入与总流出细项。从中可以发现如下事实。第一，就外国在华直接投资而言，其总流入在除两次金融危机爆发期间的其他时期内均呈现出较快增长，其总流出在两次金融危机爆发期间显著流出（两次都接近150亿美元的季度峰值），而且截至2012年第四季度趋势仍在上升，这可能说明了外国投资者对中国经济增长前景不太看好，因此开始调出留存收益；第二，就中国对外直接投资而

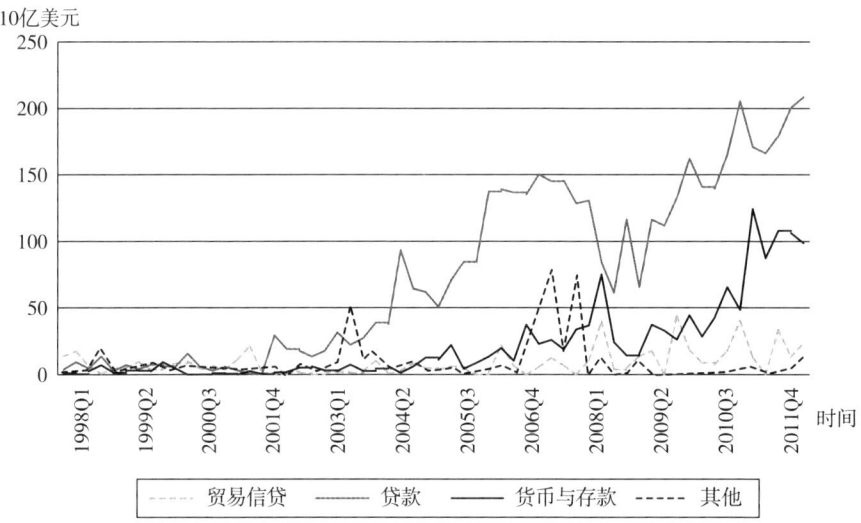

资料来源:CEIC 数据库。

图7 中国面临的其他投资总流出细项

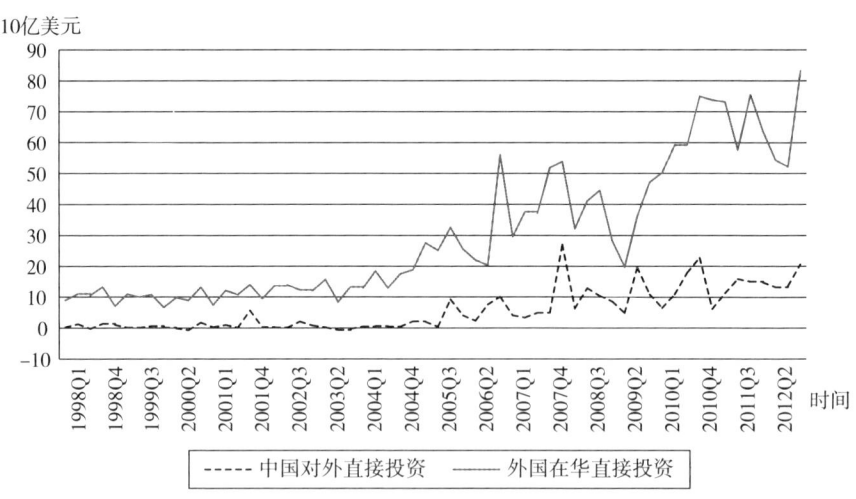

资料来源:CEIC 数据库。

图8 中国面临的直接投资净流动细项

言,其总流出自 2005 年以来出现趋势性上升,2012 年第四季度达到 293 亿美元的季度新高,但季度之间存在显著波动;其总流入规模截至 2012 年第四季度仍非常有限。

资料来源：CEIC 数据库。

**图 9　中国面临的直接投资总流入细项**

资料来源：CEIC 数据库。

**图 10　中国面临的直接投资总流出细项**

图11显示了中国面临的证券投资净流动细项。总体而言，债券投资净流动的波动幅度要比股票投资净流动更为显著。有趣的是，两者之间呈现出比较显著的负相关关系，说明两者之间可能存在一定程度的替代关系。美国次贷危机爆发期间，中国面临的债券投资净流入在2008年第四季度至2009年上半年显著下滑，但随后快速反弹。而欧债危机爆发期间，中国面临的股票投资净流入在2011年度显著下滑，但同期内债券投资净流入反而有所上升。最后值得指出的是，2005年第四季度至2007年第一季度中国出现持续6个季度的债券投资净流出，且流出规模在2006年第四季度达到420亿美元的峰值。这一时期内为何会出现债券投资的大规模流出，有待进一步分析。

资料来源：CEIC数据库。

**图11 中国面临的证券投资净流动细项**

图12与图13比较了中国面临的证券投资总流入与总流出细项。从证券投资总流入来看，2005年初至2007年初，中国面临的证券投资总流入以股权投资流入为主；2007年下半年至2010年初，证券投资总流入转为以债券投资流入为主（在2008年第三季度达到427亿美元的峰值）；从

2010年第二季度截至2012年第四季度,证券投资总流入再度转变为以股票投资流入为主。从证券投资总流出来看,除2009年第二季度至2010年第一季度外,中国面临的证券投资总流出基本上以债券投资流出为主,债券投资流出在2006年第四季度达到454亿美元的峰值。有趣的是,中国面临的债券投资在美国次贷危机爆发前的2006年出现大规模流出,之后又在美国次贷危机爆发期间的2007年至2009年出现大规模流入。由于2009年之前中国债券市场尚未对外国投资者开放,因此债券投资的大规模流入流出基本上应属国内投资者所为。因此,这一现象是否表明了中国金融机构在美国次贷危机前大举增持美国机构债与抵押支持债券(MBS)等资产,而次贷危机爆发后又被迫大举减持?根据美国财政部公布的数据,2005年6月至2008年6月,中国投资者持有的美国长期机构债规模由1720亿美元飙升至5270亿美元,随后又下降至2011年6月的2450亿美元,这在一定程度上验证了上述猜想。

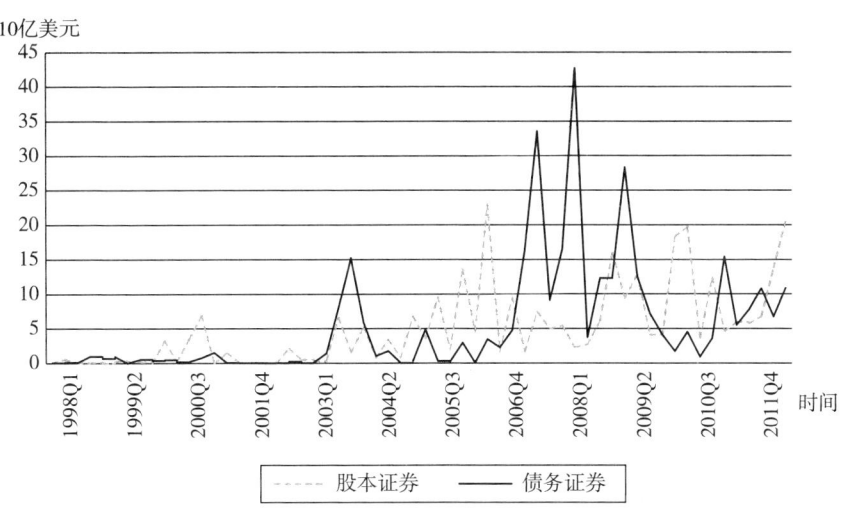

资料来源:CEIC数据库。

**图12 中国面临的证券投资总流入细项**

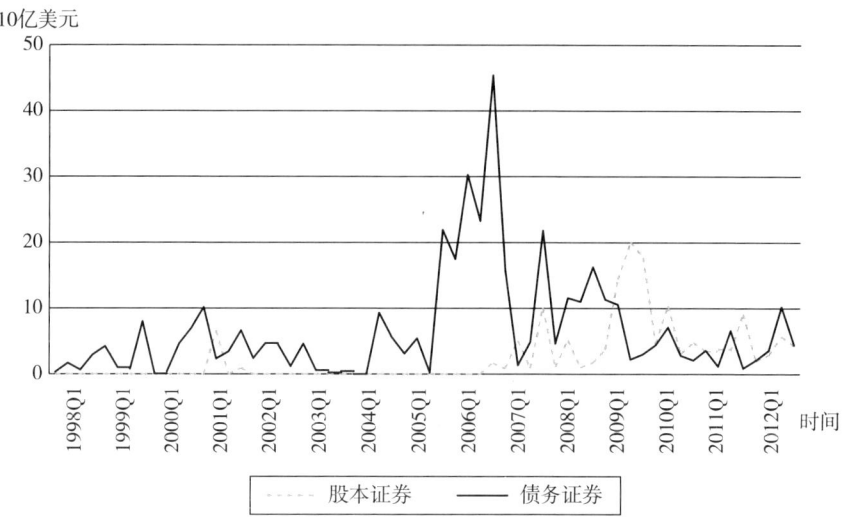

资料来源：CEIC 数据库。

图 13　中国面临的证券投资总流出细项

## 三、结论

与国际资本净流动分析相比，国际资本总流动分析能够揭示出被前者掩盖掉的一些重要信息，例如资本流入与流出对金融机构冲击的不对称性或资本流入来源国与资本流出去向国的不对称性等，因此后者更加适合被用来分析金融稳定问题。

1998 年至 2012 年，中国面临的资本总流入与总流出的规模不断放大，季度峰值均接近 4000 亿美元，显著高于资本净流动低于 1500 亿美元的季度峰值。

无论从总流动分析还是净流动分析来看，其他投资项都是中国面临国际资本流动的最主要组成部分以及波动最剧烈的部分。而从其他投资的细项来看，货币与存款、其他投资其他项是其他投资净流动的主要波动来源，而贷款是其他投资总流入与总流出的最重要组成部分。

2005 年来中国对外直接投资净流出与外商直接投资净流入均出现显著增长，外商直接投资总流出从国际金融危机爆发以来也出现趋势性上升。

从证券投资净流动来看,债券投资流动的波动幅度远超过股票投资流动。从总流入来看,股票投资与债券投资轮流占据着主导地位;从总流出来看,债券投资始终占据着主导地位。2006年至2007年出现的债券投资大规模流出,以及2008年至2009年出现的债券投资大规模流入现象值得关注。

# 中国面临的跨境资本流动：基于两种视角的分析（2010－2014年）*

**摘要：** 本文从基于国际收支表的季度数据以及基于银行跨境收付的月度数据这两种视角出发，分析了2010年至2014年（尤其是2014年）中国面临的跨境资本流动。以债权债务类资本为特征的其他投资项净流出是2014年中国面临短期资本净流出的主要原因，而贷款子项和货币与存款子项净流出又是其他投资项净流出的主要原因。在2014年，货币与存款子项的净流出由本国居民主导，而贷款子项的净流出由非居民主导。2014年下半年以来，银行代客涉外收付差额与银行代客结售汇差额均持续为负，且后者持续低于前者；涉外收入结汇比不断下降，涉外支出售汇比明显上升；外汇贷款增速显著下降，这些现象均意味着居民与企业持有外汇资产的意愿显著增加。无论是短期资本持续净流出，还是藏汇于民现象的强化，均与人民币升值预期的削弱甚至逆转密切相关。

## 一、引言

随着中国金融市场与资本账户的开放，中国开始面临规模更大、波动性更强的跨境资本流动。对跨境资本流动的研究日益成为国际金融研究的焦点问题。迄今为止，中国国内对跨境资本流动的研究主要分为四个方面：一是估算中国面临的不同类型的资本流动规模；二是厘清跨境资本流动的各种驱动因素；三是分析跨境资本流动对中国宏观经济、资本市场与

---

\* 与匡可可合作完成，发表于《上海金融》2015年第4期。

宏观政策造成的冲击；四是提出如何更好地管理国际资本流动的政策建议。①

2010年至2014年，中国在大部分时期面临短期资本流入，但在2012年与2014年下半年面临短期资本流出。本文试图从基于国际收支表的季度数据视角以及基于银行跨境收付的月度数据视角出发，对2010年至2014年中国面临的跨境资本流动——尤其是2014年的短期资本持续外流——进行全面细致的分析。分析的目的一是试图厘清导致中国跨境资本流动的波动性加剧的具体资本流动类型；二是试图分析跨境资本流动部分的银行、企业与居民行为。

本文得出的主要结论包括：第一，从国际收支表的视角出发，中国在2014年面临的国际资本外流主要体现为债权债务类资本（其他投资项）的净流出，而在其他投资项中，贷款子项和货币与存款子项的净流出最为显著。在2014年，货币与存款子项的净流出由本国居民主导，而贷款子项的净流出由非居民主导。短期资本持续流出的最重要原因可能是人民币升值预期的削弱或逆转。第二，从银行跨境收付的视角出发，导致银行代客涉外收付款差额与银行代客结售汇差额之间的周期性缺口、涉外收入结汇比、涉外支出售汇比、外汇存贷款增速等指标变化的主要原因，源自中国居民与企业（尤其是中国企业）基于人民币升值预期变动而进行的行为调整。近期人民币升值预期的削弱或逆转事实上已经开始塑造"藏汇于民"的新格局。

本文剩余部分的结构安排如下。第二部分为基于国际收支表角度的季

---

① 笔者所在的研究团队近年来对中国面临的跨境资本流动进行了较为系统的研究。中国社科院世界经济与政治研究所国际投资研究室在2013年与2014年定期发布的《中国跨境资本流动季度报告》从国际收支表与国际投资头寸表的角度对中国面临的跨境资本流动进行了分析。张明和徐以升（2008）对中国面临的"热钱"流入规模进行了初步估算。张明（2011）系统估算了基于不同方法与不同口径下中国面临的短期资本流动规模。张明和肖立晟（2014）比较了发达国家与新兴市场国家面临的国际资本流动的驱动因素的异同。张明和谭小芬（2013）则分析了2000年至2012年中国面临的短期资本流动的驱动因素。Zhang（2012）分析了国际资本持续流入给中国央行造成的冲销压力，以及冲销压力是如何在不同主体之间分担的。余永定和张明（2012）介绍了关于资本流动管制与资本账户自由化的国际新动向，而张明（2011）则分析了新兴市场国家应对短期资本持续流入的国际经验及其对中国的启示。肖立晟（2014）则提出了一个分析中国面临的月度资本流动的分析框架。

度数据分析；第三部分为基于银行跨境收付角度的月度数据分析；第四部分为结论。

## 二、基于季度数据的分析——国际收支表视角

通过季度数据来分析中国面临的跨境资本流动，主要是通过季度国际收支表的数据展开分析。

在2010年第一季度至2014年第四季度的20个季度内，中国的经常账户持续为正；中国的资本与金融账户仅在2011年第四季度、2012年第二季度至第三季度以及2014年第二季度至第四季度这6个季度为负，在其他季度均为正（见图1）。①在资本与金融账户为正的14个季度中，有11个季度的资本与金融账户顺差均超过了经常账户顺差，这说明在此期间，资本与金融账户已经超过经常账户，成为中国外汇储备增长的主要来源。从图1中不难看出，中国资本与金融账户的波动性，显著超过了经常账户的波动性。

在中国的国际收支表中，由于资本账户流量要比金融账户流量低几个量级，因此我们在下文中主要分析中国金融账户的变动。②在金融账户的具体项目中，直接投资项呈现出持续净流入，而且最为稳定；证券投资项在19个季度中仅有一个季度（2011年第一季度）出现净流出，规模相对最小；其他投资项则在净流入与净流出之间变动不居，不但波动性强，而且波动幅度很大（见图2）。

事实上，如图2所示，2010年第一季度至2014年第三季度有5个季度的资本与金融账户逆差，全部是由其他投资项的大幅净流出所导致的。例如，受欧债危机恶化影响，中国其他投资项在2011年第四季度至2012年第四季度这5个季度期间出现持续净流出，从而造成其中3个季度出现资本与金融账户逆差；受美联储退出量化宽松预期与事实上退出量化宽松

---

① 在本文写作期间，由于国家外汇管理局仅仅公布了2014年第四季度中国国际收支数据的初步值，尚未公布2014年第四季度金融账户的具体数据，因此以下的分析均不包括2014年第四季度。

② 在国际收支表中，广义的资本账户包括狭义的资本账户与金融账户。这里的资本账户指狭义的资本账户。2010年第一季度至2014年第三季度，中国狭义资本账户流量的均值仅为9亿美元，中国金融账户流量的均值高达473亿美元，中国经常账户流量的均值为487亿美元。

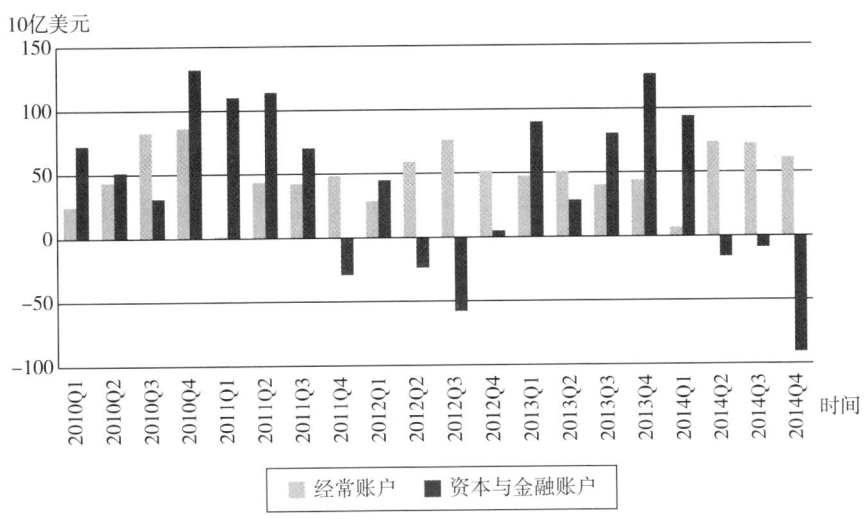

资料来源：CEIC 数据库。

图1 中国的国际收支状况

影响，中国其他投资项在 2013 年第二季度、2014 年第二季度与第三季度出现净流出，从而造成后两个季度出现资本与金融账户逆差。在出现资本与金融账户逆差的 5 个季度中，其他投资项的净流出均接近或超过了 700 亿美元，有两个季度（2011 年第四季度与 2012 年第三季度）甚至超过 900 亿美元。2010 年第一季度至 2014 年第三季度，中国的直接投资项、证券投资项与其他投资项的变异系数分别为 0.24、0.83 与 -4.42，这说明其他投资项的波动性远高于证券投资项与直接投资项。

在中国的国际收支表中，其他投资项包括贸易信贷、贷款、货币与存款以及其他资产等四个子项。从图3中可以看出，2010 年第一季度至 2014 年第三季度，贸易信贷子项的流量最为稳定。在 2013 年第二季度至 2014 年第三季度，其他资产子项的流量显著下降。相比之下，贷款子项和货币与存款子项的波幅更大、波动性更强。这一特点从各子项的净流出规模中看得特别清楚。例如，在 2011 年第四季度、2012 年第一季度与 2014 年第二季度，货币与存款子项出现了较大规模的净流出；而在 2012 年第三季度与 2014 年第三季度，贷款子项出现了较大规模的净流出。

中国的跨境资本流动：规模测算、驱动因素与管理策略

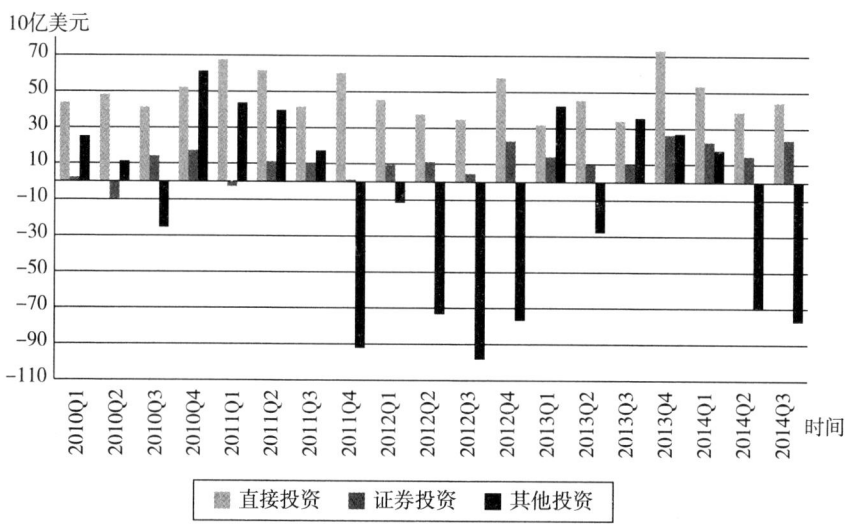

资料来源：CEIC 数据库。

**图 2　中国国际收支表金融账户的具体构成**

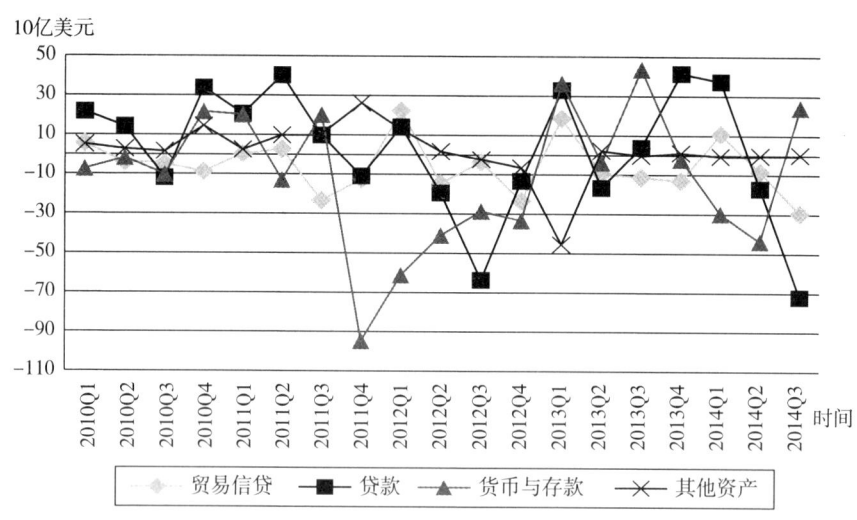

资料来源：CEIC 数据库。

**图 3　中国国际收支表其他投资项的具体构成**

从其他投资各子项的资产方与负债方变动中，我们可以发现，各子项

的资金净流出究竟是由本国居民主导的,还是非居民主导的。这是因为,本国居民的资本流动反映在各子项资产方的变动上(流出为负、流入为正),而非居民的资本流动反映在各子项负债方的变动上(流入为正、流出为负)。

从图4中可以看出,在2010年第四季度与2012年第一季度,货币与存款子项的净流出,是由本国居民货币与存款外流加剧与非居民货币与存款回流外国共同导致的;而在2014年第一、第二季度,货币与存款子项的净流出,主要是由本国居民货币与存款外流加剧导致的,同期内非居民货币与存款仍在持续流入中国国内。本国居民货币与存款外流加剧,可能反映了中国经济潜在增速下行与金融风险显性化降低了国内资产的吸引力,从而导致了中国家庭与企业向海外转移资产的行为。

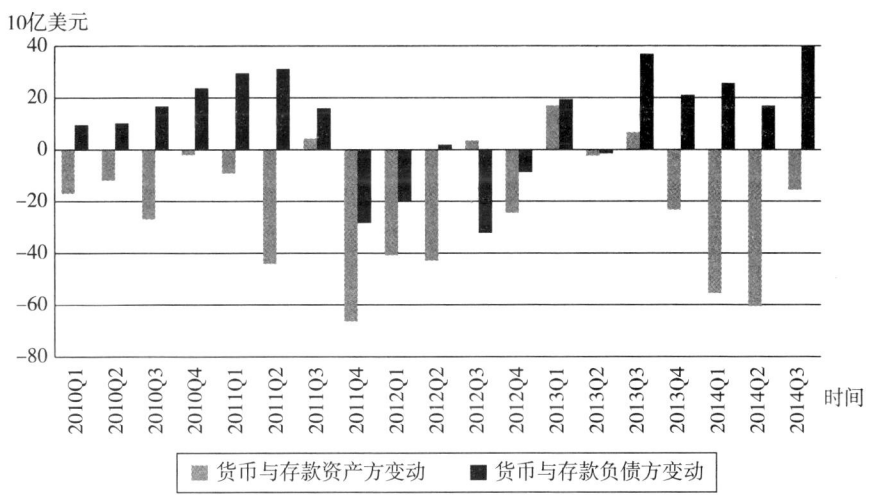

资料来源:CEIC数据库。

图4 中国国际收支表其他投资项中货币与存款子项的变动

从图5中可以看出,无论是2012年第三季度的贷款子项净流出,还是2014年第三季度的贷款子项净流出,在很大程度上都是由非居民撤出贷款资金(贷款回流国外)导致的,因为同期内居民贷款流出大致保持稳定。

从以上基于国际收支表季度数据的分析中,我们可以得到以下主要结论。第一,中国的国际收支持续双顺差格局正在逐渐消失,进而演变为经

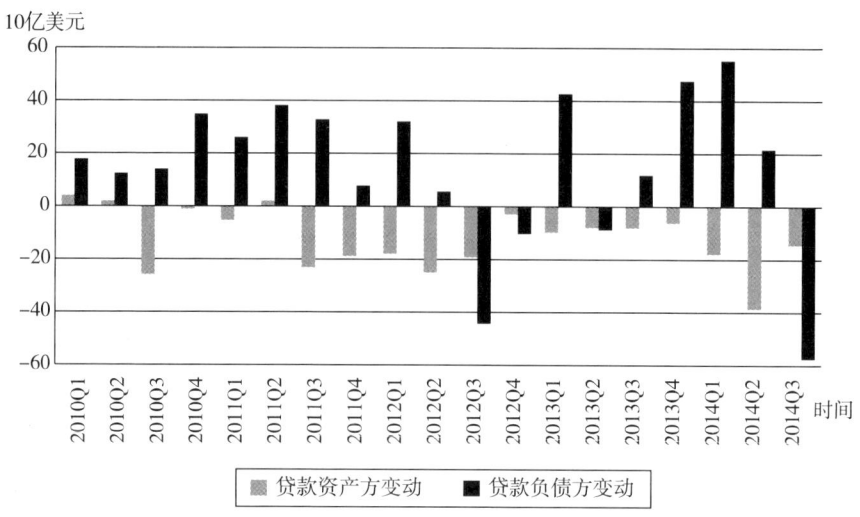

资料来源:CEIC 数据库。

**图5 中国国际收支表其他投资项中贷款子项的变动**

常账户持续小幅顺差和资本与金融账户时而顺差时而逆差的组合(Zhang and Tan,2015)。这意味着中国国际收支格局的稳定性有所下降,外汇储备持续上升的局面将被打破。第二,导致中国出现资本与金融账户逆差的主要原因,是金融账户中的其他投资项出现了显著的资本净流出,因为直接投资项与证券投资项依然面临持续的资本净流入。第三,导致中国金融账户其他投资项出现资本净流出的原因,主要是货币与存款子项和贷款子项出现资本净流出,贸易信贷子项与其他资产子项的资本流动较为稳定。第四,导致货币与存款子项资本净流出的原因,一方面源自中国居民的货币与存款外流加剧(2011-2012年与2014年),另一方面也可能源自非居民的货币与存款撤出中国(2011-2012年)。第五,导致贷款子项资本净流出的原因,主要源自非居民的贷款撤出中国(2012年与2014年)。

我们之前的一项研究表明,2000年至2012年,人民币汇率升值预期的变动是导致短期资本进出中国的最重要原因,中国经济增速变动在经过半年左右时滞后也会对短期资本流动产生显著影响(张明和谭小芬,2013)。因此,导致2012年与2014年中国面临其他投资项资本净流出的原因,最重要的可能是人民币汇率升值预期转为贬值预期,其次也可能是中国经济增速的下降。

### 三、基于月度数据的分析——银行跨境收付视角

通过月度数据来分析中国面临的跨境资本流动，主要是通过中国银行体系的跨境收付数据展开分析。

从中国银行代客涉外收支数据来看（见图6），在2010年至2014年这5年期间，绝大部分时期的银行代客涉外收支差额均为顺差，即中国面临国际资本净流入。然而在2012年9月至10月、2013年6月至7月以及2014年8月至12月，银行代客涉外收支差额出现逆差，这意味着在上述三个时期内，中国出现了国际资本净流出。从2014年起，中国政府公布了不同币种的银行代客涉外收支数据。如图6所示，在2014年1月至9月，银行代客涉外人民币收支差额为净流出，而在2014年10月至12月，银行代客涉外人民币收支差额转为净流入。这反过来意味着，在2014年第四季度，银行代客涉外外币收支差额的净流出规模更大。

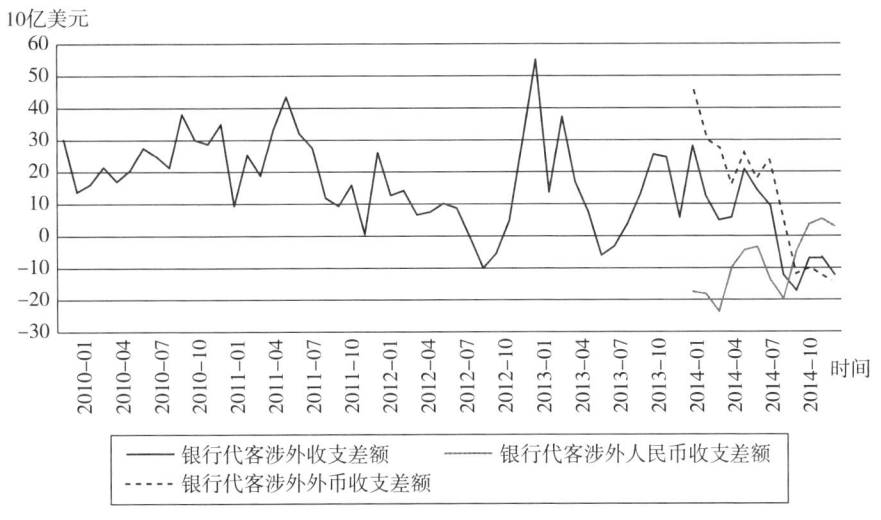

资料来源：CEIC数据库。

**图6 中国银行代客涉外收支差额**

从中国银行结售汇差额来看（见图7），中国银行结售汇差额的波动主

要源自银行代客结售汇差额的变动。只有在个别时期（例如2013年初），银行自身结售汇差额才出现过剧烈波动。在2010年至2014年这5年的绝大多数时期内，银行代客结售汇差额均为正，这意味着居民与企业在净出售外汇。然而，在2011年11月至12月、2012年的4月、6月与8月，以及2014年9月至12月，银行代客结售汇差额由正转负，这意味着居民与企业在净购买外汇。居民与企业部门是净购买外汇还是净出售外汇，主要与他们的人民币汇率变动预期有关。一般而言，在人民币升值预期下，居民与企业部门倾向于净出售外汇，银行代客结售汇将会出现顺差；相反，在人民币贬值预期下，居民与企业部门倾向于净购买外汇，银行代客结售汇将出现逆差。这一点，从图8中可以得到印证。在图8中，银行代客结售汇差额，与外汇占款增量的美元值的波动高度一致。这是因为，外汇占款这一指标，统计的恰恰是中国银行体系在购入美元的过程中释放的人民币。

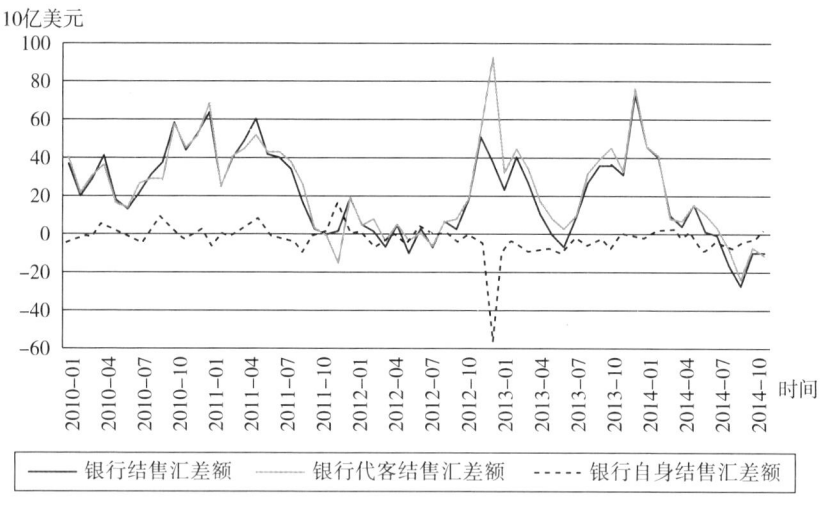

资料来源：CEIC数据库。

图7　银行结售汇差额

我们从另外两个层面可以继续来分析人民币汇率变动预期对居民与企业买卖外汇行为的影响。

一方面，如图9所示，在2010年至2014年这5年的绝大多数时期内，

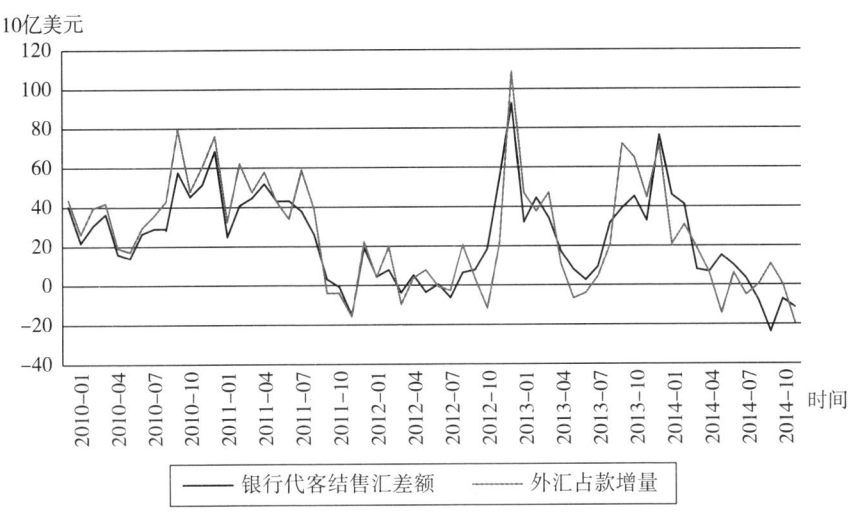

资料来源：CEIC 数据库。

**图 8　银行代客结售汇与外汇占款增量**

银行代客结售汇差额都大于银行代客涉外收支差额，这意味着居民与企业净出售的外汇资产超过了同期内他们通过跨境交易收到的外汇资产，这一行为主要是受到人民币升值预期的驱动。然而，在 2010 年 5 月至 7 月、2011 年 10 月至 2012 年 8 月以及 2014 年 10 月至 12 月，银行代客结售汇差额持续低于银行代客涉外收支差额，这意味着居民与企业净出售的外汇资产低于同期内他们通过跨境交易收到的外汇资产。这说明随着人民币升值预期转变为贬值预期，居民与企业更加倾向于持有外汇资产，"藏汇于民"的格局开始形成。

另一方面，我们也可以用涉外收入结汇比或涉外支出售汇比来判断人民币变动预期的变化。所谓涉外收入结汇比，是用银行代客结汇额除以银行代客涉外收入额；所谓涉外支出售汇比，是用银行代客售汇额除以银行代客涉外支出额。如图 10 所示，涉外收入结汇比，已经由 2010 年至 2011 年的 70% 左右下降至 2014 年下半年的 50% 左右，这说明随着人民币升值预期的逐渐消失，居民与企业持有外汇收入的意愿趋于上升。这一比率，在短期资本持续流出的 2012 年全年与 2014 年下半年尤其处于低位，这再次印证了人民币贬值预期与短期资本流出之间的关系。此外，涉外支出售

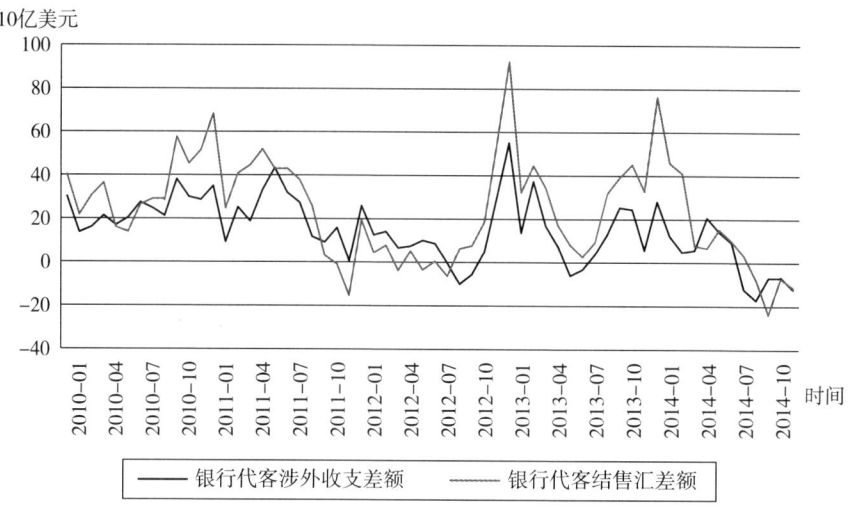

资料来源：CEIC 数据库。

图9　银行代客涉外收支差额与银行代客结售汇差额

汇比的变动趋势，大致与涉外收入结汇比的变动趋势呈负相关关系。这说明了，在人民币升值预期逐渐淡化的背景下，居民与企业的购汇意愿趋于上升。

事实上，对居民与企业部门而言，除了可以通过购汇与售汇来应对人民币升值预期的变化之外，他们也可以通过外汇存贷款的变动来追求汇率变动的收益。如图11所示，外汇存款增量与外汇贷款增量在2010年至2014年这5年内的绝大多数时期内为正，但两者之间相关性不强。然而在2013年7月以及2014年9月至10月，外汇存款增量与外汇贷款增量均出现了较大幅度的负增长。如图12所示，外汇贷款的变动主要源自短期贷款的变动，而短期贷款的套利性质较强。如图13所示，外汇存款的变动主要源自企业外汇存款的变动，外汇储蓄存款的变动比较稳定。而在2014年9月至12月，企业外汇存款出现了持续大幅的负增长。最后，如图14所示，外汇贷款的环比增速与涉外收入结汇比之间存在着较强的正相关关系，这意味着外汇贷款的变动与人民币汇率变动预期存在密切的联系。当存在人民币升值预期时，外汇贷款增速上升，反之则相反。

上篇　中国跨境资本流动的规模测算

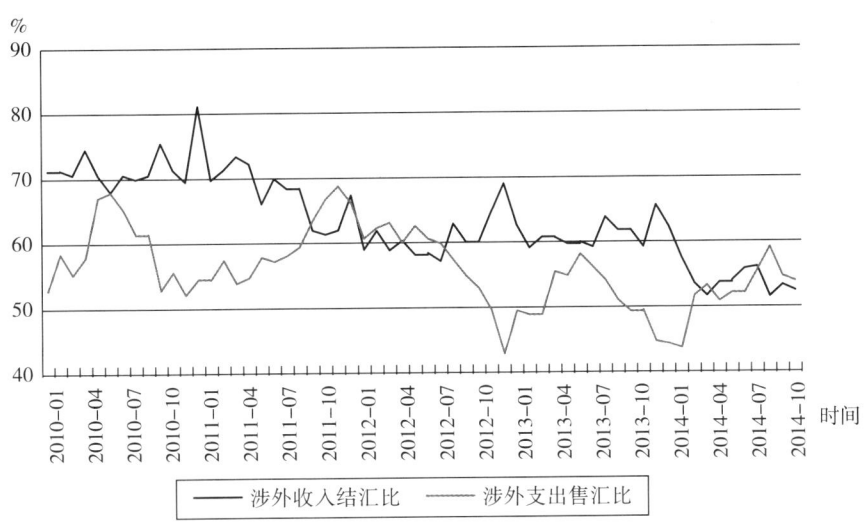

资料来源：CEIC 数据库。

**图 10　涉外收入结汇比与涉外支出售汇比**

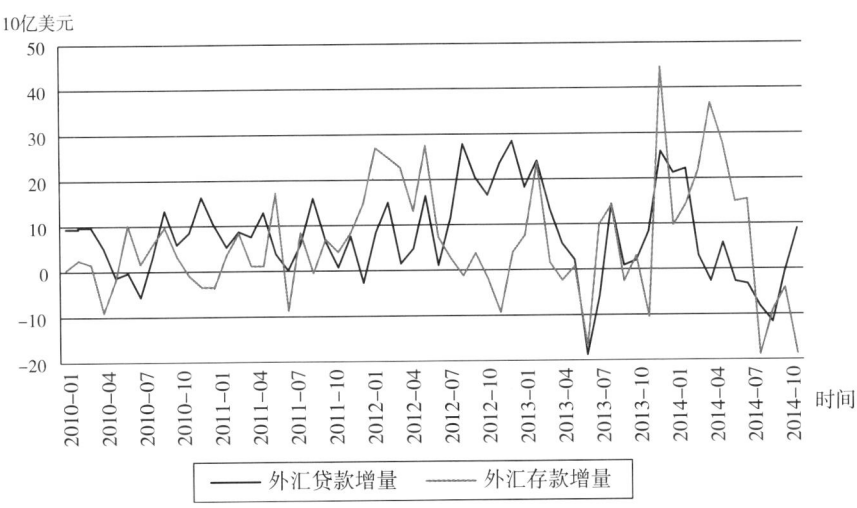

资料来源：CEIC 数据库。

**图 11　外汇存款增量与外汇贷款增量**

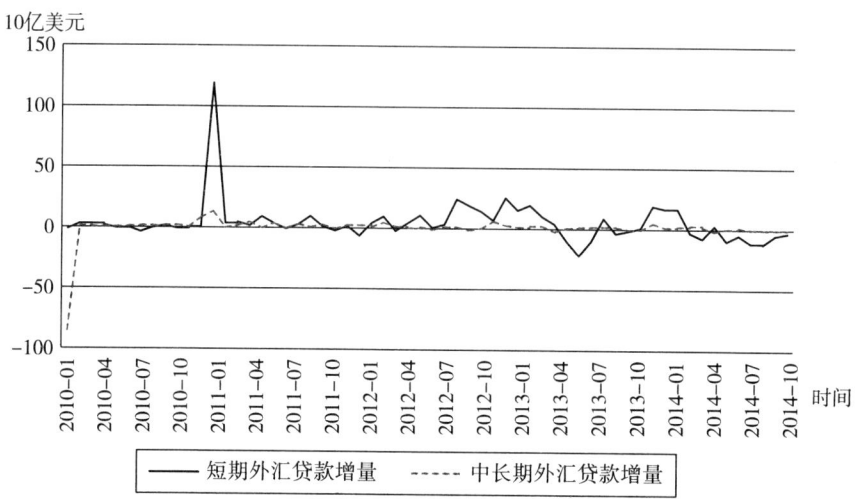

资料来源：CEIC 数据库。

**图 12　短期外汇贷款增量与中长期外汇贷款增量**

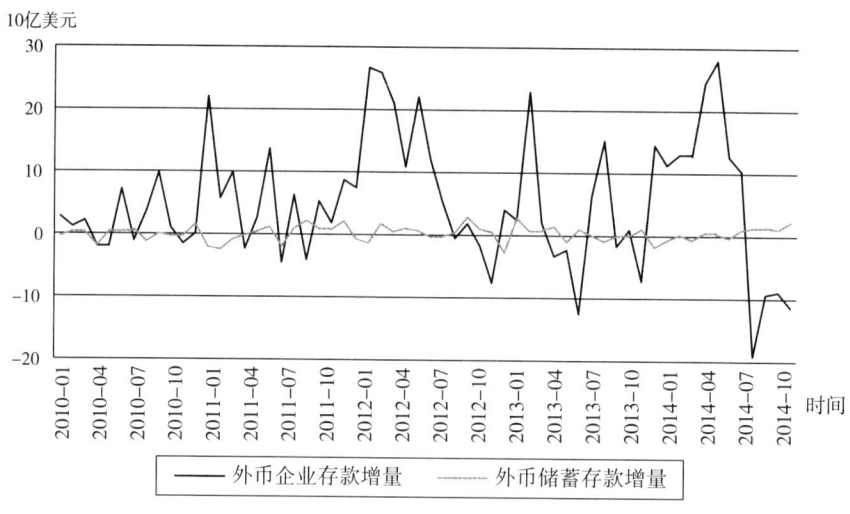

资料来源：CEIC 数据库。

**图 13　外币企业存款增量与外币储蓄存款增量**

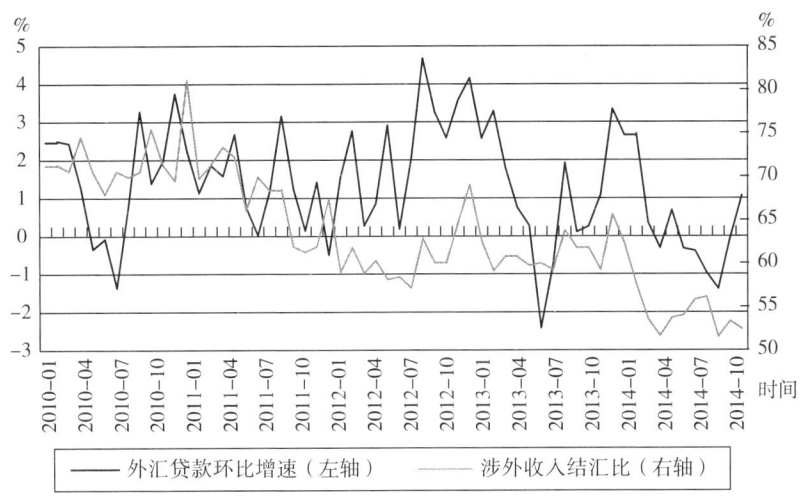

资料来源：CEIC 数据库。

图 14　外汇贷款环比增速与涉外收入结汇比之间的关系

从以上基于银行跨境收入月度数据的分析中，我们可以得到如下主要结论。第一，无论是银行代客跨境收入差额还是银行代客结售汇差额，在 2014 年下半年均出现逆差，这意味着这一时期内中国面临持续的国际资本净流出；第二，在 2014 下半年，银行代客结售汇差额低于银行代客跨境收入差额，涉外收入结汇比下降，涉外支出售汇比上升，这三个现象都意味着居民与企业的人民币升值预期明显减弱甚至逆转，以至于出现了"藏汇于民"的局面；第三，短期贷款变动与企业存款变动是中国外币存贷款变动的主因，近期内外汇存贷款增量的显著下降，在很大程度上依然源自人民币升值预期的减弱甚至逆转。

## 四、结论

本文从两种不同视角（国际收支表视角与银行跨境收付视角）、两种不同频率的数据（季度数据与月度数据）出发，来分析 2010 年至 2014 年中国面临的跨境资本流动的变化。分析的重点在于 2014 年中国开始面临的持续短期资本外流。本文得到的主要结论如下。

首先，基于国际收支表的分析表明：第一，持续的国际收支双顺差正在逐渐消失,未来中国的资本与金融账户很可能出现顺差与逆差交替的格局;第二,在金融账户内部,其他投资项无论在变化幅度还是波动性方面都显著超过直接投资项与证券投资项,事实上,2012年与2014年的金融账户逆差,均源自其他投资项发生的大规模净流出;第三,在其他投资项中,货币与存款子项以及贷款子项的波动幅度尤其显著,这两个子项的净流出是近期中国面临短期资本外流的最重要原因。在2014年,货币与存款子项的净流出由本国居民主导,而贷款子项的净流出由非居民主导。

其次,基于银行跨境收付的分析表明:第一,无论从银行代客涉外收付差额还是银行代客结售汇差额来看,2014年下半年中国均出现了持续的国际资本净流出;第二,2014年下半年,银行代客结售汇差额低于银行代客涉外收付差额,涉外收入结汇比处于历史低位,涉外支出售汇比显著上升,这说明居民与企业倾向于持有更多的外汇资产,"藏汇于民"正在发生;第三,中国外汇贷款的变动主要由短期外汇贷款的变动主导,而中国外汇存款的变动主要由企业外汇存款的变动主导,2014年下半年无论外汇存款还是外汇贷款增量均出现负增长。

最后,无论是国际收支表的金融账户逆差,还是银行跨境收付逆差以及银行代客结售汇逆差,均与人民币升值预期的削弱甚至逆转有关。人民币汇率变动预期,既是中国面临的短期资本流动的重要驱动因素,也会显著地影响企业、居民与银行的外汇资产配置行为。因此,中国央行在进一步推进人民币汇率形成机制的市场化过程中,应该充分注重汇率预期变动对国际资本流动与微观主体行为的影响。

# 中国面临的短期资本外流：
# 现状、原因、风险与对策
# （2010－2015年）*

**摘要：** 2014年第二季度至2015年第一季度，中国开始面临短期资本持续外流的新局面。本文从国际收支表数据与银行跨境收付数据这两种视角分析了短期资本外流状况，发现本轮短期资本外流由本国居民与外国居民共同主导，而本国居民又由企业部门而非家庭部门主导。造成本轮短期资本外流的主要因素包括人民币对美元贬值预期的形成、中美经济增速以及中美利差的收窄、全球投资者风险偏好程度的下降、中国房地产市场的下行以及中国政府资本账户开放进程的加快等。本文的估算表明，未来在不利情景下，中国面临的短期资本流出的规模可能达到5.13万亿美元，显著超过中国外汇储备存量，相当于中国2014年GDP的50%。短期资本外流的加剧可能成为触发中国金融系统性危机的重要因素。为更好地应对短期资本外流风险，中国政府应该更加审慎地开放资本账户、尽快建立健全宏观审慎监管与微观审慎监管框架、在保证经济适度增长前提下加快结构调整、加快人民币汇率形成机制改革以避免本币持续被高估。

## 一、引言

继1998年之后，中国在2012年首次迎来了资本与金融账户逆差，这意味着持续十余年的国际收支双顺差格局被打破。尽管2014年全年中国仍维持着资本与金融账户的小幅顺差，但在2014年的后三个季度均出现了资本与金融账户逆差，该逆差在2015年第一季度显著扩大。这表明中国从

---

\* 发表于《金融评论》2015年第6期。

中国的跨境资本流动：规模测算、驱动因素与管理策略

2014年第二季度起开始面临跨境资本外流，特别是短期资本外流的新局面。

笔者认为，中国在过去面临的短期资本持续流入的格局已经基本终结。在未来一段时期内，中国可能面临短期资本大进大出的新形势。而在特定情形下，中国可能面临短期资本大举流出的情况，而这将会严重损害中国金融体系的稳定，如果应对不当的话，这甚至可能触发系统性金融危机。

本文试图厘清当前中国面临的短期资本外流的现状及其原因、分析潜在短期资本外流的可能规模及其危害，并给出如何应对短期资本外流加剧的政策建议。本文剩余部分的结构安排如下：第二部分与第三部分分别从国际收支表与银行跨境收付数据的角度来梳理当前短期资本外流的状况及背后的主导力量[①]；第四部分分析当前短期资本外流的主要原因；第五部分展望潜在短期资本外流加剧可能造成的风险；第六部分为简要的结论，以及为中国政府如何应对短期资本外流提出的政策建议。

## 二、近期短期资本外流状况：基于国际收支表的分析

图1展示了1982年至2014年中国的年度国际收支状况。从中可以看出，1999年至2011年，中国出现了连续13年的国际收支双顺差，即经常账户顺差和资本与金融账户顺差的组合。国际收支持续双顺差的自然结果，是储备资产的快速增长。1993年至2014年，中国储备资产连续22年呈现正增长态势，这22年储备资产流量累计增长3.95万亿美元。[②]然而，中国的国际收支结构在2008年国际金融危机爆发前后发生了重要变化。如图1所示，在2009年之前，中国的经常账户顺差规模显著超过资本与金融账户顺差规模，换言之，储备资产增长的主要来源是经常账户顺差。而从2009年起，经常账户顺差显著下降，资本与金融账户顺差显著上升，以至于在2010年、2011年与2013年，资本与金融账户顺差超过经常账户顺

---

① 张明和匡可可（2015）提出了如何综合运用季度国际收支表与月度银行跨境收付数据来研判中国面临的跨境资本流动的分析框架。本文沿用了这一框架，并进行了一定的改进。

② 国际收支表上的储备资产属于流量概念，不包含存量资产的估值效应。而中国人民银行发布的储备资产月度数据则包含了存量资产的估值效应。

差，成为储备资产增长的主要来源。然而与此同时，资本与金融账户余额的波动性也显著增强。例如，在2012年，资本与金融账户出现逆差，终结了中国连续13年的国际收支持续双顺差格局。又如，2014年中国的资本与金融账户顺差仅为382亿美元，远低于2013年的3461亿美元。

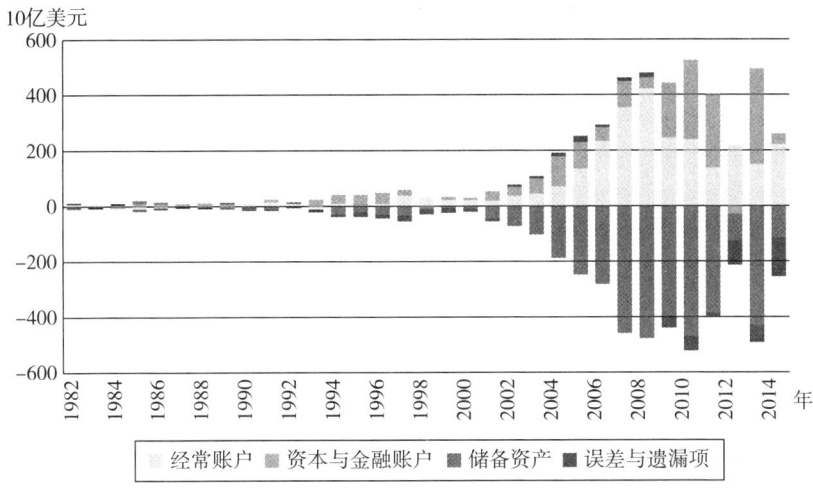

注：根据国际收支表编制规则，储备资产数据为负，表示储备资产增长，反之则相反。
资料来源：CEIC数据库。

图1 中国的年度国际收支状况

考虑到年度数据为低频数据，有时候掩盖了季度之间的变动趋势，因此有必要分析更加高频的季度国际收支数据。图2展示了2007年第一季度至2015年第一季度中国的季度国际收支状况。如果比较图2与图1，可以发现，前者揭示了2014年以来一些关于国际资本流动的最新情况：第一，2014年第二季度至2015年第一季度，中国已经出现持续4个季度的资本与金融账户逆差，这4个季度的资本与金融账户逆差累计为1539亿美元，其中仅2015年第一季度就高达981亿美元。第二，2014年第二季度至2015年第一季度，中国也出现了持续4个季度的误差与遗漏项净流出。更重要的是，与之前相比，误差与遗漏项净流出的规模显著放大了。例如，在2007年第一季度至2013年第四季度发生了误差与遗漏项净流出的季度中，平均每个季度的误差与遗漏项净流出规模为207亿美元。而在2014年

中国的跨境资本流动：规模测算、驱动因素与管理策略

第二季度至 2015 年第一季度，误差与遗漏项的净流出规模平均达到 556 亿美元。第三，一般认为，资本与金融账户统计了合法的跨境资本流动，而误差与遗漏项则在真正的误差与遗漏项之外，反映了官方统计口径之外的地下资本流动。那么 2014 年第二季度至 2015 年第一季度的国际收支状况，则反映了在这一年时间内，无论是合法的跨境资本流动还是地下资本流动，都出现了资本持续较大规模外流的局面。这种资本与金融账户和误差与遗漏项同时连续 4 个季度发生净流出的现象，在过去还从未出现过。第四，作为上述资本持续外流的结果，储备资产在 2014 年第三季度至 2015 年第一季度连续出现 3 个季度的负增长，这一状况也是过去从未出现的（2012 年第二、第三季度，中国外汇储备资产曾经连续出现两个季度的负增长）。

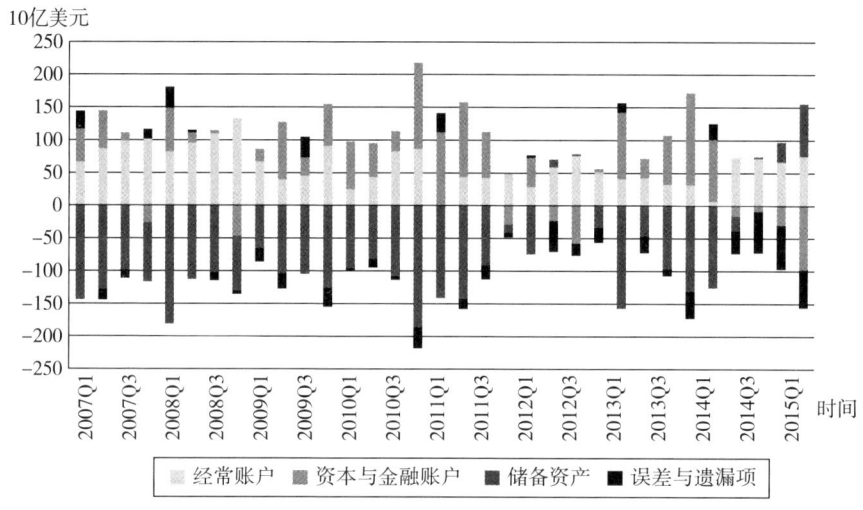

注：根据国际收支表编制规则，储备资产数据为负，表示储备资产增长，反之则相反。
资料来源：CEIC 数据库。

图 2　中国的季度国际收支状况

从上述分析中可以看出，自 2014 年以来，中国的跨境资本流动的确出现了一些新的趋势性变化。要更加深入地观察这种变化，就有必要更加细致地研究中国国际收支表中资本与金融账户的变化。由于在中国的国际收支表中，资本账户的规模（2005 年至 2014 年年均余额为 36 亿美元）远低于金融账户的规模（2005 年至 2014 年年均余额为 1347 亿美元），因此，

笔者在下面将重点分析中国金融账户的变化。图3展示了中国季度国际收支表中金融账户细项的变动状况，从中不难看出：第一，中国的直接投资余额持续为正且相对稳定，2007年第一季度至2015年第一季度这33个季度的季度平均余额为428亿美元；第二，中国的证券投资波动性稍大（过去33个季度中有5个季度为负），但规模相对较小（过去33个季度平均余额为90亿美元）；第三，中国的其他投资波动性最大（过去33个季度有18个季度为负），且规模也相对最大（在15个净流入的季度中平均规模为328亿美元，在18个净流出的季度中平均规模为-604亿美元）；第四，其他投资项净流出具有明显的规律性。在图3中出现了3次较为集中的其他投资项净流出。第一次发生在2007年第三季度至2008年第四季度，这是美国次贷危机爆发的时期；第二次发生在2011年第四季度至2012年第四季度，这是欧洲主权债务危机集中爆发的时期；第三次发生在2014年第二季度至2015年第一季度。不难看出，2014年第二季度至2015年第一季度出现持续的资本与金融账户逆差的原因，恰好是同期内出现了规模不断上升的其他投资净流出。尤其是2014年第四季度与2015年第一季度，这两个季度的其他投资净流出均超过1000亿美元，接连创出历史新高。

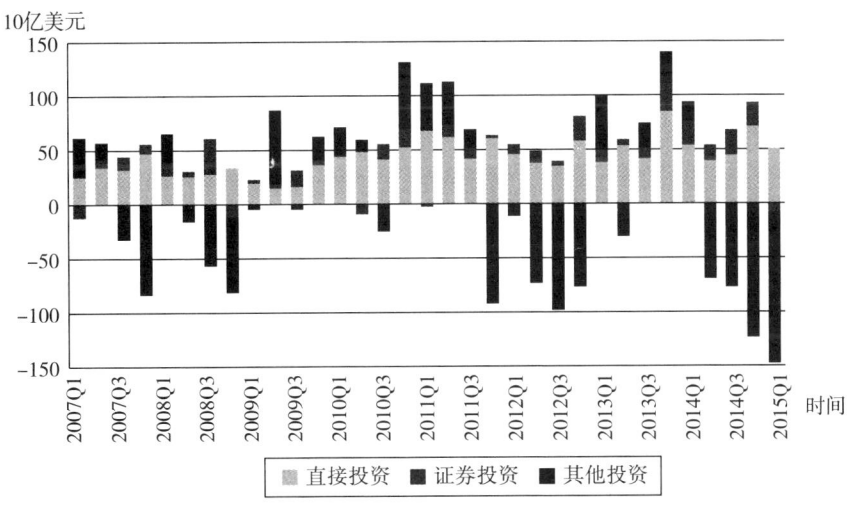

资料来源：CEIC数据库。

**图3 中国的季度金融账户细项**

## 中国的跨境资本流动：规模测算、驱动因素与管理策略

为更深入地理解其他投资的变动，笔者在图 4 中列示了中国季度国际收支表中其他投资细项的各子项。从中不难看出，至少在 2012 年与 2014 年的这两波其他投资净流出浪潮中，主导其他投资变化的主要是贷款以及货币与存款这两个子项的变动。例如，2011 年第四季度至 2012 年第四季度，季均金融账户逆差为 705 亿美元，其中季均贷款子项净流出达到 186 亿美元，季均货币与存款子项净流出达到 518 亿美元。再如，2014 年第二季度至 2015 年第一季度，季均金融账户逆差为 1026 亿美元，其中季均贷款子项净流出达到 555 亿美元，季均货币与存款子项净流出达到 257 亿美元。

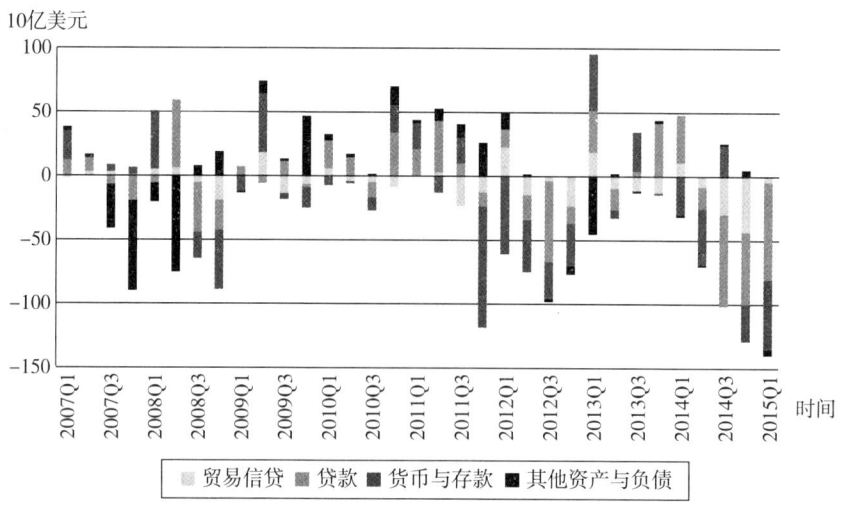

注："其他资产与负债"子项为《国际收支和国际投资头寸手册第六版》中的其他股权、保险和养老金、其他应收款与其他应付款等子项之和。

资料来源：CEIC 数据库。

**图 4 中国的季度其他投资子项**

在图 5 中，笔者进一步从资产方与负债方来探究其他投资细项中贷款和货币与存款这两个子项的变动。在国际收支表中，资产方指本国居民对外资金流动，因此一般为负值，而负债方指外国居民对内资金流动，因此一般为正值。从图 5 中笔者发现，首先，在 2007 年至 2008 年、2011 年至 2012 年、2014 年至 2015 年这三波其他投资净流出中，贷款子项负债方都

由显著为正变为显著为负,这意味着外国居民对本国居民提供的贷款发生了显著收缩,这既可能是国外贷款人提前收回了资金,也可能是国内借款人提前偿还了款项;其次,在上述三波其他投资净流出中,货币与存款子项资产方的流出额都曾经显著放大(2008年第四季度流出额突破400亿美元;2011年第四季度与2014年第二季度均突破600亿美元),这表明本国居民货币与存款资金外流规模在上述期间都显著放大;再次,在上述三波其他投资净流出中,货币与存款子项负债方也都由显著为正变为负值,但由正转负的幅度要显著低于贷款子项负债方;最后,相比之下,贷款子项资产方较为稳定,波动性较小。综上所述,在其他投资细项发生显著净流出时,贷款和货币与存款细项通常扮演着重要角色。然而不同的是,贷款细项的净流出由外国居民主导(境外贷款扩张变为境外贷款收缩),而货币与存款细项的净流出则由本国居民主导(本国居民存款资金外流规模显著放大)。

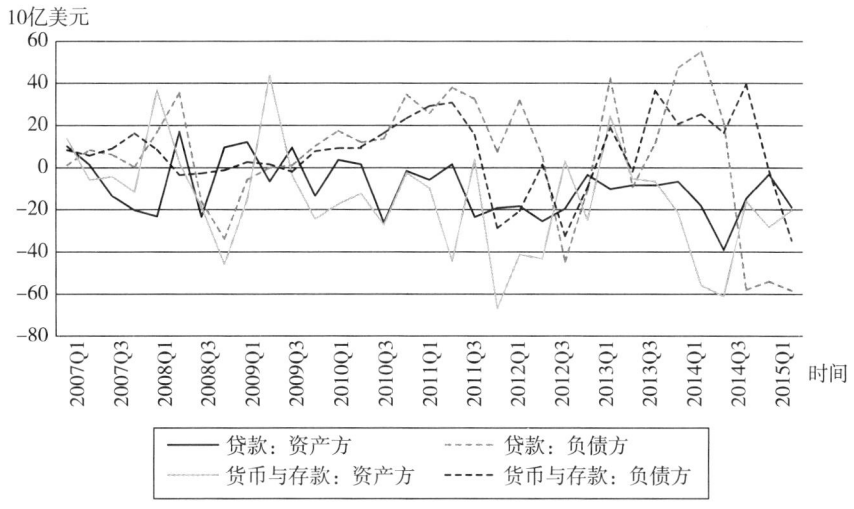

注:资产方为本国资金对外流动,在国际收支表中一般为负值;负债方为外国资金对内流动,在国际收支表中一般为正值。

资料来源:CEIC数据库。

**图5 从资产方与负债方来审视贷款和货币与存款子项的变动**

从国际收支表视角反映的近期跨境资本流动变化，主要结论包括：第一，2014年第二季度至2015年第一季度，中国出现了持续的跨境资本外流；第二，在这一波跨境资本外流中，其他投资细项外流是最重要的原因，即短期跨境债权债务类资金出现了持续净外流；第三，贷款子项和货币与存款子项的净外流是其他投资细项净外流的最重要原因；第四，贷款子项净外流由外国居民主导，而货币与存款子项净外流则由中国居民主导。

## 三、近期短期资本外流状况：基于银行收付数据的分析

国际收支表的数据尽管更为全面翔实，但可惜中国央行目前只发布季度而非月度的国际收支表数据，要想分析更加高频的跨境资本流动，就需要借助银行层面的数据。事实上，银行层面的两套数据（代客涉外收支数据与代客结售汇数据）能够帮助笔者从另一个视角来观察跨境资本流动状况。有趣的是，从银行月度数据视角，可以观察到居民、非金融企业与银行等不同部门的资产或负债调整行为。

图6展示了2010年1月至2015年5月的中国境内银行代客涉外收支状况。从中可以看出，2012年8月至10月、2013年6月至7月、2014年8月至12月，以及2015年3月至4月这四个时间段，境内银行代客涉外收支状况出现了逆差，这意味着在居民与非金融企业层面出现了跨境资金净流出。不难发现，上述跨境资本净流出的时间段，与国际收支表资本与金融账户出现逆差的时间段是大致对应的。中国政府还公布了分币种的银行代客涉外收支数据。从图6中可以看出，第一，截至2015年5月，银行代客涉外人民币收支的规模仍显著低于外币收支规模，但这一差距正在缩小；第二，由于涉外人民币收支差额与涉外美元收支差额似乎存在较强的负相关性，造成的结果是涉外美元收支差额的波动幅度通常要比涉外总体收支差额的波动幅度更大一些。例如，在上述发生净流出的四个时间段，涉外外币收支逆差均要大于涉外总体收支逆差。

银行结售汇数据包括银行自身结售汇数据与银行代客结售汇数据。如图7所示，除极个别时期（例如2013年1月）之外，银行自身结售汇规

上篇 中国跨境资本流动的规模测算

资料来源：CEIC 数据库。

图 6 境内银行代客涉外收支状况

模均显著低于银行代客结售汇规模，因此笔者以下主要分析银行代客结售汇数据的变动。如图 7 所示，2011 年 11 月至 12 月、2012 年的 4 月、6 月、8 月以及 2014 年 9 月至 2015 年 4 月，银行代客结售汇出现逆差，这意味着居民与非金融企业在净购买外汇。而在其他时期，居民与非金融企业在净出售外汇。通常来讲，居民与非金融企业是净购买外汇还是净出售外汇，除了与当时的进出口状况相关外，主要与人民币对美元的变动预期相关。当市场存在人民币对美元升值预期时，居民与非金融企业倾向于净出售外汇，银行代客结售汇出现顺差；相反，当市场存在人民币对美元贬值预期时，居民与非金融企业倾向于净购买外汇，银行代客结售汇则会出现逆差。

笔者还可以通过比较银行代客涉外收支差额（外币）与银行代客结售汇差额来分析居民与非金融企业持有外汇的意愿。如图 8 所示，在大多数时期，银行代客结售汇差额要高于银行代客涉外收支差额（外币），这意味居民与非金融企业在这些时期内出售的外汇资产超过了同期内他们通过跨境交易获得的外汇资产，这种行为主要是受到人民币对美元升值预期的驱动。与之相反，在少数时期（2010 年 5 月至 7 月、2011 年 6 月、2011

77

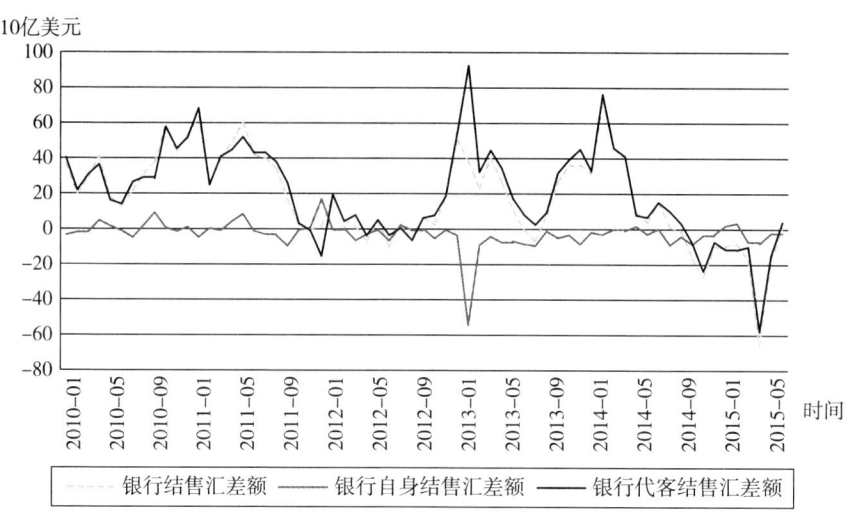

资料来源：CEIC 数据库。

图7 银行结售汇状况

年11月至2012年8月、2013年8月、2014年4月至2014年8月、2014年10月以及2015年1月至4月），银行代客结售汇差额却低于银行代客涉外收支差额（外币），这意味居民与非金融企业在这些时期内出售的外汇资产低于同期内他们通过跨境交易获得的外汇资产，这说明随着人民币对美元升值预期逆转为贬值预期，居民与非金融企业更加倾向于持有外币资产，"藏汇于民"的格局开始形成。

事实上，除了银行代客收付数据与银行代客结售汇数据之外，笔者还可以从我国银行体系的外汇存贷款数据变动来分析居民与非金融企业持有外汇资产或负债意愿的变动。如图9所示，2010年1月至2015年5月，中国外汇贷款同比增速出现阶段性下降，由2010年初的高达70%以上，逐渐下降至2015年5月的接近零增长。外汇存款同比增速呈现出较强的周期性波动特征，在2012年中期与2014年中期达到两次高峰。事实上，如前所述，在2012年与2014年，中国面临两波短期资本的集中流出。此外，外汇贷款同比增速与外汇存款同比增速之间，存在较为强烈的负相关关系。事实上，外汇存款与贷款的变动也与人民币升值预期密切相关。当市场上存在较强的人民币升值预期时，居民与非金融企业将会进行"资产本币化、负债外币化"

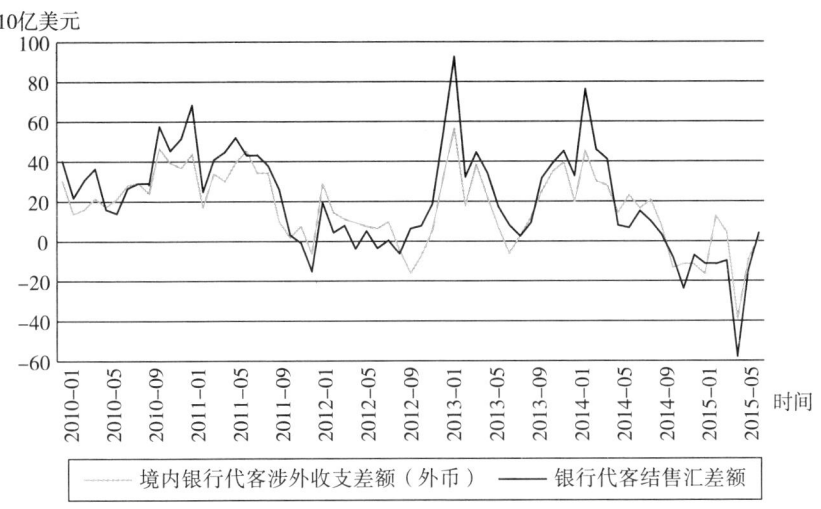

资料来源：CEIC 数据库。

**图 8　银行代客涉外收支状况与银行代客结售汇状况的比较**

操作，这将导致外币存款增速下降、外币贷款增速上升；反之，当市场上存在较强的人民币贬值预期时，居民与非金融企业将会进行"资产外币化、负债本币化"操作，这将导致外币存款增速上升、外币贷款增速下降。

如图 10 所示，中国企业外币存款的波动性要显著高于居民外币存款（即外币储蓄存款）的波动性。此外，从存量来看，2014 年 12 月底的企业外币存款达到 4220 亿美元，而同期的外币储蓄存款仅为 741 亿美元。这就意味着，中国外币存款的变动主要源自非金融企业的资产调整行为。

从银行跨境收付数据反映的近期跨境资本流动变化，主要结论包括：第一，2014 年下半年至 2015 年上半年，中国出现了跨境资金的持续流出；第二，在跨境资金持续流出期间，居民与非金融企业持有外币的意愿显著增强，导致银行代客结售汇差额持续低于银行代客涉外外币收付差额；第三，在跨境资金持续流出期间，发生了外币贷款同比增速显著下降、外币存款同比增速显著上升的现象，表明居民与非金融企业在进行"资产外币化、负债本币化"的财务操作；第四，居民与企业的上述行为均与人民币对美元贬值预期的出现密切相关；第五，从外币存款的变动来看，其波动性主要来自非金融企业的行为变化，而非源自居民的行为变化。

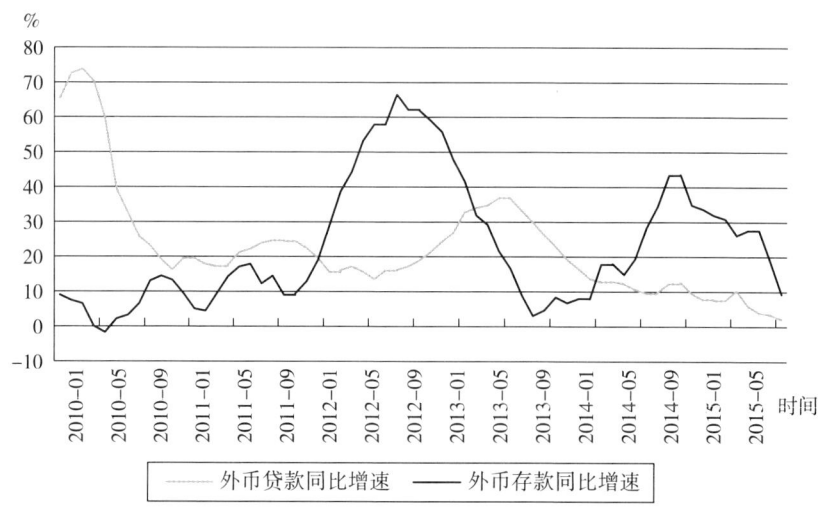

资料来源：CEIC 数据库。

**图 9　外汇存贷款同比增速**

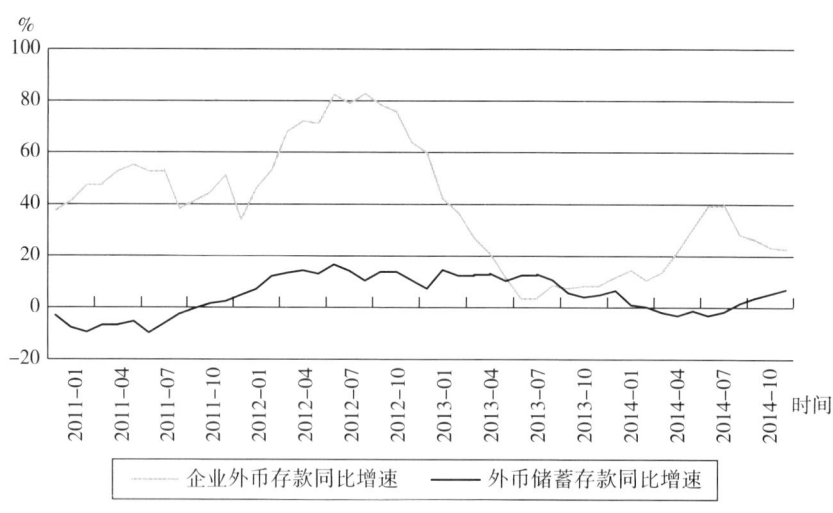

资料来源：CEIC 数据库。

**图 10　企业外币存款与居民外币存款的变动**

## 四、导致近期短期资本外流的原因

迄今为止有大量的国内外文献研究跨境资本流动的驱动因素。笔者所在团队也就此进行了持续的研究。张明和肖立晟（2014）在对2000年第一季度至2012年第三季度52个经济体的面板研究中发现，对新兴市场经济体而言，本国经济增长率是吸引国际资本流入的最重要推动因素，而全球风险偏好与美国经济增长率是跨境资本流动最重要的推动因素。本国经济增长率越高、美国经济增长率越低、全球风险偏好越高，新兴市场国家面临的资本流入规模越大，反之亦然。张明和谭小芬（2013）研究了2000年1月至2012年6月中国短期资本流动的主要驱动因素。结果发现：第一，人民币升值预期是吸引短期资本流入的最重要因素；第二，中外利差仅能在短期内吸引短期资本流入；第三，国内股价上升是比国内房价上升更重要的吸引短期资本流入的因素；第四，中国经济增速在一定时滞后也会影响短期资本流动。结合这两篇文献，导致2014年第二季度以来短期资本持续外流的主要原因有以下几个。

### （一）人民币对美元升值预期逆转为贬值预期

自2005年7月中国央行启动人民币汇率形成机制改革以来，人民币对主要国际货币均显著升值。例如，2005年6月底至2015年5月底，人民币对美元、欧元、日元的升值幅度分别达到26%、32%与34%。同期内，人民币名义有效汇率指数与实际有效汇率指数更是分别升值了44%与55%！①过去10年内人民币汇率的持续快速升值，已经从根本上改变了人民币有效汇率被低估的基本面。2007年，中国经常账户顺差占GDP的比率超过10%，意味着人民币有效汇率被显著低估。然而，2011年至2014年中国经常账户顺差占GDP比率已经持续低于3%，这意味着人民币有效汇率已经相当接近于均衡汇率水平。事实上，从2013年第二季度美联储宣布考虑退出量化宽松起，美元对全球主要货币呈现出强劲升值态势，而由于人民币对美元汇率基本保持稳定，导致人民币跟随美元，对欧元、日元

---

① 上述数据是笔者根据CEIC数据库中国国家外汇管理局与BIS提供的双边汇率与有效汇率数据进行计算的结果。

等发达国家货币以及其他新兴市场货币显著升值。2013年以来人民币有效汇率的强劲升值无疑会显著影响中国的出口增长。例如，王宇哲和张明（2014）的研究表明，在控制了外需变化之后，如果人民币汇率基本盯住美元，那么人民币的名义有效汇率每升值1%，中国的出口量将会下降1.28%或1.62%。事实上，在2015年的前5个月内，有4个月出现了出口同比负增长。事实上，从2014年第二季度以来，外汇市场上已经出现了持续的人民币对美元贬值预期。由于目前中国央行依然控制着人民币对美元汇率的每日中间价，这就造成在人民币对美元的中间价与市场价之间存在显著差距。如果人民币对美元的市场价显著低于中间价，这就意味着市场上存在人民币对美元贬值预期，以至于中国央行不得不通过干预中间价的方式来维持人民币汇率稳定，反之亦然。如图11所示，从2014年3月起，人民币对美元汇率市场价，开始由之前持续高于中间价的状态，转变为持续低于中间价。这意味着人民币对美元汇率的变动预期，从2014年3月起由升值预期转为贬值预期。人民币对美元贬值预期的产生，自然会导致短期资本流出中国。不难看出，2014年3月人民币对美元贬值预期的产生，与2014年第二季度起的短期资本流出，在时点上是基本重合的。

资料来源：CEIC数据库。

**图11 人民币对美元升值预期的变化**

## （二）中国经济增速下降、美国经济增速回升

如前所述，中国与美国的经济增速，也会对中国的短期资本流动状况产生影响。由于经济增速会大致决定该国的投资回报率，因此如果中国经济增速显著高于美国，中国将会面临短期资本持续流入，反之则相反。一方面，近年来，随着中国人口老龄化的加剧、农民劳动力由农村转移到城市的过程基本结束、制造业产能过剩的加剧、企业融资成本的上升以及全要素生产率的放缓，中国经济的增长速度显著下滑。另一方面，随着美国经济逐渐从次贷危机造成的低谷中逐渐复苏，其经济增长率开始再度接近潜在经济增速。如图12所述，中国季度GDP同比增速已经由2007年第二季度的16.1%下降至2015年第一季度的7.0%，而美国季度GDP同比增速已经由2009年第二季度的-4.1%上升至2015年第一季度的2.7%。中美经济增速之差已经由2007年至2009年的大于10%，下降至2015年初的不到5%。换言之，中美经济增速之差的下降，是导致短期资本在近期流出中国的第二个原因。

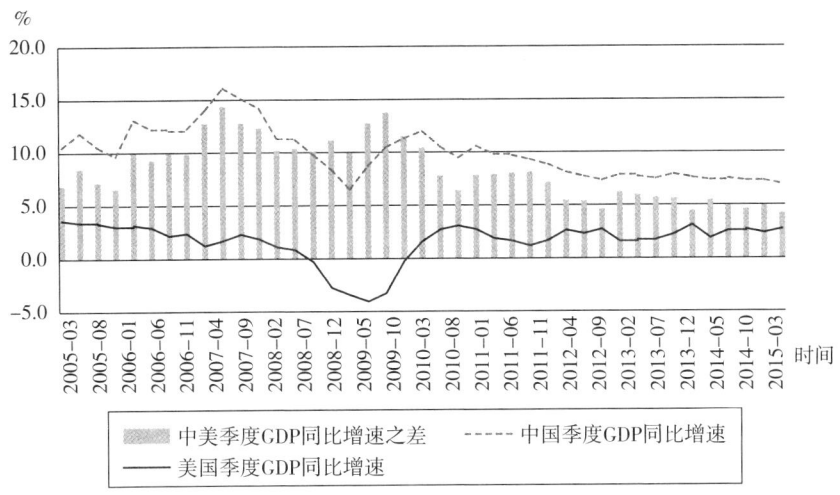

注：此处的中美季度GDP同比增速都使用的是IMF国际金融统计数据中的口径。
资料来源：CEIC数据库。

**图12 中美季度GDP同比增速的比较**

### (三) 全球风险偏好重新下降 (风险规避程度上升)

如前所述,包括中国在内的新兴市场国家面临的短期资本流动,也会受到全球投资者风险偏好程度变化的影响。当全球投资者风险偏好程度上升时,短期资本通常会由发达国家流向新兴市场国家,反之则相反。笔者可以用 VIX 指数 (美国芝加哥期货交易所的市场波动指数,衡量的是美国标准普尔 500 股指期货的隐含波动率) 来刻画全球投资者的风险偏好。该指数越低时,全球投资者的风险偏好程度越高,反之则相反。如图 13 所示,VIX 指数在 2014 年第四季度与 2015 年第一季度处于相对高位 (该时期内 VIX 指数均值为 16.31),显著高于 2013 年初至 2014 年第三季度的水平 (该时期内 VIX 指数均值为 13.93)。2014 年底至 2015 年初全球投资者风险偏好的下降,很可能与美联储加息预期以及希腊主权债务危机重燃导致的全球市场动荡有关,而这将会导致短期资本流出中国的规模加大。

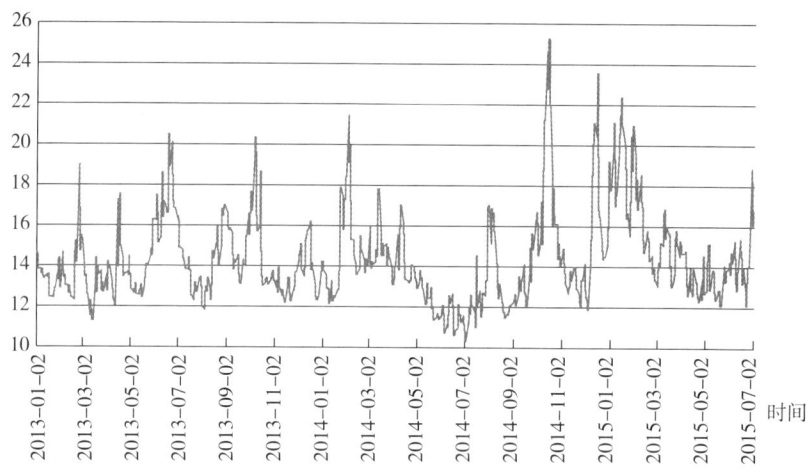

注:本图中采用的是 VIX 指数的日度收盘价。
资料来源:Yahoo Finance。

**图 13 VIX 指数的变化**

### (四) 中美利差收窄

自 2007 年夏天美国次贷危机浮出水面后,美联储在一年多时间内将联邦基金利率由 5.25% 降至 0~0.25%,由此产生了大量的美元套利交易,即借入美元贷款,转换为新兴市场国家货币后,到新兴市场国家进行高收益投资。如图14所示,以可比的3个月期银行间利率衡量,则在2009年至2013年,中美利差大约相差5个百分点,再加上这一时期内人民币对美元汇率呈现出缓慢升值态势,导致中美套利交易不但没有汇率风险、反而有汇率收益,因此造成套利交易大行其道,大量短期资本流入中国国内。然而,从2014年第二季度起,随着中国宏观经济下行,中国央行开始采取从量化宽松到全面宽松的策略来应对,导致国内银行间市场利率显著下降,截至2015年5月,中美利差已经由5个百分点以上收窄至不足3个百分点。更重要的是,随着人民币对美元汇率的升值预期逆转为贬值预期,过去的中美货币套利交易开始面临汇率风险。此外,随着市场预期美联储将在2015年下半年步入新的加息周期,预计未来中美利差将会继续收窄。因此,中美利差的收窄以及进一步收窄的预期,是造成近期短期资本流出中国的重要原因。

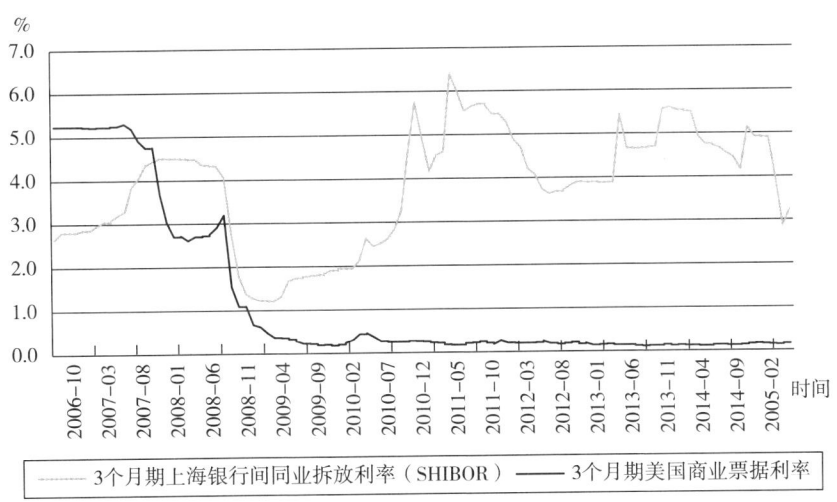

资料来源:CEIC数据库。

图14 中美短期市场利率比较

### (五) 中国房地产市场下行

短期资本流动也与一国国内资产价格走势有关。如图15所示,从2014年初起,全国房地产开发景气指数(以下简称国房景气指数)开始持续下行,表明中国房地产市场开始向下调整。在本轮房地产上升周期中,部分二线城市、很多三四线城市积累了大量的房地产库存,导致本轮房地产市场下行周期可能变得旷日持久。中国房地产市场由盛转衰,可能是导致短期资本流出中国的重要原因。2014年11月至2015年5月,中国股票市场走出了一波波澜壮阔的牛市行情,按照常理,这将导致短期资本流入中国。不过,根据外汇局披露的截至2015年第一季度的资本流动数据以及中国央行公布的截至2015年5月的外汇占款数据,短期资本持续外流的状况尚未改观。

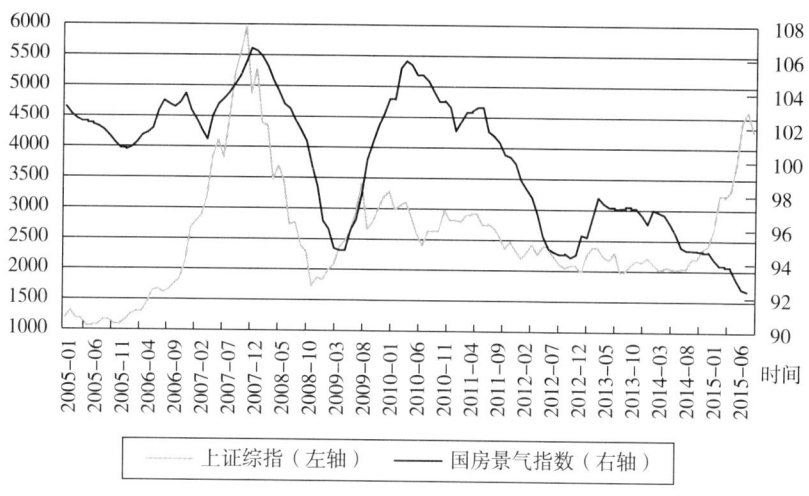

资料来源:CEIC 数据库。

**图 15　上证综指与国房景气指数**

### (六)资本账户加速开放导致国内居民与企业加快海外资产配置

虽然中国政府过去在资本账户开放方面一直采取审慎、渐进、可控的策略,但是随着中国央行开始推进人民币国际化,资本账户开放的步伐明显加快。2012年中国人民银行调查统计司发布的一份报告宣称,将在2015年实现资本账户的基本开放,在2020年实现资本账户的全面开放。近期,中国央行再次重申了在2015年基本实现资本账户开放的目标。在过去,中国央行实施了人民币利率管制与资本账户管制,导致大量国内资金只能在中国国内进行有限的资产配置。随着资本账户的加速开放,国内居民与企业将会有很强的动机进行全球资产配置,而这将造成大量的国内资本外流。例如,从2015年下半年起,家庭净资产超过100万元人民币的家庭,将可以通过合格境内个人投资者(QDII2)渠道直接投资于国外金融市场。尤其是考虑到随着利率市场化的推进,国内金融风险在未来几年将会显性化,如果管理不善则可能酿成区域性甚至系统性金融危机,当这种情形发生时,国内居民与企业的海外资产配置进程无疑会加快,会造成中国面临的资本外流加剧。例如,根据 Bayoumi and Ohnsorge(2013)的估算,中国的资本账户开放将会导致中国的海外资产发生相当于 GDP 的 15% ~ 25% 的存量增长,以及中国的海外负债发生相当于 GDP 的 2% ~ 10% 的存量增长,这意味着资本账户开放将会导致显著的资本净流出。

### 五、未来短期资本大规模流出的风险

尽管如前所述,2014年第二季度至2015年第一季度,中国出现了持续的短期资本流出。但这一短期资本流出的规模是较小的,对中国政府而言风险完全可控。但是,未来短期资本大规模流出给中国带来的风险却不容小觑。本部分首先估算潜在资本外流的可能规模,其次分析潜在资本外流加剧的原因,最后分析资本外流加剧可能造成的危害。

(一)潜在资本外流的可能规模:人民币套利交易平仓与国内储蓄多元化

本部分将估算潜在资本外流的规模。潜在资本外流分为外资外撤与内资外流两部分。

在估计潜在的外资外撤规模时,主要讨论流动性较强的短期资本,特别是债权债务类资本,而并不包含 FDI。截至 2014 年底,中国国内的 FDI 存量高达 2.68 万亿美元,占到同期中国外汇储备规模的 70%。因此,一旦中国国内 FDI 存量大规模外流,则无论是其规模还是其冲击都不容小觑。

可以粗略将潜在的外资外撤规模分三部分进行估计:第一部分是外国

银行对中国的各类贷款。如图 16 所示，根据国际清算银行（BIS）的数据，截至 2014 年第四季度末，全球银行对中国各类机构的贷款余额达到 7982 亿美元，其中对中国的银行、非银行企业与政府的贷款余额分别为 3468 亿美元、3409 亿美元与 1090 亿美元。尽管贷款可以分为短期与中长期，但欧债危机的爆发生动地表明，当一个经济体爆发金融危机时，外国贷款人通常会全面抽回贷款，甚至包括中长期贷款。

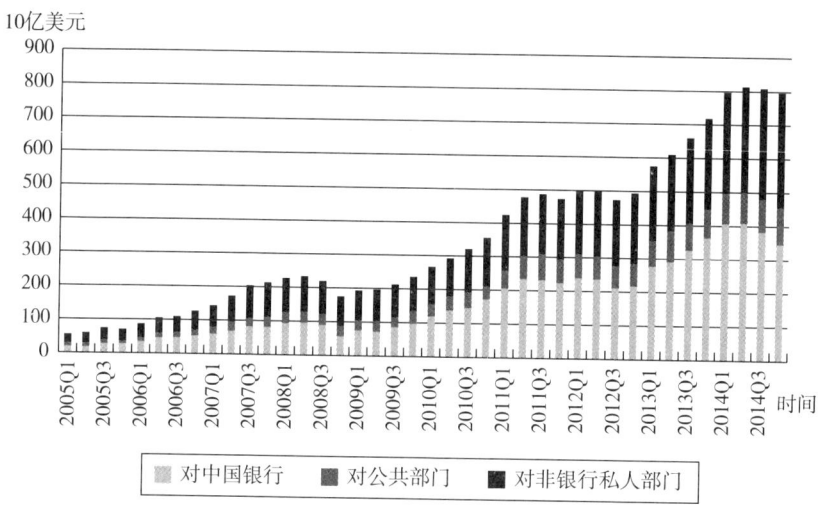

资料来源：BIS。

**图 16　全球银行对中国的债权规模**

第二部分是通过内地与香港之间的关联贸易流入内地的套利资金。如前所述，自 2009 年国际金融危机后，由于中国内地的利率水平显著高于全球利率水平，再加上人民币对美元汇率呈现稳中有升的趋势，导致人民币套利交易有利可图。大量的套利资金通过贸易渠道的转移定价（特别是通过内地关联企业高报出口的方式）由香港流入内地。如图 17 所示，浅色阴影部分即笔者通过"内地对香港的出口 – 香港从内地的进口"这一粗略方式估算的两地之间通过转移定价方式流入的套利资金。截至 2014 年 12 月底，通过转移定价方式流入的套利资金的累积规模达到 4175 亿美元。值得指出的是，由于香港关联公司的资金主要源自香港本地公司向外国金融机构的贷款,因此第二部分估算的资金规模与第一部分估算结果重复计算的程度不会太高。

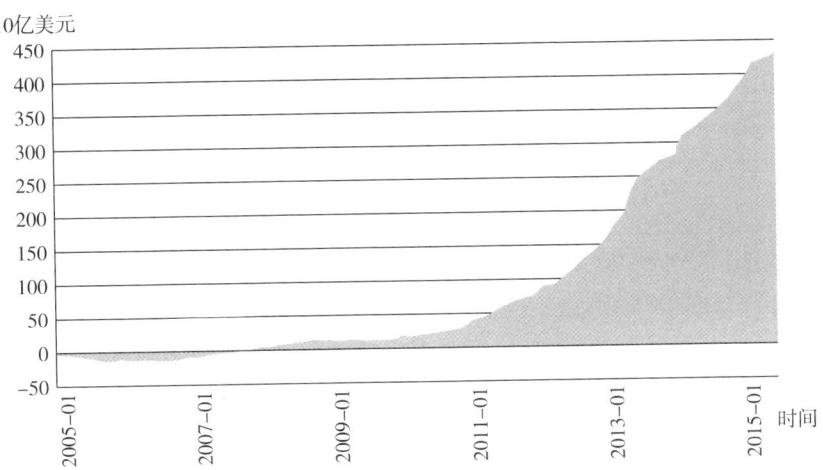

资料来源:CEIC 数据库。

**图17 内地与香港之间通过转移定价的套利资金流入**

第三部分是中国各类主体发行的国际债券规模。如图18所示,从2010年起,中国居民发行的国际债券的未到期余额显著增长,从2010年第一季度末的500亿美元飙升至2014年第四季度末的4368亿美元。在2014年底,由非银行金融机构、银行、企业与政府举借的国际债券的未到期余额分别为2305亿美元、1507亿美元、404亿美元与153亿美元。当然,债券资金与银行信贷资金相比,前者不会发生提前抽贷的现象,但由于中国主体的海外债券通常为中期债券(以3~5年居多),这意味着在未来几年内,每年仅国际债券的还本付息额就比较可观。

综合上述三部分资金,通过简单的计算,假定发生不利情形时,外国银行可以抽离全部贷款、通过贸易转移定价流入的套利资金也可以全部撤出,再假定中国居民发行的国际债券平均期限为3年(即分三年还本付息)。那么在不利情形下,最大可能的外资外撤规模约为7982 + 4175 + 4368/3 = 1.36万亿美元。

在估计潜在的内资外流规模时,笔者主要分析中国储蓄的全球多元化

中国的跨境资本流动：规模测算、驱动因素与管理策略

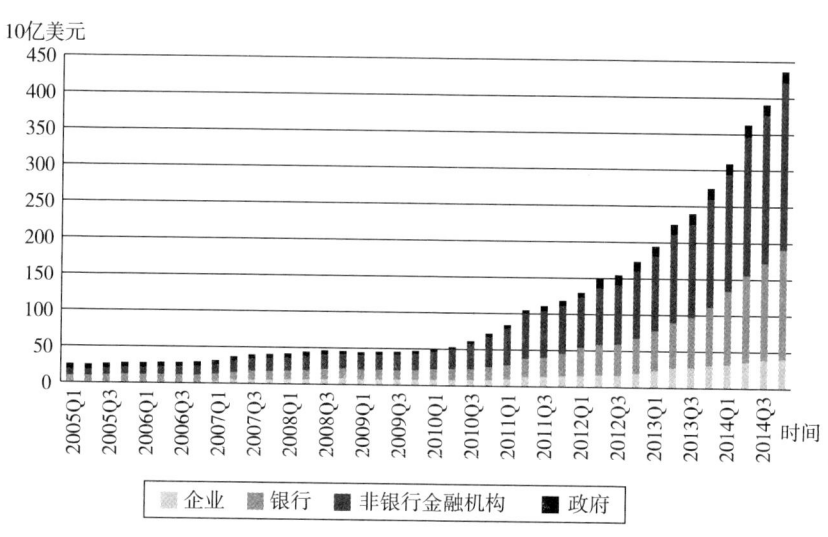

资料来源：BIS。

**图18　中国居民发行的国际债券的未到期余额**

动机。如图19所示，截至2014年12月底，中国的储蓄总额为117万亿元人民币，其中企业储蓄约为59万亿元人民币，居民储蓄约为49万亿元人民币。按照人民币对美元汇率6.2∶1计算，则2014年底中国储蓄总额为18.87万亿美元。假定在资本账户全面开放后，一旦中国发生不利的经济金融情景，中国企业与家庭决定将五分之一的储蓄配置到海外，那么潜在的内资外流规模将达到3.77万亿美元。

将潜在的外资外撤与内资外流规模相加，则如果中国国内金融风险上升，那么中国可能面临的潜在资本外流高达5.13万亿美元，这显著超过2014年底中国3.84万亿美元的外汇储备，相当于2014年中国GDP的50%。如果真的发生如此大规模的资本外流，这将对人民币汇率、国内金融体系稳定与中国经济可持续增长造成严重负面影响。

需要指出的是，有几个因素可能造成上述潜在资本流出规模被高估，例如在三部分外资外撤资金规模的计算中可能存在重复计算（例如在外国银行债权与跨境套利资金之间或外国银行债权与国内机构海外发债规模之间）。但与此同时，也有几个因素可能造成上述潜在资本流出规模被低估，

例如笔者还没有考虑存量 FDI 资金的撤出，以及一旦发生危机时，国内储蓄外流规模可能超过 20% 等情形。因此，上述估算结果在一定程度上还是具有较强的参考价值的。

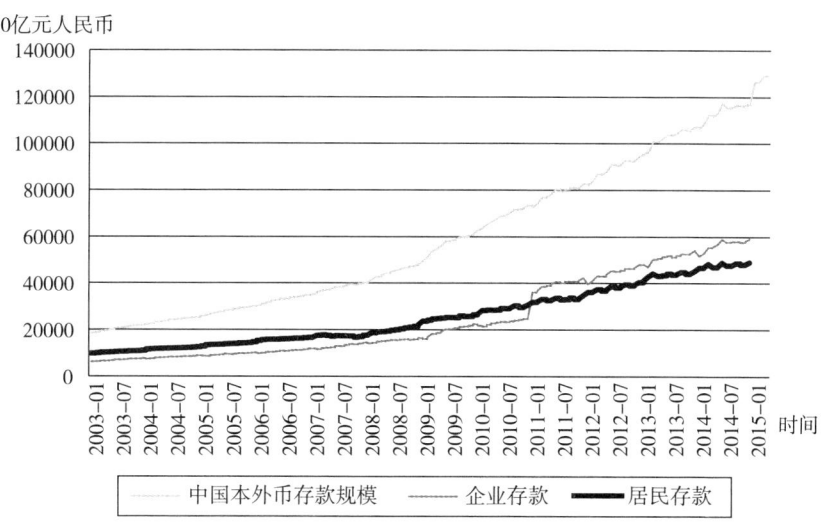

资料来源：CEIC 数据库。

**图 19　中国的存款规模及部门分布**

### （二）短期资本外流加剧的可能原因

在未来几年内，可能造成短期资本外流加剧的主要原因包括：

一是随着中国政府加快开放资本账户（例如放大 QFII 与 QDII 的额度、QDII2 的推出、沪港通与深港通的推出、内地与香港基金互认的实施、自贸区开放力度的加大等），跨境资本流动面临的约束将显著减少，资本大进大出的概率将显著上升。

二是国内经济增速进一步下行，爆发系统性金融危机的可能性加剧。在内外需持续低迷前提下，宏观经济下行将使中国企业部门高杠杆得以持续，而企业部门去杠杆将会导致银行系统坏账显著增多。随着利率市场化的进一步推进以及全国性存款保险公司的推出，未来几年中国的隐形金融风险将会逐渐浮出水面。如果处置不当，中国可能爆发区域性甚至全球性金融危机。在这种状况下，国内居民对国内金融体系的信心可能显著下降，从而导致短期资本加剧外流。

三是人民币对美元贬值压力加剧。目前人民币对美元汇率已经出现高估，如果这一高估状态不但没有纠正，反而有所加剧的话，那么随着未来资本流动的逆转，人民币对美元可能出现大幅贬值。更为重要的是，在资本外流与人民币贬值之间可能形成恶性循环。

四是美联储步入新的加息周期。尽管美联储步入加息周期的具体时点还不确定，但未来美联储必将逐渐上调联邦基金利率。在美国货币政策正常化的过程中，中美利差将会进一步收窄，从而提高国际市场对中国国内资金的吸引力，进而导致人民币套利交易平仓甚至反转。

五是地缘政治动荡加剧。目前全球地缘政治冲突有加剧之势。在中国周边，东海、南海、东北亚、中亚、南亚，都不太平。随着中国经济的崛起，与美国、日本等发达国家以及部分相邻新兴市场国家爆发各种冲突的概率正在上升。而一旦中国面临的地缘政治动荡加剧，那么国内外主体的避险情绪将会上升，以寻求投资多元化、规避投资风险为目的的外资外撤与内资外流将会显著加剧。

### （三）短期资本外流加剧的危害

张明（2014）建立了一个从私人部门、公共部门与对外部门联动角度来分析中国金融系统性风险的框架。在这个框架内，在特定冲击下，对外部门面临短期资本外流加剧，则可能成为引爆中国金融系统性风险的动因。金融危机的爆发可能从对外部门开始，随后传递至私人部门，进而传递至公共部门，最后传递回对外部门，从而形成一个恶性循环。

危机的起因可能是一个外部冲击，例如美联储快速加息。如上所述，随着未来中国制造业产能过剩问题的加剧，以及房地产价格的向下调整，中国商业银行体系可能出现大量坏账，这会降低中国居民对本国金融体系的信心。而一旦美联储开始快速加息，那么外部对中国国内资金的吸引力上升。再加上中国政府正在加快开放资本账户，上述原因的结合，可能引发大规模的国内资本外流，国内资本持续大量外流将会导致已经市场化的人民币汇率显著贬值。对外部门的危机随即出现。

国内资本外流将会降低中国国内市场的流动性，造成国内整体利率水平上升。利率水平快速上升将会带来两种不利后果。第一，中国制造业企业融资成本上升、财务负担加剧，从而不得不进入痛苦的去杠杆化阶段；第二，利率上升可能加快房地产价格向下调整，甚至捅破房地产价格泡沫。无论是制造业的出杠杆化，还是房地产价格的显著下降，都会导致中国商业银行体系坏账飙升，从而引爆银行业危机。私人部门的危机就此爆发。

鉴于银行业依然是中国金融体系的最重要环节，一旦银行业爆发危机，中国政府就不得不出手救市。从目前来看，中国政府拯救银行业无非有三种手段，一是重新走1998年的老路，即财政部发行特别国债募集资金，将资金注入不良资产管理公司，由不良资产管理公司以账面价值从商业银行购买不良资产，之后再用财政资金来核销坏账；二是直接动用财政资金或外汇储备对商业银行补充资本金，由商业银行在资产负债表内消化坏账；三是采用更加市场化的手段，例如引入公私合作的资产证券化来帮助商业银行处置不良资产。无论采用哪种手段，中国政府救市的结果，必定是用政府部门的加杠杆来应对私人部门的去杠杆。换言之，债务负担必然会由私人部门转嫁至政府部门。

问题在于，1998年中国政府救助商业银行时，政府债务占GDP比重处于很低水平，可能仅在20%上下。而目前即使根据审计署的普查数据，截至2013年6月底，中国政府债务占GDP比率也已经达到56%。根据市场估计，中国政府的全口径真实债务水平可能达到GDP的70%上下。那么，如果中国政府再启动一次救助商业银行的行动的话，中国政府债务占GDP的比重最终可能上升到90%以上，甚至超过100%。届时，中国政府未来能否还本付息，就可能成为市场关注的焦点。部分市场主体甚至开始做空中国国债，或者大举买入中国国债的信用违约互换（CDS）。公共部门的危机可能因此而生。

最后，私人部门与公共部门的危机，最终可能再次传递至对外部门。随着银行业危机的爆发，以及主权债务危机风险的加剧，国内外主体对中国金融体系的信心可能进一步下降，从而引发更大规模的短期资本外流，这会导致更大的人民币贬值压力。中国央行从而不得不进行外汇市场干预,这又会导致外汇储备规模快速下降。外汇储备规模骤降可能进一步加剧市场恐慌情绪,引发更大规模的资本外流与贬值压力。

危机还未完结。更大规模的资本外流可能导致国内利率水平进一步上升,从而加剧制造业企业去杠杆、房地产价格下跌与政府偿债压力。人民币汇率贬值会导致中国企业的外债负担加剧。因此,对外部门的动荡可能再次传递至私人部门与公共部门,从而构成一个致命的危机螺旋。

如果上述危机真的爆发,那么其破坏性将是相当大的。危机结束后,中国政府可能需要很长时间,才能修复家庭、企业、金融机构与政府自身的资产负债表。而在人口日益老龄化、传统增长模式难以为继的大背景下,中国经济要在危机后重塑增长动力,无疑将会面临巨大挑战。这一切,与日本在泡沫经济破灭后的情形颇为类似。如果应对不当,中国经济也可能陷入长期低速增长的困境,从而最终陷入中等收入陷阱的泥潭。

## 六、结论与政策建议

从 2014 年第二季度起,中国开始面临持续的短期资本外流。从国际收支表视角来看,本轮短期资本外流主要是其他投资子项出现资金净流出,而这又主要源自贷款细项以及货币与存款细项的资金净流出,其中贷款细项净流出由外国居民主导,而货币与存款细项资金净流出由本国居民主导。从银行跨境收付视角来看,这一轮短期资本外流的主要原因,是在人民币对美元汇率的贬值预期形成后,中国家庭与企业开始实施"资产外币化、负债本币化"财务操作,"藏汇于民"的格局正在形成。在这一过程中,企业所起的作用远比家庭部门重要。

导致这一轮短期资本外流的主要原因,一是人民币对美元的升值预期转变为贬值预期;二是中国经济增速下降与美国经济增速回升造成中美经济增速之差收窄;三是全球投资者风险偏好程度下降;四是中美利差收窄;五是中国房地产市场下行;六是中国资本账户开放加快导致中国居民加大了海外资产多元化配置的力度。

未来一旦发生短期资本外流加剧,则资本外流的潜在规模不容低估。根据笔者的估算,在不利情形下,外资外撤与内资外流的规模合计可能达到5.13万亿美元，相当于2014年中国GDP的50%。造成潜在资本外流加剧的原因包括中国政府加快资本账户开放、潜在经济增速下行加剧金融风险以及风险显性化过程、人民币贬值预期与资本外流形成恶性循环、美联储步入新的加息周期以及地缘政治动荡加剧。如果管理不当，短期资本外流可能成为引爆中国金融系统性风险的导火索。

换言之，尽管当前的短期资本外流是可控的，但如果广义的人民币套利交易（包括全球银行对中国的贷款、香港与内地之间通过转移定价进行的套利交易、中国企业在海外发行的债券）发生反转，以及中国居民开始加速向海外配置资产，那么资本流出的规模将会显著上升。有一种观点认为，随着资本账户的进一步开放，中国居民会向国外配置资产，但与此同时外国居民会向中国配置资产，这两者抵销后不会出现大规模资本净流出。但问题在于，这两种资产配置行为都是周期性的、逐利的。在中国宏观经济增速下行、房地产市场持续向下调整、金融体系风险上升、人民币出现贬值预期强化的背景下，外国资金流入抵销中国资金流出的可能性微乎其微。目前国内唯一利好的因素恐怕就是股市不断飙升了。但股市的泡沫（尤其是创业板的泡沫）终究会破灭，一旦股市泡沫破灭，中国居民的资金外流与外国居民的资金外撤可能同时发生，这种共振的格局将会导致短期资本外流规模显著放大。

为更好地应对短期资本流出可能加剧，甚至引爆中国金融系统性危机的风险，笔者在此提出如下政策建议。

第一，当前应该格外慎重地对待资本账户开放问题。在国内金融体系较为脆弱、美联储即将步入新的加息周期的背景下，一旦全面开放资本账户，中国可能面临短期资本大举流出的局面，这可能引发金融危机，也可能导致中国央行重新收紧资本账户管制。发展中国家资本项目自由化大都伴随金融危机的发生。历史经验值得注意。此外，中国的资本项目在很大程度上已经开放，所剩管制主要限于对短期跨境资本的额度控制。中国并不存在如果不"完全"或"基本"开放资本项目，金融改革就无法推进、宏观经济稳定无法实现的形势。所谓通过资本项目自由化"倒逼"中国金融改革的提法缺乏理论和经验的根据。中国不应该放弃渐进开放资本项目的政策。

第二,应该尽快建立起系统的宏观审慎监管与微观审慎监管框架,在资本账户全面开放之前,尽可能抑制金融风险的继续累积,最好能够逐渐降低金融风险。这包括让全国存款保险公司尽快投入运营、允许部分影子银行产品违约与中小金融机构破产清算、建立风险预案与危机管理机制等。近期中国股市的大起大落,生动地说明了,即使在经验丰富的外国投资者全面参与中国金融市场之前,中国国内投机者凭借杠杆就可以将市场搅得天翻地覆,而相关监管者不但反应滞后而且彼此之间缺乏协调。在国内宏观审慎监管框架建立健全之前、在国内金融市场上既有的金融风险得到全面监控与妥善处理之前,加快资本账户开放无疑是"引火烧身"。

第三,在当前应该通过系统的宏观经济政策组合来保证宏观经济以合理速度增长,并在增长的前提下加快结构调整。如果经济增速过低,那么不但短期资本可能加剧流出,调结构更将无从做起。与货币政策相比,财政政策应该进一步发力。而无论货币政策还是财政政策,在操作方面都应该注重前瞻性、注重预期管理,避免出现"头痛医头、脚痛医脚"式的应激式操作。此外,要避免出现短期资本大规模外流,中国政府必须通过加快结构性改革来提振市场信心。在笔者看来,目前最重要的结构性调整包括:提高居民收入占国民收入的比重;打破国有企业对若干服务业部门的垄断,对民间资本真正开放这些部门;加快国内要素价格的市场化等。

第四,中国央行应该加快人民币汇率形成机制改革,让人民币汇率在更大程度上由市场供求来决定。在当前的情形下,这意味着人民币对美元汇率应该顺势贬值,从而消除人民币汇率被显著高估的状况,避免人民币汇率失调引致的短期资本大规模外流。

# 香港与内地之间贸易与资本流动的结构性变化（1998–2007年）

## ——基于国际收支框架的分析*

**摘要：** 近十年来，香港与内地均经历了若干重大的内部变化与外部冲击，香港与内地之间也签订了一系列"内地与香港关于建立更紧密经贸关系的安排"（CEPA）协议。这些内部变化、外部冲击与制度性安排必将对两地之间的贸易与资本流动产生重大影响。本文从国际收支表框架出发，系统梳理了近十年来两地之间在商品贸易、服务贸易、FDI与证券投资等方面的资金流动趋势，并利用余额法估算了两地之间的其他跨境资本流动。结果表明，两地之间的贸易和投资在规模增长的同时也发生了一些显著的结构性变化，而其他跨境资本流动的变化则反映了两地之间可套利机会的变化。

## 一、导言

香港与内地之间的关系是错综复杂、历久弥新的。作为曾经的英国政府殖民地，香港很早就实施了自由市场资本主义制度，成为全球著名的自由贸易港以及远东金融中心。一方面，自改革开放以来，香港成为内地发展对外贸易的窗口和桥头堡，这直接体现为转口贸易的迅猛发展。内地商品首先出口到香港，再被香港企业出口到世界各地；外国商品首先被香港企业进口，然而再由香港企业出口到内地。香港经济在扮演内地与世界其他经济体之间的贸易中介角色中获利颇丰。另一方面，香港有着发达成熟的资本市场，而内地股票市场仅从20世纪90年代初期才刚刚起步。自

---

\* 发表于《国际金融研究》2009年第2期。

中国的跨境资本流动：规模测算、驱动因素与管理策略

1993年起，内地企业就纷纷以红筹股或H股的形式在香港股市发行上市①，这既促进了内地企业的发展壮大，也推动了香港股市的迅速扩张。截至2007年底，H股和红筹企业的市值占到香港主板市场总市值的51%。②此外，港元是完全自由兑换的，而内地目前尚处于逐渐开放资本项目的进程中。在很大程度上，香港成为人民币自由兑换和国际化的一个理想试验区（Yue and He, 2008）。可以说，香港与内地在贸易、金融方面的密切联系，既促进了内地的改革开放进程，也成为香港近几十年来经济社会发展的关键所在。

1998年至2007年，香港与内地均经历了若干重大的内部变化与外部冲击，包括1997–1998年的东南亚金融危机、2003年的SARS、2005年的人民币汇率制度改革、2007年至2009年的次贷危机等。双方也从2003年起签署了一系列"内地与香港关于建立更紧密经贸关系的安排"（CEPA）协议。内部变化、外部冲击以及CEPA协议已经并将继续对香港与内地之间的贸易与资本流动产生显著影响。例如，随着内地对外贸易的发展以及出口商的壮大，更多的贸易将直接在内地与最终进口国之间进行，而不再经过香港转口；又如，随着内地股票市场的发展壮大，以及更多海外股票市场对内地企业敞开大门，内地企业将面临上市目的地的多重选择，而香港市场仅成为选择之一；再如，在2005年7月的人民币汇率制度改革中，由于中国政府选择了小幅、渐进、可控的升值策略，导致市场上形成了对人民币持续升值的单边预期，从而吸引大量短期国际资本涌入内地，而其中很大一部分可能取道香港。③

分析1998年至2007年香港与内地之间贸易与资本流动的结构性变化，对于梳理当前香港与内地之间更紧密的经济金融联系，以及展望香港在内地进一步改革开放进程中所扮演的角色，具有相当重要的意义。遗憾的是目前这一方面的文献相对匮乏，本文则试图在一定程度上弥补此遗憾。本

---

① 特别是在内地股票市场不景气之际，例如2000年。
② 作者根据CEIC数据库相关数据计算。
③ 在CEPA协议下，来自香港的资金更容易进入内地。例如，香港居民每天可以在香港银行将2万港元兑换为人民币，香港居民每天可以将8万港元从香港汇至内地。

文的剩余部分结构安排如下：第二、第三部分讨论双边商品贸易与服务贸易，第四、第五部分剖析双边性外商直接投资与证券投资，第六部分研究其他跨境资本流动；最后归纳作结。

## 二、商品贸易

香港是一个高度开放的小规模经济体，其对外依存度不断提高，由1998年的215%升至2007年的344%。①图1反映了1998年至2007年香港与内地之间商品贸易的几个特征事实。第一，进出口金额稳定增长。除1998–1999年与2000–2001年的相对停滞外，无论是总贸易金额还是转口贸易金额，从2002年起都呈现出稳定增长。第二，转口贸易在商品贸易中扮演了重要角色。事实上，超过70%的香港货物与服务贸易均与转口贸易有关（Liu, Fan and Shek, 2006）。1998年香港对内地的再出口（Reexport）占香港对内地总出口的88%，2007年这一比率提高到97%。第三，香港对内地的总出口持续低于总进口，表明香港存在持续的双边性贸易赤字。不过赤字规模自2001年起显著下降，自2003年起一直稳定在300亿~400亿港元的水平上，2007年进一步下降至218亿港元。第四，在香港从内地的进口金额与香港从内地进口商品的再出口金额之间，存在一个显著的且不断扩大的差额，该差额实质上就是香港从将内地商品输入后再输出的转口贸易中所获得的收入，2007年这一收入高达2686亿港元。

香港与内地的经济规模存在巨大差异，导致双边贸易规模相对于两个经济体对外贸易总体规模的重要性明显不对称（见图2）。一方面，1998年至2007年这10年间香港与内地之间的双边贸易金额占香港对外贸易金额的比重不断上升：对内地出口占香港总出口的比重以1998年的34%上升到2007年的49%；从内地进口占香港总进口的比重由1998年的41%上升到2007年的46%；另一方面，内地与香港之间的双边贸易金额占内地对外贸易金额的比重却不断下降：1998年对香港出口占内地总出口的41%，2007年下降到14%；1998年从香港进口占内地总进口的42%，2007年下降到18%。

---

① 用进出口总额与GDP之比计算，相关数据引自CEIC数据库。

中国的跨境资本流动：规模测算、驱动因素与管理策略

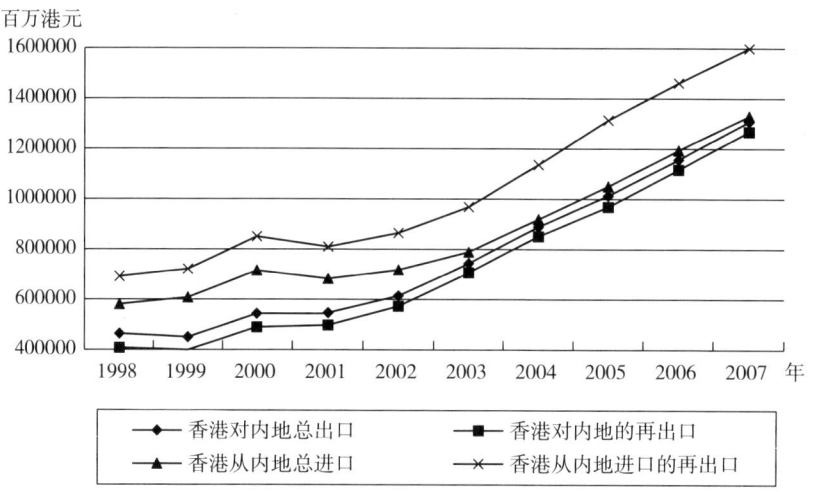

资料来源：CEIC 数据库。

**图 1　香港与中国内地的商品贸易规模**

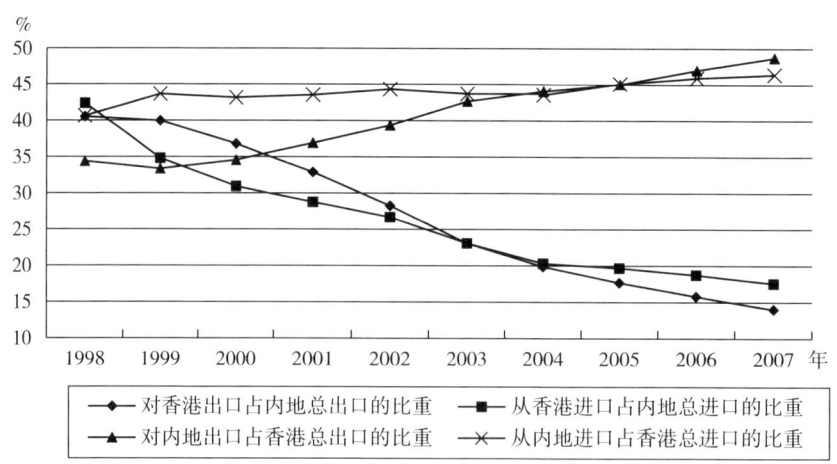

资料来源：CEIC 数据库。

**图 2　双边商品贸易额占各自贸易总额的比重**

加工贸易在香港与内地的商品贸易中扮演了重要角色。①事实上，如果剔除加工贸易，那么香港对内地的商品贸易赤字就会转变为贸易盈余（见

---

① 加工贸易指香港向内地出口原材料和中间产品，在内地完成相应的加工装配后，再从内地进口产成品。

图3）。例如，如果从进出口额中剔除与加工贸易有关的进出口额，那么2007年香港对内地的商品贸易余额就将由218亿港元的赤字转变为3067亿港元的盈余。然而另一个值得关注的趋势是，加工贸易占香港与内地之间商品贸易的比重从2000年起持续下降。1998年至2007年，加工贸易出口占香港总出口的比重由48%降至34%，加工贸易进口占香港总进口的比重由82%降至59%（见图4）。

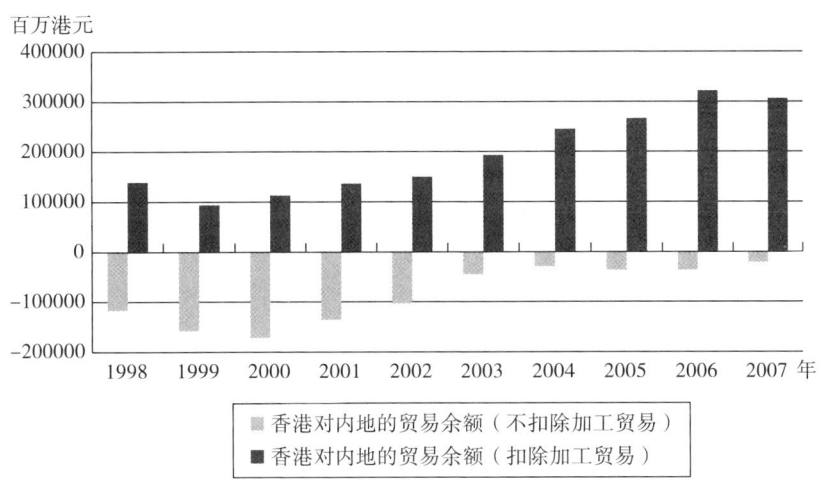

资料来源：CEIC数据库。

图3　香港与内地之间的商品贸易余额

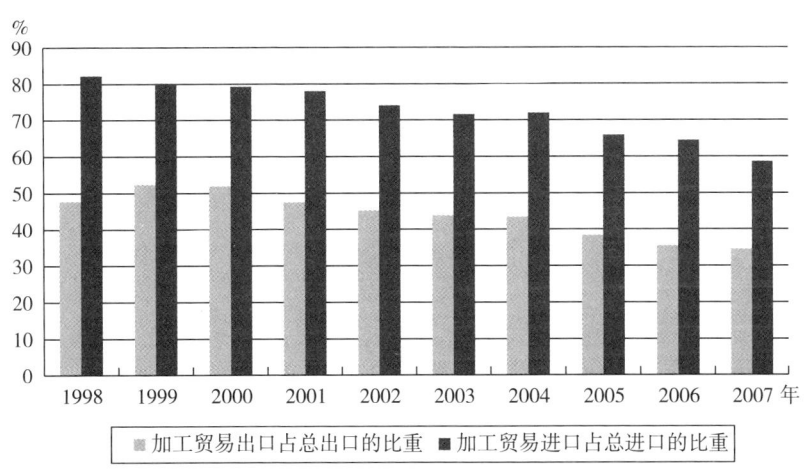

资料来源：CEIC数据库。

图4　加工贸易占香港与内地之间商品贸易比重

简言之,1998年至2007年香港与内地之间商品贸易的结构性变化包括:第一,虽然贸易绝对额不断增长,但贸易对于两个经济体的重要性越来越不对称,对香港的重要性逐渐上升,而对内地的重要性逐渐下降;第二,转口贸易在双边贸易中依然扮演着重要角色,且重要程度有所上升;第三,加工贸易在很大程度上决定了香港与内地之间的贸易余额。如果不剔除加工贸易,则香港存在对内地的贸易赤字,且赤字额逐年缩小;如果剔除加工贸易,则香港存在对内地的贸易盈余,且盈余额逐年扩大;第四,虽然加工贸易是香港获取贸易盈余的重要方式,但近年来加工贸易额占贸易总额的比重不断下降。

### 三、服务贸易

作为全球著名的自由港、金融中心和旅游胜地,香港在服务贸易领域具有明显优势。2006年与2007年,香港的服务贸易盈余分别为2772亿港元与3252亿港元,占当年GDP的19%与20%。服务贸易盈余已经成为香港居民收入的重要来源。当前内地是香港最重要的服务出口方与进口方。2006年香港对内地的服务出口金额占香港服务出口总金额的24.7%,香港对内地的服务进口金额占香港服务进口总金额的26.7%。[①]

1998年至2007年,香港对内地的服务出口增长迅猛,而服务进口相对稳定,导致服务贸易盈余迅速扩大(见图5)。1998年至2006年,香港对内地的服务出口额由651亿港元上升至1370亿港元,增长了111%;香港对内地的服务贸易盈余由32亿港元上升至605亿港元,增长了18倍。

在香港对内地的服务出口中,增长最快的三大领域包括离岸贸易(Offshore Trade)服务、旅游服务与金融服务。

离岸贸易服务指香港企业为非居民提供的贸易服务,且相关贸易商品并不从香港过境。离岸贸易服务占2007年香港服务出口的近三分之一,而离岸贸易服务收入占2006年香港进出口行业增加值的一半左右,其中针对

---

① 以上数据引自 Census and Statistics Department, The Government of Hong Kong Special Administrative Region。

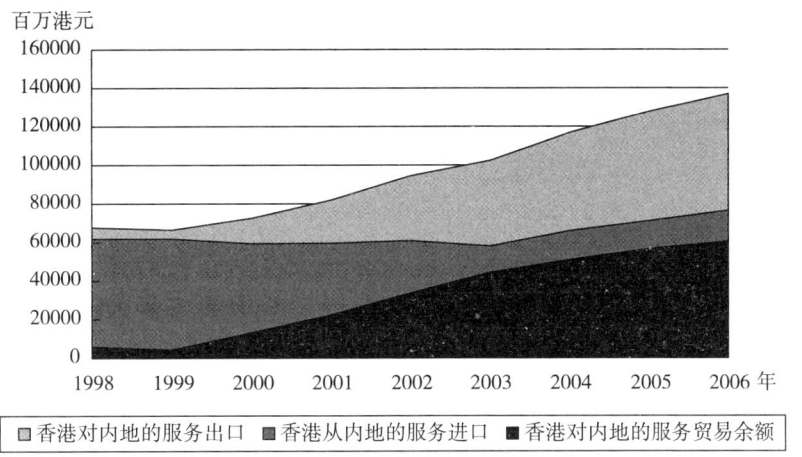

资料来源：Census and Statistics Department, The Government of Hong Kong Special Administrative Region。

**图 5　香港与内地之间的服务贸易状况**

源自内地的商品所提供的离岸贸易服务又占香港整个离岸贸易盈利的大约 70%（Leung et al., 2008）。

1998 年至 2007 年香港旅游收入平均占服务贸易收入的 10%，目前这一比率已经上升至 16%。尤其是 2003 年 7 月自由行方案（Individual Visit Scheme, IVS）[①]实施以来，来自内地的游客数量成倍增长。1998 年赴香港旅游的内地游客仅为 267 万人，2007 年达到 1549 万人，增长了 4.8 倍。1998 年赴香港一日游内地游客的总消费为 7 亿港元，多日游内地旅客的总消费为 113 亿港元，到 2007 年上述消费水平分别达到 117 亿港元与 472 亿港元。[②] 由此可见，1998 年至 2007 年无论是内地赴港游客人数，还是游客人均消费水平，均有大幅上升之势。

随着更多的内地企业到香港股票市场上市，以及更多的内地高收入居民到香港从事金融资产投资，香港金融机构向内地企业与居民提供的金融服务日益增多，尤其是在证券承销、证券交易与财富管理方面。2007 年香港的金

---

① 该方案允许中国内地 39 个城市的居民赴港自由旅行，而无须参加旅行团。
② 以上数据引自 CEIC 数据库。

融服务出口额与 2002 年相比增长了 195%[①],其中很大一部分来自内地。

简言之,1998 年至 2007 年,香港与内地在服务贸易领域的结构性变化包括香港对内地的服务贸易盈余不断扩大,从行业分布来看主要集中于离岸贸易、旅游与金融服务领域。

## 四、外商直接投资

1998 年至 2007 年,香港对内地的 FDI 一直超过内地对香港的 FDI,这表明内地一直是资本净流入方(见图 6)。2006 年内地相对于香港的 FDI 净流入达到 579 亿港元。从内地对香港的 FDI 流量来看,除 2000 年的异常增长外,其余各年均呈现出稳定增长的趋势。相比之下,香港对内地的 FDI 流量的波动性更强一些,但总体而言是逐渐增长的。内地对香港的 FDI 占香港引入 FDI 总量的比率相对稳定,大致保持在 20%～40%;香港对内地的 FDI 占香港输出 FDI 总量的比率的波动性更强,例如 1998 年为 41%,而 2003 年高达 140%。

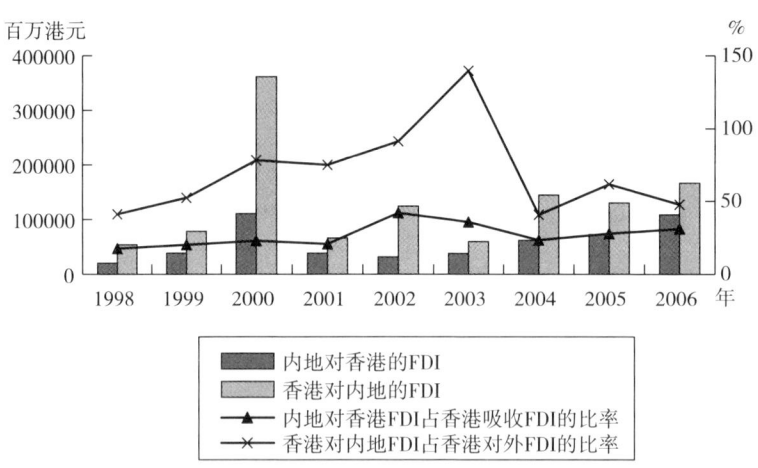

资料来源:CEIC 数据库。

图 6 香港与内地之间的 FDI 流量

---

① 以上数据引自 Census and Statistics Department, The Government of Hong Kong Special Administrative Region。

从香港对内地的FDI的行业分布来看,最显著的变化是,投资于通信业、制造业和房地产业的比重均有下降,而投资于批发零售进出口业的比重显著上升,这说明香港对内地的FDI的行业分布出现了一定程度的由制造业向服务业转型的趋势(见表1)。

表1　香港对内地FDI的行业分布：1998年与2006年的比较

| 1998年香港对内地FDI分布的五大行业 | 2006年香港对内地FDI分布的五大行业 |
| --- | --- |
| 通信业（40%） | 通信业（35%） |
| 制造业（28%） | 制造业（18%） |
| 房地产业（21%） | 批发零售及进出口行业（17%） |
| 交通及相关服务业（2%） | 房地产行业（16%） |
| 餐饮业与酒店业（6%） | 交通及相关服务业（6%） |

资料来源：CEIC数据库。

从FDI的投资收益汇出来看,一方面由于香港对内地的FDI存量高于内地对香港的FDI存量,另一方面由于香港对内地的FDI收益率高于内地对香港的FDI收益率①,导致1998年至2007年香港的净投资收益汇入不断上升（见图7）。世界银行2006年对中国120个城市1.24万家外资企业的实地调查显示,外资企业在华平均投资回报率高达22%。②假定香港对内地的FDI的平均收益率不低于外资企业的平均水平,考虑到2001年至2006年投资收益汇出仅占香港对内地的FDI存量的8%左右（见图7）,则不难判断,香港对内地的FDI的大部分利润并未汇回香港,而是滞留在内地进行再投资,或者通过其他渠道进入中国内地资产市场套利。

简言之,1998年至2007年香港与内地之间FDI的结构性变化包括：双向的FDI流量稳步上升；作为FDI的净流出方,香港获得的净投资收益汇出不断上升,但更多的投资收益仍滞留在内地；香港对内地的FDI的产业分布更加集中于服务业,尤其是批发零售进出口行业所占比重迅速上升。

---

① 在此我们假定双方FDI的利润汇出占利润总额的比率相同。
② 新华网："世界银行：外资企业在中国投资回报率达22%",2006年11月11日。

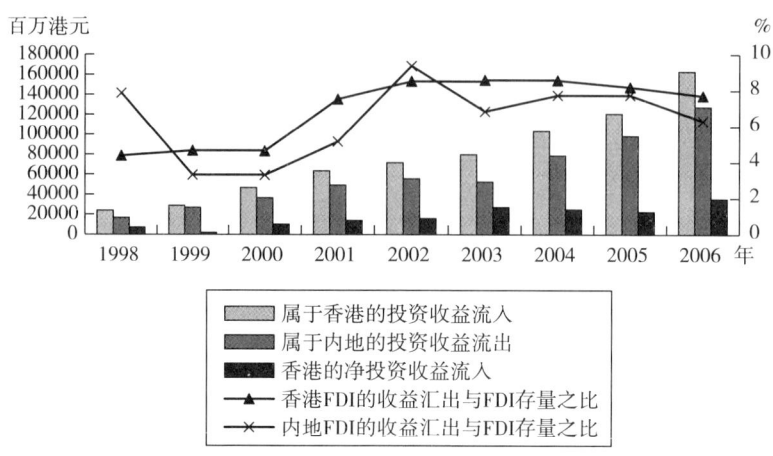

资料来源：CEIC 数据库。

**图 7　香港与内地之间的 FDI 投资收益汇出**

## 五、证券投资

遗憾的是，我们从可获得的数据来源中未能找到内地对香港的证券投资数据。因此在这里我们只能分析香港对内地的证券投资数据，其中包括内地企业在香港股市的融资状况。

国际货币基金组织（IMF）的协调组合投资调查（Coordinated Portfolio Investment Survey，CPIS）数据显示，自 2001 年以来，香港对内地的证券投资规模迅速扩大（见图 8）。2001 年的投资规模仅为 656 亿港元，2006 年上升至 8278 亿港元，增长了 11.6 倍。从结构上来看，股权投资所占比重日益上升，债权投资的比重日益下降。股权投资占证券投资的比重从 2001 年的 65% 上升至 2006 年的 94%，同期内长期债券投资的比重从 2001 年的 21% 下降到 2006 年的 2%，短期债券投资的比重从 14% 下降到 3%。

香港对内地股权投资比重的上升，与 1998 年至 2007 年内地企业在香港股市的融资规模不断增长密切相关。香港联合交易所一直是内地企业海外上市最重要的目的地。如图 9 所示，内地企业在香港的股权融资规模曾在 2000 年与 2006 年达到两个峰值。2006 年内地企业在香港股票市场上共募集资金 3570 亿港元，2007 年下滑到 2028 亿港元。从结构上来看，1998

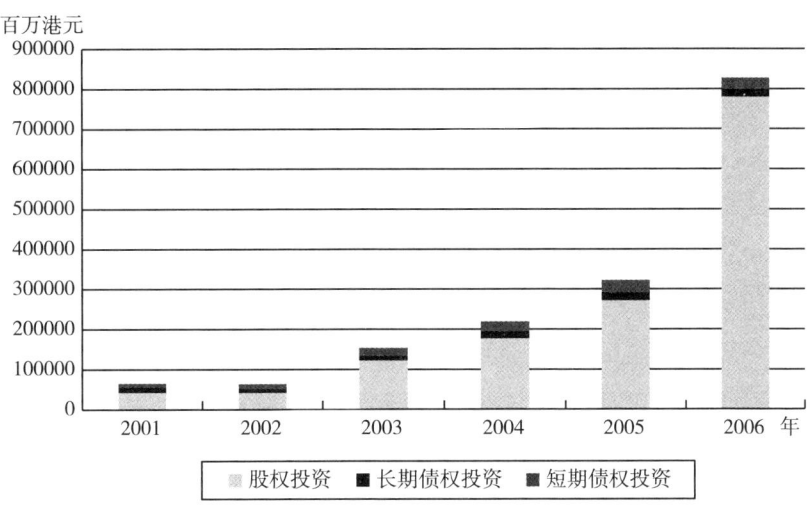

资料来源:IMF Coordinated Portfolio Investment Survey。

**图 8　香港对内地的证券投资**

年至2002年,内地企业是以红筹上市为主,2002年以后则以 H 股上市为主(2007年红筹企业融资比重有所上升)。

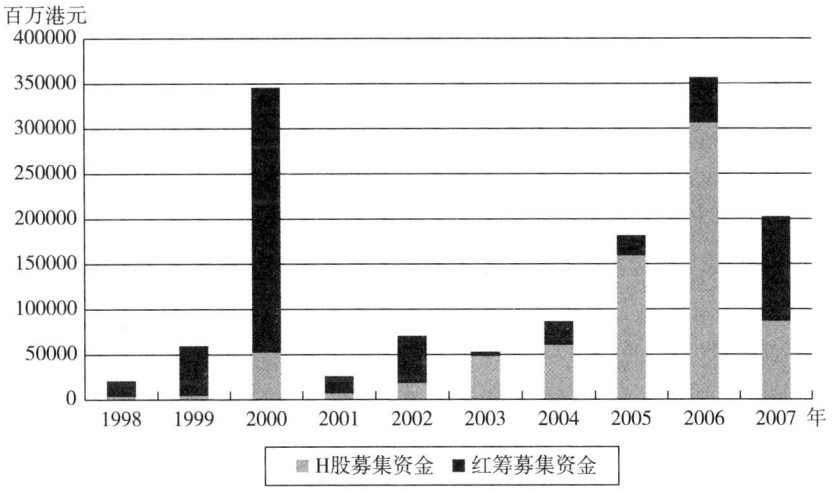

注:包含主板与创业板,融资包括首次公开募股(IPO)与增发。
资料来源:香港联合交易所。

**图 9　内地企业在香港股市的融资规模**

必须指出，内地企业到香港股市融得资金后，不一定立即把相关资金调回内地。有趣的是，中国政府在对内地企业是否应该将香港市场融通资金尽快调回内地的态度方面发生过明显变化。在2005年7月人民币汇率改革之前的相当长时间内，H股企业与红筹企业愿意将大量资金滞留在国外，以应付进口、对外兼并收购以及海外证券投资等需要，但中国政府要求上述企业必须在规定时间内将大部分海外募集资金调回国内。2005年7月汇率改革之后，由于市场上形成了人民币汇率持续升值的单边预期，H股企业与红筹企业愿意在香港上市后立即将资金调回国内以避免人民币升值造成的损失。然而在外汇储备飙升、国内流动性过剩的背景下，中国政府改为要求上述企业在一定期限内不得把海外募集资金调回国内。换句话说，由于募集资金并不一定及时调回内地，因此内地企业每年在香港股市上的融资规模，并不等于香港对内地的跨境股权投资规模。

简言之，1998年至2007年香港与内地之间证券投资的结构性变化包括：第一，香港对内地的证券投资迅速增加，其中股权投资的增长尤其迅猛；第二，内地企业到香港股市的融资规模逐渐上升，但融资规模与内地及香港的经济及股市的周期性波动有很大关系。从类型上来看，H股逐渐取代红筹股成为融资的主流方式。

## 六、其他跨境资本流动

从国际收支角度而言，这里所指的其他跨境资本流动，包括除商品与服务贸易、FDI及其投资收益汇回、证券投资之外的其他所有跨境资本流动，包括职工报酬、转移支付、贸易信贷、外债、居民换汇等，当然也包括以套利为目的的短期国际资本（即所谓"热钱"）。关于香港与内地之间的短期资本流动，有两个相反的事例。事例之一是由于2005年以来内地A股市场迅速上涨，导致很多在香港与内地同时上市的内地企业的H股股价明显低于A股股价，致使大量资金从内地涌入香港市场以炒作H股。事例之二是自人民币对美元汇率在2007年加速升值以来，[1]大量境外资金从各

---

[1] 人民币对美元汇率在2005年与2006年分别上升了3%，在2007年上升了10%。

种渠道流入内地以套取人民币升值收益,其中很大一部分资金选择取道香港。这两个事例所隐含的短期资本流动方向恰好是相反的。香港与内地之间其他跨境资本流动的规模与方向,在较大程度上反映了两者之间短期资本流动的规模与方向。

然而,估算香港与内地之间的其他跨境资本流动规模是非常困难的。由于政府并不公布双边性国际收支数据,我们就难以用外汇储备增加额扣减其他相关各项的余额法(Residual Method)来计算其他跨境资本流动。

Shi and Tsang(2006)提出一种原创性方法来计算内地与香港之间的其他跨境资本流动。他们的主要思路是,假定香港与内地之间的所有资本流动都经过银行系统,则香港银行对内地的资产增加反映了香港对内地的商品与服务贸易出口、内地对香港的 FDI 与证券投资,以及内地对香港的其他资本输出;香港银行对内地的负债增加反映了香港对内地的商品与服务贸易进口、香港对内地的 FDI 与证券投资,以及香港对内地的其他资本输出。因此,用香港银行对内地的净资产(负债)头寸减去相关贸易与服务余额、净FDI 投资与证券投资,即可粗略估计两地之间的其他跨境资本流动。表 2 为他们对 1998 年至 2006 年香港与内地之间其他跨境资本流动的估算过程。

表 2　　两地之间其他跨境资本流动的估算　　单位:10 亿港元

| 年份 | 1998 | 1999 | 2000 | 2001 | 2002 | 2003 | 2004 | 2005 | 2006 |
|---|---|---|---|---|---|---|---|---|---|
| 香港银行对内地净负债余额(1) | -34 | 17 | 172 | 136 | 162 | 147 | 140 | 151 | 130 |
| 香港银行对内地净负债年增加额(2) | 68 | 51 | 155 | -36 | 26 | -15 | -7 | 11 | -21 |
| 香港对内地的商品贸易盈余(剔除加工贸易)(3) | 139 | 94 | 113 | 137 | 147 | 196 | 245 | 267 | 323 |
| 香港对内地的服务贸易盈余(4) | 3 | 4 | 9 | 17 | 34 | 44 | 51 | 57 | 61 |
| 香港对内地的净投资收益汇回(5) | 3 | 1 | 4 | 8 | 14 | 26 | 27 | 21 | 37 |
| 香港对内地的净直接投资(6) | 123 | 88 | 10 | 92 | 108 | 100 | 86 | 67 | 48 |
| H 股企业在香港主板募资金额(7) | 4 | 4 | 52 | 7 | 18 | 48 | 60 | 159 | 306 |
| 香港对内地的其他资本输出(8)=(2)-[-(3)-(4)-(5)+(6)+(7)] | 86 | 58 | 219 | 27 | 95 | 103 | 170 | 130 | 46 |

注:表中的净投资收益汇回数据包含了 FDI 以及证券投资的收益汇回。
资料来源:Shi and Tsang(2008)。

表2的计算思路是，造成香港银行对内地净负债减少（净资产增加）的项目是香港对内地的商品贸易盈余、服务贸易盈余以及净投资收益汇回；造成香港银行对内地净负债增加的项目是香港对内地的净直接投资以及净证券投资。①因此用香港银行对内地的年度净负债增量，减去导致负债增加的项目，加上导致负债减少的项目，最终即可得到一个余额，余额为正即表示香港对内地的其他资本输出，为负即表示香港对内地的其他资本输入。②

估算结果显示，1998年至2007年，一直存在香港对内地的其他跨境资本输出，且输出规模在2000年与2004年达到两个峰值。在2004年的高点后，香港对内地的其他跨境资本输出逐年下降。

上述方法的一个重要缺陷，在于利用H股企业在主板市场的年度融资额来模拟香港对内地的证券投资，可能存在很大误差，因此我们利用IMF的CPIS数据库中香港对内地的证券投资额来取代H股企业在主板市场的年度融资额。由于CPIS数据时间长度有限，我们只能估算2002年至2006年的其他跨境资本流动，估算过程与结果如表3所示。表3的结论与表2相差很大：香港对内地的资本输出在2005年达到1860亿港元的高点，然后在2006年突然转变为内地向香港输出了1540亿港元的资金。一个直观解释是，由于2006年内地A股市场迅速上涨，使两地上市股票的H股明显低于A股市场，由于认为这些股票的H股价格与A股价格最终将会趋同，导致大量资金从内地流向香港以炒作H股，最终逆转了香港与内地之间其他跨境资本流动的方向。

我们非常关注2007年两地之间其他跨境资本流动的方向与规模，但目前由于缺乏资料而不能估算。如果2007年香港对内地的资金输出急剧放大，这在很大程度上应当归因于人民币升值预期导致短期国际资本流入内地套取人民币升值收益。

---

① 他们用H股企业在主板市场的年度融资额来模拟香港对内地的证券投资（其中隐含了H股企业在融资当年就把全部资金调回内地的假设），同时假定内地对香港的证券投资为零。

② 必须指出，这种估算方法存在几个主要缺陷：第一，假定所有跨境贸易与资本流动全部通过银行系统进行；第二，没有考虑内地对香港的证券投资；第三，用H股企业在香港主板募集资金规模来模拟香港对内地的证券投资。

**表3    修正后的两地之间其他跨境资本流动的估算**

单位：10亿港元

| 年份 | 2002 | 2003 | 2004 | 2005 | 2006 |
|---|---|---|---|---|---|
| 香港银行对内地净负债余额（1） | 162 | 147 | 140 | 151 | 130 |
| 香港银行对内地净负债年增加额（2） | 26 | -15 | -7 | 11 | -21 |
| 香港对内地的商品贸易盈余（剔除加工贸易）（3） | 147 | 196 | 245 | 267 | 323 |
| 香港对内地的服务贸易盈余（4） | 34 | 44 | 51 | 57 | 61 |
| 香港对内地的净投资收益汇回（5） | 14 | 26 | 27 | 21 | 37 |
| 香港对内地的净直接投资（6） | 108 | 100 | 86 | 67 | 48 |
| 香港对内地的证券投资（7） | -2 | 90 | 66 | 103 | 506 |
| 香港对内地的其他资本流入 (8)=(2)-[-(3)-(4)-(5)+(6)+(7)] | 115 | 61 | 164 | 186 | -154 |

资料来源：作者对 Shi and Tsang（2008）方法的改进。其中香港对内地的证券投资数据引自 IMF 的 CPIS 数据库。原数据为存量美元数据，作者将其调整为流量港币数据。

## 七、结论

本文在国际收支表框架内系统梳理了1998年至2007年香港与内地之间的贸易与资本流动的结构性变化。

从双边经常项目收支来看，即使不剔除加工贸易，香港在整体上也保持着对内地的顺差。香港对内地的经常项目顺差主要由商品贸易逆差、服务贸易顺差以及正向的投资收益汇回构成。如果剔除加工贸易，则香港对内地的经常项目顺差将成倍放大。在经常项目收支方面几个值得关注的特征事实包括转口贸易和加工贸易依然扮演着重要角色；服务贸易规模不断扩大；更多的香港对内地的投资收益滞留在内地进行再投资。

从双边资本项目收支来看，无论是直接投资还是证券投资，香港均为资金的净流出方，内地均为资金的净流入方。这一方面反映了中国内地作为一个发展中经济体，国内高收益的投资机会吸引了更多外资的流入，另一方面也折射出中国内地金融体系发育不成熟，不能充分将充裕的国内储蓄转化为国内投资，而需要香港这个国际金融中心发挥媒介作用。从其他跨境资本流动来看，在2006年之前，香港均为资金净流出方，内地均为资金净流入方。2006年短期资本流动方向可能发生了逆转。其他跨境资本流动方向及规模的改变反映了香港与内地之间相对套利机会的变化,例如 A 股与 H 股的价差以及人民币升值预期等。

简言之,1998 年至 2007 年,香港大体上保持着对内地的经常账户顺差与资本账户顺差。来自内地的双顺差对于香港的经济社会发展发挥了重要的推动作用。与内地更加紧密的经济联系,是香港经济在回归之后蓬勃发展的重要动因。然而随着内地对外开放度的增强、金融市场的发育以及经济规模的扩大,内地对香港的依赖程度已经并将继续下降。

# 中 篇

## 中国跨境资本流动的驱动因素

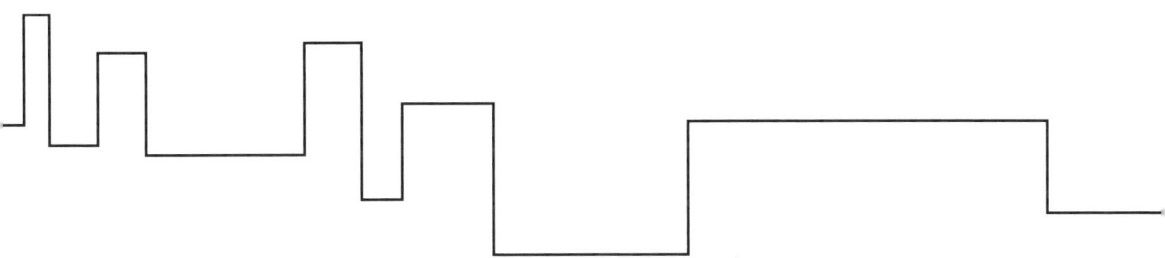

# 跨境资本流动的驱动因素研究：
# 推拉之争、全球动态与中国故事
## ——文献述评与趋势展望*

**摘要**：本文基于时间和国别维度，梳理了国际金融危机爆发前后国内外关于全球、新兴市场国家和中国各自面临的跨境资本流动的驱动因素的文献。在国际金融危机爆发之后，针对全球与新兴市场国家的相关研究更加关注资本双向流动，对国家异质性、全球金融周期和资本管制的研究也明显增多。而迄今为止关于中国的研究则更加关注拉动因素对短期资本流动的影响。未来关于中国跨境资本流动的研究可能朝着两个方向拓展，一是更精确的实证证据，二是更合理的政策应对框架。

## 一、引言

2014年第二季度至2016年第四季度，在人民币汇率升值预期逆转为贬值预期、美国经济复苏并逐步收紧货币政策、中国金融风险加快显性化等因素共同作用下，中国开始面临跨境资本（尤其是短期资本）持续大规模流出，且流出规模不断放大的局面（见图1）。由于资本账户逆差在2015年和2016年均超过经常账户顺差，导致这两年中国的外汇储备规模分别下降了3423亿美元和4487亿美元。① 在长期的资本流入之后，资本突然大规模持续外流，可能对我国的经济增长和金融稳定造成负面冲击。资本外流通常会与本币贬值预期互为因果、相互增强，以至于形成恶性循环。只有厘清导致资本流出的成因，才可以对症下药，降低资本异常流动

---

\* 与李曦晨、朱子阳合作完成。

① 根据新的国际收支表编制规则，本文中的资本账户实质上是非储备性质的金融账户，主要包含直接投资、证券投资与其他投资三个子项。

的规模及其冲击。

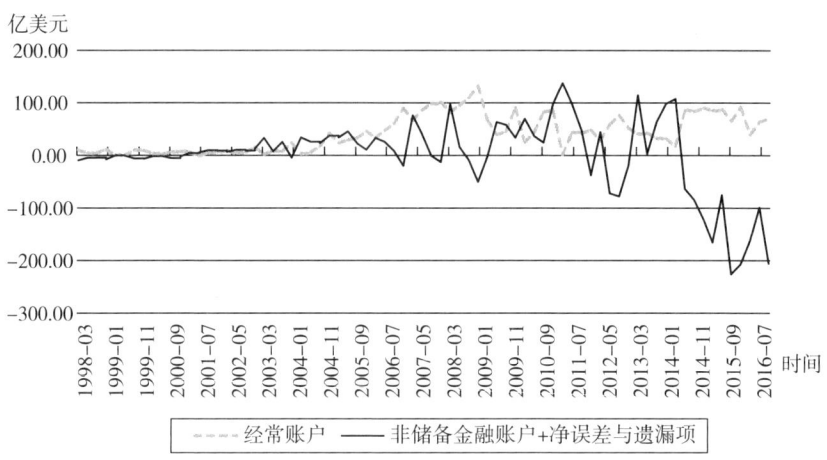

资料来源：CEIC 数据库。

**图1　1998－2016年经常账户差额和资本净流动对比**

然而，在引发资本流动的驱动因素方面，学界一直存在争议，尤其是针对究竟是推动因素（Pushing Factor）还是拉动因素（Pulling Factor）主导资本流动的问题（Forbe and Warnock，2011）。目前，虽然有一部分因素得到了公认，例如汇率预期、利差、资产价格、经济增长、国内金融结构、全球风险程度和全球性经济危机等。但是关于不同因素的影响程度，以及不同国家和不同时期的主要影响因素等问题，目前仍然存在争议。此外，关于资本流动成因的研究纷繁复杂，许多结论相互矛盾，需要我们对整个研究过程加以回顾整理，才能找到研究得到的共识以及存在的分歧，从而帮助我们把握进一步研究的方向。

本文将通过文献综述的方式，梳理目前已有的研究，总结各方观点和结论，以期对未来的研究提供参考，并试图预测未来研究可能的方向。全文基于时间和国别两个维度，对资本流动驱动因素的文献进行梳理。在时间维度上，我们将文献分为两个研究阶段，以2008年国际金融危机爆发前后为界。在国别维度上，我们分为新兴市场国家层面、全球层面和中国层面。

本文剩余部分的结构安排如下：第二部分梳理2008年国际金融危机之

前关于资本流动驱动因素的研究。第三部分则回顾2008年以后关于资本流动的驱动因素的研究,我们将对全球层面和新兴市场国家分别进行梳理。第四部分分析了近年来研究资本流动驱动因素的新趋势,主要包括全球金融周期与中心国货币政策、资本管制的作用、对资本总流动的研究和分析方法的创新四个方面。第五部分是关于中国的研究,主要分为对资本净流动的研究和对短期资本净流动的研究两部分。第六部分为结论。

## 二、2008年国际金融危机爆发前的资本流动驱动因素研究

20世纪90年代,流向新兴市场国家的资本规模不断扩大,尤其是亚洲和拉丁美洲地区。1990-1994年,亚洲和拉丁美洲地区吸收了约670亿美元的发达国家资本,是20世纪80年代的3倍之多(Calvo et al.,1996),而此后数年则出现了回落,并对新兴市场国家经济造成了不同程度的影响,在拉美地区甚至引发了1994年的墨西哥债务危机等一系列问题。这一特殊的国际经济现象吸引了诸多经济学家的关注。在这一时期,对资本流动驱动因素的研究大量涌现。这些文献特征也十分明显,大多数关注新兴市场国家,研究对象集中于净资本流动。而在资本流动的影响因素甄别上,认为国际因素而非国别因素主导了国际资本流动的观点占主流(Forbe & Warnock,2011)。Calvo et al.(1993)通过对拉丁美洲地区10个国家逐个进行脉冲响应分析,发现国际性因素在不同国家可以解释资本流动的30%~60%。Chuhan et al.(1998)也发现国际因素是主导资本流动的因素,而本国经济发展水平对资本流动的影响仅在亚洲国家样本中较为显著。

在国际性因素中,最为核心的是全球利率的作用。Fernandez - Arias(1996)发现,全球利率的下降改善了各国融资条件,并引起了大规模资本流入。而一旦全球利率回到高位,新兴市场国家的资本流入就会显著减少,这一结论也得到了Calvo et al.(1993)的支持。这一时期的文献还针对中心国家美国的货币政策展开了研究,认为作为最主要的发达国家,美元扮演着世界货币的角色,因此美国的货币政策具有较强的外部溢出效应。Chuhan et al.(1998)分析了美国对拉美、亚洲的股权与债券资本流动,发现美国的利率和工业生产率增速下降是影响资本流动的核心因素,

### 中国的跨境资本流动：规模测算、驱动因素与管理策略

这些研究也为此后关于全球金融周期研究起到了铺垫作用。

国际商业周期也是早期文献研究的重点。由于国际商业周期的变化，发达国家资本收益率相对新兴市场国家明显降低，这就必然造成资本向新兴市场国家流动。Kim（2000）通过方差分解，发现主要发达国家的经济衰退和利率下降是国际资本流向新兴市场国家的主要因素。

在拉丁美洲国家相继爆发国际收支危机后，对于地区间资本流动之间相互影响的研究也大量出现，集中于分析传染的作用机制，包括贸易联系、金融联系、近邻效应等。Forbes（2002）总结了贸易机制的重要途径，包括竞争效应、收入效应和进口价格效应。Kaminsky et al.（2001）研究了跨国银行间借贷的投资影响机制。除了关注全球利率、国际商业周期以及地区传染这三种主要文献之外，还有学者考虑了其他外部因素，例如，Edwards（1991）考察了政府与外部借款人的关系等。

当然，也有部分文献考察了国别性因素。例如，Calvo et al.（1996）的分析框架中包含了本国经济增长这一国别性因素，并认为这确实是重要因素之一，但他们仍然坚持国际性因素，尤其是全球利率的主导性影响。Griffin et al.（2004）针对跨境股权资本流动的研究发现，国内股票收益率和国际股权市场的影响同等重要。在20世纪80年代至20世纪末，新兴市场国家普遍致力于加快国内改革的步伐，推进国际收支自由化，这催生了一部分针对国内金融改革对于资本流动相关作用的研究。Obstfeld（1986）研究了国内资本市场自由化的相关影响，发现资本市场自由化有助于吸引资本流入。Calvo（1988）研究了国内贸易市场开放以及税收政策等一系列市场化改革措施对于资本流动的影响，发现这些措施提高了投资回报率，进而吸引了更多资本流入。

对于全球化初期的新兴市场国家而言，由于对外投资较少，因此其净资本流动基本上可以反映资本流动的方向和规模，但是随着新兴市场国家的经济增长，一些国家也开始了对外资本输出，并且其规模逐年扩大。从统计数据来看，资本总流入和资本总流出规模均显著增长，然而资本净流动数据却增长缓慢。这就意味着，仅仅关注资本净流动就会忽略许多重要信息，从而无法对全球资本流动进行准确判断。因此，此后的文献逐渐开

始了对资本总流入、总流出规模的研究。

## 三、2008年国际金融危机爆发以来的资本流动驱动因素研究

自2008年国际金融危机爆发以来,针对资本流动驱动因素的研究主要体现出以下四个特征。第一,关注的问题从资本净流动拓展到资本总流入和总流出。原因在于,仅仅关注资本净流动,无法充分反映国际资本流动的全貌。随着本国投资者在跨境资本流动方面扮演的角色越来越重要,对总流出和总流入开展研究的重要性不断凸显。除了把资本总流入、总流出作为研究对象外,学者对各种类型资本流动的划分更加具体,出现了对股权、债权资金流动的区别研究。第二,越来越多的文献开始关注国内因素和国家异质性的作用。一方面,关于推动因素和拉动因素的争论越发激烈(Forbe and Warnock, 2011)。另一方面,更多学者开始关注不同国家对共同因素的敏感度差异,探寻影响这种差异的国家异质性因素。第三,对全球市场风险的关注显著增强。由于在不同的全球风险水平下,推拉因素的强弱将会产生明显差异,因此越来越多的学者将市场分为平静期和危险期,进而对不同时期下资本流动的驱动因素进行比较研究。第四,研究的视野也从新兴市场国家转移至全球,对发达国家面临的跨境资本流动的关注度明显增强。此外,这一阶段的文献在实证技术上更加完善,增加了更多关于异质性的研究,丰富了相关经验证据。

虽然各种文献在研究中考虑的影响因素有多种,且构造变量的方法不尽相同,但仍可以从全球层面(推动因素)与国别层面(拉动因素)、周期性和结构性两个维度进行梳理。表1汇总了现有文献中强调的驱动因素。不难看出,推动因素与拉动因素之争仍将是国际资本流动驱动因素研究的焦点。

表1 影响国际资本流动的推动因素和拉动因素

| 要素特征 | | 拉动因素 | 推动因素 |
|---|---|---|---|
| 周期性 | 短期 | 利率差异 | 美国利率/全球利率 |
| | | 即期汇率 | 国际风险超额收益率 |
| | | 股票价格 | 全球流动性(TED)和杠杆率 |

续表

| 要素特征 | | 拉动因素 | 推动因素 |
|---|---|---|---|
| 周期性 | 中期 | 本币升值预期 | VIX – 全球金融市场风险 |
| | | 通货膨胀率 | 美元有效汇率 |
| | | 房地产价格 | 美国资本回报率 |
| | | 风险超额收益率 | |
| | | 债务/GDP | |
| | | 贸易差额 | |
| | | 股票市场换手率 | |
| | | 大宗商品指数同比增长率 | |
| | | 信贷增量 | |
| 结构性 | 长期 | 经济增长 | 全球投资者风险偏好（技术冲击或灾害） |
| | | 人口老龄化 | 全球经济增长率（生产率冲击） |
| | | 新兴经济体与发达经济体资本流动关联 | 国际资产组合多元化 |
| | | 融资需求（资产负债表的改善） | |
| | | 财政和债务风险 | |
| | | 贸易开放度 | |
| | 制度性因素和冲击 | 汇率制度和汇率质量 | 美国经济冲击及其他因素 |
| | | 汇率干预程度 | 经济危机及其传染效应 |
| | | 金融开放度/资本管制程度 | 量化宽松政策 |
| | | 金融机构和政治机构风险 | 中心国货币政策 |
| | | 金融深化（股市价值/GDP） | |
| | | 金融市场的规模和脆弱性 | |

### （一）对全球层面的研究

对全球层面资本流动驱动因素的研究主要集中在两个方面，一部分学者认为，整体来看，推动因素依然是全球资本流动的主要驱动因素；另一部分学者则对资本流动的阶段和国家的类型进行进一步区分，认为危机时期推动因素作用更大，而平静时期拉动因素也起到了显著作用。此外，发达国家和新兴市场国家各自面临的主导性驱动因素也有所不同。

Forbes and Warnock（2011）基于1980–2009年50多个经济体的季度资本总流动数据的研究发现，全球风险与全球经济增长对跨境资本流动具有显著作用,区域性传染性因素主要对资本流出的波动率有影响,而国别因素的影响整体较弱,其中国家债务水平和增长波动率的影响较大。基于上述分析,他们得出全球性因素是资本流动主因的结论。Forbes and Warnock（2012）区分了全球资本流动中的债务资金流动和股权资金流动,其实证结果显示,驱动债务资金流动的主因与全球资本流动的主因较为一致,均为全球性因素。此外,Agosin and Huaita（2011）基于类似数据和方法的研究发现,国家基本面因素不是资本异常流动的主因。

一些学者借助新型实证技术,从时间异质性和国家异质性层面开展研究,发现推动、拉动因素的作用并非在全部时间段或针对所有国家完全一致。Fratzscher（2011）基于资本流动的周度数据,采用贝叶斯因子模型研究了金融危机前后,推动因素和拉动因素对资本流动的异质性影响,证实了推拉因素在不同阶段具有不同作用。在危机爆发前后,推动因素的影响更明显,而在复苏期,拉动因素的影响则更为明显。此外,包括国家基本面、机构和政策在内的国家异质性对影响资本流动的全球共同因子也具有明显作用。张明和肖立晟（2014）研究了针对不同组别国家的影响因素。其研究发现,对新兴经济体而言,主要拉动因素是经济增长率,主要推动因素是全球风险偏好和美国经济增长率;对发达国家而言,主要拉动因素是本国汇率变动,主要推动因素是美国经济增长率,这说明发达经济体资本流动的变化主要受到长期经济发展的影响。此外,这些因素的作用随着市场风险的变化而变化:在市场风险较高时,经济增长的作用减弱,新兴经济体受到的冲击要大于发达经济体,而拉动因素则基本上失去作用。

（二）对新兴经济体的研究

在 2008 年国际金融危机爆发后,新兴经济体面临的资本流动规模激增,受到资本流动冲击的影响更大,驱动资本流动的影响因素也变得更加复杂。因此,2008 年国际金融危机之后,针对新兴经济体资本流动影响因素的研究成果十分丰富,研究方法也更加多样化,但对于推拉因素的争论也变得更为激烈。

大部分研究都发现,推拉因素均会对资本流动产生影响。Cerutti et al.

（2015）基于因子模型的分析发现，推动因素和拉动因素都对新兴经济体面临的资本流动有明显影响，而国家异质性因素导致了各国因子敏感度的明显差异。推动因素中的 VIX 指数和美国真实有效汇率，以及拉动因素中的大宗商品价格增长率，都对资本流入产生了明显影响。在国家异质性因素中，与发达经济体资本流动的关联度的影响十分显著。而更加细分的研究则发现，是否是技术前沿国家和股票市场换手率高低对股权资本流动有着明显影响，而本国的贸易开放度、汇率制度变量对债权资本流动有着显著影响。Byrne and Fiess（2016）通过提取共同因子与异质性成分并进行非平稳面板分析的方法，对新兴经济体的资本流动进行分析。他们将新兴市场的资本流动分解为共同因子和残差项（国别差异），分别用国际和国内驱动因素进行回归，发现推动和拉动因素都有明显影响。其中影响最大的推动因素是发达经济体长期债券收益率和大宗商品价格指数，而影响最大的拉动因素则是金融开放程度和金融机构健康状况。

在针对新兴市场国家的研究中，学者们同样考虑了风险和国家异质性。Ahmed and Zlate（2013）通过对 2002 – 2012 年亚洲和拉美新兴市场国家资本净流入的季度面板数据进行分析，发现推动和拉动因素都产生了显著影响，其中经济增长率差异、利率差异是净资本流动的主要影响因素，利差和投资者风险厌恶因素则是证券资本流动的主要影响因素。危机的爆发，对资本流动驱动因素的结构性影响产生了很大差异，对净资本流动基本没有影响，但是改变了影响证券流动的主要驱动因素，这主要是由于危机前后利差和全球风险厌恶程度变量系数的敏感性发生了变化。此外，资本管制和美联储量化宽松政策也对资本流动有一定影响，但汇率干预没有明显影响。Nier et al.（2014）针对 29 个新兴市场的研究发现，全球金融周期对资本流入的影响是非线性的，VIX 指数对新兴市场资本流动的影响取决于全球金融市场风险。在全球金融市场风险高企时，避险情绪主导了资本流动，而在金融市场平静时，新兴市场的基本面因素则占据主导。这与张明和肖立晟（2014）从全球层面得出的结论相互印证。

表2　　代表性文献中的核心因素

| 文献 | 核心因素（显著因素） |
| --- | --- |
| Forbes and Warnock（2011） | 全球因素（投资者情绪、全球流动性、全球GDP增长），传递因素（贸易依存度），国内因素（GDP增长） |
| Fratzscher（2011） | 危机前：全球因素（全球流动性、美国经济增长、美国股权市场、美国利率），国内因素（国内股票市场）；危机后：全球因素（全球性风险程度、全球流动性），国内因素（国内经济增长） |
| 刘莉亚等（2013） | 国际因素（发达国家经济增速、国际利率、国际流动性、投资者情绪），国内因素（经常账户余额） |
| Ahmed and Zlate（2013） | 经济增长率之差（与发达国家相比）、利率之差（与美国联邦基金利率之差）、资本管制、VIX指数 |
| 张明和肖立晟（2014） | 新兴经济体：本国GDP、美国GDP、VIX指数；发达经济体：汇率、美国GDP、VIX指数 |
| Giordani et al.（2016） | 国际因素（美国利率、投资者情绪、世界平均资本管制程度），国内因素（平均资本管制） |
| Cerutti et al.（2015） | 国际因素（VIX指数、大宗商品价格增长、美国真实有效汇率），国内宏观变量影响较弱 |
| Agosin and Huaita（2011） | 国际因素（G7国家经济增长率），国内因素（本国经济增长、外债水平、政府赤字水平、经常账户余额） |
| Byrne and Fiess（2016） | 全球因素（美国利率、大宗商品价格指数），国内因素（金融开放程度、金融机构发展程度） |

表2、表3梳理了代表性文献中的核心影响因素以及各个因素在代表性文献中出现的次数。不难发现，全球性因素即推动因素仍然在研究中被认为是更为核心的要素。在所有的代表性文献中，投资者情绪、全球GDP、利率水平被频繁提及，并且在实证研究中被认为具有显著作用。而本国因素虽然也考察较多，但结论并不一致，存在较大争议。

表3　　　　　　　　　　代表性文献中各因素出现频率

| | 影响因素 | 代表性文献 |
|---|---|---|
| 拉动因素 | | |
| 周期性 | 本国利率 | Agosin and Huaita（2011），张明和肖立晟（2014），刘莉亚等（2013），Ahmed and Zlate（2013），Giordani et al.（2016） |
| | 即期汇率 | Reinhart and Reinhart（2008），Ahmed and Zlate（2013），Cerutti、Claessens and Puy（2015） |
| | 股票价格 | Byrne and Fiess（2016） |
| | 汇率预期 | 张明和肖立晟（2014），Ahmed and Zlate（2013） |
| | 通货膨胀率 | 刘莉亚等（2013），Reinhart and Reinhart（2008） |
| | 债务水平 | Forbes and Warnock（2011），Forbes and Warnock（2012） |
| | 贸易差额 | Forbes and Warnock（2011），Forbes and Warnock（2012），Agosin and Huaita（2011） |
| | 大宗商品价格指数 | Byrne and Fiess（2016），Cerutti et al.（2015） |
| | 信贷增量 | Agosin and Huaita（2011），刘莉亚等（2013），Cai et al.（2015），Rey（2015） |
| | 经济增长 | Forbes and Warnock（2011），Forbes and Warnock（2012），张明和肖立晟（2014），刘莉亚等（2013），Fratzscher（2011），Agosin and Huaita（2011），Ahmed and Zlate（2013），Li and Rajan（2015），Giordani et al.（2016） |
| | 经济关联 | Cerutti、Claessens and Puy（2015） |
| | 财政和债务风险 | Forbes and Warnock（2011），Forbes and Warnock（2012），Fratzscher（2011） |
| 结构性 | 贸易开放程度 | Edwards（2007），Forbes and Warnock（2011），Forbes and Warnock（2012） |
| | 汇率制度 | Edwards（2007），Li and Rajan（2015），Rey（2015），Rey（2016） |
| | 汇率干预程度 | Reinhart and Reinhart（2008），Ahmed and Zlate（2013），Rey（2015） |
| | 金融开放度/资本管制程度 | Edwards（2007），Forbes and Warnock（2011），Forbes and Warnock（2012），Fratzscher（2011），Ahmed and Zlate（2013），Byrne and Fiess（2016），Alfaro、Chari and Kanczuk（2015），刘莉亚等（2013），Nier et al.（2014），Forbes et al.（2015），Li and Rajan（2015），Giordani et al.（2016） |
| | 金融制度、政治制度 | Byrne and Fiess（2016），Li and Rajan（2015） |
| | 金融市场发展 | Nier、Sedik and Mondino（2014），Li and Rajan（2015），Byrne and Fiess（2016） |

续表

| | 影响因素 | 代表性文献 |
|---|---|---|
| 推动因素 | 周期性 | |
| | 美国利率/全球利率 | Agosin and Huaita（2011）、张明和肖立晟（2014）、刘莉亚等（2013）、Ahmed and Zlate（2013）、Giordani et al.（2016） |
| | 全球流动性 | Forbes and Warnock（2011）、Fratzscher（2011）、刘莉亚等（2013） |
| | 全球金融市场风险、投资者情绪 | Forbes and Warnock（2011）、Ahmed and Zlate（2013）、Nier et al.（2014）、刘莉亚等（2013）、张明和肖立晟（2014）、Cerutti et al.（2015）、Rey（2015）、Giordani et al.（2016） |
| | 国际风险资产收益率 | Fratzscher（2011）、Byrne and Fiess（2015）、Byrne and Fiess（2016） |
| | 结构性 | |
| | 全球经济增长率 | Forbes and Warnock（2011）、Forbes and Warnock（2012）、张明和肖立晟（2014）、刘莉亚等（2013）、Fratzscher（2011）、Agosin and Huaita（2011）、Ahmed and Zlate（2013）、Li and Rajan（2015）、Giordani et al.（2016） |
| | 经济危机及其传染效应 | Fratzscher（2011）、Ahmed and Zlate（2013） |
| | 中心国货币政策 | Fratzscher（2011）、Ahmed and Zlate（2013）、Rey（2015）、Rey（2016）、Bruno and Shin（2015） |

## 四、跨境资本流动驱动因素研究的最新趋势

近年来，国际学界对资本流动驱动因素的研究出现了一些新特点，在研究对象和研究方法上都产生了一些新的关注点和创新之处。第一，对于资本总流动的关注取代了资本净流动，包括根据总流动的性质构建其他指标的尝试；第二，本轮国际金融危机爆发后，对全球金融周期和VIX指数的关注度显著提高，主要包括对全球金融风险和中心国货币政策两方面的讨论；第三，资本管制、宏观审慎政策及其他应对资本流动的政策选择问题及其效果，再次成为关注热点；第四，因子模型等实证技术的使用，有助于更好地解释推拉因素对资本流动驱动机制和国家异质性的分析。

### （一）以资本总流动规模为研究对象

跨境贸易曾经是国际收支的重要项目，在20世纪70年代其规模远超资本流动，但在2000年后，全球资本流动总规模已经与跨境贸易相当，甚

至超过了跨境贸易（Obstfeld，2012），成为国际收支项目中不可忽视的重要变量。

但在20世纪90年代，研究对象主要是资本的净流动。这是因为当时新兴市场国家对外投资较少，面临的主要问题是由外国投资者驱动的资本流入和流出，本国投资者扮演角色有限，从而形成一种单向流动的局面。在这种单向流动下，净资本流动基本可以反映资本流动的方向和规模。但是随着新兴市场国家的兴起，这些国家对外投资显著上升，使原有的单向流动变为双向流动。如果一国在进行大规模对外投资的同时，又吸收了大量外资，那么仅观察资本净流动就很难完整地反映经济现实并充分地刻画风险。

在2008年国际金融危机爆发后，对资本总流动的关注更是上了一个台阶。Obstfeld（2010）指出，2000年后的国际投资总头寸增长到了一个极高水平，并且显著地影响了国际货币金融体系，甚至可能是2008年国际金融危机的重要成因。此外，自2008年国际金融危机爆发以来，学术界对金融稳定性影响因素的相关研究较多，而其中之一就是资本流动的冲击，特别是资本总流入和总流出冲击。Obstfeld（2012）认为，资本流动显著影响了国际市场的资产价格和投资回报，引起了国家资产负债表的变化，也会引起国家之间宏观经济冲击的相互传递，从而显著加大了国家的外部风险。相较资本净流动，资本总流动的影响更为广泛，其潜在不良后果也会更为严重。2008年国际金融危机爆发后，几乎所有针对资本流动的研究都将资本总流动作为主要研究对象，通常会同时考虑资本的净流动与总流动（Agosi and Huaita，2011；刘莉亚等，2013；Ahmed and Zlate，2013；张明和肖立晟，2014；Giordani et al.，2016），也有部分文献考虑了资本总流动的细分项目（Forbes and Warnock，2012；Byrne and Fiess，2015）。在Forbes and Warnock（2011）的开创性研究之后，也有学者在研究中依据总流动数据来构建资本的异常流动指标（Agosin and Huaita，2011）或资本总流动的波动性指标（刘莉亚等，2013）。

**（二）全球金融周期和中心国货币政策**

2008年国际金融危机爆发后，中心国货币政策和全球金融周期的问题逐渐成为新的研究热点。资本流动既是全球金融周期的表现形式，也是中心国货币政策的传导途径之一。全球金融周期是风险认知、杠杆率和资产价格三者互相加强的正反馈过程，它会放大经济变化趋势，加深普通经济周期的波峰和波谷，并与VIX指数呈现出明显的相关性。全球金融周期的阶段和投资风险的高低，对当前全球的跨境资本流动具有显著影响。跨地区的资本流动则是全球金融周期的一大表现。而中心国的货币政策将会通过全球金融周期传导到资本流入国，从而使中心国家起到类似于世界央行的作用。

关于全球金融周期对资本流动的影响的研究主要有两大方面，一是直接影响，包括在不同的市场风险程度、国家金融发展水平和金融自由水平等因素下，全球金融周期对资本流动的影响。二是对中心国货币政策－全球金融周期－资本流动变化－各国金融机构和政策变化的影响机制的研究，在这种影响机制的作用下，不可能三角变成了两难选择（一国只能在资本自由流动与货币政策独立性之间作选择）。

Nier et al.（2014）研究了全球金融周期（VIX）对资本流动的直接影响，发现VIX指数对总资本流入的影响是非线性的。根据29个新兴市场国家2002年至2012年的总资本流入季度面板数据进行研究，作者发现在全球风险程度较低时，全球金融周期（VIX指数）对资本流入影响较弱，其他基础因素如利率差异、汇率差异、增长率差异、金融深化程度、政府债务和资本管制水平对资本流动的影响更强。而当全球金融风险较高时，VIX指数对资本流动影响十分明显，而除了利差之外的因素的显著性均有所下降。其研究还发现，在金融发展程度和资本流动自由度更高的国家，全球金融周期对资本流动的作用有放大效应，而采取长期资本管制的国家可以抵消全球风险较高时全球性冲击对该国的影响。Bruno and Shin（2015）则从银行间资本流动的角度分析了VIX指数对资本流动的直接影响。通过对1995－2007年的VIX指数、美联储利率、银行杠杆效应、美元汇率和国际清算银行公布的银行跨境贷款的增长进行向量自回归（VAR）模型分析，他们发现了货币政策－VIX指数－银行部门风险－跨境银行资本流动的传导机制。在国内背景下，美联储的利率下降（宽松的货币政策）将带来 VIX 指数的下降，进而带来银行杠杆效应（银行部门风险）的上升，而在国际背景下，则会进一步增加跨境银行资本流动和美元的贬值。

Rey（2015）提到了在全球金融周期的作用下，蒙代尔"不可能三角"变成了两角，非中心国将面对两难选择，即只能在资本自由流动与独立的货币政策之间进行抉择。她通过 VAR 分析发现，中心国货币政策对全球金融周期（VIX 指数）有明显的影响，从而影响到银行杠杆、资本流动和信贷增长。因此只要资本自由流动，汇率抵挡冲击的能力就十分有限，无论是浮动还是固定汇率制，通过全球金融周期传导的中心国货币政策都会影响该国的货币政策的独立性。Rey（2016）发现来自美国的货币政策冲击，通过全球金融周期和资本流动的作用，会在全球范围内传递开来，并对各国经济和金融市场产生影响。即使一国采取了浮动汇率制度，也无法维持货币政策的独立性。

### （三）资本管制对资本流动的作用

大规模的资本流动可能引发宏观经济冲击，尤其是对于新兴市场国家而言，这通常会增加经济的脆弱性（Reinhart and Reinhart，2008），助长资产价格泡沫（Caballero and Krishnamurthy，2005），造成一系列经济波动和负面影响。而为了应对这种资本流动，资本管制作为一种政策选择，关于其效果和影响的争论由来已久。在 2008 年国际金融危机爆发后，全球资本流动规模明显加剧，许多国家适时加强了资本管制，IMF 也改变了长久以来的立场，提出了资本管制的政策框架。近年来研究资本管制对于资本流动的影响的文献十分丰富，金融危机后这种文献集中于实证领域。

事实上，2008 年国际金融危机爆发前的有关研究也提供了部分经验证据。例如，Edwards（2007）发现，资本管制有助于抵御外部冲击，降低资本流动冲击宏观经济的概率。然而，2008 年国际金融危机爆发后的文献则进行了更多细节和异质性方面的探索。危机后的大部分文献都支持资本管制的有效性，认为资本管制有助于缓解过度资本流动和资本流动的异常波动。Ahmed and Zlate（2013）以新兴经济体为研究对象，以本轮国际金融危机为时间节点，发现整体而言资本管制能够有效地抑制资本流入，但其效果与危机前的有所不同,危机前的管制相对来说更加有效,并且相对于汇率干预,资本管制的效果更为显著。Li and Rajan(2015)则比较了针对不同项目的管制措施的效果,通过比较直接投资和组合投资,发现资本管制可以有效地影响直接投资的波动性。Alfaro et al.(2015)则提供了国别的证据。通过对巴西数据的研究,他们发现,资本管制导致巴西企业的异常收益率显著下降,从而有助于减轻异常资本流动的压力。Giordani et al.(2016)等针对全球层面资本管制的研究发现,资本管制可以有效地减少流向具有与本国相似特征的其他国家的资本。

然而,也有一部分研究并不支持资本管制的有效性。Forbes and Warnock(2011)通过对资本异常流动的梳理发现,相对于全球性因素而言,资本管制对降低资本异常流动的作用有限。刘莉亚等(2013)沿着Forbes and Warnock(2011)的研究思路,基于中国数据的研究发现,资本管制基本不能影响由外国投资者驱动的国际资本总流入,仅在部分情况下可以影响由本国投资者驱动的国际资本总流出,此外,资本管制还可能带来国内产出波动率加剧等不利影响。

宏观审慎政策在2008年国际金融危机爆发后也被频繁提及,学者们自然也将其纳入了资本流动影响因素的分析框架,并且将宏观审慎政策与资本管制政策的效力进行了比较。Forbes et al.(2015)通过微观层面的倾向得分匹配技术进行了反事实分析,发现资本管制虽然有助于控制信贷规模,但难以作用在主要宏观变量和短中期金融市场波动上。而宏观审慎则对银行杠杆、通胀预期等变量能够产生显著影响。Korinek and Sandri(2016)不仅通过构建理论模型和校准模拟的方法来比较资本管制和宏观审慎政策的效果,而且区分了发达经济体和新兴市场经济体。其研究发现,对于新兴市场国家而言,资本管制与宏观审慎都是有效的,管制减少了资本净流动,宏观审慎减少了金融风险;而对于发达国家而言,资本管制是无效的,应该采用宏观审慎政策。

**(四)新的实证方法的使用**

因子分析是近年来比较流行的研究资本流动的方法。这种方法可以将资本流动分解为共同因子和异质性残差,并且通过因子载荷的分解,探究各国对共同因子的敏感性差异。在资本流动驱动因素的研究中，常见的因子模型建立方法有两种，一是将资本流动分解为国际因子部分、国内因子部分和残差项，分别从国际和国内因子来看推动和拉动因素；二是将资本流动分解为共同因子部分和残差项，其中共同因子可以对推动因素进行回归，也可以对推拉因素共同回归，而残差项则表示各国异质性部分，可以对国家拉动因素进行回归。不论是哪一种方法，都会对共同因子系数进行敏感性分解，分析各国国内因素对共同因子反应程度的异质性作用。

贝叶斯因子模型是因子分析的常用方法。Fratzscher（2011）根据EPER数据库中50个国家的周度资本流动数据，采用了贝叶斯因子模型进行研究。他建立了用上一期预期的资本流动、国际因子、国内因子和残差项表示的净资本流动的因子模型，并对因子载荷进行分解，用敏感性来表达国家异质性。结果发现，金融危机对资本流动的影响在新兴市场国家为负，在发达经济体为正。危机前后推动因素的影响更明显，而复苏期拉动因素的影响更为明显。国内因素在复苏期对系数敏感度的作用十分明显。Cerutti et al.（2015）对2000－2015年34个新兴市场国家的季度资本流动数据进行了研究，通过贝叶斯潜在动态因子模型和基于Gibbs抽样的MCMC方法来估计资本流动的共同因子和区域因子，以及体现其敏感性的因子载荷，并将残差项作为国家层面的异质性因子。然后，通过分别将共同因子对推动因素和拉动因素进行回归，他们发现，推动因素中的VIX指数和美国真实有效汇率、拉动因素中的大宗商品价格增长率对资本流入有明显的影响。在国家异质性分析中，通过将因子载荷即共同因子的敏感度作为因变量，他们发现，国家金融因素对股权资本流动的影响更显著，而国家宏观因素对债权资本流动的影响更显著。

Byrne and Fiess（2016）则选取了提取共同成分与异质性成分、并进行非平稳面板分析方法，对新兴经济体的资本流动进行分析。他们将新兴市场的资本流动分解为共同因子和残差项，并分别将共同因子对国际解释变量回归，将残差对国内解释变量回归。其研究发现，国际驱动因素中影响最大的是发达经济体长期债券收益率和大宗商品价格指数，而国家层面因素中影响最大的是金融开放程度和金融机构状况。

## 五、针对中国跨境资本驱动因素的研究

国内学者主要针对中国经济面临的资本净流动和短期资本流动进行了研究。主流观点认为,本国的拉动因素是驱动我国资本流动的主要因素,其中最核心的是利率和汇率变动预期,而股票和房地产价格的驱动作用也十分明显,此外,宏观层面的经济增长率、经济开放程度、汇率制度也会对资本流动产生一定程度的影响。

表4　　　　　　　影响中国资本流动的拉动因素和推动因素

| 要素特征 | | 拉动因素 | 推动因素 |
|---|---|---|---|
| 周期性 | 短期 | 国内利率 | 美国利率 |
| | | 人民币对美元的即期汇率 | 国际风险超额收益率 |
| | | 股票价格 | |
| | 中期 | 人民币汇率升值预期 | VIX指数-全球金融市场风险 |
| | | 通货膨胀率 | |
| | | 信贷增量 | |
| | | 房地产价格 | |
| | | 风险超额收益率 | |
| 结构性 | 长期 | 经济增长 | |
| | | 人口老龄化 | |
| | | 贸易开放度 | |
| | 制度性因素 | 1994年汇率制度改革 | |
| | | 资本管制程度 | |
| | | 汇率干预程度 | |

### (一)早期关于资本净流动的研究

统计资本净流动有两种口径,一是资本与非储备性质金融账户项目的余额,二是在此基础上加上误差与遗漏项。其中第二种口径更加准确也更为常用。对国内资本净流动的研究大多较早,通常以理论研究、描述性统计和普通最小二乘法(OLS)估计为主。

针对中国资本净流动影响因素的研究结果,本文认为,资本流动的拉动因素主要包括国内利率、人民币对美元汇率、1994年汇率制度改革等,

而推动因素主要是美国利率。其中最公认的因素还是利差和汇差引发的套利行为。汪洋（2004）发现，1994以来的中美利率和汇率的双边套利关系是资本总流动变化的主要原因。他根据中美利率和汇率差异，将1986－2002年分为两个时期，第一个时期是1986－1994年，人民币持续贬值，资本流出的汇差收益高于利差可能造成的损失，但是从整体来看，中国仍然是资本流入为主，套利预期并不能解释资本流动的方向。第二个时期则是1994－2002年，人民币汇率改革之后资本流动的方向则和套利预期基本一致。其中1994－1996年和2001－2002年，存在双重套利导致的资本流入，而在1997－2000年，由于受东南亚金融危机的影响，人民币汇率存在贬值预期，利率也低于美国，从而导致了资本流出。经验研究的OLS估计结果也显示，汇率对资本流动的影响最大，利差次之，物价水平没有显著影响。虚拟系数的估计结果表明，我国对资本流入的限制程度小于资本流出。

除了传统的汇率和利差因素外，也有一些学者提出了其他的拉动因素，如贸易开放度和人口老龄化。王琦（2006）将政策虚拟变量引入方程，并考虑了贸易开放度的影响。他基于对1994－2007年的OLS回归，发现对我国资本净流动影响最大的两个因素分别是汇率和1994年外汇制度改革的政策因素。范小云和潘赛赛（2008）梳理了国际资本流动理论研究，认为人口老龄化和制度政策因素，也会对中国的资本流动产生明显的影响。老龄化社会中劳动力供给将不断减少，工人将为了退休而增加储蓄，从而减少投资需求，使资本流向人口结构更年轻的国家。为了缓解人口老龄化造成的资本外流，需要完善养老保障体系，提高劳动力素质。此外，提高我国的制度质量和制度民主性，维持政策的稳定性和政策信用，对吸引国际资本流入有重要作用。

**（二）近期关于短期资本净流动的研究**

21世纪初期，由于中国经济的持续高速发展和人民币汇率的升值趋势的作用，我国的投资回报率高于世界平均水平，成为了资本流入的主要目的国。而持续流入中国的短期资本流动引起了国内学者的广泛关注，尤其是其中的短期投机性资本。

短期资本流动主要指误差与遗漏项加非银行部门的短期资本流动

(Cuddington，1986)，而短期投机性资本（热钱）则指短期资本中投机性较强的那一部分。张明（2011）对国内外短期资本流动的规模测算方法进行了整理，主要有直接法、间接法和混合法三种测算方法和口径，直接法即对国际收支平衡表上的相关项目直接相加，主要是误差与遗漏项加其他部门的其他短期资本项目；间接法则是用外汇储备的增加额减去贸易差额、FDI净流入和外债增量，最早由World Bank（1985）提出；而混合法则是直接法和间接法的综合，最早由Dooley（1986）提出，是根据本国居民对外债权和债务来调整误差与遗漏项。

对热钱的研究是短期资本流动的一大热点，在研究方法和口径计算上各有不同，得出的影响因素也有不同侧重，大多数文献分析的是拉动因素对热钱流动的影响，包括汇率、利率和股票价格等短期周期性因素，物价、贸易差额、汇率预期、风险超额收益等中期周期性因素，还有资本管制程度、贸易差额、汇率干预度等结构性因素。张谊浩和沈晓华（2008）用外汇储备减去FDI和前四年同期贸易顺差的移动平均值来计算热钱规模，通过多重套利模型和公共语言运行时（CLR）模型研究热钱流入和汇率升值、股票价格上涨之间的理论关系。其研究发现，人民币升值和上证指数上涨是热钱流入的驱动因素。丁志杰等（2008）通过分析协整方程和一般脉冲响应结果①，发现境外汇款具有顺应宏观经济周期的特性，这说明境外汇款具有热钱特征。经济发展、人民币升值压力和物价上涨会促进境外汇款流入，而且这种影响具有持久性，利率的影响则较弱且具有约9个月的滞后性。曹媚（2009）认为，贸易才是引起汇率利率变动、从而引发短期投机资本流动的根源。此处的短期投机资本流动被定义为贸易价格伪报、投资收益增量、贸易信贷增量、外债增量和QFII之和。基于VAR模型的脉冲响应结果显示，长期内，贸易顺差会使人民币产生持续升值预期，从而吸引短期投机资本的流入。张勇（2015）则在新凯恩斯主义动态随机一般均衡（DSGE）模型的基础上加入了资本管制和央行资产负债表因素，发现汇率干预虽然提高了需求水平，但是也导致了热钱大量流

---

① 与常用的Cholesky分解不同，一般脉冲响应，即广义脉冲响应函数（Generalized Impulse Response）避免了正交化对变量排序的依赖性。

入,增加了短期潜在外汇占款的数量。

以上都是从宏观角度对热钱进行分析,陶川(2010)从微观主体的多期最优决策角度研究了热钱流入问题,推导出热钱投资的Q指标,即热钱资金的影子价格与边际成本之比。当$Q>1$时,热钱流入,$Q<1$则流出。针对相位图的分析发现,当市场具有长期的汇率升值预期时,会提高热钱的影子价格,导致热钱持续流入,而短期升值预期则会使热钱流入先升后降,总体没有变化。在市场随机因素和结构因素的作用下,风险超额收益率的上升对热钱流入的影响则较为复杂,会产生频繁的双向流动。加息对热钱流入的影响则与国际利率水平有关,而国际市场利率升高会导致热钱流出。最后,资本监管是否发挥作用取决于其能否提高热钱流动的成本。

除了对短期投机性资本(热钱)的研究外,还有一部分文献对短期资本流动进行了研究,研究方法大多是 VAR 或者向量误差修正模型(VECM),主要是对拉动因素进行分析。王世华和何帆(2007)采用了协整误差修正模型,对间接法计算的 1999 – 2006 年的短期资本净流动进行分析,发现短期内人民币预期升值率和经济增长率是主要的拉动因素,而长期内人民币升值预期和利差是主要的拉动因素。杨海珍等(2010)采用了 VECM 模型,对 2008 年国际金融危机爆发前 9 年的以直接法计算的季度短期资本流动数据进行计算,研究发现,对短期资本流动影响较大的因素包括利差、汇率预期、实际资产价格和股票价格,而长期因素如 GDP 增长率等并没有显著的影响。张明和谭小芬(2013)采用了非限制性 VAR 模型,对间接法计算的 2000 年至 2012 年的短期资本月度净流动进行研究,主要发现包括:人民币汇率变动预期对短期资本净流动的影响最大;与一般研究结果相反的是,人民币利率上升会在长期导致资本流出;股市价格的作用比房产重要;滞后半年的中国经济增长率有暂时性的影响;短期资本流动有自我强化作用。

此前的研究大多是对短期资本净流入进行的研究,而在 2012 – 2014 年,部分时段出现了短期资本的净流出,张明和匡可可(2015)通过对国际收支表和银行跨境收付两种口径的资本流动进行分析,发现人民币汇率由升值预期转为贬值预期是短期资本流出的最主要原因。

中篇　中国跨境资本流动的驱动因素

表5　代表性文献中资本流动影响因素及其重要性排序

| 作者及出版时间 | 影响因素排序 |
| --- | --- |
| 汪洋（2004） | （1）汇率，（2）利率，（3）1994年汇率制度改革，（不显著）通货膨胀 |
| 王琦（2006） | （1）汇率，（2）1994年外汇制度改革的政策因素，（3）贸易开放度，（4）利差的影响较小，（不显著）通货膨胀 |
| 张明和谭小芬（2013） | （1）人民币汇率预期，（2）利率，（3）股市价格，（4）房地产价格，（5）经济增长率（不显著）通货膨胀，（危机前影响因素主要是利率、股价和房价，其他不显著，危机以后影响因素主要是汇率、利率、通货膨胀） |
| 丁志杰等（2008） | （1）人民币升值压力，（2）经济发展，（3）物价上升，（4）利率，影响较弱 |
| 曹媚（2009） | （1）人民币升值预期，（2）贸易顺差，（不显著）利率 |
| 王世华和何帆（2007） | 短期：（1）人民币预期升值率，（2）经济增长率<br>长期：（1）人民币预期升值率，（2）利差 |
| 杨海珍等（2010） | （1）实际资产价格，（2）利率，（3）股票价格，（4）汇率预期（不显著），长期因素，如GDP增长率等 |
| 陶川（2010） | （1）长期的汇率升值预期，（2）风险超额收益率，（3）利差，（4）资本监管对成本的抑制 |
| 张勇（2015） | 汇率干预 |
| 张明和匡可可（2015） | 汇率预期 |
| 张谊浩和沈晓华（2008） | （1）人民币升值，（2）上证指数上涨 |
| 范小云和潘赛赛（2008） | （1）人口老龄化，（2）制度政策因素 |

注：编号（1）（2）（3）等表示作者对因素重要程度的排序，（不显著）表示作者认为对资本流动影响不显著的因素。

从表5、表6中可以看出，绝大多数文献都认为汇率（预期）因素是影响资本流动的最重要因素，影响程度最高。此外，利率差异、经济发展、贸易差额和政策因素等传统因素也都被验证是有效的。近年来，随着资本市场和实体经济的不断发展，资产价格也成为影响资本流动的因素之一，张明和谭小芬（2013）、杨海珍等（2010）以及张谊浩和沈晓华（2008）都发现，实际资产价格和股票价格对短期资本流动会有显著影响。

表6　　影响中国资本流动的不同类型拉动因素及其重要程度排序

| 要素特征 | | 主要影响因素 | 文献支持 |
|---|---|---|---|
| 周期性 | 短期 | 国内利率 | 汪洋（2004），王琦（2006），张明和谭小芬（2013），丁志杰等（2008），王世华和何帆（2007），杨海珍等（2010） |
| | | 股票价格 | 张明和谭小芬（2013），杨海珍等（2010），张谊浩和沈晓华（2008） |
| | | 即期汇率 | 王世华和何帆（2007） |
| | 中期 | 人民币汇率升值预期 | 汪洋（2004），王琦（2006），张明和谭小芬（2013），丁志杰等（2008），曹媚（2009），王世华和何帆（2007），杨海珍等（2010），陶川（2010），张谊浩和沈晓华（2008） |
| | | 房地产价格 | 张明和谭小芬（2013），杨海珍等（2010） |
| | | 通货膨胀率 | 丁志杰、杨伟、黄昊（2008） |
| | | 信贷增量 | 张明和谭小芬（2013） |
| | | 风险超额收益率 | 陶川（2010） |
| 结构性 | 长期 | 经济增长 | 张明和谭小芬（2013），丁志杰等（2008），王世华和何帆（2007） |
| | | 贸易开放度 | 王琦（2006），曹媚（2009） |
| | | 人口老龄化 | 范小云和潘赛赛（2008） |
| | 制度 | 1994年汇率制度改革 | 汪洋（2004），王琦（2006） |
| | | 资本管制程度 | 陶川（2010），范小云和潘赛赛（2008） |
| | | 汇率干预程度 | 张勇（2015），范小云和潘赛赛（2008） |

注：每种类型的因素都根据其重要性从上到下进行排序。

## 六、总结性评论

近些年中国的资本外流问题令人担忧，究竟是推动因素还是拉动因素驱动了本轮资本外流呢？准确回答这一问题，对于合理制定应对措施至关重要。本文详细梳理了迄今为止的资本流动驱动因素研究。首先，梳理了国际上对于这一问题的看法，比较了金融危机前后两个阶段的研究侧重点及其差异。发现危机前的研究侧重于资本净流动，视角也局限在新兴市场国家，并且认为全球性的推动因素占主导。而在危机后的研究中，视角更为广阔，对全球层面的研究居多，大量使用了新型实证技术，并且增加了对资本总流动的关注。此外,将资本管制和国际金融危机纳入分析框架,也是近期研究的特点之一。对于不同国家不同发展阶段各个因素的异质性影响也着墨颇多。通过对危机后的文献梳理,我们发现国际推动因素仍然是相关研究考虑的重点。之后,本文回到中国视角,分析目前已有的关于中国跨境资本流动的研究。我们发现,与国际学界研究不同的是,这些研究更加贴近中国国情,更关心拉动因素对资本流动的影响,并希望通过研究结果来提出应对异常资本流动的政策建议。

笔者认为,未来关于资本流动驱动因素的研究可能从如下几个方向进行拓展。首先,从国际层面来看,全球金融周期、中心国货币政策、对资本总流动类型的细化、资本管制等因素是近期的研究热点,充分关注国际金融形势的发展变化,对研究资本流动的驱动因素而言至关重要;其次,在不同发展程度以及不同时间阶段下,研究各个因素对各种口径、不同类型的资本流动的异质性影响;最后,利用因子分析等新型实证方法对资本流动的影响渠道展开分析。

具体针对中国而言,我们认为,可能有如下两个主要的研究方向。第一,更为精确的实证证据挖掘。直接投资、组合投资、其他投资三者的驱动因素是否有所不同?股权投资和债务投资的驱动因素是否有所不同?结合中国数据和国情来回答这些问题,有助于更加有针对性地开出"药方"。并且,大量新的实证技术(例如因子模型)出现,既可以使研究结论更为丰富,也可以研究一些原先无法回答的问题。第二,更为合理的政策应对框架。研究驱动因素最终是为了找到合理应对资本流动的药方。利用新型实证技术,针对应对资本流动的不同政策选择进行量化评估和对比分析,有助于回答究竟如何才能有效地管理跨境资本流动。

# 国际资本流动的驱动因素：
# 新兴市场经济体与发达经济体的比较
# （2000 – 2012 年）*

**摘要：** 本文研究了 2000 年至 2012 年 52 个经济体面临的各类资本流动的驱动因素。对新兴市场经济体而言，本国经济增长率是最重要的拉动因素，而全球风险偏好与美国经济增长率是最重要的推动因素；对发达国家而言，本币汇率变动率是最重要的拉动因素，而美国经济增长率是最重要的推动因素。在市场平静时期，本币汇率变动与经济增长率是新兴市场经济体短期资本流动的重要驱动因素，但这些因素在市场动荡时期不再显著；在市场动荡时期，利差与经济增长率对发达国家短期资本流动的影响会转而变得显著。基于面板 VAR 方差分解的结果表明，VIX 风险指数和利率水平变化对新兴市场经济体短期资本流动的解释能力较强。

## 一、引言

2008 年国际金融危机爆发后，新兴市场国家的国际资本流动规模从 2007 年 1.24 万亿美元的历史高点急速收缩至 2008 年的 6705 亿美元，随着发达国家通过量化宽松货币政策大量释放流动性，2010 年流入新兴市场的国际资本又快速反弹至 1.09 万亿美元。[①]国际资本流动的大幅波动对新兴市场经济体造成了巨大冲击，增加了金融系统的不稳定性。

在此期间，国际资本流动的驱动因素成为经济学家和政策当局关注的焦点。国际资本流动的驱动因素一般分为推动因素（Pushing Factors）与拉

---

\* 与肖立晟合作，发表于《世界经济》2014 年第 2 期。
① 数据来源：Institute International Finance（IIF）。

动因素（Pulling Factors）两大类（Fernandez-Arias，1996；IMF，2011）。① 推动因素是影响国际资本流向特定国家的全球性因素，即影响国际资本供给层面的因素；拉动因素是引导国际资本流向特定国家的国内因素，即影响国际资本需求层面的因素。在本文中，我们沿用这一划分方法，把导致资本流入某国的外部因素称之为推动因素，将导致资本流入某国的国内因素称之为拉动因素。

在国际金融危机爆发之前，大多数研究表明新兴市场国家国际资本流动主要受拉动因素影响，然而，随着全球资本市场投资者风险偏好发生显著变化，推动因素的作用日益显著，甚至威胁到一国金融体系的稳定。IMF（2010）首次公开表示新兴市场国家在面对资本流动大幅波动时可以考虑施加资本管制。

如何有效识别和度量两类驱动因素（拉动和推动）对新兴市场国际资本流动的影响，成为当前学术界和实务界的重点研究对象。对资本流入驱动因素的识别，有助于增强资本流动管理的有效性。如果导致资本流入的主要是拉动因素，则仅凭资本流入国进行国内政策调整就能有效地降低资本流入；如果导致资本流入的主要是推动因素，则对国际资本流动的管理就离不开资本来源国的努力；如果拉动因素与推动因素同时发挥着重要作用，那么资本流入国与来源国就必须加强政策协调以管理资本流动。因此，对国际资本流动驱动因素的比较和分解有重要的理论价值和政策含义。

本文致力于研究2000年以来的国际资本流动的驱动因素，试图识别最重要的推动因素与拉动因素，进而对如何更好地管理国际资本流动提出富有针对性的政策建议。本文的主要贡献如下。第一，首次系统比较了样本期间新兴市场国家和发达国家各自面临的三类国际资本流动②的驱动因素；第二，利用非线性最小二乘法分析了全球金融市场平静时期与动荡时期，新兴市场国家与发达国家各类资本流动的驱动因素之影响程度的变化；第

---

① 也有学者分为结构性因素和周期性因素，两种分类方法侧重点不同，且互有交叉，详细分析请参见表1。

② 分别是短期资本流动、净资本流动和总资本流动。

三,分析了不同因素对新兴市场国家资本流动的短期和长期影响,为货币当局找到出应对资本流动冲击的准确时机提供参考。

本文之所以要区分短期资本流动、净资本流动与总资本流动。原因在于这三类资本流动对一国宏观经济与金融市场的影响程度迥异。一般而言,净资本流动与一国的国际收支失衡(经常账户失衡)、本币汇率升值或贬值压力密切相关;总资本流动与一国金融市场风险(例如商业银行的风险敞口、一国对特定国家的风险敞口)密切相关;而短期资本流动通常与一国宏观经济与金融市场的短期波动密切相关。事实上,对总资本流动进行研究,已经成为金融危机爆发以来开放宏观经济学的一大发展趋势。

本文的剩余部分结构安排如下:第二部分在梳理文献的基础上总结国际资本流动的主要驱动因素;第三部分通过如下两个维度展开对比分析:一是分析新兴市场经济体与发达经济体各自面临资本流动的驱动因素,二是分析短期资本净流动、净资本流动与总资本流动各自的主要驱动因素;第四部分对比推动因素和拉动因素对新兴市场经济体短期国际资本流动的解释力度;第五部分是结论以及如何更好地管理国际资本流动的政策建议。

## 二、文献综述

1973年布雷顿森林体系崩溃之后,国际货币体系走向浮动汇率制,与此同时,经济全球化与金融自由化在全球迅速展开,越来越多的国家开始放弃资本项目管制转而支持金融开放,使资本的跨境流动日趋活跃。随着国际金融环境的变化以及国际资本流动方向与规模的变化,经济学家对国际资本流动驱动因素的理解也日益深入。

Chuhan等(1993)较早地区分了影响国际资本流动的全球性因素与国别性因素。其研究发现,在由美国流向拉丁美洲国家与亚洲国家的股权与债权资本流动中,全球性因素(例如美国利率的下降与美国工业产出的下滑)与国别性因素均发挥着重要作用。其中股权性资本流动对全球性因素更为敏感,而债权性资本流动对诸如国家信用评级和债券二级市场交易价格等国别性因素更为敏感。Taylor and Sarno(1997)的分析表明,全球性因素与国别性因素在股权资本向新兴市场经济体的长期流动中发挥着同等重要的作用,但在决定债权资本流动方面,全球性因素要比国别性因素重要得多,例如美国利率在流向新兴市场经济体的短期组合投资中发挥着格外重要的作用。Griffin 等(2004)对高频跨国股权资本流动的研究发现,全球股票投资回报率与本国股票投资回报率在其中扮演着同等重要的角色。

Fernandez - Arias(1996)对中等收入国家在 1989 年后资本流动的研究发现,上述资本流动主要是由推动因素(特别是国际利率水平的下降)导致的,而拉动因素发挥的作用有限。IMF(2011b)则指出,1980 年至 2010 年,无论是在发达经济体还是在新兴市场经济体面临的国际资本流动中,拉动因素的作用均显著高于推动因素。然而,推动因素对新兴市场经济体资本流动的贡献,要显著地高于对发达经济体资本流动的贡献。而且从 20 世纪 90 年代中后期至 2012 年,推动因素对新兴市场经济体资本流动的贡献显著上升。

国际金融危机爆发后,国际资本流动对新兴市场经济体的冲击成为学术界和政府当局关注的焦点问题。Milesi - Ferretti 和 Tille(2011)的研究表明,在国际金融危机期间,国际资本流动的主要驱动因素是投资者的风险因子。当投资者普遍对未来前景持悲观预期时,新兴市场经济体的资本流入会出现突然中止的现象;当投资者恢复信心后,国际资本流动的流入规模与新兴市场经济体的金融一体化程度以及国内宏观经济状况密切相关。这表明,经济处于危机和正常两种不同状态时,国际资本流动的驱动因素存在较大差异。Fratzscher(2011)的研究也表明,在美国次贷危机爆发前与过程中,推动因素发挥了主导作用,而从 2009 年起,拉动因素逐渐取代推动因素发挥主导作用。

为了进一步考察国际金融危机期间国际资本流动的异常波动,Forbes and Warnock(2011)将国际资本流动的异常现象分为四类:资本激增、突然中止、资本外逃和资本收缩。然而,他们的研究结果却表明,全球的推动因素——流动性状况和全球平均利率水平——并不显著,国内经济增长的变化则是资本的突然中止和激增的最主要的决定因素。之所以 Forbes and Warnock(2011)与 Fratzscher(2011)会出现完全相反的结果,其很大一部分原因是样本选择的差异:Forbes and Warnock(2011)选择的是宏

中国的跨境资本流动：规模测算、驱动因素与管理策略

观经济统计中的国际资本总流动数据；Fratzscher（2011）采用的是微观金融企业层面的资产组合数据。显然，这两类资本流动的风险敏感程度并不完全相同。

在 Forbes and Warnock（2011）的基础上，Ghosh 等（2012）采用净资本流动，考察了新兴市场资本流动激增发生的概率和规模的决定因素。他们的研究结果表明，全球推动因素是触发新兴市场资本流动激增的主要原因；一旦出现资本流动激增，国内因素则决定了资本流动的规模。

Obstfeld（2010）指出，过去 20 年来国际货币体系的一个突出特征是总国际投资头寸（Gross International Investment Position）激增到史无前例的水平，这是导致国际金融危机频发的重要背景。Obstfeld（2012a）进一步指出，尽管研究国际资本净流动也很重要，但是国际资本总流动能够更好地反映各种类型的经济冲击对一国资产负债表的影响。国际总资产负债头寸的上升不仅反映了全球范围内收入风险的更优配置，也可能造成经济冲击在国家之间传导，而且还可能产生强烈的放大效应。因此，本文在研究资本流动的驱动因素时，将同时考虑短期资本净流入、资本净流入与资本总流入三类因变量。

从上述实证文献的回顾中不难发现，在新兴市场经济体面临的国际资本流动中，究竟是推动因素还是拉动因素发挥着主要作用，目前尚无定论，对不同国家在不同区间内的实证研究，很可能得出不同的结论。Ghosh 等（2012）指出，推动因素是导致国际资本从发达经济体流向新兴市场经济体的主要因素，而拉动因素是决定国际资本最终流入哪些特定的新兴市场经济体的主要因素。由于在每一轮大规模的资本流动过程中，并非所有新兴市场经济体都面临着资本流入，这恰好说明，推动因素与拉动因素都在国际资本流动过程中发挥了重要作用。

IMF（2011）在区分推动因素与拉动因素的基础上，进一步区分了周期性因素与结构性因素。周期性因素与全球经济和国别经济的周期性变动有关，而结构性因素则与全球和国别经济中的制度性因素或中长期因素有关。IMF（2010）指出，全球结构性因素包括发达经济体的人口老龄化、新兴市场经济体与发达经济体在潜在增长率方面的持续差异、全球金融市

中篇　中国跨境资本流动的驱动因素

场的信息技术改进与投资者本国偏好的下降等，而全球周期性因素则包括全球流动性以及国际机构投资者风险偏好的变化等。表1综合了上述两种分类方法，将国际资本流动的驱动因素分为以下四大类。

表1　　　　　　　　国际资本流动的驱动因素之分类

|  | 周期性因素 | 结构性因素 |
| --- | --- | --- |
| 拉动因素 | 商品价格高企<br>资本流入国利率<br>资本流入国低通胀 | 资本流入国资产负债表的改善<br>资本流入国的高经济增长率<br>资本流入国的贸易开放度 |
| 推动因素 | 美元低利率<br>全球范围内高风险偏好<br>发达经济体资产负债表的改善 | 国际资产组合的多元化<br>发达经济体的低经济增长率 |

资料来源：IMF（2011）。

在表1的基础上，我们综合考虑了国际资本流动的推动因素和驱动因素，希望从中找到影响新兴市场国家最主要的国内外因素，并提出相应的政策建议。

## 三、国际资本流动：推动因素与拉动因素的识别与比较

本部分的经验研究试图回答以下问题：自2000年以来，影响新兴市场经济体和发达经济体的短期资本流动、净资本流动和总资本流动的主要驱动因素是什么？在不同群体以及不同类型的国际资本流动中，推动因素与拉动因素分别发挥了多大作用？

### （一）数据说明与描述性统计

实证分析中采用的相关数据主要来自国际货币基金组织的IFS数据库、世界银行的世界发展指标（WDI）数据库与CEIC数据库，选取的样本为2000年第一季度至2012年第三季度全球范围内52个国家或地区，其中包括22个经济合作与发展组织（OECD）经济体和30个非OECD经济体。[①]

---

[①] 尽管本文发表的时间已经是2014年上半年，但对笔者而言，要找齐52个经济体的相关数据，并非易事。因此本文的数据最新仅截至2012年第三季度。

中国的跨境资本流动：规模测算、驱动因素与管理策略

上述数据为平衡面板数据。①样本国家或地区的清单请参见附录。计量软件采用 STATA。

在参考借鉴上述文献的基础上，我们设定的基本回归方程如下：

$$y_{it} = c + \beta_1 gdp_{it} + \beta_2 i_{it} + \beta_3 e_{it} + \beta_4 usgdp_{it} + \beta_5 usi_{it} + \beta_6 lvix + v_i + u_{it}$$

（1）

其中，$i$ 代表国家，$t$ 代表年份，$c$ 为常数项，$v_i$ 为各个国家的个体效应，$u_{it}$ 为误差项。

因变量 $y$ 包括三种类型的资本流动，即各季度的短期资本净流动、资本净流动与资本总流动占该季度 GDP 的比率。短期资本净流动规模等于各国国际收支中金融账户（Financial Account）余额减去直接投资（Direct Investment）项目余额，即组合投资（Portfolio Investment）余额与其他投资（Other Investment）余额之和。资本净流动规模等于金融账户余额。总资本流动则等于直接投资流入额、组合投资流入额和其他投资流入额之和。

$gdp$ 为各国季度 GDP 同比增速。GDP 增速可以大致反映各国的综合投资回报率。这是一种拉动因素，预期该指标与资本流入正相关。

$i$ 为各国的基准利率（贴现率）。基准利率反映了各国的无风险投资回报率。这是一种拉动因素，预期该指标与资本流入正相关。②

$e$ 为各国货币对美元汇率的环比变动率。$e$ 上升表示本币对美元汇率升值，反之亦然。值得注意的是，$e$ 并非汇率升值预期（除非国际投资者的汇率变动预期是简单的适应性预期），而是汇率的当期变化率。这是一种拉动因素，但较难判断该指标与资本流入是正相关还是负相关。

$usgdp$ 为美国季度 GDP 同比增速。我们用美国 GDP 增速来代表全球发达经济体经济增速，它反映了新兴市场经济体之外的综合投资回报率。这是一种推动因素，预期该指标与新兴市场经济体的资本流入负相关。

---

① 在进行面板回归时，剔除了部分异常值。这类异常值会使回归结果出现不必要的偏误，需要在数据分析之前直接剔除，例如 2011 年白俄罗斯的通货膨胀率达到 110%，再融资利率达到 22%，完全悖离了正常的经济环境，此时回归的结果不具有稳健性。

② 这里如果能用金融市场利率的话，分析效果可能更好。因为对于存在利率管制的新兴市场国家而言，季度频率的贴现率变化可能不大，这可能造成新兴市场国家资本流动过程中本国利率水平的作用不显著。但受数据可得性限制，最终我们仍然选用了贴现率。

*usi* 为美国的基准利率（贴现率）。该指标反映新兴市场经济体之外的无风险投资回报率，这是一种推动因素，预期该指标与新兴市场经济体的资本流入负相关。

*lvix* 为美国标准普尔500指数波动率的对数值。该指标反映全球金融市场的动荡程度与全球投资者的避险情绪。该指数越高，代表动荡程度和避险情绪越高。这是一种推动因素，预期该指标与新兴市场经济体的资本流入负相关。

上述变量的描述性统计如表2所示。从中可以发现，总资本流动的标准差约为短期资本净流动的10倍以及净资本流动的12倍。这表明总资本流动的波动性要远远超过短期资本净流动与净资本流动。

表2　　　　　　　　　　变量的描述性统计

| 变量 | 均值 | 标准差 | 最小值 | 最大值 |
| --- | --- | --- | --- | --- |
| 短期资本净流动 | 0.6092 | 12.9831 | -373.4730 | 111.8949 |
| 净资本流动 | 2.2848 | 9.9707 | -82.2865 | 128.7878 |
| 总资本流动 | 23.6589 | 121.8213 | -852.6660 | 1872.9310 |
| GDP增长率 | 3.4955 | 4.0593 | -19.5900 | 20.4400 |
| 利率水平 | 5.7963 | 6.8216 | 0.0100 | 87.3600 |
| 汇率变动率 | -0.0003 | 0.0685 | -0.6932 | 0.6931 |
| 美国经济增长率 | 1.8148 | 2.0035 | -4.5800 | 5.3800 |
| 美国利率 | 2.3912 | 2.1101 | 0.0700 | 6.5200 |
| VIX风险指数 | 3.0360 | 0.3496 | 2.4006 | 4.0707 |

### （二）回归分析结果

为比较不同发展阶段国家所面临国际资本流动的驱动因素，本部分将52个样本经济体分为两组，一组为30个新兴市场经济体，另一组为22个发达经济体，分别研究其短期资本净流动、资本净流动与资本总流动的驱动因素。首先，我们采用面板数据的随机效应和固定效应做实证检验；其次，我们采用系统广义矩估计（GMM）方法克服解释变量存在的内生性问题；最后，我们采用非线性面板回归模型分析金融危机对各解释变量可能产生的影响。

## 1. 新兴市场经济体

在本部分，我们分析了新兴市场经济体的短期资本流动、净资本流动和总资本流动的驱动因素，采用了固定效应和随机效应模型，以及系统GMM方法。结果见表3。

表3　　　　　　　新兴经济体国际资本流动的驱动因素

|  | 总资本流动 | | 净资本流动 | | 短期资本流动 | |
|---|---|---|---|---|---|---|
|  | 固定效应 | 系统GMM | 随机效应 | 系统GMM | 随机效应 | 系统GMM |
| 因变量滞后一期 |  | 0.192 *** <br>(7.02) |  | 0.155 *** <br>(5.54) |  | 0.025 <br>(0.86) |
| GDP增长率 | 0.862 *** <br>(6.25) | 0.767 *** <br>(5.43) | 0.587 *** <br>(9.62) | 0.569 *** <br>(8.68) | 0.422 *** <br>(6.99) | 0.455 *** <br>(6.94) |
| 利率水平 | -0.011 <br>(-0.10) | 0.007 <br>(0.07) | -0.077 <br>(-1.25) | -0.063 <br>(-1.28) | -0.036 <br>(-0.80) | -0.052 <br>(-1.05) |
| 汇率变动率 | -0.983 <br>(-0.14) | -2.450 <br>(-0.34) | 3.143 <br>(0.97) | 1.906 <br>(0.59) | 4.276 <br>(1.32) | 3.642 <br>(1.10) |
| 美国经济增长率 | -1.531 *** <br>(-4.34) | -1.373 *** <br>(-3.90) | -0.617 *** <br>(-3.90) | -0.609 *** <br>(-3.80) | -0.493 *** <br>(-3.14) | -0.512 *** <br>(-3.14) |
| 美国利率 | 0.765 *** <br>(2.87) | 0.497 * <br>(1.79) | 0.268 ** <br>(2.24) | 0.197 <br>(1.57) | -0.110 <br>(-0.93) | -0.081 <br>(-0.64) |
| VIX风险指数 | -0.456 *** <br>(-6.12) | -0.426 *** <br>(-5.72) | -0.137 *** <br>(-4.09) | -0.134 *** <br>(-3.96) | -0.115 *** <br>(-3.48) | -0.109 *** <br>(-3.14) |
| AR（1） |  | 0.00 |  | 0.00 |  | 0.00 |
| AR（2） |  | 0.37 |  | 0.46 |  | 0.20 |
| SARGAN检验 |  | 0.17 |  | 0.28 |  | 0.24 |
| Hausman检验 | 0.002 <br>（选择固定效应模型） |  | 0.131 <br>（选择随机效应模型） |  | 0.331 <br>（选择随机效应模型） |  |

注：括号内为$t$值，***、**、*分别表示通过1%、5%、10%的显著性水平检验。系统GMM采用两步系统GMM法估计。Sargan检验、AR（2）检验均给出了显著性概率$p$值。

在表3中，第1列是解释变量，第2列至第7列是各类资本流动的实证分析结果。首先，考虑面板数据的随机效应与固定效应，在第2、第4、第6

列中,总资本流动的面板数据拒绝了 Hausman 检验,采用固定效应模型,而净资本流动和短期资本流动没有拒绝 Hausman 检验,采用随机效应模型。

从表3可以看出,第一,在国际资本流动的推动因素中,VIX 指数的稳健性较强,与各类跨境资本流动均维持负相关,表明当国际投资者偏好上升,流入新兴市场国家的总资本、净资本和短期资本均会下降;第二,美国经济增长率与各类跨境资本流动均呈现负相关关系,代表美国增长率上升会触发资本回流至发达经济体;第三,在国际资本流动的拉动因素中,本国 GDP 增长率与各类资本流动均呈现正相关关系,表明一国经济的强劲增长的确会吸引资本流入;第四,本国利率与净资本流动和短期资本流动之间的关系均并不显著,这与我们此前的预期并不一致。这可能是因为在样本期间内爆发了国际金融危机,此后发达国家一致维持低利率水平,此时对于新兴市场国家而言,提高本国利率水平的目的要么是抑制国内经济过热,要么是增加国内金融资产的吸引力以减少资本外逃。但是,这类货币政策并不一定有效,因为,国际投资者对新兴市场金融资产要求的风险溢价可能远远高于货币当局提供的利息。从实证结果来看,新兴市场国家的利率变化没有对国际资本流动产生显著影响。

进一步,考虑到新兴市场经济体的国内利率、经济增长率与被解释变量之间可能存在相互作用的因果关系,因此我们还需要克服固定或随机效应模型中存在的内生性问题。

解决内生性问题的传统方法是工具变量。此方法要求所选择的工具变量与存在内生性的解释变量高度相关而与随机误差不相关。但是鉴于随机误差的不可观测性,现实中要找到一个严格符合上述条件的工具变量非常困难。针对这一问题,Arellano and Bond(1991)提出了差分广义矩估计(Difference GMM)的方法,其思想是首先对估计方程进行一阶差分以去掉固定效应的影响,然后用解释变量的滞后值作为差分方程的工具变量。但是后续研究表明,当回归项的时间序列接近于随机游走时,回归项的滞后变量会受到弱工具变量的影响,使得估计结果出现偏差。为克服这一问题,Arellano and Bover(1995)提出系统广义矩估计(System GMM)方法。系统广义矩是在差分广义矩估计的基础上增加被解释变量的一阶差分滞后项作为原水平方程的工具变量,并将水平方程和差分方程作为一个系统同时估计。Blundell 等(2000)的研究表明,在有限样本下,系统广义矩估计比差分广义矩估计的偏差更小,有效性更高。

因此,我们构造了一个动态面板数据模型,并采用系统广义矩估计方法重新验证美国利率对新兴市场经济体短期资本流动的影响。首先需要对工具变量的有效性以及模型设置的合理性进行检验,依照 Arellano and Bond(1991)以及 Arellano and Bover(1995)的建议,我们分别采用 Sargan 检验和 Arellano – Bond 检验对其进行判定。其中,Sargan 检验用来检验工具变量的过度识别问题,即检验工具变量是否有效,原假设为工具变量有效。Arellano – Bond 检验分为 Arellano – Bond AR(1)检验和 Arellano – Bond AR(2)检验两种,分别用来考察差分后的残差项是否存在一阶和二阶序列相关,如果 AR(1)存在自相关,但 AR(2)不存在自相关,则系统 GMM 有效,原假设为差分后的残差项不存在自相关。

在工具变量的设置方面,我们做了如下处理。将各类资本净流动的滞后一期、本国利率、本国经济增长率、VIX 指数作为内生变量,使用其水平滞后项作为差分方程的 GMM 工具变量,差分滞后项作为水平方程的 GMM 工具变量。我们从最近的滞后项开始,尝试了理论上满足矩条件的滞后项组合,并在通过 AR(2)和 Sargan 检验的基础上,选择了内生变量水平滞后 1 阶到 10 阶作为差分方程的 GMM 工具变量,差分滞后 1 阶到 10 阶作为水平方程的 GMM 工具变量,同时将其他自变量作为其自身的工具变量。从表 4 的估计结果来看,Sargan 检验的 $p$ 值大于 0.1,表示接受工具变量有效的原假设。Arellano – Bond 检验的 AR(1)统计量拒绝了残差项一阶序列无自相关的原假设,AR(2)统计量接受了残差项二阶序列无自相关的原假设,这意味着我们设置的动态面板模型是有效的。

系统 GMM 的回归结果见第 3、第 5、第 7 列,本国经济增长率、利率与 VIX 指数和各类资本流动依然存在非常显著的关系,表明固定/随机效应模型有一定的稳健性。

综上所述,在样本内,对新兴市场经济体面临的各项资本流动而言,推动因素主要源自全球风险偏好和美国经济增长率的变化,拉动因素则主要源自本国经济增长率,资本由经济增长率较低的地区流向增长率较高的地区。

从政策含义来看,VIX指数和美国经济增长率是新兴市场国家值得关注的指标,可以预期,随着美国经济的复苏,新兴经济体要防范国际资本流入突然中断的风险。而提高利率水平对于吸引资本流入作用并不显著,更重要的是应该有相应的刺激政策来提高本国经济增长率。

2. 发达经济体

为了进行另一个维度的比较研究,我们也分析了同一时期内发达经济体面临的短期资本净流动、净资本流动与总资本流动的驱动因素,分析结果如表4所示。

表4　　　　　　　　发达国家资本流动驱动因素

|  | 总资本流动 | | 净资本流动 | | 短期资本流动 | |
| --- | --- | --- | --- | --- | --- | --- |
|  | 随机效应 | 系统GMM | 随机效应 | 系统GMM | 随机效应 | 系统GMM |
| 因变量滞后一期 |  | -0.123**<br>(-2.44) |  | 0.238***<br>(4.74) |  | 0.169***<br>(3.32) |
| GDP增长率 | 0.650<br>(1.06) | 0.747<br>(1.23) | 0.312<br>(1.34) | 0.327<br>(1.41) | 0.221<br>(0.92) | 0.164<br>(0.68) |
| 利率水平 | -2.470**<br>(-2.53) | -2.535**<br>(-2.57) | 0.191<br>(0.54) | -0.043<br>(-0.11) | 0.018<br>(0.05) | -0.362<br>(-0.93) |
| 汇率变动率 | 57.410***<br>(2.83) | 53.170***<br>(2.70) | 23.160***<br>(3.06) | 23.420***<br>(3.10) | 3.045***<br>(3.39) | 3.882***<br>(3.24) |
| 美国经济增长率 | 49.940**<br>(2.52) | 53.170***<br>(2.70) | 23.160***<br>(3.06) | 23.420***<br>(3.10) | 3.045***<br>(3.39) | 3.882***<br>(3.24) |
| 美国利率 | 1.253**<br>(2.04) | 2.841***<br>(4.02) | 0.100<br>(0.38) | 0.212<br>(0.79) | -0.056<br>(-0.21) | 0.117<br>(0.42) |
| VIX风险指数 | -0.174<br>(-1.04) | -0.133<br>(-0.81) | 0.138**<br>(2.18) | 0.139**<br>(2.21) | 0.096<br>(1.46) | 0.098<br>(1.49) |
| AR(1) |  | 0.01 |  | 0.00 |  | 0.00 |
| AR(2) |  | 0.53 |  | 0.48 |  | 0.37 |
| SARGAN检验 |  | 0.73 |  | 0.57 |  | 0.49 |
| Hausman检验 | 0.390<br>(选择随机效应模型) |  | 0.999<br>(选择随机效应模型) |  | 0.972<br>(选择随机效应模型) |  |

注:括号内为 $t$ 值,***、**、*分别表示通过1%、5%、10%的显著性水平检验。系统GMM采用两步系统GMM法估计。Sargan检验、AR(2)检验均给出了显著性概率 $p$ 值。

对发达经济体面临的短期资本净流动而言，推动因素主要是美国经济增长率，与短期资本净流动正相关；拉动因素主要是汇率变动率，本币汇率升值与短期资本净流动正相关。

对发达经济体面临的净资本流动而言，推动因素主要是美国经济增长率和VIX指数，这两个指标均与净资本流动正相关；拉动因素则主要是汇率变动率，本币汇率升值与净资本流动正相关。

对发达经济体面临的总资本流动而言，推动因素主要是美国利率和美国经济增长率（这两个指标均与总资本流动正相关），而拉动因素主要是本国利率水平（与总资本流动负相关）和汇率变动率（与总资本流动正相关）。

3. 新兴市场经济体与发达经济体的比较

表5比较了2000年第一季度至2012年第三季度，新兴经济体和发达经济体各自面临的不同类型的资本流动的驱动因素。从中我们可以得到以下重要结论。

第一，新兴市场经济体与发达经济体面临各种类型资本流动的全球推动因素截然不同。新兴市场经济体各类资本流动的全球推动因素均为VIX指数与美国经济增长率，而发达经济体资本流动的全球推动因素包括美国经济增长率、美国利率（仅对总资本流动而言）与VIX指数（仅对净资本流动而言）。这意味着，一旦爆发全球性金融危机，则新兴市场经济体面临的资本流动将首先受到影响（全球投资者风险偏好发生变化），而发达经济体面临的资本流动将在更长的时期内受到影响（美国经济增长率与利率水平发生变化）。

第二，新兴市场经济体与发达经济体面临各种类型资本流动的本国拉动因素既有相同之处，也有不同之处。相同之处在于，美国利率无论对新兴市场经济体而言（总资本流动）还是发达经济体而言（总资本流动），均是重要的拉动因素。不同之处在于，汇率变动率是发达经济体各类资本流动的重要拉动因素，而这对新兴经济体的作用则完全不显著。此外，美国经济增长率对于新兴经济体各类资本流动的推动作用为负，而对发达经济体的作用则恰好相反。

第三，在大多数情况下，本国利率水平的拉动作用均不显著，且各个解释变量对新兴经济体和发达经济体的影响差异性较大，这需要我们进一步考察变量之间存在的非线性的关系。

表5　　　　　　　　　　　回归结果汇总与比较

| 变量 | 新兴经济体 | | | 发达经济体 | | |
| --- | --- | --- | --- | --- | --- | --- |
| | 短期资本净流动 | 净资本流动 | 总资本流动 | 短期资本净流动 | 净资本流动 | 总资本流动 |
| 经济增长率 | 正 | 正 | 正 | | | |
| 利率 | | | | | | 负 |
| 汇率变动率 | | | | 正 | 正 | 正 |
| 美国经济增长率 | 负 | 负 | 负 | 正 | 正 | 正 |
| 美国利率 | | 正 | 正 | | | 正 |
| VIX风险指数 | 负 | 负 | 负 | | 正 | |

注：正表示二者存在显著正相关关系，负表示二者存在显著负相关关系。

4. 国际资本流动驱动因素的非线性分析

从上述回归结果可以发现，对于新兴市场经济体而言，利率、汇率变动率等变量均不显著，而且发达国家与新兴市场国家国际资本流动的驱动因素存在显著差异。考虑到样本期内爆发了国际金融危机，国际金融市场的剧烈动荡会对资本流动造成显著冲击。因此有必要考虑由于风险偏好的变化可能导致解释变量存在一定的非线性。事实上，在样本区内，代表国际金融市场上的风险水平的波动率指数（VIX）有着巨大变化。因此我们需要进一步应用非线性方法来分析国际资本流动的驱动因素。

为了进一步检验不同风险水平下，资本流动与其驱动因素之间的非线性关系，本文参考Gonzalez等（2005）的方法，使用面板平滑转换回归（Panel Smooth Transition Regression，PSTR）模型对实证结果进行稳健性检验。计量模型设定为

$$y_{it} = \mu_i + \beta_0' x_{it} + \sum_{j=1}^{r} \beta_j' x_{it} g_j\left(q_{it}^{(j)}; \gamma_j, c_j\right) + u_{it} \qquad (2)$$

被解释变量$y_{it}$为资本流动，解释变量$x_{it}$包括利差（本国利率减去美国

利率)、升值预期(汇率取对数后一阶差分)与经济增长率之差(本国经济增长率减去美国经济增长率),在这一部分采用利差和经济增长率之差的目的是更综合地考虑推动与拉动因素的作用。转换变量为波动率指数(VIX),转换函数采用 logistic 函数形式

$$g(q_{it};\gamma,c) = \left(1 + \exp\left(-\gamma \prod_{j=1}^{m}(q_{it} - c_j)\right)\right)^{-1} \quad (3)$$

第一步,进行模型异质性检验。

根据 Gonzalez(2005)的研究,PSTR 模型只适用于异质性的面板数据,否则会导致模型无法识别。在估计模型之前,首先应该对模型进行异质性检验。PSTR 模型在同质性假设下退化为

$$y_{it} = \mu_i + \beta_0' x_{it} + u_{it} \quad (4)$$

构造拉格朗日乘数(LM)统计量,原假设 $H_0$ 认为模型具有同质性。如表 6 所示,检验结果均在 5% 的显著水平上拒绝原假设,说明面板数据具有异质性,因此可以用 PSTR 模型进行估计。我们利用 STATA 软件通过编程进行这一估计。

表6　　　　　　　　　　　模型异质性检验结果

| 被解释变量 | 国家分类 | LM 统计量 | p 值 | 结论 |
| --- | --- | --- | --- | --- |
| 净资本流动/GDP | 发达国家 | 26.178 | 0.000 | 拒绝原假设,异质性 |
|  | 新兴市场国家 | 18.523 | 0.000 | 拒绝原假设,异质性 |
| 短期资本流动/GDP | 发达国家 | 7.786 | 0.049 | 拒绝原假设,异质性 |
|  | 新兴市场国家 | 14.864 | 0.002 | 拒绝原假设,异质性 |
| 总资本流动/GDP | 发达国家 | 8.157 | 0.043 | 拒绝原假设,异质性 |
|  | 新兴市场国家 | 36.870 | 0.000 | 拒绝原假设,异质性 |

由于样本期内存在多次风险事件冲击,因此两区制模型可能不能充分反映区制的变化。根据 Eitrheim and Terasvirta(1996)的非线性参与检验方法,需要对模型残差进行异质性检验,从而确定位置参数的个数。如果只存在一个位置参数,代表两区制模型;如果存在两个及以上的位置参数,代表多区制模型。检验结果如表 7 所示,即新兴市场国家的净资本流

动、发达国家的短期资本流动、新兴市场国家的短期资本流动为两区制模型，发达国家的净资本流动、发达国家的总资本流动与新兴市场国家的总资本流动为三区制模型。

表7　　　　　　　　模型位置参数个数检验结果

| 被解释变量 | 国家分类 | $r=1$ | $r=2$ | 结论 |
| --- | --- | --- | --- | --- |
| 净资本流动/GDP | 发达国家 | 11.053（0.011） | 1.544（0.672） | $r=2$ |
|  | 新兴市场国家 | 1.662（0.736） |  | $r=1$ |
| 短期资本流动/GDP | 发达国家 | 5.211（0.157） |  | $r=1$ |
|  | 新兴市场国家 | 4.575（0.206） |  | $r=1$ |
| 总资本流动/GDP | 发达国家 | 10.043（0.018） | 6.318（0.106） | $r=2$ |
|  | 新兴市场国家 | 11.950（0.008） | 6.521（0.089） | $r=2$ |

第二步，进行模型估计并分析其结果。

根据检验结果，采用非线性最小二乘法（Nonlinear Least Square，NLS）对模型进行估计，表8至表10是新兴市场经济体的相关回归结果。

表8　　　　　净资本流动/GDP回归结果（新兴市场经济体）

| 斜率参数 | -6.685 | |
| --- | --- | --- |
| 位置参数 | 24.252 | |
| 变量 | 低区制 | 高区制 |
| 利差（$i-i^*$） | -0.016* | 0.032* |
| 升值预期 | 4.821 | -9.641 |
| 经济增长率之差 | -0.038*** | 0.075*** |

如表8所示，新兴市场国家净资本流动的最主要驱动因素是经济增长率，其次才是利差。在国际金融风险积累的正常时期（低区制），可以认为新兴市场国家的净资本流动以长期投资为主，而且由于这些国家近十年以来的外汇储备快速积累，使资本反而回流至发达国家，出现了经济增长率越快的国家，负的净资本流动越大的情况。这虽与传统国际资本流动理论的预期不符，但却印证了Gourinchas and Jeanne（2007）所发现的"国

际资本流动配置之谜"。① 在金融危机爆发时（高区制），投资者将资本从增长较慢的国家抽回，经济增长率差对净资本流动的影响为正。

表9　　短期资本流动/GDP回归结果（新兴市场经济体）

| 斜率参数 | 9.094 | |
|---|---|---|
| 位置参数 | 40.974 | |
| 变量 | 低区制 | 高区制 |
| 利差（$i-i^*$） | 0.126*** | -0.430*** |
| 升值预期 | 12.926** | 60.799 |
| 经济增长率之差 | 0.347*** | -0.009 |

如表9所示，新兴市场短期国际资本流动的驱动因素比较典型。在国际金融市场低风险时（低区制），短期资本流动涌入新兴市场国家，包括利差、升值预期与经济增长率在内的各项指标都非常显著。这表明短期资本既关注套利收益，也关注套汇收益，而且通常会选择基本面比较好的国家。然而，一旦国际金融风险上升（高区制），无论新兴市场国家如何提高利率水平，也无法避免资本流向"安全港"，而且资本外逃可能反而进一步提高了新兴市场国家的利率水平。与此同时，新兴市场经济体的本币升值预期与经济增长率对短期资本流动的影响也不再显著。从中可以发现，在国际金融危机期间，新兴经济体管理短期资本流动的政策工具其实相当有限。

表10　　总资本流动/GDP回归结果（新兴市场经济体）

| 斜率参数 | 74.575 | | 2.285 |
|---|---|---|---|
| 位置参数 | 19.705 | | 36.390 |
| 变量 | 区制1 | 区制2 | 区制3 |
| 利差（$i-i^*$） | 1.042** | -0.306** | -0.817*** |
| 升值预期 | -201.441 | 113.037** | -5.713 |
| 经济增长率之差 | -4.696*** | 0.997*** | 0.724** |

如表10所示，新兴市场总资本流动与利差、经济增长率之差有非常显

---

① Gourinchas and Jeanne（2007）的研究表明，1970-2004年，经济增长速度最快的发展中国家所吸引的外国资本规模低于增长速度中等或较低的国家。这表明，国际资本较少地流向经济增长速度较快的发展中国家，而这些国家的资本边际生产力和信用等级通常较高，或者说，资本流入未能促进发展中国家的经济增长。他们称之为"国际资本配置之谜"（Allocation Puzzle）。

著的关系,可以理解为短期资本流动进行套利交易,而长期资本流动分享增长红利。国际金融风险较低时(区制1),资本流入新兴市场国家进行套利,但经济增长率高的新兴市场国家反而总资本流入较少,这也与"国际资本流动配置之谜"相符;国际金融风险较高时(区制2),资本流动出现流向"安全港"的趋势,推升利率水平,对于升值预期强烈的货币会进行套汇;在国际金融风险很高时(区制3),套利和套汇交易都已经停止,资本逃离新兴市场国家,促使其利率升高,甚至会冲击其货币的币值。

表11至表13是发达国家的相关回归结果。

表11　　　　净资本流动/GDP 回归结果(发达国家)

| 斜率参数 | 2.068 | | 6.906 |
| --- | --- | --- | --- |
| 位置参数 | 14.775 | | 39.737 |
| 变量 | 区制1 | 区制2 | 区制3 |
| 利差 ($i-i^*$) | 1.783*** | -1.652*** | -2.843*** |
| 升值预期 | 90.459 | -92.669 | 17.064 |
| 经济增长率之差 | -0.047 | -0.293 | 1.707* |

如表11所示,发达国家净资本流动的最主要驱动因素是利差。在三种区制下,利差对资本流动的影响均在1%水平上显著。在国际金融市场风险较低(区制1)时,其他发达国家对美国的利差扩大会导致资本流入本国;但在风险上升超过阈值时(区制2和区制3),美国大幅降低利率水平,拉大其他发达国家与美国的利差;风险达到非常高的水平时(区制3),资本只流入经济增长率较高的发达国家,意味着资本对国别风险更加敏感。总之,对于发达国家而言,国际金融风险较低时,拉动因素起主导作用;国际金融风险较高时,推动因素代替拉动因素起主导作用。

表12　　　　短期资本流动/GDP 回归结果(发达国家)

| 斜率参数 | 130.846 | |
| --- | --- | --- |
| 位置参数 | 25.065 | |
| 变量 | 低区制 | 高区制 |
| 利差 ($i-i^*$) | 0.392 | -0.917** |
| 升值预期 | -14.487 | 58.542 |
| 经济增长率之差 | -0.401 | 1.273** |

如表 12 所示，国际金融风险较低时（低区制），短期资本流动对发达国家的利差并不敏感。当风险上升时（高区制），利差与短期资本流动呈现显著负相关关系，短期资本流动与经济增长率之差显著正相关。和上文的线性分析结果一致，加息政策并不能吸引短期资本流动流入。

表 13　　　　　　　总资本流动/GDP 回归结果（发达国家）

| 斜率参数 | 427.788 | | 2.583 |
|---|---|---|---|
| 位置参数 | 12.092 | | 12.701 |
| 变量 | 区制 1 | 区制 2 | 区制 3 |
| 利差（$i-i^*$） | -0.001 | 0.014** | -0.017* |
| 升值预期 | 0.598 | 0.961 | -1.577 |
| 经济增长率之差 | -0.007 | -0.025* | 0.032* |

如表 13 所示，总资本流动的各种因素可能相互抵消，导致系数不显著。这种情况较为复杂。然而，利差和经济增长率之差始终是较为重要的驱动因素，说明总资本流动既包含关注套利收益的短期资本流动，也包括关注经济增长红利的长期资本流动。

## 四、新兴市场经济体短期资本流动的波动性：拉动因素与推动因素的方差分解

在上一部分，我们已经识别出了对新兴市场国际资本流动的主要拉动因素是本国经济增长率，主要的推动因素是 VIX 指数与美国经济增长率。在本部分，我们尝试用面板 VAR 模型进一步分析在国际金融危机背景下，国内外经济增长率、利差和 VIX 风险指数对新兴市场经济体短期资本流动的贡献。需要说明的是，此处我们主要侧重分解短期资本流动，这主要是因为短期资本流动是波动性更高的资本流动类型，对于国内外变量变化的敏感程度也较高，这也与本文样本的中短期时间特征相符。

本部分通过构建面板 VAR 模型度量 VIX 指数、利差和国内外经济增长率对短期资本流动的冲击。我们采用 Holtz - Eakin (1988) 提出的面板数据向量自回归（Panel Data Vector Auto - regression，PVAR）方法。在 PVAR 中，只要 $T$ 大于或等于 $m+3$（$T$ 为时间序列的长度，$m$ 为滞后项的长度），便可以对模型的参数进行估计，并可在稳态下估计滞后变量的参

数。该方法继承了 VAR 模型的大多数优点,例如将系统中所有变量都视为内生变量,可以通过正交化脉冲响应函数分离出一个内生变量的冲击给其他内生变量所带来的影响程度。本部分所使用的面板 VAR 模型形式为

$$y_{it} = \alpha_i + \beta_0 + \sum_{j=1}^{P}\beta_j y_{i,t-j} + \gamma_{i,t} + u_{i,t} \tag{5}$$

其中,$y_{it}$ 是一个包含四个变量 $\{VIX, i, g, usg, sg\}$ 的向量,VIX 是美国标准普尔 500 指数波动率的对数值,$i$ 是新兴市场经济体与美国的当期利差,$g$ 是新兴市场经济体当期经济增长率,$usg$ 是美国经济增长率,$sg$ 是新兴市场经济体短期资本流动与当期 GDP 之比。在使用面板 VAR 模型时,我们提出如下假设,即每一个截面的基本结构相同。换句话说,我们采用固定效应模型,并通过引入反映个体异质性的变量 $\alpha_i$ 来克服假设对参数的限制。同时引入变量 $\gamma_{i,t}$ 反映个体的时点效应,用来体现在同一时点的不同截面上可能受到的共同冲击。假设残差 $u_{i,t}$ 服从正态分布的随机扰动。

在对上式进行估计之前,要对数据进行平稳性检验,为此,我们采用两种面板单位根的检验方法(Fisher - ADF 检验和 Hadri 检验)来检验短期资本流动和经济增长率的平稳性,用 DF 方法(时间序列单位根检验方法)来检验 VIX 指数的平稳性。如表 14 所示,Fisher - ADF 检验和 Hadri 检验均在 1% 的水平下显著,表明在此期间经济增长率和短期资本流动均为平稳变量。对 VIX 的 DF 检验也表明 VIX 是平稳变量。因此我们可以将这三个变量纳入面板 VAR 分析框架中。

表 14　　　　　　　　　　单位根检验结果

| 变量 | Fisher - ADF (1999) | Hadri (2000) | DF 检验 |
| --- | --- | --- | --- |
| 本国经济增长率 | 0.01*** | 239.22 | |
| 美国经济增长率 | 0.02*** | 198.22 | |
| 短期资本流动 | 0.001** | 147.22 | |
| 利差 | 0.003*** | 189.33 | |
| VIX 指数 | | | 0.02** |

注:*** 代表在 1% 水平下显著,** 表示在 5% 水平下显著。检验过程中,Fisher - ADF 采用"存在单位根"的原假设,Hadri 检验采用"序列平稳"的原假设,括号内为相应 $p$ 值。其中 Hadri (2000) 考虑了截面异质性和干扰项的序列相关问题。DF 检验是针对 VIX 时间序列性质检验,原假设是"存在单位根"。

关于滞后阶数的选取，我们用赤池信息准则（AIC）、贝叶斯信息准则（BIC）和汉南庆信息准则（HQIC）来进行判断（见表15），依据信息量取值最小的准则确定模型的阶数，三种信息量的结果一致表明滞后阶数应选取5阶。

表15　　　　　　　　　　面板 VAR 滞后阶数检验结果

| 滞后期 | AIC | BIC | HQIC |
| --- | --- | --- | --- |
| 1 | 24.669 | 25.422 | 24.948 |
| 2 | 24.112 | 24.965 | 24.429 |
| 3 | 23.895 | 24.852 | 24.251 |
| 4 | 23.430 | 24.495 | 23.826 |
| 5 | 23.003* | 24.186* | 23.447* |
| 6 | 23.008 | 24.299 | 23.487 |

在进行面板 VAR 分析时通常需要先消除样本中的固定效应，但 VAR 的模型结构使得自变量与固定效应相关，因而通常使用的均值差分方法可能会导致偏误，这里我们使用向前均值差分，也被称作 Helmert 过程（Arellano 等，1995）。这一方法通过消除每个个体向前的均值，即每一时期未来观测值的均值，保证了滞后变量与转换后的变量正交，进而与误差项无关，因此可以使用滞后变量作为其工具变量，采用 GMM 的方法进行估计。面板 VAR 的分析方法综合了面板分析和 VAR 模型的优点，既能够控制不可观测的个体异质性（包括个体效应和时间效应），也可以分析面对冲击时经济的动态反应，从而能够较好地捕捉模型中国内外宏观经济变量对一国短期资本流动的传导。

下面我们采用 GMM 方法对短期资本流动、利差、本国经济增长率、美国经济增长率与 VIX 指数 5 个变量组成的面板向量自回归（PVAR）模型进行估计。根据上文滞后阶数的判断结果，以第 4 期作为最大滞后期，系数标准差采用蒙特卡洛模拟 500 次生成，并给出了 95% 的置信区间，变量的排序是 VIX 指数、利差、国内经济增长率、美国经济增长率、短期资本流动。图 1 中的第 5 行代表短期资本流动在面对外部冲击时的反应。第一，当 VIX 指数对短期资本流动产生 1 个标准差的冲击后，短期资本流动最初会在第 1 期产生较剧烈的负向影响，随后第 3~7 期影响程度不再显著，最终趋向于零，在 95% 的置信区间内均为负向反应；第二，给利差 1 个标准差的冲击，会在第 2~8 期对短期资本流动产生负向的影响并逐渐衰减；第三，给当期经济增长率 1 个标准差的冲击，会对第 2 期的短期资本流动产生正向的影响并逐渐衰减；第四，给美国经济增长率 1 个标准差的冲击，会在第 2~3 期对新兴市场短期资本流动产生负向的影响。这也与此前的面板回归结果相符。

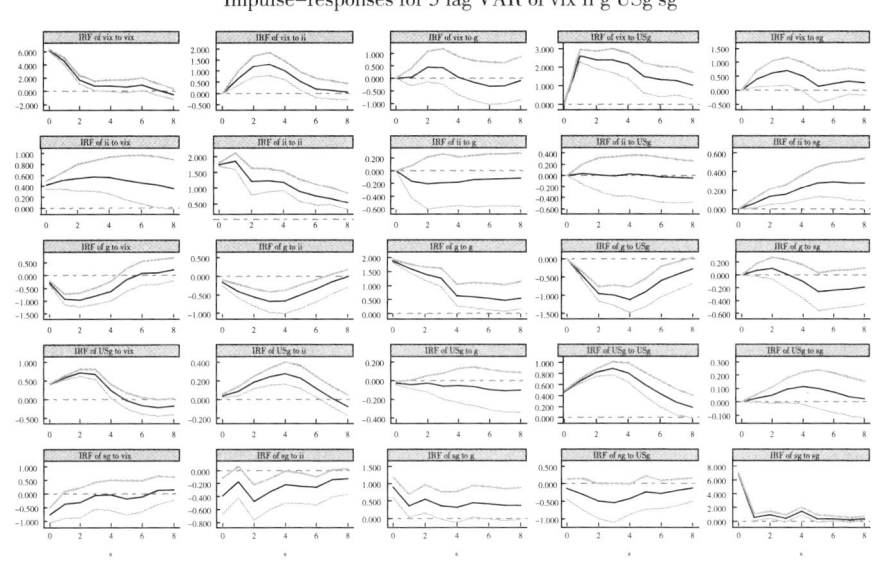

Impulse-responses for 5 lag VAR of vix ii g USg sg

Errors are 5% on each side generated by Monte-Carlo with 500 reps

注：横轴表示冲击的滞后期数（季度），中间曲线为脉冲响应函数曲线，两侧为 95% 的置信区间。

**图 1　面板 VAR 模型的脉冲响应分析结果**

图 1 的分析表明 VIX 指数、利差和国内外经济增长率均会对短期资本流动有显著影响。为了更精确地考察上述变量与短期资本流动之间的相互影响程度，我们通过方差分解来考察面板 VAR 方程的冲击响应对内生变量波动的贡献度。表 16 展示了从第 1 期至第 12 期（累积共三年时间）内 VIX 风险指数、利差与国内外经济增长率冲击对短期资本流动波动的解释

力度:第一,我们发现 VIX 指数的解释能力从第 1 期至第 7 期逐步递增,最终达到 17% 左右;第二,利差和 VIX 指数对短期资本流动的影响力相当,大约能解释短期资本流动 14% 的变化,而本国经济增长率和美国经济增长率的解释力均不足 5%,加起来也不到 7%。这表明在样本期间,新兴市场经济体的短期资本波动主要受 VIX 指数与利差影响,这也与此前脉冲响应的结果相互印证。

表 16  VIX 风险指数、利率水平、国内经济增长率冲击预测方差的分解

| 时期 | VIX | 利差 | 经济增长率 | 美国经济增长率 |
| --- | --- | --- | --- | --- |
| 1 | 0.120 | 0.030 | 0.017 | 0.000 |
| 2 | 0.150 | 0.040 | 0.019 | 0.002 |
| 3 | 0.170 | 0.080 | 0.024 | 0.007 |
| 4 | 0.170 | 0.100 | 0.026 | 0.013 |
| 5 | 0.160 | 0.110 | 0.027 | 0.016 |
| 6 | 0.160 | 0.120 | 0.031 | 0.016 |
| 7 | 0.170 | 0.130 | 0.033 | 0.018 |
| 8 | 0.170 | 0.130 | 0.036 | 0.018 |
| 9 | 0.170 | 0.130 | 0.038 | 0.019 |
| 10 | 0.170 | 0.140 | 0.040 | 0.019 |
| 11 | 0.170 | 0.140 | 0.041 | 0.019 |
| 12 | 0.170 | 0.140 | 0.042 | 0.019 |

注:此处省略了 VIX 指数、利率水平和国内外经济增长率的分解结果。

面板 VAR 的分析结果表明,当国际投资者风险偏好发生变化时,新兴市场经济体当局仅仅依靠提高利率并不能吸引资本流入,只有采取相应的刺激政策,提高经济增长率,稳定市场预期,才能防止资本突然流出。从时间维度来看,VIX 指数的作用在第 1 期就非常显著,而本国经济增长率提高在第 2 期才会显著,这表明在应对较大规模金融危机时,刺激经济增长的政策要有一定的前瞻性,才能避免经济出现过度动荡。

## 五、结论与政策建议

本文运用动态面板和面板 VAR 方法,研究了 2000 年第一季度至 2012

年第三季度30个新兴市场经济体与22个发达经济体面临的各种类型资本流动的主要驱动因素。研究得出的主要结论包括：新兴市场经济体与发达经济体各类资本流动的驱动因素明显不同。对新兴市场经济体而言，本国经济增长率是资本流动最重要的拉动因素，而全球风险偏好变动与美国经济增长率的变化是最重要的推动因素。对发达国家而言，汇率变动率是资本流动最重要的拉动因素，而美国经济增长率是最重要的推动因素。非线性面板回归的结果显示，在金融市场平静时期，汇率变动率与经济增长率是新兴市场国家短期资本流动的重要驱动因素，但这些因素在金融市场动荡时期的效果不再显著；在金融市场平静时期，发达国家短期资本流动对利差与经济增长率差异并不敏感，但在金融市场动荡时期，利差与经济增长率差异会显著影响发达国家短期资本流动。基于面板VAR方差分解的结果进一步表明，VIX风险指数和利率水平的变化对新兴市场经济体短期资本流动的解释能力分别达到17%与14%，而国内外经济增长率的解释力合计不足7%。这意味着，一旦爆发全球性金融危机，新兴市场经济体的资本流动将先于发达经济体受到负面冲击。在面临资本大量流入影响金融稳定的情形下，还有可能会陷入是否加息的两难困境。

由于推动因素与拉动因素在新兴市场经济体与发达经济体面临的资本流动中均扮演着重要角色，因此，对国际资本流动进行全面管理，离不开新兴市场经济体与发达经济体之间进行的政策协调。一方面，对新兴市场经济体内部而言，如果个别国家在未经协调的情况下实施资本账户管制等单边措施，可能导致其他国家遭遇更为严重的短期资本流入，这是一种"以邻为壑"的资本流动管制。为避免这一局面，新兴市场经济体彼此之间应该加强政策协调。另一方面，新兴市场经济体与发达经济体之间应该进行更密切的政策协调，以降低具有系统重要性国家国内经济金融政策的负外部性。短期资本流动管理的跨国协调，可以与国际银行业跨国监管、全球宏观审慎政策等问题，一并纳入G20的磋商谈判框架。此外，新兴市场经济体作为一个整体，应通过国际金融机构（例如IMF与世界银行）和国际多边组织（例如G20）向发达经济体施压，要求发达经济体央行在制定执行国内政策的过程中考虑其溢出效应。

中国的跨境资本流动：规模测算、驱动因素与管理策略

# 中国短期资本流动的主要驱动因素（2000－2012年）[*]

**摘要**：过去20年间，新兴市场国家经历了三次大规模资本流入。第一次大规模资本流入结束后爆发了东南亚金融危机，第二次大规模资本流入结束后爆发了美国次贷危机与欧洲主权债务危机。如果新兴市场国家对第三次大规模资本流入应对不当，那么未来仍然可能爆发新一轮新兴市场国家金融危机。因此，对短期资本流动的驱动因素进行研究，对于新兴市场国家管理短期资本流动而言具有重要意义。本文通过构建2000年1月至2012年6月的非限制性VAR模型，分析了中国所面临短期资本流动的主要驱动因素。主要结论包括：第一，人民币汇率升值预期是最重要的驱动因素；第二，与常规印象不符，人民币利率上升会导致短期资本持续流出；第三，与房地产价格相比，中国股市价格指数是更重要的驱动因素；第四，中国经济增长率在一定时滞（半年）后会影响短期资本流动；第五，中国的短期资本流动具有一定程度的自我强化特征。上述结论具有较强的稳健性。为更好地应对短期资本流动，中国政府应加快人民币汇率与利率形成机制改革，并保持适当的资本账户管制。

## 一、引言

过去20年间，新兴市场国家经历了三次大规模资本流入。第一次是1996年第四季度至1998年第二季度，第二次是2006年第四季度至2008年第二季度，第三次是2009年第三季度至2011年（IMF，2011a）。如图1所示，在1996－1997年、2005－2007年、2010－2012年，新兴市场经济

[*] 与谭小芬合作完成，发表于《世界经济》2013年第11期。

体作为一个整体，的确经历了3次大规模的私人资本流入。

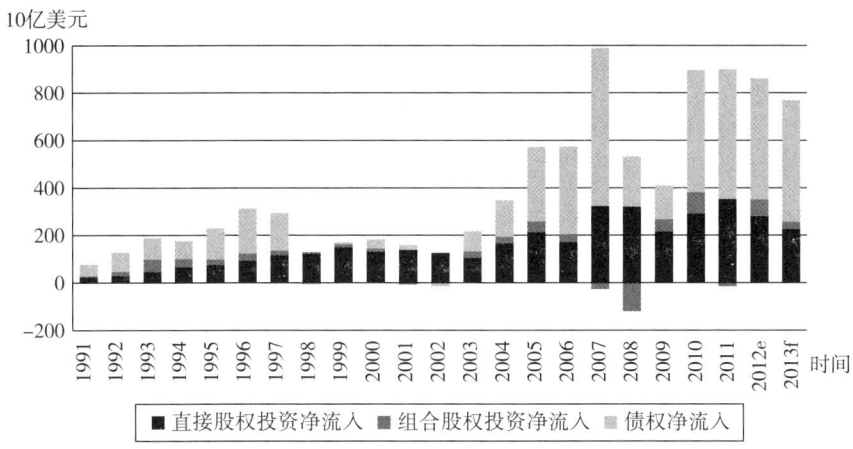

资料来源：Institute of International Finance（IIF）。

**图1 新兴市场经济体面临的私人资本流动**

大规模资本流入通常会导致流入国宏观经济过热、本币升值与资产价格上升，而此后发生的资本流入突然停止甚至逆转通常会导致流入国资产价格泡沫破灭与本币大幅贬值，进而爆发货币危机、债务危机甚至经济危机。例如，第一次大规模资本流入结束后爆发了东南亚金融危机，第二次大规模资本流入结束后爆发了美国次贷危机与欧洲主权债务危机。如果新兴市场国家对第三次大规模资本流入应对不当，那么未来仍然可能爆发新一轮新兴市场国家金融危机。

在各种不同类型的资本流入中，短期国际资本被认为是波动性与破坏性最强的。参照张明（2011a）的做法，我们计算了国际金融协会（IIF）相关数据库中新兴市场国家在1991年至2012年面临的不同类型的私人资本流入的变异系数，其中直接股权投资净流入、债权净流入与组合股权投资净流入的年度变异系数分别为0.64、1.06与2.47。这说明投资期限越短，国际资本流动的波动性越强。

中国2006年至2012年面临了短期国际资本的几次大进大出。如图2所示，在2009年第二季度至2010年第一季度，以及2010年第四季度至2011年第三季度这两段时期内，中国面临持续的短期国际资本流入，季均流入规模分别达到 340 亿美元与 508 亿美元；在 2007 年第四季度至 2008 年第四季度（美国次贷危机爆发时期），以及 2011 年第四季度至 2012 年第四季度（欧债危机恶化时期），中国面临持续的短期国际资本流出，季均流出规模分别达到 304 亿美元与 374 亿美元。

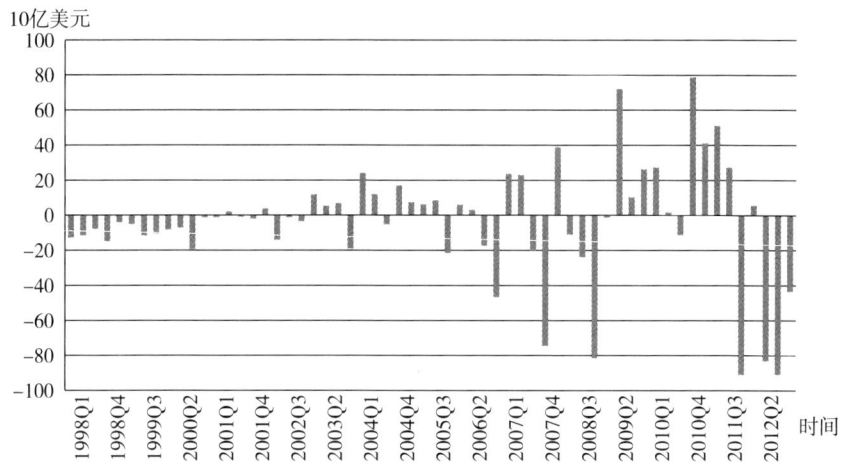

注：计算方法为季度国际收支表中的金融账户（Financial Account）余额减去直接投资余额。

资料来源：CEIC 数据库。

**图 2　中国面临的短期资本流动：季度数据**

自 1997 年东南亚金融危机爆发、中国面临资本外逃现象以来，中国面临的短期资本流动就一直是国内经济学界研究的热点问题之一。目前国内的相关研究主要集中于四个方面：一是估算中国面临短期资本流动的规模；二是分析导致短期国际资本流入或流出中国的驱动因素；三是研究短期国际资本流动对中国宏观经济与资产价格的冲击；四是就中国政府应该如何管理短期国际资本流动提出政策建议，这也包括对资本账户开放的有关研究。

美国次贷危机与欧债危机的爆发可能改变了中国面临短期国际资本流动的格局，因此重新研究中国短期资本流动的驱动因素具有非常重要的意义。一旦明确了哪些因素是导致中国面临资本流入或流出的主要因素，那么中国政府就可以采取相关对策，既能对症下药又能富有效率地管理短期资本流动。因此，本文的研究将集中于分析中国短期资本流动的驱动因素。

本文将以 2000 年 1 月至 2012 年 6 月的月度数据为基础，研究这一时期内中国面临的短期资本流动的驱动因素。我们选取的变量既包括拉动因素（中国的经济增长率、通货膨胀率、人民币利率、股票价格指数、房地产价格、人民币信贷增量、人民币升值预期等），也包括推动因素（美元利率、全球金融市场风险等）。覆盖时期既包括国际金融市场的平静期，也包括美国次贷危机与欧债危机这样的国际金融市场动荡期。

本文剩余部分的结构安排如下：第二部分针对中国面临资本流动的驱动因素研究进行文献述评，第三部分通过构建 VAR 模型进行相关计量分析，第四部分为稳健性检验，第五部分是结论与政策建议。

## 二、文献综述

### （一）资本流动的驱动因素

关于国际资本流动的理论模型的出发点通常是经济主体的异质性。受信息不对称、信息不完全、风险偏好不同、金融市场发展程度不同等因素影响，不同国家的经济主体对特定冲击的反应迥异，这就为国际借贷这一跨期交易提供了必要性（Forbes and Warnock，2011）。在关于国际资本流动的国内外文献中，一个很重要的支流就是厘清国际资本流动的驱动因素以及比较其相对重要性。驱动因素主要包括推动因素（流入国之外的导致资本流入的因素）与拉动因素（流入国本国的导致资本流入的因素）。对国际资本流入驱动因素的识别，有助于增强应对资本流动措施的有效性。如果驱动国际资本流动的主要是拉动因素，那么资本流入国能够通过调整国内政策来管理国际资本流动；而如果导致国际资本流动的主要是推动因素，那么一方面资本流出国应该实施更负责任的国内政策以降低其负面溢出效应，另一方面资本流出国与流入国之间应该加强政策协调。

Reinhart and Montiel（2001）认为，国际资本流入的拉动因素主要包括高利率、高经济增长率、低通胀、外部融资需求、汇率制度与制度质量等,而国际资本流入的推动因素主要包括国际机构投资者的高风险偏好、全球流动性过剩、美元低利率与国际投资者的资产多元化等。Forbes 与 Warnock（2011）更加全面、系统地梳理了国际资本流动的推动因素与拉动因素。推动因素主要分为五类：一是通常由技术性冲击或灾害概率变动引发的全球风险偏好的变化；二是全球流动性与全球杠杆率的变化；三是全球利率的变动通过资产组合渠道或违约概率渠道影响资本流动；四是通常由全球生产率冲击导致的全球经济增长率的变动；五是各类危机的传染效应。而拉动因素主要包括以下四类：一是一国金融市场的规模、深度与脆弱性；二是该国金融市场的自由化程度以及与全球金融市场的一体化程度；三是一国财政状况与债务风险；四是受生产率冲击或贸易条件冲击导致的经济增长率变动与信贷周期。IMF（2011a）同时通过两个维度（推动因素与拉动因素、周期性因素与结构性因素）来划分新兴市场国家国际资本流入的驱动因素。在推动因素中,周期性因素包括美元低利率、全球高风险偏好与发达经济体央行扩张的资产负债表,而结构性因素包括国际资产组合多元化与发达经济体较低的经济增长率。在拉动因素中,周期性因素包括高商品价格、流入国高利率与流入国低通胀率,而结构性因素包括流入国资产负债表的改善、流入国高经济增长率以及流入国高贸易开放度。

（二）全球资本流动驱动因素的实证研究

国际经验研究表明,对不同时期的不同国家而言,推动因素与拉动因素都可能发挥主要作用。Chuhan 等（1993）较早地区分了影响国际资本流动的全球性因素与国别性因素。其研究发现,在由美国流向拉美国家与亚洲国家的股权与债权资本流动中,全球性因素（例如美国利率的下降与美国工业产出的下滑）与国别性因素均发挥着重要作用。其中股权性资本流动对全球性因素更为敏感,而债权性资本流动对诸如国家信用评级和债券二级市场交易价格等国别性因素更为敏感。Taylor and Sarno（1997）的分析表明,全球性因素与国别性因素在股权资本向新兴市场经济体的长期流动中发挥着同等重要的作用,但在决定债权资本流动方面,全球性因素要比国别性因素重要得多,例如美国利率在流向新兴市场国家的短期组合投资中发挥着格外重要的作用。Griffin 等（2004）对季度跨国股权资本流动的研究发现,全球股票投资回报率（推动因素）与本国股票投资回报率（拉动因素）在其中均扮演着重要角色。

Milesi – Ferretti and Tille（2011）的研究表明,在国际金融危机期间,国际资本流动的主要驱动因素是投资者的风险偏好。当投资者普遍对未来前景持悲观预期时,新兴市场国家的资本流入会出现突然中止的现象;当投资者恢复信心后,国际资本流动的流入规模与新兴市场国家的金融一体化以及国内宏观经济状况密切相关。这表明,经济处于危机和正常两种不同状态时,国际资本流动的驱动因素存在较大差异。Fratzscher（2011）对 2005 年底至 2010 年底 50 个经济体季度组合投资流动的研究发现,在美国次贷危机爆发期间,推动因素是国际资本流动的主要驱动力,其中关键性危机事件以及全球流动性与风险偏好的变化扮演着最重要角色。然而在美国次贷危机之后的 2009 年与 2010 年,拉动因素逐渐成为国际资本流动的主要驱动力。IMF（2011b）则指出,1980 年至 2010 年,无论是在发达国家还是在新兴市场经济体面临的国际资本流动中,拉动因素的作用均显著高于推动因素。然而,推动因素对新兴市场经济体资本流动的贡献,要显著地高于对发达国家资本流动的贡献。而且从 20 世纪 90 年代中后期至今,推动因素对新兴市场经济体资本流动的贡献显著上升。Forbes and Warnock（2011）针对 1980 年至 2009 年 58 个国家的研究表明,推动因素对全球资本流动的重要性显著高于拉动因素,最重要的推动因素包括全球风险偏好的变化、全球经济增长率与传染效应,而国内经济增长率变动是最重要的拉动因素。Ghosh 等（2012）研究了 1980 年至 2009 年新兴市场国家面临的资本流入激增（Surges）,同样发现推动因素（美国利率、全球风险偏好与传染效应）的重要性高于拉动因素（流入国的外部融资需求与汇率制度、汇率错配程度等结构性特征）,而后者可以解释为什么不是所有新兴市场国家都会面临资本流入激增。

（三）中国资本流动驱动因素的实证研究

从 2004 年起至今,国内有大量文献研究了吸引短期国际资本流入中国的因素，发现中外利差、人民币升值预期、股票价格涨幅与房地产价格涨幅是主要的诱因。从研究方法上来看，主要采用了普通最小二乘法（OLS）、广义矩估计方法（GMM）、Granger因果检验、协整分析、向量误差修正模型（VECM）、向量自回归模型（VAR）等方法。

汪洋（2004）运用OLS方法研究了1982年至2002年中国资本流动的决定因素，发现本外币利差与人民币汇率是中国资本流动的重要影响因素，而国内外物价水平之差的影响并不显著。刘立达（2007）运用OLS方法分析了1982年至2004年中国国际资本流动的决定因素。其研究发现，各种类型的资本流入之和对利差、实际有效汇率与中外GDP增长率之差均不敏感。相比之下，直接投资与上述解释变量之间的联系更为紧密。王琦（2006）运用OLS回归，研究了1985年至2003年中国面临国际资本流动的影响因素，其结论为，对国际资本流动的影响因素按由强至弱排序分别为汇率、外汇市场并轨、经济开放度与利率。孙涛、张晓晶（2006）运用OLS回归研究了1993年至2004年中国香港与中国内地跨境资金流动的影响因素，发现两地GDP之差、股票收益率、人民币币值变动预期与CEPA协议的推出是影响两地之间资金流动的重要因素。黄济生和罗海波（2008）用OLS方法研究了导致通过贸易伪报、FDI等渠道流入中国的隐性资本的决定因素，发现中国GDP增长率、对外开放度、名义汇率、中外物价比率等因素是吸引隐性资本流入的拉动因素，而美国、日本等经济体的GDP增长率是导致隐性资本流入中国的推动因素。

陶川（2008）运用广义矩估计方法分析了2005年8月至2008年3月热钱流入与人民币升值预期及资产升值预期之间的关系。其研究发现，人民币升值预期、全国大中城市房屋销售价格增幅与热钱流入存在明显的正相关关系，但股票指数涨幅与热钱流入之间的关系并不显著。

张谊浩和沈晓华（2008）运用Granger因果检验对2005年7月至2007年9月人民币升值、股票价格上涨和热钱流入的关系进行了实证检验。其研究结果显示：人民币升值和上证综合指数上涨是热钱流入中国大陆的原因，但热钱流入不是人民币升值和上证综合指数上涨的原因。冯彩（2008）以1994年至2007年的年度数据为基础进行了Granger因果关系检验，发现经济增长率、人民币汇率变动与中外利差是国际资本流入的原因，而国际资本流入是人民币汇率变动的原因。丁志杰、杨伟、黄昊（2008）通过构建协整方程分析了境外汇款流入的影响因素，结果发现人民币升值压力是境外汇款流入的重要原因，而利差对境外汇款流动影响较小。张谊浩、裴平、方先明（2007）运用 Granger 因果检验与协整分析研究了 1996 年至 2005 年中国短期国际资本流入的诱因，研究发现：短期国际资本流入总量与中外利率之比有显著的正向关系，资本与金融项目下证券投资贷方余额与中外价格之比有显著的正向关系，资本与金融项目下其他投资中短期投资贷方余额加净误差与遗漏项贷方余额之和与中外汇率之比有显著的负向关系，而与中外价格之比有显著的正向关系。陈学彬、余辰俊、孙婧芳（2007）以 2000 年 1 月至 2007 年 3 月的月度数据为基础估计了短期资本流入的协整方程，发现中国的短期资本流入与人民币升值预期、中美利差以及中国证券市场收益正相关。

李沂和王铮（2010）运用 VECM 模型对 1982 年至 2008 年中国资本流入的影响因素进行了分析，发现国内经济增长率、人民币实际汇率指数、美联储联邦基金利率、国内股票收益率与房地产变动均会对中国资本流入的规模与速度产生冲击。宋勃和高波（2007）利用中国 1998 年至 2006 年的季度数据建立了一个 FDI 与房地产价格的 VECM 模型，并使用 Granger 因果检验对中国的房地产价格与国际资本流动之间的关系进行了实证检验，得到的结论为：短期而言，房地产价格上涨吸引了外资流入；长期来看，外资流入推动了住房价格上涨。王世华和何帆（2007）通过 VECM 模型分析了中国短期国际资本流动的决定因素，发现人民币预期升值率变动、中外利差变动与良好的宏观经济形势将会影响短期国际资本流入，而且人民币预期升值率是最重要的影响因素。徐高（2007）通过建立 1999 年至 2006 年月度数据的 VECM 模型，发现中国资本外逃的大小与美元收益及人民币收益之差高度相关。美元利率越高、人民币预期升值率越低，则资本外逃越多，但人民币利率与资本外逃之间并无明显的相关关系。

刘莉亚（2008）运用 VAR 模型研究了境外热钱流入对于国内房价与股价的冲击。研究结果表明，热钱流入显著推动了住宅价格尤其是豪华住

中国的跨境资本流动：规模测算、驱动因素与管理策略

宅价格指数的上升，但热钱流入对股票指数的影响并不显著。曹媚（2009）运用VAR模型研究了国际投机资本流入的原因。她发现人民币升值预期是导致国际投机资本流入的最重要因素，而不断扩大的贸易顺差是人民币升值预期持续存在的根源。黄志刚（2009）利用2005年7月至2008年9月的月度数据，通过基于VAR模型的脉冲响应分析与方差分解分析，检验了国内汇率、利率、房地产市场与股票市场对跨境短期资本流动的现实影响，发现在上述变量中，汇率与房地产价格的影响力最强。

从上述对中国资本流动实证研究文献的综述中可以发现几个问题。第一，不少研究以年度数据分析为基础，由于自2000年以来的年度时间序列较短，这些研究不得不覆盖了20世纪80年代与20世纪90年代的数据。然而，自2000年以来的10余年中，中国股票市场、房地产市场、外汇市场与货币市场均经历了重大的制度变革。将20世纪80年代、20世纪90年代与21世纪前10年的数据放到一起分析，可能会掩盖掉自2000年以来短期资本流动的新趋势。因此，为兼顾研究的准确性与时间序列长度，采用自2000年以来的季度或月度数据进行研究，应该效果更好。第二，目前似乎尚无研究美国次贷危机与欧债危机期间中国面临短期资本流动的驱动因素的论文。第三，国内研究大多聚焦于对拉动因素的研究，考虑到推动因素的文献很少。第四，从研究方法上来看，由于短期国际资本流动、利率、汇率、资产价格等时间序列均可能是非平稳时间序列，因此用简单OLS回归分析可能出现偏差，相比之下，建立在协整分析基础上的VECM或VAR分析更为适宜。

与上述国内文献相比，我们的研究具有以下特点。第一，从时期上来看，选择了2000年1月至2012年6月的月度数据①，一方面时间序列足够长、足够新，另一方面也覆盖了美国次贷危机与欧债危机产生的时期；第

---

① 基于月度数据的分析，与之前基于季度数据的分析相比，一个潜在优势在于，短期资本流动对国内外某些金融因素（例如利率、股票价格）等的冲击响应可能发生在一个很短的时间范围内，即套利活动的频率是相对较快的。基于季度的分析，可能会低估金融变量变动对套利活动的影响，而基于月度的分析，或许能够更准确地刻画金融变量变动对套利活动影响。例如，假定短期资本流动对加息的反应只在第一个月上旬显著。如果基于季度数据进行回归，未必能够发现这一关系。而基于月度数据的高频分析则能够更好地识别这一影响。

二，对驱动因素的选择比较全面，同时包含了拉动因素与推动因素，在构建 VAR 模型时，将拉动因素作为内生变量，将推动因素作为外生变量；第三，我们构造了建立在协整分析基础上的 VAR 模型，并在稳健性分析部分进行了断点分析与分段回归；第四，我们选用了两种方法来估算中国面临短期资本流动的月度数据，"月度外汇占款增量（美元计价）- 月度货物贸易顺差 - 月度实际利用 FDI 规模"较为常用，而"中央银行外汇资产月度增量 + 商业银行外汇资产月度增量 - 月度货物贸易顺差 - 月度实际利用 FDI 规模"是一种相对较新的方法。

### 三、实证研究

我们将利用有关月度数据，对短期资本流入或流出中国的驱动因素（包含拉动因素与推动因素）进行分析。从文献综述中可以看出，建立在协整基础上的向量自回归模型（VAR）比较适合用来分析多个时间序列变量之间的互动关系，尤其是在这些时间序列之间缺乏准确的结构性表达式的前提下。我们将在理论模型的基础上选择相关变量，构建非限制性 VAR 模型来分析中国面临短期资本流动的驱动因素。

（一）理论模型

关于资本流动的理论模型通常以分析总体资本流动或中长期资本流动居多，且多从经常账户余额等角度展开分析。专门分析短期资本流动的理论模型相当有限，因此大多数研究短期资本流动决定因素的文献都以实证研究为主。其中，一部分研究资本管制有效性的文献倾向于分析利率平价是否成立，而另一部分文献则从资产组合平衡的角度来分析短期资本流动。这类文献认为，当本国居民对外国金融资产的需求超过外国居民对本国金融资产的需求时，就会出现资本流出，反之则会出现资本流入。

沿着上述思路，Kouri and Porter（1974）提出了一个包含两个国家（本国与外国）、三种金融资产（本国货币、本国债券与外国债券）在内的资本流动模型。模型采用一般均衡分析框架，均衡条件是上述三种金融资产的供给均等于需求。该模型推导出的最终表达式为

$$TC = -\Delta NDA - CAB + (L_{R^*} - \frac{J_{R^*}L_R}{J_R})\Delta R^* + L_Y\Delta Y + L_W\Delta W \quad (1)$$

其中，$TC$ 为净资本流入；$NDA$ 为本国央行净国内资产；$CAB$ 为本国经常账户余额；$R^*$ 为外国利率；$L_R$ 与 $L_{R^*}$ 分别为本国货币需求对本国利率与外国利率的偏导数，且均小于零；$J_R$ 与 $J_{R^*}$ 分别为本国居民对外国债券的需求对本国利率与外国利率的偏导数，且 $J_R<0$，$J_{R^*}>0$；$Y$ 为本国名义收入；$W$ 为本国名义财富；$L_Y$ 与 $L_W$ 分别为本国货币需求对本国名义收入与本国名义财富的偏导数，且均大于零。

从方程（1）中可以看出，本国面临的资本流入受到本国央行净国内资产变动、本国经常账户、外国利率变动、本国名义收入变动与本国名义财富变动的影响，且资本流入与本国名义收入增长、本国名义财富增长正相关，与本国央行净国内资产变动与本国经常账户余额负相关。资本流入与外国利率变动相关性的符号不确定，这取决于 $L_{R^*}$ 与 $\dfrac{J_{R^*}L_R}{J_R}$ 的相对大小。

为更好地分析中国面临短期资本的驱动因素，笔者在方程（1）的基础上进行了如下改动。

第一，加入本国风险溢价的非抵补利率平价如方程（2）所示：

$$R^* = R + E\Delta S - \delta \tag{2}$$

其中，$\Delta S$ 是下一期汇率相对于本期汇率的变动幅度（$S$ 为直接标价法汇率，即一单位本币可兑换外币的数量，上升表示本币升值），$\delta$ 是本国的风险溢价（也可反映由本国资本管制造成的资本流动成本）。

对方程（2）求差分，可得

$$\Delta R^* = \Delta R + E\Delta^2 S - \Delta \delta \tag{3}$$

第二，假定本国股票与本国房地产是一国居民财富资产组合中的重要组成部分，即

$$W = W(G,P,X) \tag{4}$$

其中，$G$ 为本国股票市场价格，$P$ 为本国房地产市场价格，$X$ 为其他资产市场价格。

将方程（3）与方程（4）代入方程（1），可得

$$TC = -\Delta NDA - CAB + \left(L_{R^*} - \dfrac{J_{R^*}L_R}{J_R}\right)(\Delta R + E\Delta^2 S - \Delta\delta) \\ + L_Y\Delta Y + L_W\Delta W(G,P,X) \tag{5}$$

在方程（5）中，不难发现，影响本国资本流入的因素主要包括本国利率、本币升值预期、本国经济增长率、本国股票市场价格与本国房地产市场价格等。因此方程（5）将成为本文计量分析的理论基础。

**（二）数据描述**

在本文的计量分析中包含的主要变量有：

中国面临的短期资本流入或流出额（F）。计算方法为"月度外汇占款增量（美元计价）－月度货物贸易顺差－月度实际利用 FDI 规模"。这一月度估算方法具有一些明显的缺陷，例如将除货物贸易余额之外的其他经常账户项目以及除 FDI 之外的其他资本账户项目均视为短期资本。但由于中国政府仅按照季度公布国际收支表，因此我们不得不舍弃很多变量。[①]未来我们在进行季度分析时，可以运用更完善的计算方法。在本文的稳健性检验中，我们也将运用其他方法来估算月度短期资本流动规模。2000 年 1 月至 2012 年 7 月中国面临的短期资本流动规模如图 3 所示。在 2000 年至 2012 年的大多数时期内，中国面临短期资本流入（F＞0），而在各次金融危机爆发期间（例如 2008 年第四季度至 2009 年第一季度的美国次贷危机期间，以及 2011 年第四季度至 2012 年第二季度的欧债危机恶化期间），中国面临短期资本流出（F＜0）。

中国经济增速（Y）。由于中国政府仅公布季度 GDP 增速数据，因此我们用月度工业增加值同比增速来近似地替代 GDP 同比增速。如图 4 所示，1999 年第四季度至 2012 年第二季度，中国 GDP 同比增速与工业增加值同比增速之间具有很强的正相关性。我们将在稳健性检验部分运用通过插值法生成的 GDP 月度数据来替代工业增加值。

中国通货膨胀率（P），我们采用月度 CPI 同比增速。

中国存款利率（IC），我们采用一年期定期存款基准利率。

中国股票市场价格指数（S），我们采用上证综合指数。

---

[①] 张明（2011）对中国面临短期资本流动的估算方法提供了相当全面的综述，并提出使用由窄到宽的直接法（通过将国际收支表上的特定项目直接相加）与间接法（通过将外汇储备增量减去国际收支表上的某些项目或其他项目）来进行多口径估算，这些估算基本上能够一致地刻画中国 1991 年至 2011 年面临的周期性资本流动。可惜上述多口径估算方法是基于年度数据的。

中国的跨境资本流动：规模测算、驱动因素与管理策略

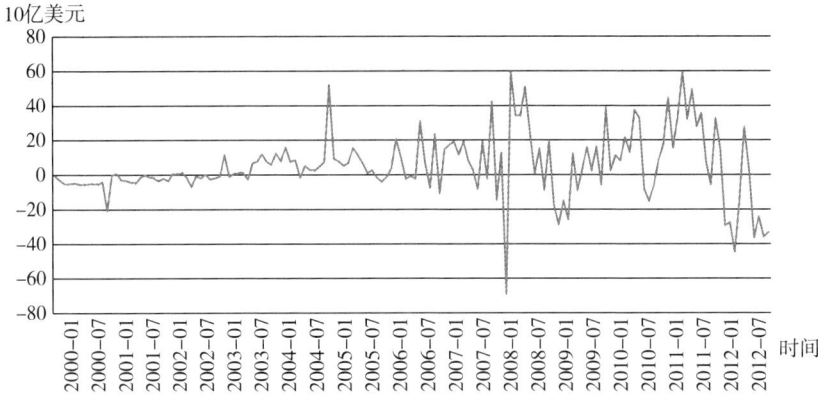

注：计算方法为"月度外汇占款增量（美元计价）-月度货物贸易顺差-月度实际利用FDI规模"。

资料来源：CEIC 数据库。

**图 3　中国面临的短期资本流动**

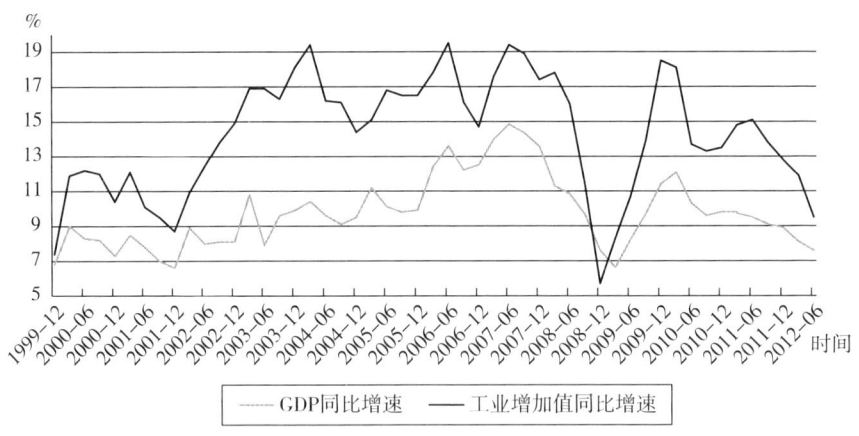

注：GDP 同比增速为季度数据，工业增加值同比增速为每季度最后一个月的月度数据。

资料来源：CEIC 数据库。

**图 4　中国 GDP 同比增速与工业增加值同比增速的关系**

中国房地产市场价格（R），我们采用 CEIC 数据库中的中国商品房平均销售价格数据。关于价格指数，原本也可以采用中国 70 个大中城市平均

房价指数，但一来因为国家统计局从 2005 年 7 月起才开始公布相应月度数据，二来因为国家统计局从 2011 年初起不再公布该数据。出于时间序列长度考虑，我们选择了前者。

中国国内信贷增速（L），我们采用人民币贷款月度增量。

人民币升值预期（E），我们利用以下公式来计算人民币升值预期。不难看出，当市场上存在人民币升值预期时，E>0；反之，E<0。

$$E = -\frac{\text{人民币对美元现汇汇率} - \text{NDF 市场 12 个月人民币对美元远期汇率}}{\text{人民币对美元现汇汇率}} \times 100\%$$

美国存款利率（IU），我们采用 1 年期美国平均存款利率。

全球金融市场波动程度（V），我们采用美国标准普尔 500 指数的 VIX 指数。

在上述数据中，中国香港 NDF 市场 12 个月人民币对美元远期汇率与美国标准普尔 500 指数的 VIX 指数引自 Bloomberg 数据库，其余数据均引自 CEIC 数据库。我们采用的时间序列区间为 2000 年 1 月至 2012 年 6 月。之所以从 2000 年 1 月开始，是因为中国央行是从 1999 年 12 月起才开始发布外汇占款规模的月度数据的。

上述各变量的描述性统计如表 1 所示。

表 1　　　　　　　　变量描述性统计

| 变量 | 单位 | 平均值 | 最高值 | 最低值 | 标准差 | 数据个数 |
| --- | --- | --- | --- | --- | --- | --- |
| F | 10 亿美元 | 5.06 | 59.56 | -69.04 | 18.74 | 150 |
| Y | % | 14.09 | 23.20 | 2.30 | 3.70 | 150 |
| P | % | 2.32 | 8.70 | -1.80 | 2.46 | 150 |
| IC | % | 2.55 | 4.14 | 1.98 | 0.65 | 150 |
| S | 指数 | 2219.68 | 5954.77 | 1060.74 | 953.59 | 150 |
| R | 元/平方米 | 3595.20 | 6437.00 | 2050.89 | 1235.64 | 150 |
| L | 10 亿元人民币 | 335.13 | 1891.71 | -254.61 | 324.76 | 150 |
| E | % | 1.94 | 10.58 | -4.05 | 3.05 | 150 |
| IU | % | 2.62 | 6.73 | 0.19 | 2.10 | 150 |
| V | 指数 | 22.21 | 62.64 | 10.82 | 9.03 | 150 |

通常认为，中国经济增长率越高、通货膨胀率越低、人民币利率越高、股票价格指数越高、房地产价格越高、人民币信贷增量越大、人民币汇率升值预期越强、美元利率越低、全球金融市场波动性越小，中国面临的短期资本流入规模越大。反之则相反。

### （三）单位根检验、格兰杰因果检验与协整检验

对上述各变量的单位根检验结果如表2所示。F、Y、S、L与V均为平稳序列，而P、IC、R、E与IU均为一阶单整序列。

表2　　　　　　　变量单位根检验（ADF）

| 时间序列 | 原始序列 | | | 一阶差分序列 | | |
| --- | --- | --- | --- | --- | --- | --- |
| | 检验形式 | $t$值 | 是否平稳 | 检验形式 | $t$值 | 是否平稳 |
| F | (C, 0, 1) | -5.14 | 是 | | | |
| Y | (C, 0, 1) | -4.30 | 是 | | | |
| P | (C, 0, 12) | -2.12 | 否 | (C, 0, 11) | -5.38 | 是 |
| IC | (C, 0, 1) | -1.86 | 否 | (C, 0, 0) | -7.73 | 是 |
| S | (C, t, 5) | -3.71 | 是 | | | |
| R | (C, t, 12) | -2.38 | 否 | (C, 0, 11) | -3.12 | 是 |
| L | (C, t, 0) | -8.61 | 是 | | | |
| E | (C, 0, 0) | -2.38 | 否 | (C, 0, 0) | -12.25 | 是 |
| IU | (C, 0, 1) | -1.54 | 否 | (C, 0, 0) | -8.28 | 是 |
| V | (C, 0, 1) | -3.81 | 是 | | | |

在确定变量平稳的基础上，我们分别对F与其他变量或变量的差分之间进行两两Granger因果检验。检验结果如表3所示：在10%的显著性水平上，ΔP、ΔIC、ΔR、ΔE与V均为F的格兰杰原因，反过来，F也是ΔIC、S、ΔR与ΔIU的格兰杰原因。但需要特别指出的是，A是B的格兰杰原因，只是表明A序列对预测B序列的未来变动有显著作用，而非A序列与B序列之间一定存在真正的因果关系。

表 3　　　　　　　　　　Granger 因果检验

|  | $p$ 值 | 接受或拒绝 |  | $p$ 值 | 接受或拒绝 |
|---|---|---|---|---|---|
| Y 不是 F 的原因 | 0.42 | 接受 | F 不是 Y 的原因 | 0.37 | 接受 |
| $\Delta P$ 不是 F 的原因 | 0.02 | 拒绝 | F 不是 $\Delta P$ 的原因 | 0.20 | 接受 |
| $\Delta IC$ 不是 F 的原因 | 0.01 | 拒绝 | F 不是 $\Delta IC$ 的原因 | 0.08 | 拒绝 |
| S 不是 F 的原因 | 0.13 | 接受 | F 不是 S 的原因 | 0.01 | 拒绝 |
| $\Delta R$ 不是 F 的原因 | 0.05 | 拒绝 | F 不是 $\Delta R$ 的原因 | 0.00 | 拒绝 |
| L 不是 F 的原因 | 0.82 | 接受 | F 不是 L 的原因 | 0.28 | 接受 |
| $\Delta E$ 不是 F 的原因 | 0.09 | 拒绝 | F 不是 $\Delta E$ 的原因 | 0.14 | 接受 |
| $\Delta IU$ 不是 F 的原因 | 0.41 | 接受 | F 不是 $\Delta IU$ 的原因 | 0.04 | 拒绝 |
| V 不是 F 的原因 | 0.02 | 拒绝 | F 不是 V 的原因 | 0.72 | 接受 |

注：以上检验均在滞后两期的基础上进行。接受与拒绝的判断标准是 10% 的显著性水平。

我们采用 Johansen 协整检验方法对上述变量是否存在协整关系进行检验，其结果如表 4 所示。迹检验显示，上述变量之间在 5% 的显著性水平上存在 3 个协整关系。最大特征根检验显示，上述变量之间在 5% 的显著性水平上存在两个协整关系。

表 4　　　　　　　　　Johansen 协整检验结果

| 迹检验 | | | | |
|---|---|---|---|---|
| 协整关系数量 | 特征根 | 迹统计量 | 5% 关键值 | $p$ 值 |
| 没有* | 0.554540 | 342.9915 | 239.2354 | 0.0000 |
| 最多 1 个* | 0.346640 | 225.7375 | 197.3709 | 0.0009 |
| 最多 2 个* | 0.271906 | 164.0216 | 159.5297 | 0.0278 |
| 最多 3 个 | 0.216726 | 118.0095 | 125.6154 | 0.1324 |
| 最大特征根检验 | | | | |
| 协整关系数量 | 特征根 | 最大特征根统计量 | 5% 关键值 | $p$ 值 |
| 没有* | 0.554540 | 117.2540 | 64.50472 | 0.0000 |
| 最多 1 个* | 0.346640 | 61.71591 | 58.43354 | 0.0229 |
| 最多 2 个 | 0.271906 | 46.01215 | 52.36261 | 0.1930 |

### (四) 向量自回归模型 (VAR)

既然在上述变量之间存在协整关系，那么我们就可以构建以下非限制VAR模型①：

$$y_t = \Phi_1 y_{t-1} + \cdots + \Phi_p y_{t-p} + H x_t + \varepsilon_t \quad t = 1, 2, \cdots, T \quad (6)$$

其中，$y_t$ 为内生变量，$x_t$ 为外生变量，$\varepsilon_t$ 为白噪声扰动项。我们将短期资本流动规模（F）、中国经济增速（Y）、中国通货膨胀率（P）、中国存款利率（IC）、中国股票市场价格指数（S）、中国房地产市场价格（R）、中国国内信贷增速（L）与人民币升值预期（E）作为内生变量，将美国存款利率（IU）与全球金融市场波动（V）作为外生变量。主要原因在于，我们认为美国存款利率与全球金融市场波动均为中国面临的短期资本流动的推动因素，但中国面临的短期资本流动不太可能左右美国存款利率变动与全球金融市场波动，因此这两个因素对中国面临的短期资本流动的影响是单方向的。而其他因素均为中国面临的短期资本流动的拉动因素，它们可能与中国面临的短期资本流动之间存在双向互动关系。

在滞后期的选择方面，施瓦茨信息准则（SC）与汉南庆信息准则（HQ）均显示滞后期为 1 期，有限预报误差准则（FPE）显示滞后期为 6 期，极大似然信息准则（LR）与赤池信息准则（AIC）均显示滞后期为 8 期。考虑到有两个准则显示滞后期为 1 期，且如果滞后期选择 8 期，会加入太多自变量，从而影响模型估计的准确度，因此我们设定模型的滞后期为 1 期。

VAR 模型估计的单个系数没有很强的经济学含义，不能揭示某个变量的变化对系统内其他变量的影响及支持时间，因此我们在这里不汇报具体的估计结果，而是通过脉冲响应与方差分解对模型展开分析。

---

① 选择非限制性 VAR 模型，是由于我们尚不能准确识别在本文中所选择变量之间存在的确定结构性关系，因此没有通过引入具有经济理论基础的结构式等式来构建 SVAR 模型。选择非限制性 VAR 模型的一个后果，是不能分析各变量之间的当期互动。这的确是本文的一个缺陷（不过，用月度数据而非季度数据进行分析，在一定程度上能够缓解这一缺陷）。作出如此选择的原因，是在决定资本流动的理论中，诸如经常账户余额等变量通常是在季度频率上披露的，而本文试图在月度层面上进行分析，因此不得不舍去一些变量。在最近进行的另一项研究中，我们将建立一个 SVAR 模型来分析中国面临的季度资本流动。

中篇　中国跨境资本流动的驱动因素

脉冲响应分析的结果如图5所示。第一，来自短期资本流动（F）自身的一个冲击，对F的影响在前3期显著为正，从第4期起趋近于零。这意味着短期资本流动具有典型的自我强化的特征。第二，来自人民币汇率升值预期（E）的一个冲击，对短期资本流动F的影响，在前10期内均显著为正，这说明人民币升值预期是吸引短期资本流入的最重要因素之一。第三，来自中国存款利率（IC）的一个冲击，在前10期内对短期资本流动均有显著影响，但在第2期显著为正，而在第3期至第10期显著为负，这说明人民币加息初期尽管会吸引资本流入，但随后资本会转而流出，从总体上而言加息会导致资本流出。一种可能的解释是，利率平价发挥了作用，人民币利率上升产生了人民币贬值预期，从而驱动短期资本流出。如图6所示，对于来自人民币利率上升的一个冲击，人民币汇率升值预期的反应持续为负并相当显著；另一种可能的解释是，中国的利率政策能够显著影响国内资产价格变动，加息会抑制国内资产价格上涨，而短期国际资本流入主要是受到资产价格上涨预期的吸引而来，而非受到利差的吸引而来（哈继铭等，2010）。当然，对该现象应该进行更加深入的分析。第四，来自股票市场价格指数（S）的一个冲击，在前10期内对短期资本流动（F）有显著为正的影响，且影响在第2期最大。与之相对应，来自房地产市场价格（R）的一个冲击，在前10期内对短期资本流动（F）几乎没有显著影响。最后，来自经济增长率（Y）、通货膨胀率（P）与国内信贷（L）的冲击，对短期资本流动（F）几乎都没有显著影响。唯一的例外是来自Y的冲击在第3期对F有显著为负的影响。

上述脉冲响应分析的结果具有较强的政策含义。其一，与利差相比，人民币升值预期是吸引短期资本流入中国的更重要的因素，且正利差从中期上来看会导致短期资本流出，这与我们的印象相悖；其二，与房地产价格上涨相比，股票价格上涨是吸引短期资本流入中国的更重要的因素。个中原因或许是房地产投资的周期较长、流动性较差，不太符合短期资本投资者的偏好。

在上述VAR模型中，针对短期资本流动（F）的方差分解结果如表5所示。从中可以看出：第一，除F自身之外，人民币汇率升值预期（E）、

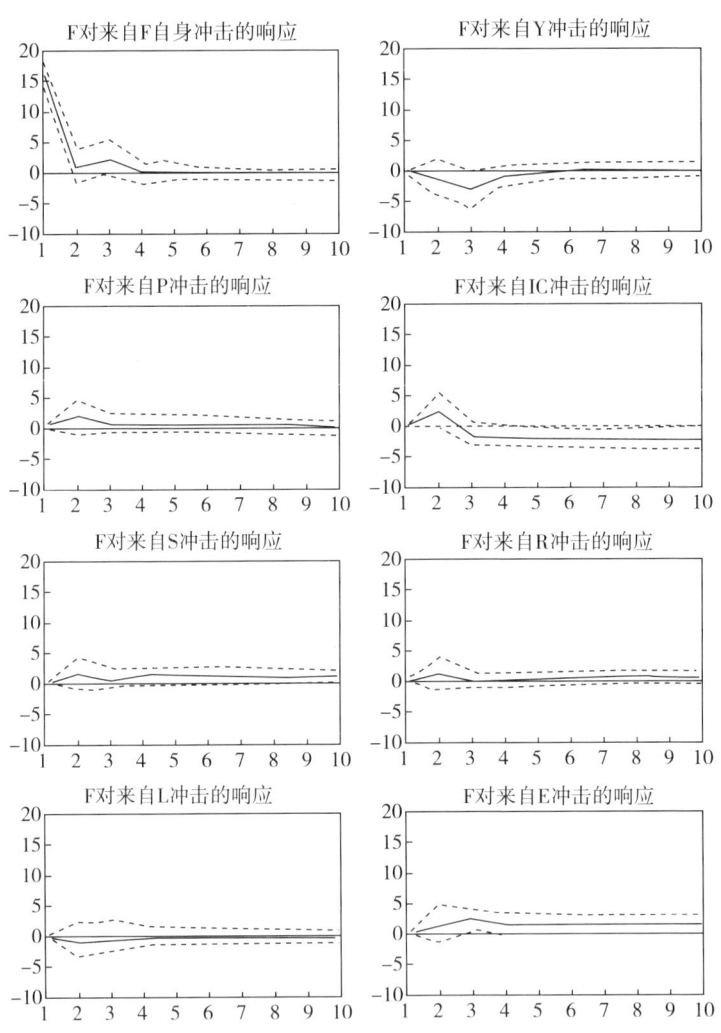

注：图中的所有横坐标均为月份，纵坐标均为单位标准差冲击的响应值。下同。

**图5　VAR模型的脉冲响应分析（2000年1月至2012年6月）**

中国存款利率（IC）与中国经济增速（Y）对F的方差的贡献率较高；第二，E与IC的贡献率在前10期内不断上升，初期E的贡献率高于IC，从第5期起IC的贡献率高于E；第三，Y的贡献率在第4、第5期达到峰值后就一路缓慢衰减。

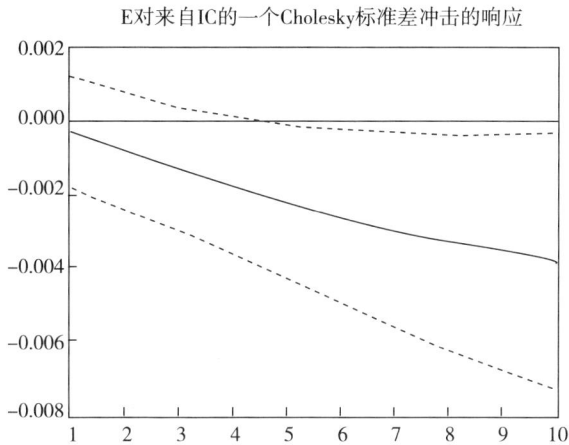

**图6　人民币汇率升值预期对来自人民币利率冲击的反应**

表5　　　　　　　　短期资本流动（F）的方差分解

| 时期 | 标准差 | F | Y | P | IC | S | R | L | E |
|---|---|---|---|---|---|---|---|---|---|
| 1 | 16.33 | 100.00 | 0.00 | 0.00 | 0.00 | 0.00 | 0.00 | 0.00 | 0.00 |
| 2 | 16.91 | 93.76 | 0.50 | 0.91 | 2.41 | 0.66 | 0.38 | 0.16 | 1.21 |
| 3 | 17.54 | 89.37 | 2.79 | 1.02 | 2.69 | 0.67 | 0.36 | 0.15 | 2.96 |
| 4 | 17.76 | 87.15 | 2.84 | 1.12 | 3.60 | 0.94 | 0.35 | 0.15 | 3.85 |
| 5 | 18.01 | 84.81 | 2.84 | 1.20 | 4.85 | 1.19 | 0.35 | 0.15 | 4.61 |
| 6 | 18.24 | 82.73 | 2.77 | 1.23 | 6.06 | 1.45 | 0.35 | 0.15 | 5.26 |
| 7 | 18.46 | 80.72 | 2.71 | 1.23 | 7.28 | 1.65 | 0.36 | 0.15 | 5.89 |
| 8 | 18.68 | 78.84 | 2.67 | 1.21 | 8.46 | 1.81 | 0.39 | 0.15 | 6.48 |
| 9 | 18.90 | 77.09 | 2.62 | 1.18 | 9.57 | 1.91 | 0.42 | 0.15 | 7.05 |
| 10 | 19.10 | 75.46 | 2.57 | 1.17 | 10.61 | 1.98 | 0.46 | 0.15 | 7.59 |

## 四、稳健性检验

### (一) 断点检验与分时期回归

我们从上述 VAR 模型中抽出因变量为 F 的方程:

$$F = C(2,1) \times E(-1) + C(2,2) \times E(-2) + C(2,3) \times F(-1)$$
$$+ C(2,4) \times F(-2) + C(2,5) \times IC(-1) + C(2,6) \times IC(-2)$$
$$+ C(2,7) \times L(-1) + C(2,8) \times L(-2) + C(2,9) \times P(-1)$$
$$+ C(2,10) \times P(-2) + C(2,11) \times R(-1) + C(2,12) \times R(-2)$$
$$+ C(2,13) \times S(-1) + C(2,14) \times S(-2) + C(2,15)$$
$$\times Y(-1) + C(2,16) \times Y(-2) + C(2,17) + C(2,18)$$
$$\times IU + C(2,19) \times V$$

对其进行 Quandt – Andrew 检验,设定截断值为 5% ~ 20%,统计结果均不能拒绝没有结构性断点的原假设。

我们转而对上述方程进行按月滚动的 Chow 检验,结果发现从 2008 年 1 月是一个关键的转折点,在此之前,每个月的 Chow 检验都不能拒绝没有结构性断点的原假设,而在此之后,每个月的 Chow 检验都显著拒绝了没有结构性断点的原假设。因此,我们将 2008 年 1 月作为模型的结构性断点。这个断点的存在,我们认为在很大程度上与美国次贷危机的爆发改变了全球金融市场波动性、美元利率与短期资本流动有关。

既然 2008 年 1 月是一个结构性断点,那么就要必要将原时间序列分为两段进行回归分析。我们首先在 2000 年 1 月至 2007 年 12 月建立一个非限制 VAR 模型,其中 F、Y、P、IC、S、R、L、E 为内生变量,IU 与 V 为外生变量。首先进行 Johansen 协整检验,其中迹检验显示存在 7 个协整关系,最大特征根检验显示存在 4 个协整关系;其次确定滞后期阶数,SC 准则与 HQ 准则均认为模型的最优滞后期数为 1 期。该模型的脉冲响应分析结果如图 7 所示。

从图 7 中可以发现,第一,来自短期资本流动(F)自身的一个冲击,对短期资本流动的影响仅在第 1 期显著,随后在之后各期中呈现出有规模的振动。这与整个样本期间短期资本流动的自我强化特征存在明显差异。

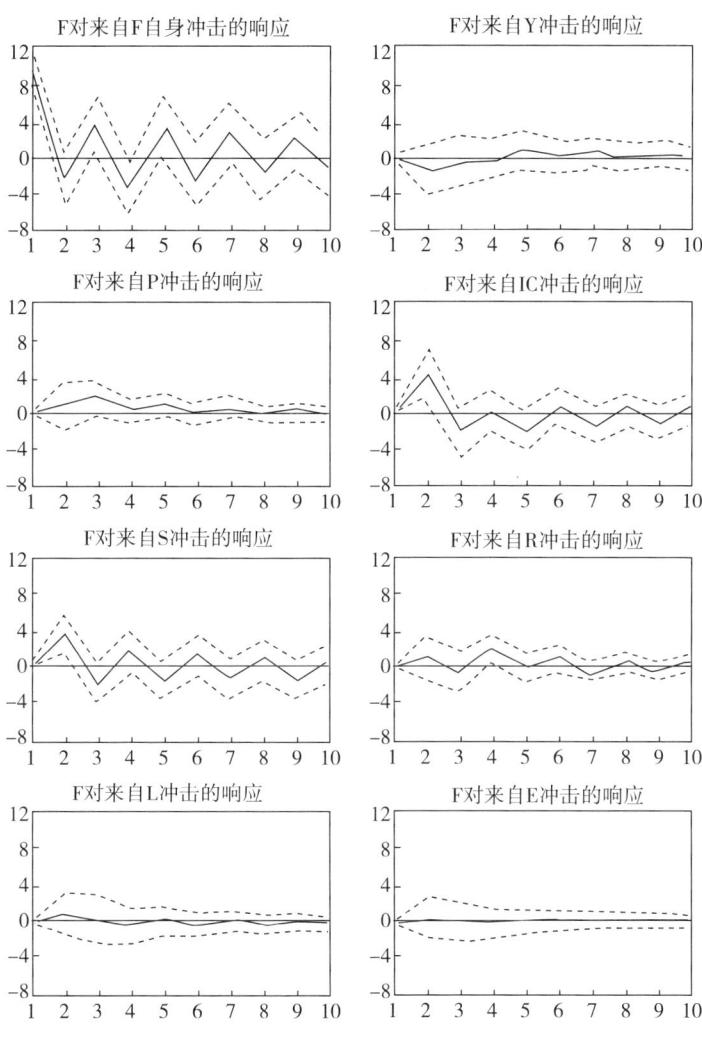

**图7 VAR模型的脉冲响应分析（2000年1月至2007年12月）**

第二，来自人民币汇率升值预期（E）的冲击对短期资本流动的影响变得不再显著。第三，来自人民币利率（IC）的一个冲击，对短期资本流动在第2期有显著为正的影响，在第3期与第5期有显著为负的影响。第四，来自股市价格指数（S）的冲击在第2期对短期资本流动有显著为正的影响，而来自房地产价格（R）的冲击在第4期对短期资本流动有显著为正的影响,但比较而言股价对短期资本流动的影响大于房价。第五,来自经济增长率(Y)、通货膨胀率(P)与人民币信贷增量(L)的冲击对短期资本流动没有显著影响。

其次,我们在2008年2月至2012年6月建立一个非限制VAR模型,其中F、Y、P、IC、S、R、L、E为内生变量,IU与V为外生变量。依然先进行Johansen协整检验,迹检验显示存在4个协整关系,而最大特征根检验显示存在3个协整关系。之后确定模型滞后阶数,LR、FPE、SC与HQ准则均认为模型的最优滞后期数为1期。

从2008年2月至2012年6月新模型的脉冲响应分析结果中可以发现(此处略去脉冲响应图表),第一,来自短期资本流动(F)自身的一个冲击,对F的影响在危机后远大于危机前,且具有显著的自我强化特征,直到多期之后才完全消失;第二,自危机爆发以来,来自人民币汇率升值预期(E)的一个冲击,在第2期对短期资本流动有显著正向影响,但之后效果变得不再显著;第三,在危机后时期内,来自人民币利率(IC)的一个冲击对短期资本流动的影响从第4期起持续显著为负,且持续了较长时间;第四,来自股价指数(S)与房地产价格(R)的冲击在危机后时期内对短期资本流动均无显著影响;第五,自危机爆发以来,来自通货膨胀率(P)的冲击对短期资本流动在第2、第3期有显著为正的影响,来自经济增长率(Y)的冲击在第4期对短期资本流动有显著为负的影响,而来自人民币信贷增量(L)的冲击对短期资本流动无显著影响。

比较整个样本期间(见图5)、危机爆发之前(见图7)与危机爆发以来的结果,可以看出,短期资本流动来自不同自变量冲击的响应,在危机前后存在较为显著的区别。例如,短期资本流动对人民币汇率冲击的响应,在危机前不显著,而在危机后变得显著,在很大程度上可能是受到汇率改革的影响。短期资本流动在整个样本期间内表现出来的冲击响应特征,在很大程度上是由危机前与危机后两阶段相互叠加造成的。

(二)构造新的因变量进行回归

在之前的分析中,我们运用"月度外汇占款增量(美元计价)-月度货物贸易顺差-月度实际利用FDI规模"(以下简称方法1)来估算中国面临短期资本流动的月度数据。这种方法简单易行,而且能够提供足够长的时间序列。但该方法也具有一个明显缺陷,即如果中国商业银行体系选择增持或减持外汇资产,这不会引发外汇占款规模的变动,但实际上也可能是短期国际资本流入或流出的结果。因此,我们借鉴 Lu and Zhi(2012)的做法,使用"中央银行外汇资产月度增量 + 商业银行外汇资产月度增量 − 月度货物贸易顺差 − 月度实际利用 FDI 规模"(以下简称方法2)来估算中国面临短期资本流动的月度数据。由于中国政府从 2006 年 1 月起才开始披露商业银行的月度外汇资产头寸,因此我们只能用方法2来计算 2006 年 2 月至 2012 年 6 月中国面临的短期资本流动。运用上述两种方法计算的中国面临短期资本流动的月度数据如图 8 所示。可以看出,方法1与方法2的估计结构在波动性与趋势方面基本一致,但在最近几个周期内,方法2计算的短期资本流入的峰值高于方法1,而方法2计算的短期资本流出的峰值低于方法1。换句话说,方法2的计算结果表明,中国最近几个周期内面临的短期资本流入的严重程度超过方法1,而短期资本流出的严重程度却低于方法1。

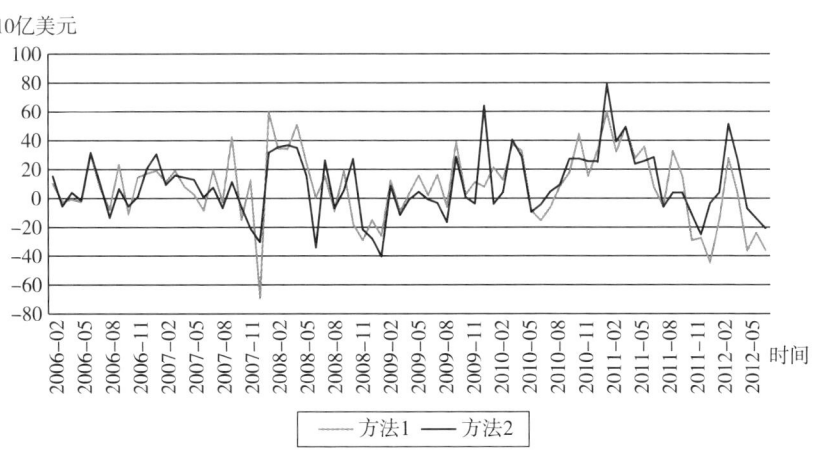

资料来源:CEIC 数据库。

**图 8　两种方法估计的短期资本流动规模之比较**

我们现在以通过方法2构造的短期资本流动数据(F)以及上述其他

变量为基础,构造在 2006 年 2 月至 2012 年 6 月的月度非限制 VAR 模型。其中 F、Y、P、IC、S、R、L、E 为内生变量,IU 与 V 为外生变量。首先,对上述变量进行 Johansen 协整检验,迹检验显示,上述变量之间存在 4 个协整关系,最大特征值检验显示,上述变量之间存在 1 个协整关系。其次,SC 与 HQ 准则均显示,最优滞后期数为 1 期。

从根据新因变量数据构造的 VAR 模型的脉冲响应分析中可以发现(此处略去脉冲响应图表),新数据的结论与老数据相比,主要不同之处在于:第一,无论是人民币汇率升值预期还是人民币利率对短期资本流动的影响的显著性都有所削弱,其中前者在第 2、第 3 期显著为正,而后者在整个期间都不显著;第二,股票价格指数对短期资本流动的影响会由负转正,但并不显著;第三,短期资本流动的自我强化特征有所下降。

**(三) 构造新的自变量进行回归**

在之前的分析中,由于中国 GDP 增长率只有季度数据,没有月度数据,因此我们用工业增加值同比增速来代表经济增长率。但如图 4 所示,尽管工业增加值同比增速与 GDP 同比增速之间的相关性较强,但二者之间还是存在一定差距。因此,在此我们运用三次函数插值法,将 1999 年第四季度至 2012 年第二季度的中国 GDP 同比增速转化为 2000 年 1 月至 2012 年 6 月的月度 GDP 同比增速数据。之后将新构造的中国经济增速(Y)与其他变量一起,重新构造 2000 年 1 月至 2012 年 6 月的 VAR 模型。其中 F、Y、P、IC、S、R、L、E 仍为内生变量,IU 与 V 仍为外生变量。首先,对上述变量进行 Johansen 协整检验,迹检验显示,上述变量之间存在 2 个协整关系,最大特征值检验显示,上述变量之间存在 1 个协整关系。其次,SC 准则显示,最优滞后期数为 1 期。该模型的脉冲响应分析结果如图 9 所示。

通过比较图 9 与图 5,我们发现,新数据的结论与老数据相比,主要不同之处在于:第一,人民币利率上升将导致短期资本持续显著流出,而非先流入再流出;第二,中国经济增长率对短期资本流动的影响在半年后持续显著为正;第三,短期资本流动的自我强化特征有所下降。

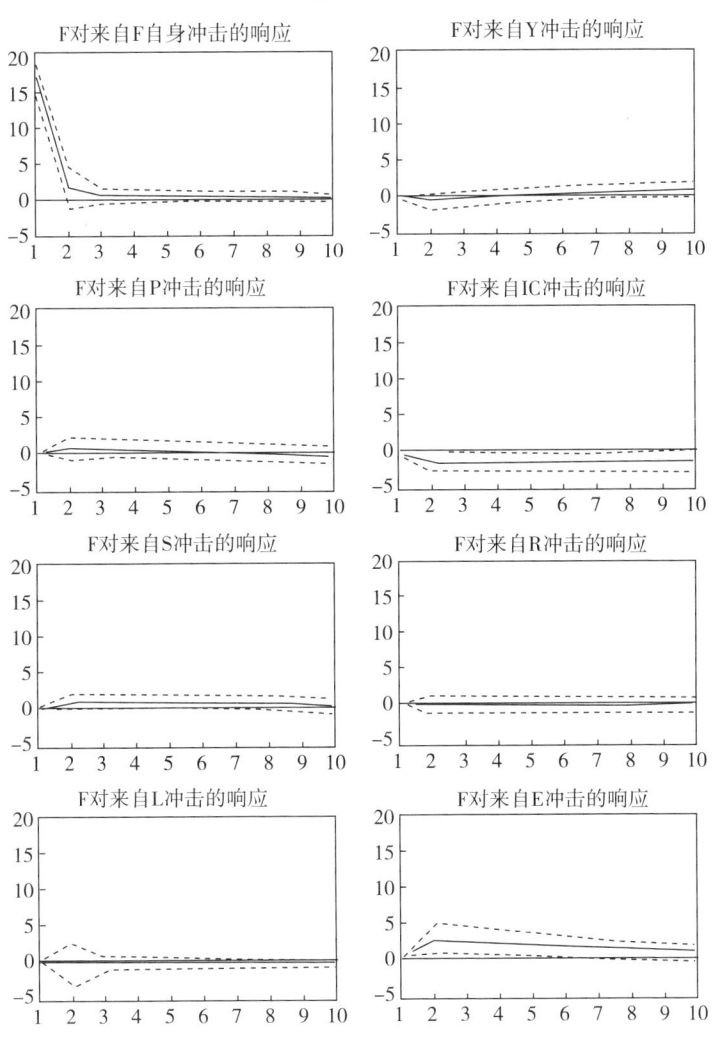

图9 VAR 模型的脉冲响应分析（插值法生成的月度 GDP 数据）

## 五、结论与政策建议

我们通过构建基于 2000 年 1 月至 2012 年 6 月月度数据的非限制性 VAR 模型，分析了该时期内中国面临的短期资本流动的主要驱动因素。计量分析的主要结论包括：第一，在所有导致资本流入的拉动因素中，人民币升值预期扮演着最为重要的角色，人民币升值预期增强将导致短期资本持续流入，反之亦然；第二，与我们之前的预期不同，人民币利率上升尽管可能在短期内导致资本流入，但资本很快就会转为持续流出；第三，与中国房地产价格上升相比，中国股市价格指数上升更可能吸引短期资本流入。房地产价格上升对短期资本流入的影响并不显著；第四，中国面临的短期资本流入具有较强的自我强化特征，即上一次的资本流入很可能导致本期资本继续流入；第五，中国经济增长率、通货膨胀率与人民币信贷增速对短期资本流动均没有显著影响。

对上述 VAR 模型的结构性断点检验显示，2008 年 1 月贝尔斯登公司宣布破产前夕是一个结构性断点。短期资本流动来自不同自变量冲击的响应，在危机前后存在较为显著的区别。其在整个样本期间内表现出来的特征，在很大程度上是危机前与危机后两阶段相互叠加造成的。

其他稳健性检验基本上印证了计量分析的结果，但在用 GDP 插值法取代工业增加值之后，我们发现，中国经济增长率在一定时滞（半年后）会影响短期资本流动。

尽管我们在对驱动因素的分析中区分了拉动因素与推动因素。但在构造 VAR 模型的过程中，我们将拉动因素与短期资本流动作为内生变量，将推动因素（美元利率与全球金融市场波动性）作为外生变量处理，因此无法比较拉动因素与推动因素的相对重要性，也没有分析推动因素对短期资本流动的具体影响。为弥补这一遗憾，我们打算在未来的研究中，通过面板数据分析方法来研判若干重要新兴市场经济体面临短期资本流动的驱动因素。

基于上述分析，我们就中国政府如何更好地管理短期资本流动，提出以下政策建议：首先，为抑制短期资本持续流入或流出，中国政府应该设法打消公众对人民币单边升值或贬值的预期。目前中国政府已经将人民币对主要货币汇率的日均波幅提高到 1%，未来中国政府应该进一步完善人民币对美元中间价的形成机制。总体思路是通过让人民币汇率在更大程度上由市场供求来决定，从而让人民币对主要货币汇率真正波动起来。其次，认为人民币利率上升将会吸引短期资本大量流入的担忧，可能被夸大了。如果人民币利率上升不会导致短期资本大量流入，那么中国政府就应该尽快推进人民币利率的市场化，并以此促进中国经济的结构转型。再次，鉴于中国面临的短期资本流动具有一定程度的自我强化特征，为抑制短期资本的持续大规模流入流出，中国政府除推进汇率、利率形成机制市场化改革之外，还应该保留一定程度的资本账户管制。2009年以来，随着人民币国际化的推进，中国国内出现了要求加快开放资本账户的呼声。我们认为，在完成汇率、利率形成机制改革以及中国金融市场对内开放之前，中国政府仍应控制资本账户开放的速度与节奏，以维护中国宏观经济与金融市场稳定（余永定、张明、张斌，2013）。

# 资本流动视角的人民币国际化
## ——套利还是基本面驱动
## （2010 – 2016 年）*

**摘要**：本文从人民币国际化的双向流动和渠道差异的角度，对2010年至2016年人民币国际化的驱动因素进行分析。研究发现，套利因素对人民币净流出和总流出的影响更显著，而基本面因素对人民币总流入的影响更大。基本面因素中的相对GDP的作用最为稳健，对除了境外人民币存款之外所有类型的人民币国际化都有显著的促进作用。而套利因素的作用则更加复杂，主要通过跨境贸易结算进行，其中利差和人民币汇率预期因素的作用比股票价格增长率更显著。结合近期人民币汇率预期和利差的波动趋势来看，当前人民币国际化的"放缓"和"后退"，主要是受到了套利因素反转的作用，通过境外人民币存款和跨境贸易结算进行。但随着中国经济的相对规模和人民币的国际真实需求持续上升，未来人民币国际化的步伐将会被进一步推进。

## 一、引言

随着2009年跨境贸易结算试点的启用，人民币国际化的进程被迅速推进，人民币跨境结算份额迅速增长，离岸人民币市场逐步从亚洲拓展到欧洲。2015年中期，关于人民币加入特别提款权（SDR）货币篮子的预期愈发明朗，人民币国际化进程达到了历史最高水平：首先，2015年6月，境外人民币存款总量为15651.4亿元人民币（见图1）；其次，跨境人民币支付的份额不断扩大，一度成为第四大支付货币（2015年8月，排名来自

---

\* 与李曦晨、朱子阳合作完成。

SWIFT）；最后，人民币成为外汇市场交易最活跃的币种之一，2016年4月，人民币外汇交易日均交易额排名全球第八位（边卫红，2017）。但是在2015年之后，人民币国际化的进程陷入了停滞甚至倒退，一方面境外人民币存款持续降低，2016年12月仅剩余9839.2亿元，首次跌破一万亿元，另一方面跨境人民币收付的规模缩小的幅度更大，根据中国人民银行发布的数据，2017年初银行涉外人民币收付额甚至不足最高点规模的三成。

那么这种倒退的来源究竟是什么？这个问题与人民币国际化的主要驱动因素是什么密切相连。目前主流的观点认为有四种因素，前两种与经济基本面相关，后两者则与套利套汇因素相关。首先，中国经济规模是影响人民币国际化的主要因素，因此中国经济发展速度的减慢可能是人民币国际化进程倒退的主要来源（林乐芬和王少楠，2016；张礼卿，2016；张国建等，2017）。其次，也有观点认为全球经济的衰退与中国贸易顺差的收缩是导致人民币跨境结算额下降的主要原因（林乐芬和王少楠，2016；张礼卿，2016），但并不能解释境外人民币存款总量的减少。再次，有学者认为人民币汇率的升贬值预期和在岸离岸市场人民币汇差的方向变化是影响人民币国际化进程的重要因素，这种影响主要体现在两个方面，一是影响内地企业选择境外或是境内结售汇（张明和何帆，2012；边卫红，2017），二是汇率预期本身对离岸人民币存款和点心债券的直接影响（周宇，2016）。最后，预期利差方向的逆转也会影响离岸人民币存款和债券总量的变化（周宇，2016；张国建等，2017）。

那么究竟是基本面因素还是套利因素主导了人民币国际化进程的发展、停滞和衰退呢？这与人民币国际化的不同渠道有着密切的联系。而以往的研究仅仅从静态的角度构建人民币国际化指标，既没有体现出人民币国际化的不同渠道，也没有反映出人民币国际化的双向流动。本文从资本流动的视角出发，将人民币国际化分解为境外人民币存款、银行代客涉外人民币收付、跨境贸易与直接投资结算四个角度，分别从人民币的净流出、总流入和总流出对人民币国际化的驱动因素进行分析。

本文剩余部分的结构安排如下：第二部分梳理了人民币国际化的相关

资料来源:中国香港金融管理局、中国台湾"中央银行"和新加坡金融管理局。

**图1 中国香港、新加坡和中国台湾人民币存款量及其变化**

文献;第三部分介绍了变量选取、基本假设和模型的选择及检验;第四部分从境外人民币存款、银行代客涉外人民币收付、跨境贸易与直接投资结算四个角度和人民币净流出、总流入和总流出三个方面分析了实证结果;第五部分是稳健性检验;第六部分是结论。

## 二、文献综述

### (一) 如何度量人民币国际化

一般来说,国际货币包括计价单位、交易媒介和价值储备三个职能(Kenan, 1983; Chinn and Frankel, 2007),度量人民币国际化的指标基本都是由这三种职能衍生而来。根据国际货币的计价职能来衡量的指标主要包括国际贸易和国际债券中计价货币的结构(Lim, 2006; 张国建等, 2017);而根据交易媒介职能衡量的指标是该货币与其他货币交易量在外汇市场交易总量中的比例;从价值储藏职能的角度而言,较常用的指标是外汇储备份额(Chinn and Frankel, 2007; 白钦先和张志文, 2011)。

在衡量人民币国际化程度方面,有些学者分别对三种职能下人民币国际化的程度进行了度量。李稻葵和刘霖林(2008)分别从各国央行国际储备、国际贸易结算和国际债券的币种结构来衡量人民币国际化水平。Chen and Cheung (2011) 以及李建军等(2013)则分别从人民币占跨境贸易、外汇市场交易和国际储备货币的比重三个角度对人民币国际化的水平进行测算。也有较多学者采用了结合三种职能，构建"货币国际化指数"等综合指标的方式（李瑶，2003；林乐芬和王少楠，2016）。

此外，还有一种常见的方式是通过测量境外流通的人民币存量来衡量人民币国际化水平，主要包括三种方法。第一种方法是对离岸人民币市场的人民币存款和点心债券的存量进行直接衡量（Chen and Cheung，2011；何帆，2011；沙文兵和刘红忠，2014；周宇，2016）。第二种方法主要是通过边境贸易额和跨境游客数量等人民币外流的主要渠道指标进行估算，早期使用较多（李婧等，2004）。第三种方法是间接计算法，通过国内货币供给量减去根据货币需求理论计算出的国内货币需求，从而得到国外货币需求（Hawkins and Leung，1997；余道先和王云，2015）。

（二）人民币国际化的驱动因素

关于货币国际化的条件，学界普遍认为以下四个方面的基本面因素最为重要。首先，一国的经济和贸易规模是货币国际化的首要条件，决定了货币的国际需求（Tavals，1997；Bacchetta and Wincoop，2002；Chinn and Frankel，2007）。其次，稳定的汇率是货币国际化的必要条件（Chinn and Frankel，2007；李稻葵和刘霖林，2008）。再次，金融市场发展程度对货币国际化有重要的作用（Tavals，1997；Chinn and Frankel，2007）。最后，货币惯性和网络外部性的作用会推动国际化程度较高的货币进一步占有国际货币的市场（Greenspan，2001；Lim，2006；Chinn and Frankel，2007）。

近年来，学界对人民币国际化的影响因素主要有两种看法，第一种与对货币国际化的影响因素研究相同，主要从四大基本面因素入手，第二种则认为企业的套汇和套利行为是人民币国际化的主要推动因素。

在关于基本面因素对人民币国际化的驱动作用研究中，经济总量、经常账户顺差、贸易份额及产品差异度和汇率预期及其波动性等因素受到广泛关注。余道先和王云（2015）则用协整方法分析了1997-2013年我国人民币国际化的驱动因素，发现GDP、经常账户顺差和人民币升值预期会促进人民币国际化，而资本与金融账户顺差则会抑制人民币国际化。马荣华和唐宋元（2006）也发现人民币需求即中国GDP占世界GDP总量之比是人民币国际化最主要的影响因素。贸易需求因素方面，李超（2010）基于微观贸易数据发现贸易份额和产品差异度促进了人民币国际化，但贸易产品的竞争力较弱和出口结构过于单一会有一定的抑制作用。蒋先玲等（2012）则发现汇率预期波动水平具有显著的影响，沙文兵和刘红忠（2014）发现人民币升值预期有助于促进人民币国际化，但是过高的升值预期反而有不利影响，周宇（2016）认为人民币的贬值预期总体会对人民币国际化产生不利影响，但是也存在一些机遇。

在关于套利因素驱动人民币国际化的论调中，有两种较为主流的观点，一是长期人民币升值预期引发的套汇行为是人民币流向香港的主要因素，二是香港和内地之间的利差因素可能会引发人民币跨境套利行为。其中汇差套利的机制较早被提出：Garber（2011）认为人民币升值会使离岸人民币（CNH）和人民币（CNY）汇差扩大，从而引发内地进口商在香港结售汇，使人民币流入香港，而这种形式的人民币国际化具有明显的套利性质。何帆等（2011）根据凯恩斯货币需求函数分析了香港人民币市场的需求因素，认为汇率升值的投机动机是主要因素，并构建香港人民币存款增长模型验证这一结论。此外，张斌和徐奇渊（2012）还指出，汇率升值预期引发的进口商套汇行为，会使货币当局为了维持汇率稳定而不得不购入外汇，从而承担财务损失。也有学者总结了汇差、利差双重套利的机制和证据：余永定（2012）指出了在岸离岸市场上套汇和套利行为同时存在，升值预期下的套汇行为会促进人民币国际化，而套利则会抑制人民币国际化。张明和何帆（2012）更为细致地梳理了套汇套利行为对人民币国际化的影响机制，并提供了相应证据。

近年来关于人民币国际化的度量和影响因素的相关文献非常丰富，但是还存在以下三个缺陷。首先，在衡量人民币国际化水平方面，以往的研究仅仅从静态的角度构建人民币国际化指标，不论是从货币职能角度出发的国际储备、结算份额、外汇交易和人民币债券占比，还是从境外流通人民币存量角度出发的人民币境外存款和点心债券等，都既没有体现出人民币国际化的不同渠道，也没有反映出人民币国际化的双向流动。其次，在关于人民币国际化的驱动因素方面，鲜有文献对套利因素和基本面因素同时进行分析对比，并区分这两种因素分别对人民币国际化的影响。最后，在测算人民币国际化规模的数据方面,对于证券投资和境外旅游等渠道的人民币使用规模较为欠缺。为了解决前两个问题,本文从资本流动的视角出发,将人民币国际化分解为境外人民币存款、银行代客涉外人民币收付、跨境贸易与直接投资结算四个角度,分别从人民币的净流出、总流入和总流出三个方面对人民币国际化的基本面和套利驱动因素进行对比和分析。

## 三、数据选择与回归模型

### (一) 因变量的选择

本文研究的问题是人民币国际化进程主要是由基本面因素驱动还是套利因素驱动,从文献综述中可以看出,大多数研究构建人民币国际化的指标都是从货币职能的角度出发,构建单一或是综合的指标,如国际储备、结算份额、货币流量和人民币债券占比等,既没有体现出人民币国际化的不同渠道,也没有反映出人民币国际化的双向流动。但是衡量人民币国际化的程度,尤其是跨境人民币收付与结算方面,如果仅考虑跨境人民币净流动无法体现出实际使用人民币的规模,因为不论是进口或是出口人民币结算都是人民币国际化的体现,仅仅测算净出口的人民币结算并没有实际意义。而且鉴于不同类型的人民币国际化渠道中套利成本、敏感度和便利程度可能存在较大差异,当一种渠道中的套利成本较低或者便利程度和对套利因素的敏感性更高时,如进出口贸易的人民币结算和境外人民币存款,这种类型的人民币国际化发展更容易受到套利因素的驱动;而当某一类型的人民币国际化套利成本较高时,如直接投资的人民币结算,则更容易受到基本面因素的影响;此外,在人民币的流入和流出过程中,套利的空间和成本也可能会有所差异,因此区分不同渠道的人民币双向流动,具有重要的意义。

为了刻画这种双向流动和渠道差异,我们从资本流动的视角出发,选取了四组变量。首先是境外人民币存款的净增加量,使用中国香港、中国台湾、新加坡三地境外人民币存款净增加值表示,数据分别来自香港金融管理局、台湾"中央银行"和新加坡金融管理局。第二组是来自 CEIC 数据库的银行代客人民币收付款,包括净流出、总收入和总支出三大部分。第三组和第四组分别是跨境人民币贸易和直接投资结算额,分别包括总流入[出口和外国直接投资(FDI)结算]和总流出[进口和海外直接投资(ODI)结算]。

## (二) 自变量的选择

关于自变量的选择,参考近年来关于人民币国际化影响因素的文献后,我们选取了中国经济的相对规模、人民币汇率预期、利差、股票价格变化率之差和全球避险情绪五大指标。

我们采用 CNH 和 CNY 的价差计算汇率预期。具体而言,当市场上出现人民币升值预期时,CNH 汇率会高于 CNY,在直接汇率标价法下,我们用 (CNY – CNH)/CNH×100% 的数值来表示人民币升值预期的幅度,当该数值为负的时候,市场上为人民币贬值预期。汇率升贬值预期造成的 CNH 和 CNY 的价差,会影响内地企业选择境外或是境内结售汇(Garbe,2011;余永定,2012;张明和何帆,2012;Maziad and Kang,2012;边卫红,2017)。

利差指标选取了内地和香港 3 个月期银行间同业拆借利率之差,符号为正表示内地利率高于香港,数据来自 CEIC 数据库。利差对人民币国际化的影响主要体现在离岸人民币存款和债券总量的变化,当利差扩大时,人民币会流入国内,离岸人民币存款会下降,反之则相反(余永定,2012;张明和何帆,2012;周宇,2016;张国建等,2017)。与利差相似的一个变量是股票价格变化率,当大陆的股票价格增长率更高时,人民币跨境流动可能会因此更倾向于流入大陆,因此,我们选择上证综合指数增长率与恒生综合指数增长率之差作为股市套利的自变量,数据均来自 CEIC 数据库。

基本面因素上,我们选择了中国经济总量、贸易额和全球避险情绪两个指标。中国经济的相对规模决定了人民币的使用需求,是影响人民币国际化最重要的基本面因素,也是推动人民币成为国际货币的最根本动力(Chinn and Frankel,2007;李稻葵和刘霖林,2008;余道先和王云,2015;林乐芬和王少楠,2016;张礼卿,2016;张国建等,2017)。本文根据插值法计算出月度的中国经济总量占世界 GDP 之比 （%），以此衡量人民币的相对需求；此外，我们还加入了来自 CEIC 数据库的中国贸易额（Chinn 和 Frankel，2007；李稻葵和刘霖林，2008；李超，2010；余道先和王云，2015），在净流出方程中，我们使用净进口额，在人民币总流出方程中对应的是进口规模，而在人民币总流入方程中对应的则是出口规模，直接投资结算方程不加入贸易自变量。最后，我们选取了 VIX 指数作为外生变量来衡量全球风险厌恶程度可能对人民币国际化造成的影响，当全球避险情绪较高的时候，人们倾向于持有美元和黄金等相对风险较低的货币和资产，人民币国际化的进程可能会相应地受到阻碍。

表 1　　　　　　　　　　主要变量的描述性统计

| | 变量 | 样本范围 | 均值 | 方差 | 最小值 | 最大值 |
|---|---|---|---|---|---|---|
| 自变量 | EHY | 汇率预期（%） | -0.02 | 1.0 | -2.7 | 2.7 |
| | IS | 银行间同业拆借利差（%） | 2.3 | 2.3 | -2.6 | 6.1 |
| | SR | 股票价格变化率之差（%） | 0.2 | 6.8 | -16.2 | 21.8 |
| | GDP | 中国相对 GDP 规模（%） | 9.7 | 3.5 | 4.6 | 15.2 |
| | IM | 进口额（季节调整，10 亿美元） | 111.2 | 40.5 | 44.3 | 185.4 |
| | EX | 出口额（季节调整，10 亿美元） | 133.4 | 48.7 | 46.0 | 235.0 |
| | D_IM | 净进口额（10 亿美元） | -22.2 | 16.0 | 28.8 | -93.8 |
| | VIX | VIX 指数 | 19.1 | 8.5 | 10.4 | 59.9 |
| 因变量 | RMB_D | 境外人民币存款净增加 | 3.2 | 20.7 | -85.3 | 68.6 |
| | RI_D | 银行代客涉外人民币收付：净流出 | 40.9 | 87 | -241 | 298.4 |
| | RI_IN | 银行代客涉外人民币收款：总流入 | 235.9 | 175.7 | 0.7 | 734.4 |
| | RI_OUT | 银行代客涉外人民币付款：总流出 | 276.8 | 190.9 | 2.3 | 850.3 |
| | TRADE_IN | 跨境人民币贸易结算：总流入 | 580.6 | 304.3 | 39.3 | 984.7 |
| | TRADE_OUT | 跨境人民币贸易结算：总流出 | 804.1 | 425.3 | 219.2 | 1700 |
| | FDI_IN | 跨境人民币直接投资结算：总流入 | 74.7 | 60.2 | 11.6 | 350.7 |
| | FDI_OUT | 跨境人民币直接投资结算：总流出 | 34.4 | 43.3 | 0.4 | 207.8 |

（三）基本假设

假设一：人民币升值预期下，套汇行为会驱动人民币国际化。汇率预期对人民币国际化主要有两种影响：第一，在国内的资本管制与相对稳定的人民币汇率水平的作用下，境外人民币市场和境内人民币汇率会存在一定差异。具体来说，在人民币升值预期的作用下，CNH 汇率会高于 CNY 汇率，从而会导致人民币由内地流入香港，使境内企业（主要是进口商）有动机在香港购汇和结算，而境外企业也愿意购入人民币等待升值。反之，在人民币贬值预期下，CNH 的汇率也会低于 CNY，从而引发人民币从香港回流至内地。第二，汇率预期本身也会对离岸人民币存款和点心债券产生直接影响，预期升值时，境外居民更愿意持有人民币存款和点心债券。

假设二：内地利率低于香港利率时，套利因素会驱动人民币流出。当香港利率比内地更高时，在利差驱动下，人民币会流出至香港离岸市场，而当香港利率低于境内利率时，境外人民币可能会通过内保外贷或境外发行债券的形式流入境内。

假设三：当内地的股票价格增长率低于香港时，套利因素驱动人民币外流。与假设二的逻辑相似，当内地股票价格增长率低于境外时，境内居民预期若在香港进行股票投资可能会获取更多的收益，从而驱动资本外流，包括人民币流向香港离岸市场。反之，当沪指增长率低于恒生指数增长率时，人民币会回流。

假设四：基本面因素中，中国经济总量相对规模的提高可以推动人民币国际化。当中国经济总量的相对规模上升时，境外人民币需求随之增加，进而使人民币境外市场的存量和增量都提高。中国经济的相对规模会同时驱动人民币的总流入和总流出，以贸易结算为例，既可以促进出口贸易的人民币结算，也可以促进进口贸易的人民币结算。

假设五：基本面因素中，贸易规模对人民币国际化进程有正面影响，对于人民币净流出而言，贸易差额（净进口规模）的扩大会驱动人民币净流出；对于人民币总流动而言，进口规模的上升会驱动人民币总流出和进口贸易人民币结算额的流出，出口规模的上升则会驱动人民币总流入和出口贸易人民币结算额的流入。

（四）回归模型

由于人民币国际化程度与汇率预期、利率、相对经济总量之间存在较为复杂的相互作用，具有较强的内生性，当变量存在协整关系时，VAR 模型可以较好地处理内生性问题。变量设置中，考虑到人民币国际化的进程以及其他国内经济金融变量无法对 VIX 指数产生影响，我们将 VIX 指数视为外生变量，其余变量均视为内生变量。

以因变量为银行代客涉外人民币净收付的模型为例，模型滞后期检验的结果中，SC 和 HQ 准则都显示最优滞后项为 1 期，LR 和 AIC 准则的结果则显示最优滞后项为 6 期，考虑到样本量和自由度的问题，我们选择一阶滞后的 VAR 模型，具体如下：

$$y_t = \Phi_0 + \Phi_1 y_{t-1} + H x_t + \varepsilon_t \quad t = 1, 2, \cdots, T \tag{1}$$

其中，$y$ 为包括自变量和因变量在内的内生变量，$x$ 为外生变量（VIX 指数）。在加入其他因变量的模型的滞后期检验中，我们得到了类似的结论。

VAR 模型可以使用的前提条件是变量之间存在协整关系，因此我们分别对不同组别的模型进行检验。Johansen 协整检验的结果显示，在 5% 的显著性水平下，各组变量间都存在至少一个协整关系，可以进行 VAR 分析。

表 2　　　　　　　　各变量组合的协整检验结果

|  | 因变量 | 因变量名 | 迹检验 |
|---|---|---|---|
| 净流出 | 境外人民币存款净增量 | RMB_D | 2 |
|  | 银行代客涉外收付款净额 | RI_D | 2 |
| 总流入 | 银行代客涉外收款 | RI_IN | 1 |
|  | 跨境出口贸易结算 | TRADE_IN | 1 |
|  | 跨境外国直接投资结算 | FDI_IN | 1 |
| 总流出 | 银行代客涉外付款 | RI_OUT | 2 |
|  | 跨境进口贸易结算 | TRADE_OUT | 1 |
|  | 跨境对外直接投资结算 | FDI_OUT | 1 |

注：协整检验的滞后阶数根据模型滞后期检验结果得到。

## 四、回归结果

### （一）人民币净流出

根据协整检验的结果，我们分别对银行涉外人民币收付款净支出额和境外人民币存款增量的 VAR 模型进行了脉冲响应分析。结果显示，对人民币净流出而言，套利因素的驱动作用高于基本面因素，其中汇差和利差套利是银行涉外人民币净收付的主要驱动因素,汇差套利是境外人民币存款增长的主要驱动因素。

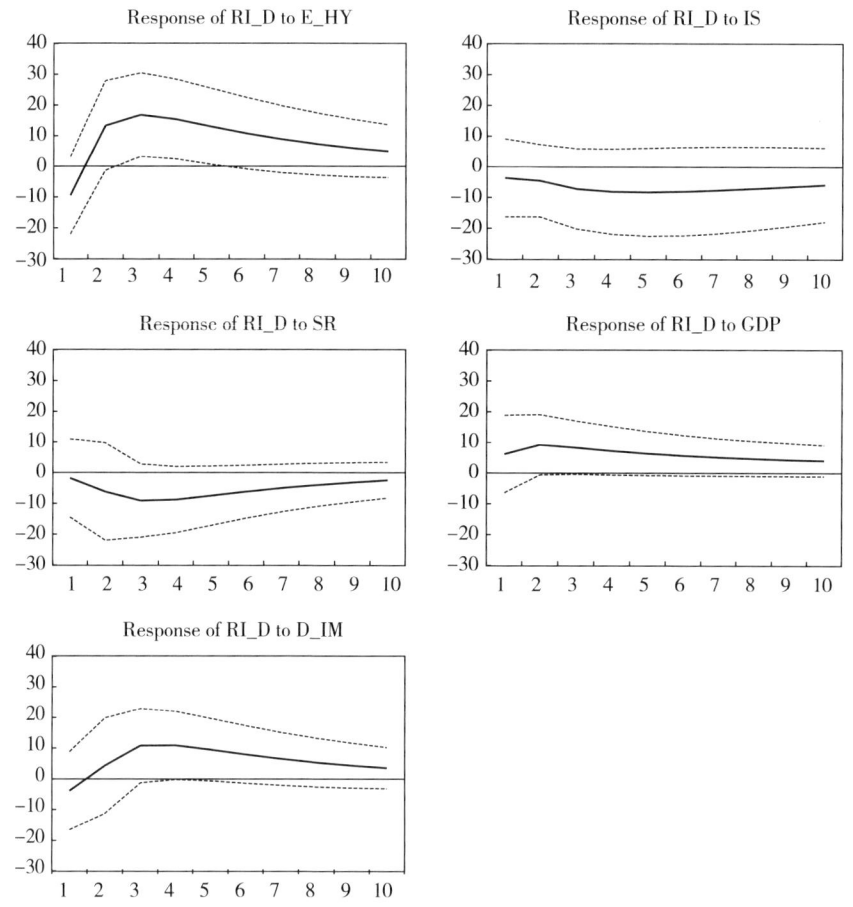

注：由于篇幅所限，本文省略了后续的脉冲响应结果图，将结果汇总于表格中，读者可以来信索取；与常用的 Cholesky 分解相比，广义脉冲响应的结果不会受到变量顺序的影响。

图 2 对银行涉外人民币收付款净支出额的脉冲响应结果

从银行代客涉外人民币收付净额的角度来看，套利因素和基本面因素都显著驱动了人民币国际化的进程，实证结果也与假设相符（见图 2 和表 3）。其中汇差和利差套利是最主要的驱动因素，说明离岸人民币和在岸人民币的价格和市场利率之差是人民币净流出的主要原因，股票价格增长率因素的作用机制与利差类似，会在短期内（尤其是第 2 期）显著驱动人民币外流。而来自中国经济相对规模和净进口差额的冲击则会产生持续但是较弱的影响。来自汇率预期的冲击对人民币净流出的影响在第二个月之后显著为正。

表 3　　　　　　　　境外人民币净增加的广义脉冲响应结果汇总

|  | 汇率因素 | 利差因素 | 股票价格增长率 | 相对 GDP | 净进口贸易 |
| --- | --- | --- | --- | --- | --- |
| 银行代客涉外收付 | + 符合假设 *** | - 符合假设 *** | - 符合假设 ** | + 符合假设 ** | + 符合假设 ** |
| 境外人民币存款 | + 符合假设 *** | + 不符合假设 * |  | + 符合假设 * |  |

注：* 表示该变量脉冲响应的显著性较弱，** 说明变量显著，*** 表示变量的显著性很高；+ - 号则表示该自变量的影响方向，+ 表示二者正相关，- 表示二者负相关，下同。

关于人民币境外存款增量角度的人民币净流出，我们选取了 2010 年 11 月（受 CNH 数据的长度限制）至 2016 年 12 月的数据进行分析。表 3 汇总了分别以境外人民币存款月度净增加额和银行代客人民币净收入为因变量的脉冲响应结果。如表 3 所示，汇率套利因素是境外人民币存款净增加的主要驱动因素，来自汇率升值预期的冲击会持续而显著地推动人民币存款净增长，稳健性检验的结果与此相同。而相对经济规模、净进口贸易额和股票价格套利因素的影响则不再显著；此外，利差套利因素的作用方向逆转，与假设相反，当境内银行间同业拆借利率高于境外时，人民币反而会流出，这种现象的出现主要是由于本文使用的香港银行间同业拆借利率和香港人民币定期存款的利率呈现出一种相反的走势（见图 3），而境外人民币存款主要是由香港人民币存款构成的，因此香港人民币存款利率的下降反而会引起存款规模上升。

### （二）人民币总流出

我们分别对人民币国际化进程中三种不同的人民币流出途径的 VAR 模

中国的跨境资本流动：规模测算、驱动因素与管理策略

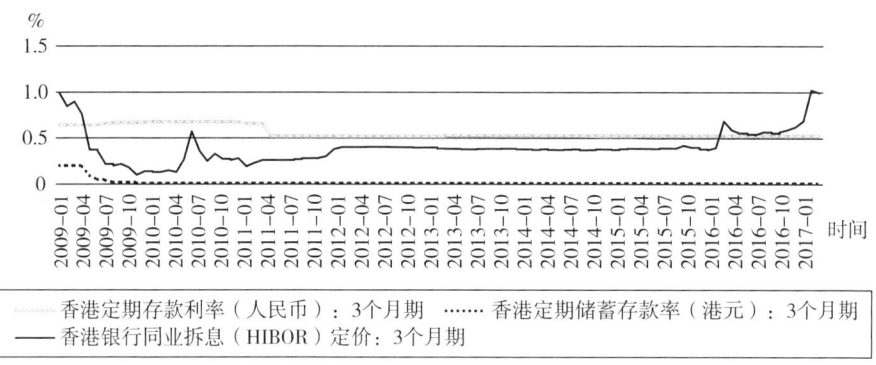

资料来源：香港金融管理局。

图3　2009年至2017年香港不同利率的变化趋势

型进行了脉冲响应分解，结果如表4所示。整体来看，套利因素和基本面因素都会显著促进人民币跨境流出，其中以中国相对经济总量（相对于美国、日本、欧元区、英国四个SDR经济体）代表的基本面因素的显著性最高，汇差和利差套利因素次之，其中跨境人民币贸易结算是套利的最主要渠道。

表4　境外人民币总流出的脉冲响应结果汇总

| 人民币流出 | 汇率因素 | 利差因素 | 股票价格增长率 | 相对GDP | 进口贸易额 |
|---|---|---|---|---|---|
| 银行代客涉外付款 | +符合假设*** | | +不符合假设** | +符合假设*** | |
| 贸易结算 | +符合假设*** | -符合假设** | -符合假设*** | +符合假设*** | -不符合假设* |
| 直接投资结算 | +符合假设** | -符合假设** | -符合假设* | +符合假设** | |

对于银行代客涉外人民币付款而言，来自相对GDP因素的冲击具有长期持续显著的正向作用，当相对中国经济总量越高时，银行代客涉外人民币付款增长越快，与假设四相符。此外，汇差因素也会显著推动银行代客涉外人民币付款的增加，当人民币升值预期使CNH价格高于CNY时，人民币会通过银行代客涉外付款渠道流出。

跨境人民币结算也是人民币国际化的重要体现，其中贸易结算和投资

结算是其中最为重要的两个部分,在人民币流出中主要体现为进口人民币结算和对外直接投资人民币结算。从表4中可以看出,不论是进口还是对外直接投资的人民币结算,驱动因素的结构和作用方向都比较相似。首先,基本面因素中的中国的相对GDP越高,越会显著地促进跨境结算人民币流出。其次,套汇和套利作用对贸易和直接投资人民币结算的影响都显著,但是利差作用对直接投资的影响也很可能是由于低利率环境对直接投资的吸引。最后,中国内地的股票价格指数高于香港也会对跨境结算人民币的流出起到抑制作用。可以看出,汇差套利和股票价格套利主要都是通过贸易结算渠道进行。值得注意的是,进口贸易总额对进口贸易人民币结算额的影响为负向,这与我们的直观印象不相符,可以侧面印证出,套利因素对进口贸易人民币因素的作用已经超过了基本面因素。

(三)人民币总流入

如果仅仅从境外人民币净流出的角度衡量人民币国际化的进程,那么境外人民币回流入国内会在一定程度上被认为是人民币国际化的一种倒退;但是通过跨境出口贸易和外国直接投资的人民币结算流入国内的人民币,实际上是人民币在国际范围内被使用的另一种方式,只有当人民币总流入和总流出金额都不断上升时,才是人民币国际化程度可持续提高的过程。从实证结果中可以看出,相对GDP规模的影响最为稳定,股票价格增长率次之,贸易结算是套汇和套利行为驱动人民币国际化的主要渠道。

表5　　　　境外人民币总流入的脉冲响应结果汇总

| 人民币流入 | 汇率因素 | 利差因素 | 股票价格增长率 | 相对GDP | 出口贸易额 |
|---|---|---|---|---|---|
| 银行代客涉外收款 |  | +符合假设** | +符合假设*** | +符合假设*** | +符合假设*** |
| 贸易结算 | -符合假设* | +符合假设** | +符合假设** | +符合假设* | +符合假设*** |
| 直接投资结算 | -+不符合假设** |  | +符合假设* | +符合假设** |  |

从表 5 可以得出以下几个主要结论。首先,中国相对 GDP 的上升不仅会促进人民币流出,也会促进境外人民币流入,这一结论在银行代客涉外人民币收款和外国直接投资的人民币结算中显著,但是对出口人民币结算的影响较弱,说明中国市场需求的进一步扩大确实吸引了大量人民币流入境内,其中外国直接投资以人民币形式投入中国的资金大大增加,但是这种形式的流入与人民币国际化的进程联系相对较弱,更多是由境内需求的相对增加引起。

其次,出口贸易额显著地促进了贸易人民币结算和银行代客涉外收款,结合相对 GDP 的作用,可以认为基本面因素对人民币总流入的作用要高于人民币总流出。

再次,境内外股票价格增长率之差显著地驱动了人民币回流。即当境内股票增长率高于香港时,人民币资金会通过跨境贸易等渠道再次流入境内。这种作用在贸易结算中主要是源于不同市场之间套利的行为,在直接投资结算中还可能是由于境内和境外企业回报率存在差异的影响。

最后,利差和汇差因素对贸易结算的套利驱动作用显著,但是对直接投资结算的作用不显著或者长期相反,这主要是因为一方面不论是以人民币或者美元等其他货币形式流入中国的直接投资额,更主要是受到低利率环境的吸引,而非套利驱动;另一方面,短期内直接投资可能会受到套汇因素影响,但是长期来看,人民币预期升值对外国直接投资的吸引力更强。

## 五、稳健性检验

为了考察结论的可靠性,我们分别采用了不同方法和不同变量进行稳健性检验。整体来看,并未明显改变原有结论。

### (一)GMM 估计的结果

由于汇率预期、利差因素与人民币国际化之间可能互为因果关系,一方面,套汇和套利空间的存在会驱动人民币国际化;另一方面,人民币国际化的发展也会缩小这种套利空间从而影响到汇率预期和利差,此外,长期来看,人民币国际化会推动人民币升值,这种双向因果关系会导致内生性问题,需要采用工具变量的方法予以克服。因此,我们选择了 GMM 方法①(白钦先和张志文,2011)进行稳健性检验,以因变量和自变量及其 1~3 阶滞后项作为工具变量,并使用 Newey and West 方法设定带宽获得异方差自相关稳健的标准误,结果如表 6 所示。

表 6　　　　　人民币国际化的驱动因素的 GMM 回归结果

| 变量 | 人民币净流出 | | 总流出 | | | 总流入 | | |
|---|---|---|---|---|---|---|---|---|
| | 境外存款 | 涉外收付 | 涉外收付 | 贸易 | 直接投资 | 涉外收付 | 贸易 | 直接投资 |
| 汇率预期 | 9.076*** | 17.282** | -4.271 | 29.877** | -0.728 | -31.365*** | -39.283*** | -4.893** |
| 利差 | 14.363*** | -16.740* | 5.645 | -9.846 | -11.387*** | 9.015 | -28.713*** | -3.493** |
| 股价之差 | 74.285** | -43.962 | 158.142*** | -336.396** | -100*** | 192.296*** | 210.896*** | 3.587 |
| 相对 GDP | 0.337 | 41.211*** | 113.591*** | 269.441*** | 25.532*** | 73.572*** | 190.267*** | 37.337*** |
| 贸易额 | 0.793*** | 2.937*** | 0.486* | -1.102 | | 2.240*** | 0.926*** | |
| VIX 指数 | -1.723*** | -1.398 | -0.607 | -0.003 | 3.504*** | 1.868 | -0.11 | 5.715*** |
| R-squared | 0.340 | 0.285 | 0.831 | 0.875 | 0.714 | 0.687 | 0.969 | 0.576 |
| P (J-Stat.) | 0.869 | 0.871 | 0.882 | 0.866 | 0.875 | 0.944 | 0.934 | 0.892 |

Hansen - J 检验的原假设认为工具变量都是外生的,检验结果均显示不存在过度识别问题,所有方程的工具变量都是有效的。此外,从可决系数的大小可以看出,自变量对总流出和总流入方程的解释能力远高于对人民币净流动的解释能力,因此分别对人民币的流入和流出进行探讨很有必要。

稳健性检验的主要结论如下。第一,对于人民币净流出而言,汇差套利和贸易差额的影响较为显著。第二,对于总流入与总流出而言,相对 GDP 的作用最为稳健和显著,而套利因素的作用则更加复杂,这个结论也与主回归相同,但是套利因素主要作用于人民币总流出,而套汇因素主要作用于人民币总流入。第三,从不同渠道的人民币流动的系数方向、大小和显著性水平来看,跨境人民币贸易结算是人民币跨境套利的主要途径。以上三个主要结论都与主回归基本相同。此外,我们还可以观察到 VIX 的系数,当全球避险情绪较高时,人民币国际化的速度会放缓,但是对直接

---

① 关于 GMM 用于时间序列分析,可参考 Harris D (1999)。

投资而言恰恰相反,当全球避险情绪上升时,人民币对华直接投资与中国对外直接投资都会增加。

(二) 改变汇率预期的估算方法

汇率预期对人民币国际化的影响可能并不止通过汇差套利这一种途径,汇率预期本身对离岸人民币存款和点心债券具有直接影响(余道先和王云,2015;周宇,2016)。因此我们根据(基期汇率 – 远期 NDF 汇率)/基期汇率(%)重新计算了汇率预期指标,符号为正表示当前人民币汇率具有升值预期,反之则为贬值预期。数据来自 WIND 和 CEIC 数据库。脉冲响应结果如表 7 所示。

表 7 以远期升贴水计算汇率预期的人民币国际化的脉冲响应结果汇总

| | 汇率因素 | 利差因素 | 股票价格增长率 | 相对 GDP | 贸易额 |
|---|---|---|---|---|---|
| 人民币净流出 | | | | | |
| 银行代客涉外收付 | + 符合假设 * | - 符合假设 *** | - 符合假设 * | + 符合假设 * | + 符合假设 ** |
| 境外人民币存款 | + 符合假设 *** | + 不符合假设 * | | + 符合假设 ** | + 符合假设 ** |
| 人民币总流出 | | | | | |
| 银行代客涉外付款 | + 符合假设 ** | | + 不符合假设 ** | + 符合假设 *** | |
| 贸易结算 | + 符合假设 *** | - 符合假设 ** | - 符合假设 ** | + 符合假设 ** | - 不符合假设 ** |
| 直接投资结算 | + 符合假设 ** | - 符合假设 ** | | + 符合假设 ** | |
| 人民币总流入 | | | | | |
| 银行代客涉外收款 | | | + 符合假设 *** | + 符合假设 *** | + 符合假设 *** |
| 贸易结算 | | + 符合假设 ** | + 符合假设 ** | + 符合假设 * | + 符合假设 *** |
| 直接投资结算 | - + 不符合假设 ** | | + 符合假设 * | + 符合假设 ** | |

整体来看,采用远期升贴水替代在岸离岸市场的人民币价差计算的汇率预期并不会影响我们的主要结论,但是会弱化套汇因素对银行代客涉外人民币净收付、银行代客人民币付款和出口贸易人民币结算的显著性,套

利因素对银行代客涉外收款的显著性,以及股价套利因素对银行代客涉外净收付和对外直接投资人民币结算的显著性。

## 六、主要结论与政策建议

为了厘清人民币国际化进程中的主要驱动因素是基本面因素还是套利因素,本文以人民币的流动为切入点,在考虑了人民币国际化的实际发生规模和不同渠道下套利成本的差异,从人民币国际化的双向流动和渠道差异的角度,选取了境外人民币存款净增加值、银行代客人民币收付款、跨境人民币贸易和直接投资结算额四组指标衡量了人民币国际化的水平并分析其驱动因素。

**表8** 人民币国际化驱动因素的脉冲响应结果汇总

| | 汇率因素 | 利差因素 | 股票价格增长率 | 相对GDP | 贸易额 |
|---|---|---|---|---|---|
| 人民币净流出 | | | | | |
| 银行代客涉外收付 | +符合假设*** | -符合假设*** | -符合假设** | +符合假设*** | +符合假设** |
| 境外人民币存款 | +符合假设*** | +不符合假设* | | +符合假设* | |
| 人民币总流出 | | | | | |
| 银行代客涉外付款 | +符合假设*** | | +不符合假设** | +符合假设*** | |
| 贸易结算 | +符合假设*** | -符合假设** | -符合假设*** | +符合假设*** | -不符合假设* |
| 直接投资结算 | +符合假设** | -符合假设** | -符合假设* | +符合假设** | |
| 人民币总流入 | | | | | |
| 银行代客涉外收款 | | +符合假设** | +符合假设*** | +符合假设*** | +符合假设*** |
| 贸易结算 | -符合假设* | +符合假设** | +符合假设** | +符合假设* | +符合假设*** |
| 直接投资结算 | -+不符合假设** | | +符合假设* | +符合假设** | |

本文的主要结论如下。首先,套利因素尤其是汇差套利对人民币总流出的影响更显著,主要渠道可能是进口贸易人民币结算,而基本面因素特

别是人民币贸易结算规模对人民币总流入的影响更大,如出口贸易结算。其次,基本面因素中的相对 GDP 的作用最为稳健,对除了境外人民币存款之外所有类型的人民币国际化都有显著的促进作用。最后,套利因素的作用则更加复杂,主要通过跨境贸易结算进行,对直接投资的影响相对较弱。

因此,结合近期人民币汇率预期和利差的波动趋势来看,当前人民币国际化的"放缓"和"后退",主要是受到了套利因素反转的作用,在境外人民币存款和跨境贸易结算中体现得更加明显。但是从变量的显著性、冲击作用的持续性和渠道的多样性来看,基本面因素仍然是人民币国际化的主要驱动因素。我国相对经济规模持续保持稳中有升的态势,因此人民币国际化步调的放缓属于阶段性的调整,也更加贴近人民币国际化的真实水平,而人民币的国际真实需求持续上升,未来人民币国际化的步伐将随着经济发展进一步迈进。

# 下 篇

## 中国跨境资本流动的管理策略

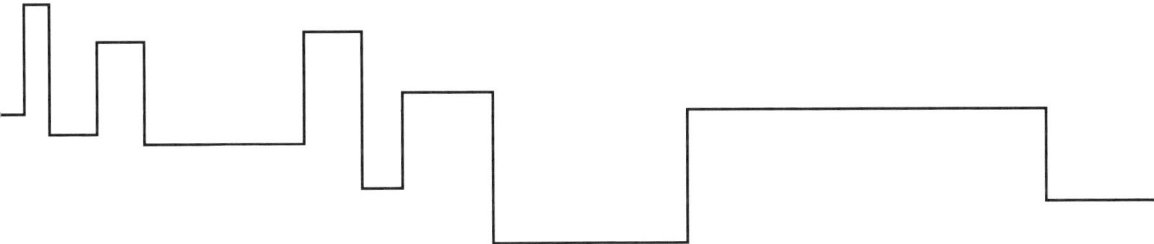

# 资本管制和资本项目自由化的
# 国际新动向*

**摘要：** 自2007年国际金融危机爆发，特别是雷曼兄弟公司倒闭以来，资本管制和资本项目自由化重新成为各国政府和经济学界十分关注的政策问题。国际货币基金组织对这一问题重新进行了研究，许多有不同政治倾向和持不同经济理念的经济学家和经济学家团体都纷纷发表论文和研究报告，对此问题发表不同看法。国际社会与国际经济学界关于资本管制与资本项目自由化的观点正在发生令人瞩目的变化。

## 一、资本管制的传统观点

资本管制和资本项目自由化在过去数十年来始终是国际经济学界最具争议性的议题之一。为什么应该实现资本项目自由化或解除资本管制？耳熟能详的理由如下。第一，资本的跨境自由流动可以改善资源配置——资本缺乏的发展中国家从资本富裕的发达国家获得资本，发达国家则取得较高投资回报——从而推动全球经济，特别是发展中国家的经济增长。第二，资本的跨境自由流动宣示了相应国家执行负责任的经济政策的决心，否则，资本将会外流，从而使失职政府受到惩罚。第三，资本管制是无效的。国际投资者很容易规避管制。况且，资本管制成本往往很高。对资本流动的管制将导致市场价格扭曲、宏观经济失衡和腐败。第四，资本的自由流动可以使国内居民得以分散风险。第五，资本流入管制可能会降低有效资本供给，提高中小企业的融资成本。

20世纪90年代，国际货币基金组织积极鼓吹资本项目自由化，企图

---

\* 与余永定合作，发表于《国际经济评论》2012年第5期。

要求所有成员实现资本项目自由化，放弃对跨境资本流动的限制。但由于墨西哥金融危机和亚洲金融危机相继发生，国际货币基金组织的企图受到许多发展中国家的抵制。

近二十年来，国际经济学界有大量的经验研究来分析新兴市场国家实施资本管制的有效性，并形成了一些共识。第一，对资本流入的管制要比对资本流出的管制更为有效；第二，资本流入管制的有效性较短，通常不到一年；第三，对资本流入的管制未必能降低资本流入规模，但能够显著改变资本流入的期限结构，降低短期资本在资本流入总额中的比重；第四，资本项目管制的数量型手段与价格型手段相比，前者对经济造成的扭曲更大。

## 二、对资本项目自由化的质疑

事实上，许多著名经济学家对资本项目自由化的决定是否明智，特别是对发展中国家是否有利，早有疑虑。1978年托宾（James Tobin）提出对外汇交易征税（托宾税），以抑制投机资本对国际金融市场的冲击。1998年巴格瓦蒂（Bhagwati）和库帕（Cooper）分别指出，在信息不完全的条件下，资本的自由流动将加大市场扭曲、制造道德风险、鼓励过度投机并最终导致成本高昂的重大危机。同年，罗德里克（Rodrik）报告说，经验证据并不支持资本项目自由化可以推动经济增长的假设。1999年克鲁格曼（Krugman）预言，那些既不适于货币联盟又不适于浮动汇率的国家迟早会倒转时钟，恢复对资本流动的限制。同年，斯蒂格利茨（Stiglitz）指出，市场波动是不可避免的，发展中国家应该对此进行管理。其中包括对资本流动加以某种限制。

## 三、国际金融危机以来的国际资本流动

在亚洲金融危机结束后的2002年至2007年，流向发展中国家的资本大幅度增加。但是，雷曼兄弟公司倒闭之后，国际资本迅速回流美国，使发展中国家出现流动性短缺、信贷紧缩和经济衰退。2009年下半年至2011年上半年，由于发达国家央行集体实施零利息率与量化宽松政策，国际资

本又重返发展中国家，导致发展中国家资产泡沫和通货膨胀急剧恶化。2011年9月之后，欧债危机的恶化又导致国际资本迅速流出发展中国家，回流美国（国债市场避险）和欧洲（商业银行去杠杆化）。

发达国家的货币政策是以本国利益为中心的。这种政策通过资本的跨境流动传递到其经济周期和形势可能完全不同的发展中国家。由于缺乏必要的防火墙，发展中国家宏观经济政策的有效性遭到严重破坏。例如，当发展中国家央行出于控制通货膨胀需要而加息时，国内外利差的扩大会吸引更多国际资本流入，国内的流动性过剩与通货膨胀可能进一步加剧。

而国际投资者更是利用发达国家和发展中国家之间的利差，大肆套利；利用国家间汇率的波动性（和某些国家存在的双重汇率）大肆套汇，造成发展中国家的大量福利损失。

由于国际资本流动放大了金融市场和经济的不稳定性，以及国际资本自由游走于各国资本市场之间给宏观经济调控造成的困难，不仅是发展中国家，甚至一些发达国家也提出对跨境资本流动加以调控的主张。

### 四、自金融危机以来资本管制的新共识

自2008年国际金融危机以来，国际经济学界形成如下最低限度共识：直接投资对经济增长是必不可少的。但是，某些形式的国际资本流动，如短期债务、套利套汇交易和相关的衍生交易等，通常会导致金融不稳定和经济不稳定。甚至长期资本流动也可能是高度顺周期的，因而也会导致金融和经济的不稳定。既然如此，限制和管理资本跨境流动的主张自然也就被相继提出。

2011年，G20轮值主席、法国总统萨科奇提出征收金融交易税、打击"避税天堂"、制定管理跨境金融的行为准则，并要求国际货币基金组织提供进行此项改革的指导方针。2012年，德国总理默克尔表态支持征收金融交易税。巴西、印度、韩国等国家则在不同程度上加强了资本管制。

资本账户管制能够被发展中国家用来增强经济稳定性，正在成为一个不断强化的共识。就连过去以促进资本市场开放为己任的IMF，现在也支持使用资本流动管制（至少在特定情形下）。国际货币基金组织承认，对

跨境资本进行调控的国家是所有受国际金融危机冲击的国家中受影响最小的国家（Ostry 等；2010，2011）。

国际货币基金组织态度的转变具有重要象征意义。这个在 20 世纪 90 年代资本项目自由化的最大推动者现在宣称：资本项目自由化是一项长期任务，并非不问时间、国别一概适用；可以对资本流入进行管理，在危机之前和危机之中对资本流出进行管理也无可厚非。

在过去反对资本管制的诸多理由中，资本管制无效论是非常有分量的一个理由。但在 2010 年 2 月的报告中，国际货币基金组织承认，在过去 15 年中，资本管制对于资本流入的管理是相当有效的（Ostry 等）。美国国家经济研究局（NBER）2011 年的一项研究发现，资本流入管理可增加货币政策的有效性、促进资本流入的长期化和减轻实际汇率的升值压力。资本流出管理也同样是有效的（Magud 等）。

### 五、当前资本管制的实践

最近几年来，一些已经实现资本项目自由化的国家，包括一些 OECD 国家转而着手限制资本的自由流动，发展中国家自不待言。在金融危机期间，国际货币基金组织支持冰岛实行资本管制，制止资本外流。正如《金融时报》所说，（资本）管制正在获得越来越多的支持者（FT，2010 年 5 月 12 日）。2009 年 10 月巴西开始针对外国资本对巴西的股票和债券投资征税。对固定收益投资征收的税率由最初的 2% 增加至 6%，对货币衍生交易征收的税率则为 1%。此外，巴西对投资期限低于 5 年的外资征收 6% 的金融交易税。后来由于欧元危机导致资本外流，巴西政府又降低了外资证券投资的税率和外资投资期限的税收门槛（Forbs，2012）。

长期以来，印度始终维持资本管制。2007 年 8 月，面对外资的大量流入，印度货币当局对居民外币借款实行数量控制，并禁止将外币（借款）兑换成卢比。印度当局认为，资本管制使印度得以有效维持国内、外利息率之间的利差，从而保持了货币政策的独立性（R Kohli，ICIER，East Asian Forum，2011）。2012 年 5 月，印度储备银行（印度央行）要求所有印度出口商必须把 50% 的外汇收入兑换为印度卢比，以遏制卢比的贬值趋势

(The Wall Street Journal, May, 2012)。

2010年6月，为应付资本急剧流出对韩元和韩国经济造成的冲击，韩国政府决定积累外汇衍生产品头寸。本地商业银行所持有的外汇衍生产品不得超过银行资本金的50%，外国银行分行则不得超过其资本金的2.5倍。此后，韩国还恢复了外国在韩国债投资的利息税并对银行所持外债征税。当然，当资本流入对韩元和韩国经济造成反向冲击的时候，韩国政府便又推出反向资本流动管理措施以维护韩国经济和金融稳定。

自从雷曼兄弟倒闭之后，越来越多的经济体加入了恢复或加强资本管制的行列。这些经济体包括巴西、印度、墨西哥、秘鲁、哥伦比亚、韩国、中国台湾、南非、俄罗斯、波兰等。实施和考虑实施某种类型资本管理的发达国家也比比皆是，法国和德国就是两个显著例证。值此国际金融危机继续深化、国际资本豕突狼奔之际，加速资本项目自由化的国家或亦有之，但绝对是"茕茕孑立，形影相吊"。

在最近一段时间里，有关国家纷纷尝试的资本管制措施可以分为对资本流入的管理和对资本流出的管理（Kevin P. Gallagher, Stephany Griffith-Jones, and José Antonio Ocampo, 2012）。对资本流入的管理措施包括：

- 流入外资按一定比例以无报酬准备金存入中央银行
- 对外债和外汇衍生产品征税
- 对金融中介的净外汇负债征税或实施数量限制
- 限制货币错配
- 限制对外借款的最终用途，如只准用于投资或贸易
- 对某些资本交易实行强制性审批
- 对流入资本规定最低滞留期限

对资本外流的管理措施包括：

- 对国内机构海外投资和所持外汇账户实行审批制
- 对国内机构海外投资和外汇交易实行报告制度
- 限制或禁止外资进入特定部门和行业
- 限制非居民的金融投资（如股票），或对此实行审批制度
- 限制外国投资的本金和投资收益的汇出

- 限制非居民的国内借贷
- 对资本流出征税

## 六、资本管制的新思路

在最近关于资本管制的讨论中出现了不少新的理论动向。比较令人感兴趣的是有关资本管制长期性、有效性与数量型手段必要性问题上的新观点（Kevin P. Gallagher, Stephany Griffith‐Jones, and José Antonio Ocampo, 2012）。

长期性：主流观点认为，资本管制是一种临时性机制（Ostry 等，2011），在长期内是无效的。但另一部分人提出，把资本项目管制作为一种永久性政策，对很多国家可能是最优选择。

有效性：过去普遍认为，规避资本管制必然造成资本管制失效。新理论则认为，规避行为是有成本的，是对投资者的隐性税收。只有当规避行为的收益超过成本时，规避行为才会发生。因而，问题不是资本管制能否被规避，而是规避成本有多大。如果规避成本足够高，规避行为就可以得到抑制，资本管制就可以变得有效。减少规避行为的方法很多。其中之一是削弱本地机构扮演中介的积极性。对非法的规避行为进行严厉惩罚，使惩罚力度大大超过潜在收益。即使规避行为完全合法，政府也可以对当地机构（例如当地金融机构）施加压力，以降低它们扮演中介机构的意愿（Shari Spiegel, 2012）。

数量型手段的必要性：过去主流观点认为，数量型资本项目管制手段（例如无报酬准备金、最低停留期限等）与价格型手段（例如各种税收）相比，前者造成的潜在扭曲可能更大，因此不推荐使用数量型手段。而一部分学者的新观点是，在某些场合下，尤其是对资本项目相对封闭和中央银行能力较弱的国家而言，数量型手段可能要比价格型手段更为有效，因此可以考虑同时使用数量型与价格型手段。

## 七、结论

资本管制或资本管理，是中国金融和经济稳定的最后一道防线。长期以来中国的资本管制对维护中国金融稳定起到了十分重要的作用。当前，国际金融危机继续深化，国际资本豕突狼奔对发展中国家的金融和经济稳定造成了极大冲击。国际金融利益集团则利用发展中国家的制度和政策缺陷，大肆进行套利、套汇和套规（Regulation Arbitrage）活动，给发展中国家造成严重的福利损失。发展中国家则纷纷加强资本管制以求自保。即便是一贯以推行资本项目自由化为己任的国际货币基金组织，也改变立场，对恢复或加强资本管制的趋势予以认可。资本管制和资本项目自由化的国际新动向应该引起中国决策者的关注。

2009年以来，中国政府开始大力推进人民币国际化，特别是人民币跨境贸易结算与香港离岸人民币市场的发展。人民币国际化的推进与资本项目加快开放实质上是合二为一的。一些研究表明，人民币国际化在2009年下半年至2011年的快速推进，以及在2012年上半年陷入的停滞状态，反映了国内外机构与企业利用离岸、在岸两个人民币市场的套汇与套利活动。换句话说，至少有一部分以人民币国际化为伪装的套汇与套利活动，违反了中国政府最初推进人民币国际化的初衷，并给中国宏观经济稳定带来了新的风险。

无论是国际金融危机爆发以来国际资本流动方向与规模的频繁波动，还是包括国际货币基金组织在内的若干机构对资本项目管制看法的转变，都说明当前并非中国政府加快资本项目开放的"战略机遇期"。中国政府应该继续审慎、渐进、可控地推进资本项目开放，并在完全开放资本项目之前，首先完成人民币利率、汇率的市场化改革，完成本国金融市场对民间资本的全面开放。借鉴当前关于资本管制与资本项目自由化的国际新动向，中国政府应考虑综合运用宏观经济政策（汇率、利率与储备变动）、宏观审慎监管（对金融机构外汇风险头寸、杠杆率与货币错配的限制）与资本项目管制（包括数量手段与价格手段）来管理国际资本流动。

中国的跨境资本流动：规模测算、驱动因素与管理策略

# 新兴市场国家如何应对资本流入：中国案例[*]

**摘要：** 2008年国际金融危机之后，新兴市场国家正在迎来新一轮大规模资本流入。新兴市场国家应该从国别、区域与全球三个层面应对资本流入造成的不利冲击。在国别层面，新兴市场国家可以采取宏观经济、金融监管、资本市场与资本流动管理四方面对策。本文首先对新兴市场国家应对资本流入的对策进行了一般性描述，之后具体分析这些策略是否适用于中国。现阶段中国政府应采取的对策包括人民币汇率升值、增强汇率形成机制弹性、冲销式干预、实施与国际接轨的宏观审慎监管、通过增加有效供给来抑制资产价格过快上涨、提高现有资本项目管制措施的有效性、审慎开放新的资本项目、积极推进东亚区域货币合作并努力争取领导权、积极支持IMF改革、金融稳定委员会（FSB）的职能拓展与全球金融安全网的构建。

## 一、引言

过去二十年来新兴市场国家经历了两次大规模资本流入。第一次是发端于20世纪90年代初期，终结于1997年的亚洲金融危机。第二次是发端于2003年，终结于2008年的国际金融危机（Cardarelli et al.，2009）。如图1所示，新兴市场国家在20世纪前10年经历的资本流入规模（峰值为2007年的1.33万亿美元）远高于20世纪90年代（峰值为1997年的3725亿美元），且私人资本流入规模远高于官方资本流入。2008年国际金融危机爆发后，美欧日等发达经济体央行首先将基准利率

---

[*] 发表于《国际经济评论》2011年第2期。

降至零利率水平附近,然后开始集体实施量化宽松政策,加剧了全球流动性过剩。由于新兴市场国家在危机后的经济增长率显著超过发达国家,这意味着新兴市场国家很可能会迎来第三次大规模资本流入。根据Institute of International Finance(IIF)的估计,2010年新兴市场国家面临的资本流入达到8783亿美元,是仅低于2007年的历史次高水平。而2011年新兴市场国家面临的资本流入规模可能继续上升。

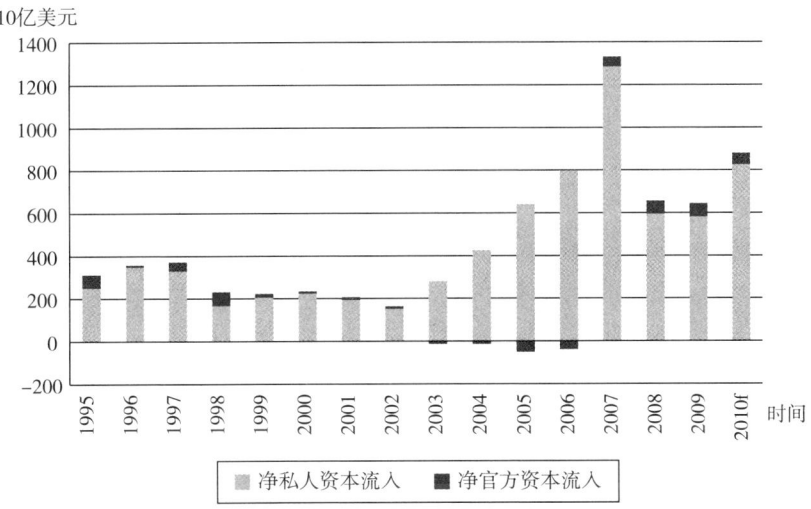

注:2010年为预测值。

资料来源:Institute of International Finance。

**图1 新兴市场国家经历的资本流动**

不同类型的资本流动在波动性方面存在显著差异。我们计算了IIF数据库中新兴市场国家在1995年至2009年面临的不同类型的私人资本流入的变异系数(年度数据),其中净直接股权投资流入为0.44,净债权流入为1.01,净组合股权投资流入为2.59。这说明短期资本流动的波动性显著高于长期资本流动。

作为全球最大的新兴市场经济体,中国经历的资本流动与新兴市场国家总体相比不尽相同(见图2)。① 在20世纪90年代,资本流入的峰值为

---

① 以下引用的数据为中国年度国际收支表上的资本与金融项目余额,未考虑通过经常项目的资本流入以及误差与遗漏项。

1996年的400亿美元,谷底为1998年的-63亿美元。在2000年至2008年,资本流入的峰值为2004年的1107亿美元,谷底为2006年的67亿美元。国际金融危机爆发后,资本流入在2009年达到1448亿美元的历史新高。我们计算了1997年至2009年中国面临的直接投资、证券投资与其他投资(主要为外债与贸易信贷)流动的变异系数(年度数据),其中直接投资为0.47,其他投资为3.23,证券投资为21.59。这说明中国面临的短期资本流动的波动性同样显著高于长期资本流动。

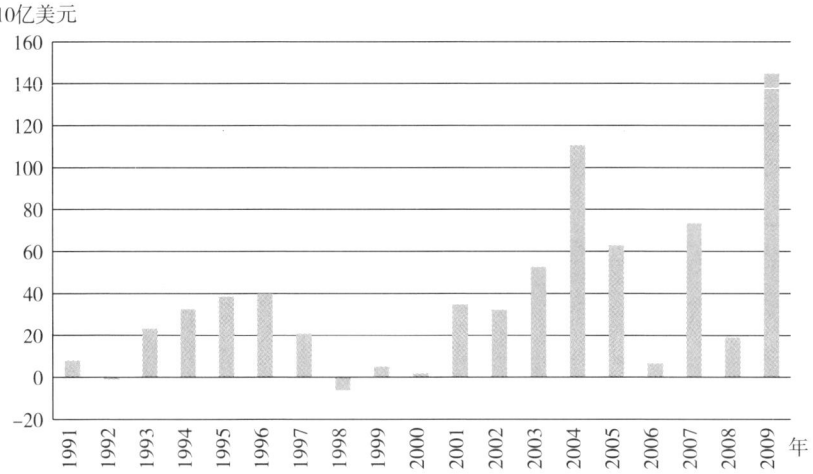

资料来源:CEIC数据库。

图2 中国经历的资本流动

资本的跨境流动有助于改善全球资源配置。国际资本流入能够为新兴市场国家提供成本较低的融资,缩小储蓄投资缺口,有利于刺激经济增长与增进国民福利。然而,一项对1987年至2007年52个国家面临的109次私人资本大规模流入的经验研究发现,大规模资本流入通常伴随着东道国的实际汇率升值与经常账户恶化;尽管资本流入时期GDP增速有所上升,但随后GDP增速会显著下滑(Cardarelli et al.,2009)。如果东道国央行通过干预外汇市场来抑制名义汇率升值,则该国央行会面临冲销压力。而如果冲销不完全,外汇储备的上升会造成流动性过剩,推高通货膨胀率与资产价格。如果东道国政府未对金融机构实施充分的审慎监管,那么资本流入可能造成金融机构资产负债表的币种错配与期限错配,从而放大金融脆弱性。而一旦资本流入突然停止(Sudden Stop)甚至逆转(Reversal),东道国很可能会遭遇货币崩溃、银行危机与债务违约(Reinhart and Reinhart,2008)。

因此,如何应对大规模资本流入,就成为新兴市场国家不得不面对的周期性重大问题。本文将以中国为案例来系统梳理并评价新兴市场国家的具体应对措施。本文剩余部分的结构如下:第二部分评析新兴市场国家应对资本流入的国别策略;第三部分研判新兴市场国家应对资本流入的区域策略与全球策略;最后一部分为结论。

## 二、应对资本流入的国别策略

我们将从宏观经济、金融监管、资本市场与资本流动管理四方面来探讨新兴市场国家应对资本流入的国别策略。我们首先分析新兴市场国家的一般性策略,之后评价该策略是否适合现阶段的中国。

### (一) 宏观经济

新兴市场国家通常可以采用以下宏观经济政策来应对资本流入。第一,实施稳健的财政政策。在国际资本大量流入的背景下,实施稳健的财政政策有助于抑制总需求过热以及限制实际汇率升值幅度,从而能够在资本流入逆转时获得更稳定的经济增长(Cardarelli et al., 2009)。此外,当经济过热时,实施稳健的财政政策可以降低实施紧缩性货币政策的必要性,从而避免由于加息而造成的短期资本流入。第二,降低基准利率。降息可以缩小本币与发达国家货币之间的利差,从而削弱资本流入套利的动机。如果新兴市场国家央行对资本流入实施非冲销干预(Non-Sterilized Intervention),客观上也会达到降息的效果。第三,让本币升值,同时增强未来汇率变化的不确定性。资本流入会造成持续的资本项目顺差,而本币升值可以降低经常项目顺差,从而维持国际收支的基本平衡,避免外汇储备大量累积与央行冲销压力的上升。然而,持续的升值预期可能吸引短期资本继续涌入。因此,实现汇率的双向波动以增强汇率变化的不确定性,

中国的跨境资本流动：规模测算、驱动因素与管理策略

对抑制短期资本流入而言是非常重要的。此外，大规模资本流入可能导致汇率升值过快，从而损害出口竞争力并扭曲资源配置。第四，央行对资本流入实施冲销干预，以抑制本币升值并避免外汇储备增加导致的基础货币供给上升。

2011年中国政府很难实现稳健的财政政策。国际金融危机爆发后，中国政府在2008年底出台了4万亿元财政支出方案。2007年至2010年中国财政盈余占GDP比率分别为0.2%、-0.8%、-2.8%与-1.6%。尽管4万亿元已经支出完毕，但考虑到2011年是"十二五"规划的开局之年，该规划中的七大战略性新兴产业将成为新的投资重点。[①]此外，实施结构调整和转变经济发展方式也需要财政政策的助力。因此2010年底的中央经济工作会议强调，2011年中国政府仍将实施积极的财政政策。

2011年中国政府不会降低基准利率，反而会连续上调基准利率。2010年CPI上涨3.3%，我们预计2011年CPI将上涨4.5%。尽管2010年央行已经两次上调存贷款基准利率，但目前1年期存款基准利率仍仅为2.75%。为管理通货膨胀预期，我们预测2011年央行将加息3~4次，每次25个基点。中美利差不但不会收窄，而且将进一步扩大。

2011年人民币对美元名义汇率将会继续升值。2010年人民币对美元名义汇率升值约3%，人民币实际有效汇率升值约5%。[②]我们预测2011年人民币对美元名义汇率将升值5%~6%，理由如下：一是中国政府存在通过人民币升值来抑制输入性通货膨胀的动机；二是2011年中国的贸易顺差可能仍在1500亿美元左右；三是来自美欧日以及新兴市场国家的要求人民币升值的外部压力将会继续增强。然而，自2010年6月中国人民银行重启人民币汇率形成机制改革以来，新一轮汇率升值预期已经形成。2011年5%~6%的升值幅度很难打消这一预期，而该预期将吸引国际资本继续流入。

2011年中国政府将继续实施冲销干预政策。如图3所示，从2002年

---

① 七大战略性新兴产业包括节能环保、新兴信息产业、生物产业、高端装备制造业、新材料、新能源与新能源汽车。其中前四个产业为支柱产业，后三个产业为先导产业。

② 人民币实际有效汇率升值幅度是作者根据BIS计算的人民币实际有效汇率计算而得。

开始,中国央行开始通过发行央行票据(Central Bank Bill)来进行冲销。央票净发行额在2008年达到1.13万亿元人民币的峰值,之后在2009年与2010年分别出现3716亿元人民币与1567亿元人民币的净回笼。2010年底未清偿央票余额为4.05万亿元人民币。从2006年下半年起,央行开始将法定存款准备金率(Required Reserve Ratio)用作新的冲销工具。2006年6月底至2010年12月底,法定存款准备金率由7.5%上调至18.0%。[①]央行行长周小川在2010年11月初发表的针对短期资本流入的"池子"理论,体现了中国央行对冲销干预能力的信心。[②]然而冲销是有成本的,而且冲销成本会随着资本流入规模的放大而上升:一方面,冲销可能导致货币市场利率上升,加大中外息差,吸引资本进一步流入;另一方面,无论发行央行票据还是提高法定存款准备金,央行都必须支付相应的成本。如果央行外汇储备资产的投资收益率低于央票利率与法定存款准备金利率,央行将会出现账面亏损(Yap,2000)。而如果央行不能实现财务平衡,从而不得不依靠财政补充资本金的话,央行货币政策的独立性将受到损害(张明,2010)。2009年与2010年之所以出现央票净回笼,同时央行更多地借助提高法定存款准备金率进行冲销,原因或许在于,对央行而言,发行央票的成本显著高于提高法定存款准备金率的成本。[③] 2011年,提高法定存款准备金率仍将成为中国央行最重要的冲销手段。我们预计全年提高该比率4~5次,每次50个基点。央行也将继续发行央票进行冲销。为降低到期回笼压力,我们预计央行将减少3个月期与6个月期央票的发行规模,同时增加1年期与3年期央票的发行规模。

---

① 从2008年9月起,中国人民银行开始实施差别化存款准备金率,截至2010年12月底,大型存款类金融机构的法定存款准备金率为18.5%,而中小型存款类金融机构的法定存款准备金率为16.5%。

② 根据周小川讲话:"美定量宽松计划引热钱流出 中国筑池以待",http://finance.eastmoney.com/news/1350,20101105103556949.html,2010年11月5日。

③ 截至2010年12月底,央行为法定存款准备金支付的利率为1.62%,而1年期央票利率为3.55%(资料来源:CEIC数据库)。

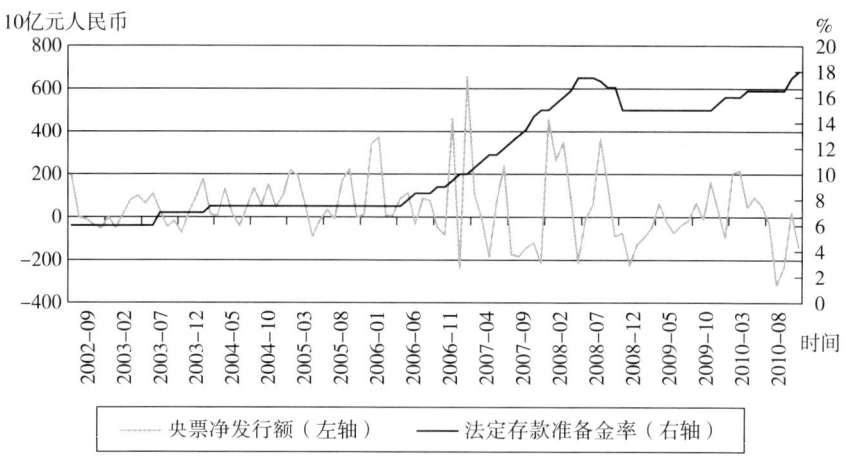

资料来源:CEIC 数据库。

图3 中国央行的冲销干预

### (二) 金融监管

自国际金融危机爆发以来,关于宏观审慎政策(Macro‐Prudential Policy)的讨论就成为全球焦点。如果新兴市场国家能够充分贯彻实施宏观审慎政策,就能够降低金融体系的脆弱性,防止金融风险的持续累积,从而更稳健地应对资本流入的冲击。宏观审慎政策的主要内容包括:第一,新的资本金要求。《巴塞尔协议Ⅲ》提出的资本金要求有:最低资本充足率8%,其中普通股不低于4.5%,一级资本充足率不低于6%;在最低资本充足率基础上保留2.5%的普通股资本留存缓冲;各国根据具体情况要求银行增加0~2.5%的逆周期资本缓冲,该缓冲由普通股或其他能充分吸收损失的资本构成;具有系统重要性的金融机构应增加额外资本要求等。更严厉的资本金要求事实上限制了金融机构的财务杠杆。第二,最低流动性标准。巴塞尔委员会将流动性覆盖比率(Liquidity Coverage Ratio,LCR)与净稳定融资比率(Net Stable Funding Ratio,NSFR)设定为国际标准。第三,杠杆率要求。杠杆率被定义为银行一级资本占其表内资产、表外敞口风险与衍生品总风险暴露的比率,初步要求最低为3%。第四,拨备要求,初步明确了前瞻性的预期损失动态拨备制度。此外宏观审慎政策还包括信用评级、银行业务模式、衍生品交易与清算、会计准则、影子银行等方面的规章制度。①此外,具体到应对资本流入方面,宏观审慎政策还包括对金融机构资产负债表的汇率风险进行限制等。

目前中国政府对商业银行的监管是与国际水平基本接轨的,这具体表现在四个方面。第一,在资本充足率方面,中国银行业监督管理委员会(以下简称银监会)要求商业银行在8%的最低资本充足率基础上,计提逆周期附加资本与系统重要性附加资本。目前大银行的资本充足率不低于11.5%,中小银行的资本充足率不低于10%。第二,在流动性比率方面,银监会要求LCR与NSFR的达标水平均为100%,达标时间截至2011年底。目前银行业整体已经达标,其中大银行达标状况好于中小银行。第三,在杠杆率方面,银监会要求商业银行达到4%,其中系统重要性银行应在2012年底前达标,非系统重要性银行应在2016年底达标。第四,在拨备要求方面,银监会要求按照150%的拨备覆盖率计提拨备,同时拟要求按照贷款总额的2.5%计提拨备。目前商业银行按前一标准衡量已经基本达标,但距离后一标准尚有一定差距。

然而,中国银行业面临的潜在风险也不容乐观。为应对国际金融危机冲击,中国政府一度放松了对银行信贷的控制,导致人民币贷款在2009年与2010年分别达到9.6万亿元与8.0万亿元人民币,大大超过了危机前的水平。从事基础设施投资的地方投融资平台获得了大量贷款。根据银监会的统计,2009年底地方投融资平台贷款余额为7.38万亿元人民币,同比增长超过70%,占一般贷款余额的20%。2009年新增贷款超过3万亿元人民币,占新增贷款总额的35%。在许多县级平台的融资来源中,银行贷款占到90%以上。部分城市平台的贷款债务率超过200%。在一些解包的平台贷款中,有土地抵押的仅占三成,而六成左右是违法违规的担保。②一旦未来投入使用的基础设施不能产生满意的回报率,那么对地方投融资平台的贷款将沦为不良贷款。再考虑到房地产相关贷款也占商业银行贷款余额的20%左右,一旦中国的房价与地价显著下跌,则商业银行将迎来新一

---

① 以上对宏观审慎政策的总结主要引自周小川:"健全宏观审慎监管框架 提高货币政策有效性",在北京大学的演讲,http://finance.jrj.com.cn/2011/01/0419038912303.shtml,2010年12月15日。

② "银监会:6月底前完成地方融资平台贷款清理",http://finance.sina.com.cn/china/jrxw/20100507/22187897227.shtml,2010年5月7日。

轮不良贷款狂潮。此外，2009年与2010年的天量信贷也给商业银行带来了巨大的补充资本金压力。根据我们的粗略估算，2010年商业银行IPO与再融资规模接近6000亿元人民币。

### （三）资本市场

资产价格溢价预期是国际资本流入新兴市场国家的主要驱动力之一。因此，通过增加供给来平抑资产价格快速上涨，有助于抑制资本流入。换个角度来看，在国际资本大举进入本国资本市场的前提下，增加供给也有助于抑制资产价格上涨，防止资产价格剧烈波动。

如图4所示，近年来中国股票指数的变动与流动性/融资额比率呈现出正相关。2009年新增银行贷款总规模为11.6万亿元人民币，股市融资额为5020亿元人民币，两者之比为23倍，同年上证综指涨幅为80%；2010年新增银行贷款总规模为10.9万亿元人民币，股市融资额上升至1万亿元人民币，两者之比为11倍，同年上证综指涨幅为-14%。这说明即使在流动性过剩的环境下，增加股票供给也有助于抑制股票指数上涨。

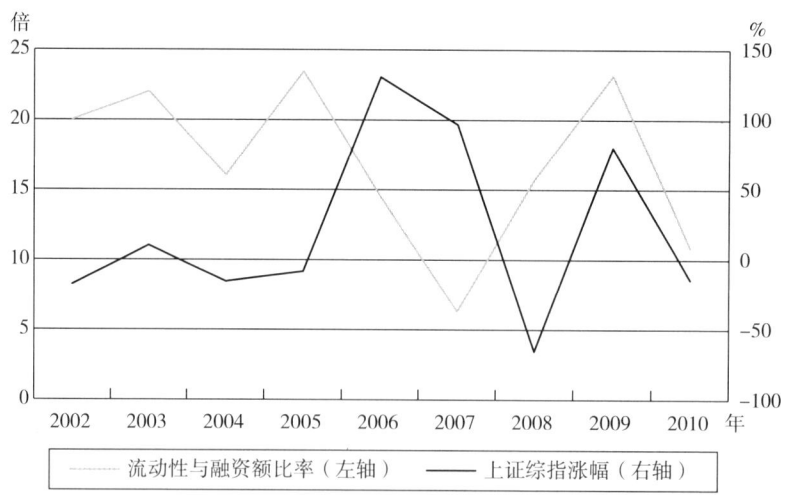

注：我们用新增银行贷款总规模（包含本外币信贷、中期票据与银信合作贷款）除以股市融资规模来模拟市场需求与市场供给的倍数。该比率越高，代表供求缺口（需求超过供给）越大，反之则相反。

资料来源：新增银行贷款总规模与股市融资规模均引自UBS, "How much Liquidity Is out there in China?" China Focus, UBS Investment Research, 12 January 2011。上证综指数据引自CEIC数据库。

**图4 流动性/融资额比率与股指涨幅之间的关系**

历史经验证明，非流通股减持与银行再融资抑制了 2009 年与 2010 年的股票价格上涨。在未来，中国政府仍然可以通过股市扩容来吸收国际资本流入，平抑股票指数过快上涨。①此外，自 2010 年春季重新启动的房地产宏观调控在 2011 年初变得更加严厉②，这将从抑制需求与增加供给两方面来遏制房价快速上涨。

### （四）资本流动管理

新兴市场国家在资本流动管理方面的对策一是鼓励资本流出，二是对资本流入实施管制。

赞成鼓励资本流出的理由有：第一，资本流出有助于降低资本净流入规模；第二，对资本流出的管制很难实施而且基本无效，同时会造成扭曲与腐败（Edwards，1999）。反对鼓励资本流出的主要是，鼓励资本流出解除了国际投资者投资新兴市场国家的后顾之忧。如果投资者确信本金与收益能够无障碍地汇出，他们突破流入管制以投资于新兴市场国家的积极性将会显著上升。因此资本管制措施要发挥作用，必须在流入与流出两方面同时加强管理。

针对资本流入的管制包括价格型手段与数量型手段两种。价格型手段的理论基础是托宾税，实践中的具体形式则包括无回报准备金要求（Unremunerated Reserve Requirements，URR）、资本流入预扣税（Withholding Tax）、外国投资者资本所得税（Capital Gain Tax）等。③数量型手段的具体形式包括最短投资期限（Minimum Investment Period）与直接数量限制

---

① 与此同时中国政府应加快上市核准制度改革，让更多的优质民营企业更加快捷地上市。

② 需求方面的主要政策包括：第二套房贷款首付提高至 60%，停止对第三套房的贷款；若干城市限制本地居民购买第三套房以及外地居民购买第二套房；对持有期限未满五年的普通住房交易征收房产税；在上海与重庆试行房产税试点等；供给方面的主要政策包括：全国范围内的保障房指标由 2010 年的 580 万套上升至 2011 年的 1000 万套。

③ 智利（1991 - 1998 年）、哥伦比亚（1993 - 1998 年）曾经采纳 URR 来应对短期资本流入。目前巴西针对银行在即期外汇市场的美元空头头寸要求 60% 的准备金要求，土耳其对外汇回购交易实施了准备金要求。韩国对外国投资者购买韩国政府债券所获利息征收 14% 的预扣税与 20% 的资本利得税，泰国对外国投资者的利息收入与资本所得征收 15% 的资本利得税。

(Quantitative Limits)等。①

最近二十年有大量的经验研究分析新兴市场国家实施资本管制的效果，达成的主要共识如下。第一，资本流入管制要比资本流出管制更有效（Akira et al.，2000）；第二，资本流入管制的有效期很短，仅为6个月左右（Binici et al.，2009）；第三，资本流入管制很难改变资本流入规模，但可以改变资本流入的期限结构，降低组合投资与短期资本在资本流入总额中的比重（Peter，Reinhart and Carmen，1999）。当然，经验研究中也不乏反对资本管制的观点。例如考虑到资本流入管制会降低资本供给、提高中小企业的融资成本、弱化金融市场与政府纪律、扭曲企业与居民的投融资决策等，资本管制绝非免费的午餐（Forbes，2005）。

由于中国政府迄今为止尚未完全开放资本账户，因此目前最重要的不是新增资本管制措施，而是提高现有资本管制措施的有效性，以及不要贸然开放新的资本项目。现阶段中国政府主要依赖数量型手段，例如对内向型组合投资实施QFII、对外向型组合投资实施QDII等。中国政府在资本流动管理方面应采取的策略包括：第一，努力提高现有资本管制措施的有效性，防范短期国际资本从经常项目（虚假贸易、转移定价、职工报酬与捐赠）、资本项目（虚假FDI、外债）与地下钱庄等渠道的流入。第二，在开放资本账户方面应格外审慎。目前尤其要警惕两方面的风险：一是为降低人民币升值压力而放开对资本流出的管制；二是为推进人民币国际化而过快放开对资本流入与流出的管制。

## 三、应对资本流入的区域与全球策略

对新兴市场国家而言，应对资本流入的区域策略包括：第一，建立区域性宏观经济与金融市场监测机制，监测与评估国际资本流动状况，必要时提供前瞻性预警服务；第二，构建区域性危机救助机制，对由于资本流动逆转而爆发危机的成员国提供及时、充分的危机救援，缓解危机造成的负面冲击。

---

① 目前印度尼西亚对投资货币存单市场要求1个月的最短投资期限，同时限制银行的短期外债不得超过资本金的30%；韩国则对本国商业银行投资于外汇衍生品市场的规模实施了限制。

下篇　中国跨境资本流动的管理策略

自东南亚金融危机爆发以来，中国政府一直积极参与东亚区域货币合作。然而受制于东亚各国在政治、经济、文化、宗教、历史等方面的异质性，东亚货币合作向来具有危机驱动与非制度化的特征。东南亚金融危机的爆发催生了清迈倡议，而 2008 年国际金融危机的爆发则将东亚货币合作在清迈倡议的基础上又向前推进了一大步。在构建区域性宏观经济与金融市场监测机制方面，2010 年 4 月，东盟"10 + 3"国家宣布将设立东盟"10 + 3"宏观经济研究办公室（ASEAN + 3 Macroeconomic Research Office，AMRO），该机构的任务包括：监测、评估与汇报东盟"10 + 3"的宏观经济与金融市场状况；评估任何一个东盟"10 + 3"国家的宏观经济与金融脆弱性，并提供及时的政策建议以降低风险；保证清迈倡议多边化机制（Chiang Mai Initiative Multilateralisation，CMIM）的顺利运转。目前中国和日本政府正在竞争 AMRO 的领导权。在建立区域性危机救助机制方面，国际金融危机爆发后，东盟"10 + 3"国家将以双边美元互换为基础的清迈倡议升级为总额 1200 亿美元的东亚储备库（即 CMIM）。其中中国、日本、韩国分别出资 384 亿美元、384 亿美元、192 亿美元，获得 32%、32% 与 16% 的投票权。CMIM 显著增强了东亚国家应对短期资本流动冲击的能力。

对新兴市场国家而言，应对资本流入的全球策略包括：第一，建立全球性宏观经济与金融市场监测机制，监测与评估短期资本流动状况，为甄别全球系统性风险构建预警平台；第二，建立全球性危机救助机制，缓解短期资本流动逆转对特定国家宏观经济与金融市场的冲击。

2008 年国际金融危机的爆发为重塑国际货币金融体系提供了难得的机遇与动力。在构建全球性宏观经济与金融市场监测机制方面，中国政府应采取的策略包括：第一，支持 IMF 宏观监测职能的改革，将传统的第四条磋商下双边监测职能扩展为覆盖全球宏观经济的多边监测职能，同时提高 IMF 监测报告的独立性、透明度以及对成员的约束力；第二，积极参与金融稳定委员会（Financial Stability Board，FSB）的工作，推动 FSB 对全球金融市场进行定期监测与评估，以甄别全球金融市场上的系统性风险。在建立全球性危机救助机制方面，中国政府应采取的策略包括：第一，支持 IMF 的贷款职能改革，敦促 IMF 出台更加及时、更具弹性、更为量体裁衣的危机贷款；第二，支持IMF扩大可利用资源，积极认购IMF发行的SDR债券、推动IMF推出替代账户、支持IMF扩大SDR的规模与使用范围等；第三，支持韩国政府在G20首尔峰会上提出的构建全球金融安全网（Global Financial Safety Net）的倡议。该网络试图将IMF的贷款机制与区域性金融安全网络相连接（例如将IMF贷款机制与CMIM相连接），帮助成员避免因短期资本流动逆转而陷入金融危机。

## 四、结论

2008年国际金融危机爆发后，发达国家央行集体实施的量化宽松政策导致新兴市场国家正迎来新一轮大规模资本流入。为抑制资本流入并缓解其造成的不利影响，新兴市场国家可以从国别、区域、全球三个层面加以应对。在国别层面，新兴市场国家可以实施稳健的财政政策、降低基准利率、让本币升值并增强未来汇率变化的不确定性，以及实施冲销式干预。在区域层面，新兴市场国家应该加强区域货币金融合作，构建区域性宏观经济与金融市场监测机制以及区域性危机救助机制。在全球层面，新兴市场国家应推动构建全球性宏观经济与金融市场监测机制以及全球性危机救助机制。

具体到中国案例，目前中国政府可以采取以下应对资本流入的对策。第一，在宏观经济政策层面上，短期内实施稳健财政政策与下调基准利率的可能性不大，中国政府应在人民币实际有效汇率继续升值的前提下，增强汇率形成机制弹性，努力制造双向波动以打消汇率升值预期，此外中国政府还将继续实施冲销干预。然而汇率升值预期在短期内难以消除，以及央行的冲销成本越来越高，仅靠宏观经济政策并不足以应对资本流入。第二，在金融监管层面上，中国政府应继续推进与国际接轨的宏观审慎监管政策，包括资本金要求、流动性比率、杠杆比率与拨备要求等。中国政府不应再给已经市场化经营的金融机构以政策性贷款要求。第三，在资本市场层面，中国政府应通过增加有效供给（无论是民营企业IPO还是保障性住房）来抑制资产价格过快上涨。第四，在资本流动管理层面，中国政府应提高现有资本账户管制措施的有效性，并审慎开放新的资本项目，同时不能以鼓励资本流出的方式来降低净资本流入，"开门揖盗"的做法并不可取。第五，在区域层面，中国政府应继续大力推进东亚区域货币合作，同时努力争取 AMRO 与 CMIM 的领导权。第六，在全球层面，中国政府应积极支持 IMF 改革、扩大 FSB 的职能以及构建全球金融安全网。

中国的跨境资本流动：规模测算、驱动因素与管理策略

# 境外私募股权基金是如何规避中国政府管制的[*]

**摘要：** 本文运用案例分析的方法，对境外私募股权基金如何突破中国政府对外资投资于特定行业的限制及资本项目管制进行了剖析。对于试图在海外上市的中国企业而言，它们可以在私募股权基金的帮助下，通过红筹模式、盛大模式和境外期权模式等方法规避政府管制；对于试图投资于A股上市企业的境外私募股权基金而言，它们可以通过借道外资银行或地下钱庄、股东借款、第三方持股、假股权真债券、收购内资投资公司等方法规避政府管制。中国政府的行业管制和资本项目管制并没有我们想象中那么有效，中国政府应该解除对某些国有垄断行业的管制，加强对真正意义上的战略性行业的管制，特别是不要轻易放松对资本流出的管制。

## 一、导论

私募股权（Private Equity，PE）可谓是近年来国际资本市场上最火热的概念之一。根据英国调查机构 Private Equity Intelligence 的统计，截至2007年2月，全球共有950只PE，直接控制了4400亿美元的资金，今年可能规避5000亿美元。[①]私募股权投资指对未上市企业的股权投资，企业通过私募股权融通的资金可以用于开发新产品或新技术、增加营运资本、进行兼并收购，或增强企业的资产负债表等。[②]广义的私募股权投资包括对企业首次公开发行（Initial Public Offering，IPO）之前各阶段的股权投资，包括风险投资（Venture Capital，VC）、杠杆收购（Leveraged Buyout，

---

[*] 发表于《世界经济》2008年第3期。
[①] 以上数据引自 http://old.news.hexun.com/detail.aspx?id=2145161。
[②] 以上定义引自投资百科全书，http://www.investopedia.com/terms/p/privateequity.asp。

LBO）和上市前融资（PreIPO），甚至上市公司进行的非公开定向发行（Private Investment on Public Equity，PIPE）。狭义的私募股权投资通常指上市前融资，即向发展已经比较成熟，准备在未来几年内进行 IPO 的企业的股权投资。一旦企业成功上市，度过特定锁定期后，投资者就可以通过在二级市场上出售股权获得回报。本文中的私募股权投资均为狭义概念。

私募股权基金（Private Equity Fund）是由私人直接投资公司（Private Equity Firm）管理的，以策略投资者（Strategic Investor）角色积极参与投资标的的经营和改造的基金。这种基金像风险投资那样，会投资未上市的新兴企业，期待靠投资标的的 IPO 大赚一笔。另外也会以那些陷入经营困境的上市公司为目标，它们会取得这类上市公司的主导权，然后通常会将之私有化（退市），放手改造后再重新上市大赚一笔。①目前全球范围内最著名的私募股权基金包括两大类，一类是专业的私募股权投资机构，例如KKR、黑石（Black Stone）、凯雷（Carlyle）、德州太平洋集团（TPG）等；另一类是国际著名投资银行和金融机构下属的私募股权基金，例如摩根士丹利、高盛、花旗银行和汇丰银行旗下的私募股权基金等。

在中国这样的新兴市场经济体中，中国企业相比于发达国家企业而言具有更高的成长性，这自然引发了境外私募股权基金的浓厚兴趣。近年来境外私募股权基金投资中国企业的著名案例层出不穷，例如新桥资本投资深发展、华平投资哈药集团、摩根士丹利投资蒙牛、高盛投资无锡尚德、黑石投资蓝星集团等。境外私募股权基金投资于中国企业，一方面改善了中国企业的治理结构，充实了企业的资本金，从而或者加快了中国企业海外上市进程，或者促成了已上市中国企业的股价上涨，另一方面也让基金赚得盆满钵溢。私募股权投资对投融资双方而言是双赢的结果。

然而，由于中国政府尚未完全开放资本项目，且中国政府对某些相对敏感的战略性行业存在一定程度的保护，这客观上造成对境外私募股权基金投资于中国企业的某种程度的管制。这种管制主要分为三类：第一，国家发展和改革委员会和商务部在《外商投资行业指导目录》中，明确规定

---

① 以上定义引自路透金融词典，http：//glossary.reuters.com.cn/wiki/index.php/Private_Equity_Fund。

了"限制外商投资"和"禁止外商投资"的行业类别,这就限制了私募股权基金的投资范围;第二,对于未在中国境内设立投资实体的境外私募股权基金而言,要投资于缺乏境外融资平台的中国企业,还面临着货币兑换限制和收益汇出限制;第三,如果在中国境内设立外商独资投资公司,就必须满足商务部在《关于外商投资举办投资性公司的暂行规定》中提出的严格条件,例如申请前一年外国投资者的资产总额不低于4亿美元,投资公司的注册资本不低于3000万美元等。这对于上述国际金融界私募股权基金大鳄们而言并不是问题,然而对很多中小规模的私募股权基金而言就很为难了。此外,在中国设立投资实体,意味着投资收益必须按照中国相关法律缴纳所得税,而且没有任何税收减免,这对于所有私募股权基金而言都是难以接受的。例如,私募股权基金在美国的税负仅为15%的资本利得税,一旦在中国设立投资实体,将面临33%的所得税负担。

资本逐利的动机是无穷的。诚如马克思所言,一旦利润率超过300%,资本就敢冒上绞刑架的风险。在私募股权投资高收益的驱使下,境外私募股权基金们使尽浑身解数,试图发现中国行业控制和资本管制的缺陷和漏洞,乘虚而入赚取中国企业高成长的收益。境外私募股权基金规避中国政府管制的进程可分为两个阶段,在2006年之前,由于中国A股市场长期不景气,境外私募股权基金重点关注如何帮助受到行业政策限制的中国企业实现海外上市;在2006年之后,随着中国A股市场的突飞猛进,更多优质企业将上市目标定位国内资本市场,因此境外私募股权基金就将投资重点转为A股市场上市企业。

本文试图通过案例分析的方式,逐一剖析境外私募股权基金规避中国政府各项管制的方式方法。案例的选择以作者对私募股权基金长达两年的实地调研为基础。由于各种原因,案例中的企业都以匿名方式给出,然而笔者可以确定的是,本文所有分析均构筑在中国企业私募股权融资的真实案例基础上。如果本文能够帮助中国经济学者们更加深入地评价当前中国资本管制的有效性,或者帮助读者了解逐利动机下金融创新的手段是如何令人叹为观止,作者将深感欣慰。

## 二、中国企业海外上市的通行模式——红筹模式

让我们从中国企业海外上市的通行模式——红筹上市出发。红筹股（Red Chips）原本是中国香港股票市场上的专有名词，指最大控股权直接或间接隶属于中国内地有关部门或企业，并在中国香港联合交易所上市的公司所发行的股份。①红筹上市的一般操作方式是，境内企业实际控制人以个人名义在开曼群岛、维京群岛、百慕大、毛里求斯等离岸中心设立初始注册资本金为1万美元左右的空壳公司，再将境内股权或资产以增资扩股的形式注入壳公司，然后用壳公司收购境内企业，最终以壳公司名义在中国香港、美国、新加坡等股票市场上市，从而实现境内企业的曲线境外上市。

### 案例1 红筹上市

中国境内企业A公司试图到海外资本市场实施IPO。A公司实际控制人以个人名义在英属维京群岛（British Virgin Island，BVI）设立一家壳公司B。以B公司作为海外融资平台，吸收私募股权基金的投资，同时A公司实际控制人以个人资产出资，完成对B公司的增资扩股。随后，用B公司收购境内A公司。收购完成后，由B公司到海外资本市场实施IPO。由于B公司是A公司的控股公司，这就实现了A公司的间接海外上市（见图1）。

红筹模式多年来一直是中国企业，特别是中国民营企业海外上市的通行模式。然而2006年9月8日，由商务部主导，国家六部委共同签发的《外国投资者并购境内企业暂行规定》（以下简称"第10号令"）正式施行。该规定显著增加了中国企业通过红筹模式实现海外上市的难度：第一，红筹上市需要得到商务部和中国证券业监督管理委员会的双重批准；第二，设定了一年的上市期限。"第10号令"的出台，体现了中国政府把高质量的上市企业留在国内资本市场的意图，也传达了政府不鼓励内地企业盲目走出去的意向。因此，"第10号令"的出台事实上堵塞了中国企业

---

① 以上定义引自百度百科，http://baike.baidu.com/view/866008.htm。

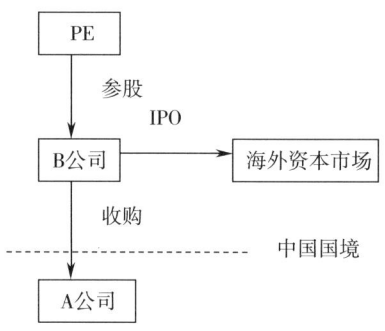

**图 1　普通红筹模式**

红筹上市的通道。这产生了两个直接后果：一是更多的企业选择在国内 A 股市场上市；二是在"第 10 号令"颁布前在海外成立的壳公司的拍卖价值大增，因为这些公司可以不受"第 10 号令"的管制。

# 三、如何规避政府对外资收购战略性行业中企业的管制——盛大模式

在发展和改革委员会和商务部 2007 年修订后的《外商投资行业指导目录》中，明确列示了限制外商投资和禁止外商投资的行业目录。例如，名优白酒生产、出版物印刷、电网建设和运营、期货公司等行业均被列为限制外商投资行业，要求必须由中方控股。再如，稀土开采、邮政、图书出版、新闻网站、互联网文化经营等行业被列为禁止外商投资行业。《外商投资行业指导目录》反映了中国政府有选择地利用外资的原则，体现了政府的行业政策。

然而，众所周知，新闻网站一直被中国政府列为禁止外商投资行业，然而中国的三大新闻门户网站——新浪、搜狐和网易，却全部实现了海外上市。中国最著名的网络游戏运营商，例如盛大、网易和巨人，也都实现了海外上市。那么这些公司如何在私募股权基金的协助下，规避中国政府的行业管制呢？事实上，这些互联网服务提供商（Internet Service Provider，ISP）都异曲同工地采用了一种海外上市模式，我们简称为"盛大模式"。

### 案例 2　盛大模式

境内 ISP 运营商 A 公司是一个纯内资企业，试图实现海外私募和上市。然而，ISP 行业是国家禁止外商投资的行业，直接采用红筹模式是行不通的。因此，A 公司在投资银行建议下，采用了本行业内企业海外上市的通行模式。

首先，由 A 公司实际控制人在境外离岸平台注册一家壳公司 C，由 C 公司在中国境内设立一家外商独资企业（Wholly Owned Foreign Enterprise，WOFE）B。B 公司和 A 公司将签订一份结构性合同，一方面，B 公司向 A 公司提供全方位的管理咨询和培训等服务，另一方面，作为回报，A 公司定期将 90% 的收入和利润输送给 B 公司。由于境外壳公司 C 通过 100% 控股的 WOFE 公司 B，控制了内资企业 A 公司 90% 的收入和利润，那么 C 公司就可以此为基础，向境外私募股权基金进行私募。私募完成后，由 C 公司到海外资本市场实施 IPO。通过上述融资结构，受到政府严格管制的内资企业 A，就间接实现了海外上市（见图 2）。

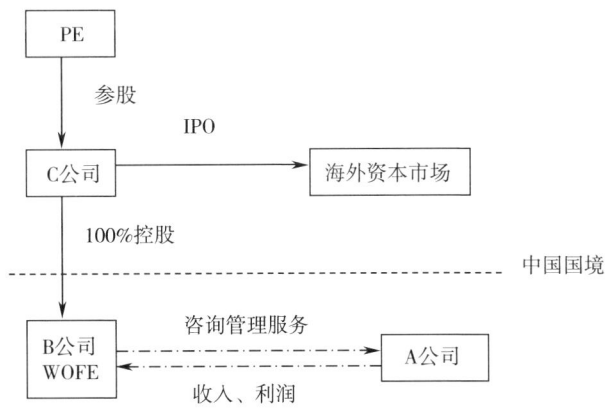

**图 2　盛大模式**

可以看出，盛大模式巧妙地规避了中国政府对于禁止外商投资于 ISP 行业的规定。无论是海外上市公司 C，还是境内外商独资企业 B，都与内资企业 A 没有任何股权关系，因此就没有违反禁止外商投资于 ISP 行业的规定。这种结构的最大玄机在于 A 公司和 B 公司之间签署的结构性协议，正是这份协议，确保了 A 公司向没有任何股权关系的 B 公司输送收入和利润。

不过海外投资者可能存在如下疑虑：一旦 C 公司在海外 IPO 成功募集资金之后，如果 A 公司单方面不履行结构性合同，那么将对 C 公司股票造成毁灭性打击。为了解除投资者的疑虑，在上述模式中，B 公司通常会要求 A 公司实际控制人将所持有的 A 公司股份抵押给独立第三方（可能是作为 B 公司国内代理人的内资信托公司），作为 A 公司履行结构性合同的担保。一旦 A 公司拒绝履行合同，B 公司可以行使抵押权，通过内资身份的第三方间接获得 A 公司的控股权。

## 四、如何规避政府对个人控股海外壳公司的管制——境外期权模式

"盛大模式"获得成功的一个关键前提是，内资公司 A 和境外壳公司 C 实质上都为同一主体实际控制。在大量国家限制类或禁止类行业中的企业纷纷实现海外上市之后，中国政府出台了新的应对措施，即要求这些行业中企业的实际控制人到海外创建壳公司之前，必须获得商务部的审批通过。这就大大拖延了企业海外上市的进程。

然而道高一尺，魔高一丈。企业在私募股权基金的协助下，迅速开发出新的海外上市融资架构，我们称之为"境外期权模式"。

### 案例 3　境外期权模式

境内 ISP 运营商 A 公司是一个纯内资企业，试图通过"盛大模式"实现海外私募和上市。然而，按照政府相关规定，公司实际控制人王先生要到海外创建壳公司，必须获得商务部的审批，耗时费力。

于是，A 公司在境外私募股权基金的协助下，设计了一套新的上市模式，该模式分为三个步骤。

第一步：由境外私募股权基金在离岸中心设立 BVI 公司 D，其中基金持股 90%，A 公司实际控制人王先生持股 10%。D 公司在离岸中心设立一家全资子公司 C，C 公司即为未来海外上市的平台。再由 C 公司在中国境内设立一家 WOFE 公司 B，由 B 公司和内资企业 A 公司之间签署结构性协

议，B公司向A公司提供管理咨询服务，而A公司定期将90%的收入和利润输送给B公司。最为重要的是，在D公司的公司章程之外，基金和王先生之间另外签署了一份期权协议，协议约定，一旦B公司在未来某一时期内的利润水平超过目标值（目标值通常设定得非常低），那么基金将把自己所持有的D公司80%的股份无条件转让给王先生。第一步完成后的公司架构如图3所示。

第二步：在约定的期间内，B公司利润水平超过目标值，那么王先生要求履行期权协议，则基金将所持有的D公司的80%股份无偿转让给王先生。行权后D公司的股权结构转变为王先生持股90%，基金持股10%。第二步完成后的公司架构如图4所示。

第三步：在C公司实施IPO之前，D公司股东和C公司股东进行换股。基金用所持有的D公司10%的股份，交换D公司所持有的C公司10%的股份。换股结束后，王先生成为D公司的唯一股东，而C公司的股权结构为D公司持股90%，基金持股10%。

在行权和换股结束后，由C公司到海外资本市场上市。最终实现内资企业A公司在海外市场的间接上市。

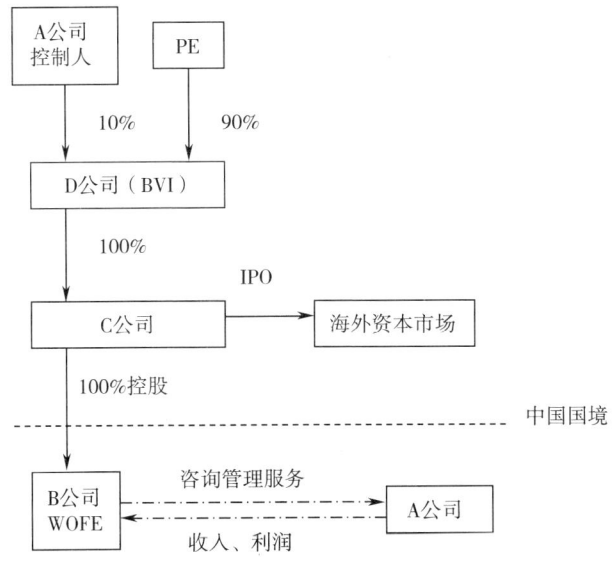

**图3　境外期权模式（行权前）**

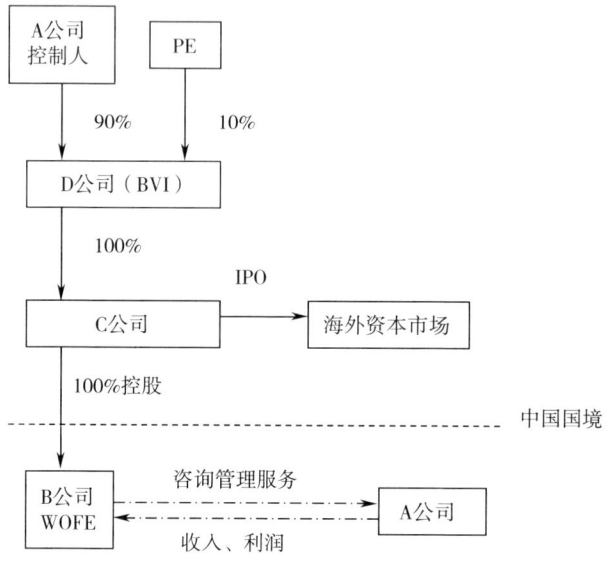

**图 4　境外期权模式（行权后）**

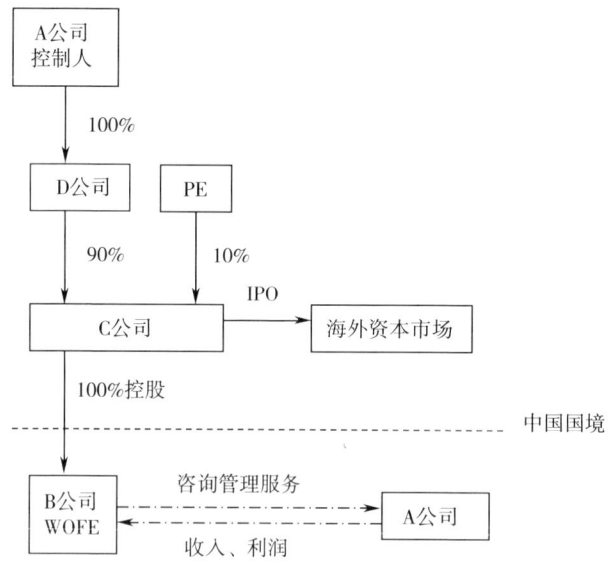

**图 5　境外期权模式（换股后）**

从境外期权模式中可以看出，期权协议的签订，很巧妙地规避了政府对于内资企业控制人创建并控股海外壳公司，必须获得商务部审批的规定。因为在期权协议履行之前，境外壳公司 D 和 C 并非由 A 公司实际控制人创建或控股。由于 A 公司实际控制人仅仅持有 D 公司10%的股份，这一行为就不必获得商务部审批，而仅仅需要获得地方商务厅的批准。这就方便了企业领导人的公关工作，进而缩短了海外上市的进程。

### 五、如何规避政府对货币自由兑换的管制

现在我们把中国企业上市地点的选择由海外转移到国内。随着近年来中国 A 股市场的日趋繁荣，以及中国政府对中国企业实现红筹上市的管制日趋严格，越来越多的中国企业开始选择在国内 A 股市场上市。在这一背景下，境外私募股权基金也作出了相应调整，更多的私募股权基金开始投资于准备在 A 股市场上市的中国企业。

如前所述，由于在中国境内设立投资实体，对境外基金的要求较高，而且税收负担较重，因此大多数境外私募股权基金尚未在中国境内设立外商独资投资公司。在这种情况下，境外私募股权基金要投资于境内上市企业，就面临着资金如何进出中国国境，以及外币资金如何与人民币资金相互转换的问题。从目前来看，境外私募股权基金主要通过两种手段来解决这一问题，即借道外资银行（地下钱庄）或以股东借款的形式进行投资。

#### 案例 4　借道外资银行

境外私募股权基金试图投资于中国 A 股上市企业。该基金首先在中国境内成立一家中外合资企业 B，基金在 B 公司的持股比例低于25%，因此合资企业 B 原则上属于内资公司。基金将以 B 公司为平台投资于中国国内企业。然而 B 公司的资本金是有限的，必须依赖于境外资金的注入来开展投资。

假定内资企业 A 公司成为基金的目标企业，将由 B 公司与 A 公司签署投资协议。那么资金问题如何解决？基金决定借道外资银行。第一，基金在外资银行 C 的离岸账户上存入一笔美元，存款利率为3%；第二，由外资银行 C 的中国境内分行向 B 公司贷出金额相等的人民币贷款，贷款利率

为7%，双方约定贷款可不断展期；第三，由B公司向A公司注资并获得股份；第四，一旦A公司成功上市，锁定期结束后B公司抛出股份获得回报后，B公司向C银行境内分行还本付息；第五，基金从C银行的离岸账户中提取存款，从而完成整个资金循环（见图6）。

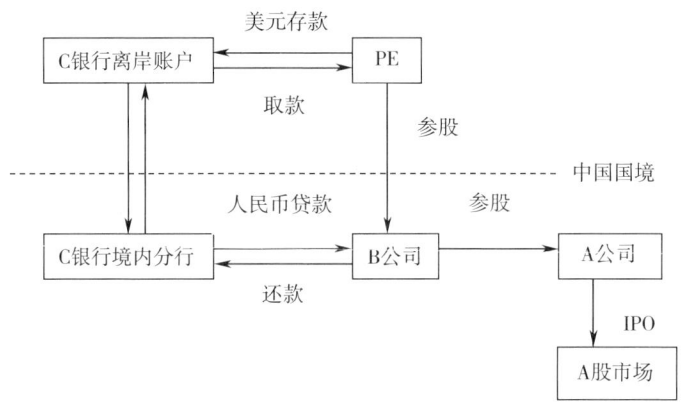

**图6 借道外资银行**

### 案例5 股东借款

境外私募股权基金试图投资于中国A股上市企业。该基金首先在离岸中心设立壳公司C，再由C公司在中国境内成立一家中外合资企业B，C公司在B公司的持股比例低于25%，因此合资企业B原则上属于内资公司。基金将以B公司为平台投资于中国国内企业。然而B公司的资本金是有限的，必须依赖于境外资金的注入来开展投资。

假定内资企业A公司成为基金的目标企业，将由B公司与A公司签署投资协议。那么资金问题如何解决？基金决定采用向股东借款的方式。由C公司向B公司提供借款，利率参照商业银行同期贷款利率。B公司用借款向A公司注资。当A公司成功上市后，一旦锁定期结束，B公司就可以出售A公司股份获得回报，并以此偿还股东贷款。按照中国相关法律法规，外资企业的股东借款在借款和还款时是可以结汇和购汇的，这就完成了整个资金循环。

值得指出的是，无论是借道外资银行还是通过股东贷款，投资完成后

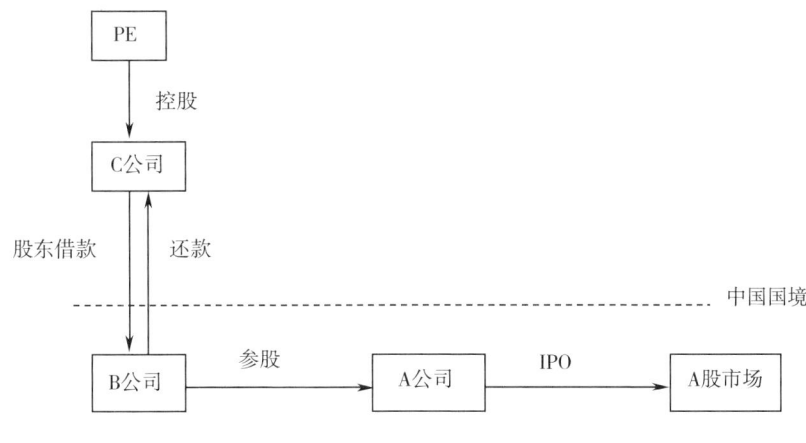

图 7　股东借款

都只能汇出投资本金。由于中国政府对人民币贷款利率和企业之间提供贷款利率的限制，导致境外私募股权基金无法通过支付高利息的方式汇出投资收益。借道地下钱庄的构架和借道外资银行基本类似，有所不同的是，通过地下钱庄，境外私募股权基金可以同时转出本金和投资收益。然而，鉴于地下钱庄的非法性质，利用地下钱庄对于境外私募股权基金而言意味着较高的风险，因此大多数基金还是选择将投资收益留在中国国内。况且人民币的单向升值趋势，以及中国国内优质项目层出不穷，境外基金也没有将投资收益汇出的强烈动机。

不过令人担忧的是，中国政府开放国内资本流出的努力，可能成为境外私募股权基金未来汇出投资收益的通道。例如，境外基金完全可以以中国居民的身份投资于QDII产品。而一旦港股直通车正式推出，更会为境外基金汇出投资收益大开方便之门。因为一旦这些投资收益通过港股直通车投资于香港股票，事实上就完成了整个退出过程。

## 六、如何规避政府对投资人外资身份的限制——信托代持股份

如果境外私募股权基金试图投资的中国内资企业所处行业是限制或禁止外资进入的，那么基金就很难通过其在中国国内的关联企业直接购买目标企业股份。在这种情况下，"盛大模式"也不适用，基金通常会选择通

过中国内资企业代持股份的形式来开展投资,其中最常用的模式是"信托代持股份"。

### 案例6 信托代持股份

我们在案例4的基础上继续讨论。假定基金通过借道外资银行的方式,为境内关联企业B公司注入了资金。但是由于B公司是中外合资企业,而目标企业A公司所在行业是禁止外商投资的。在这种情况下,基金会采用何种方法呢?

如图8所示,基金通常会采用利用内资公司代持股份的做法。首先,B公司与中国内资信托公司D公司达成协议,由B公司用人民币资金购买D公司定向发放的信托受益凭证;其次,由信托公司D以自己的内资身份,购买目标企业A的股份;最后,A公司成功上市且锁定期结束后,信托公司D按照B公司的指令,出售A公司的股份,用所得收入扣除相关费用后,赎回B公司持有的信托受益凭证。至此,基金的整个投资流程结束。

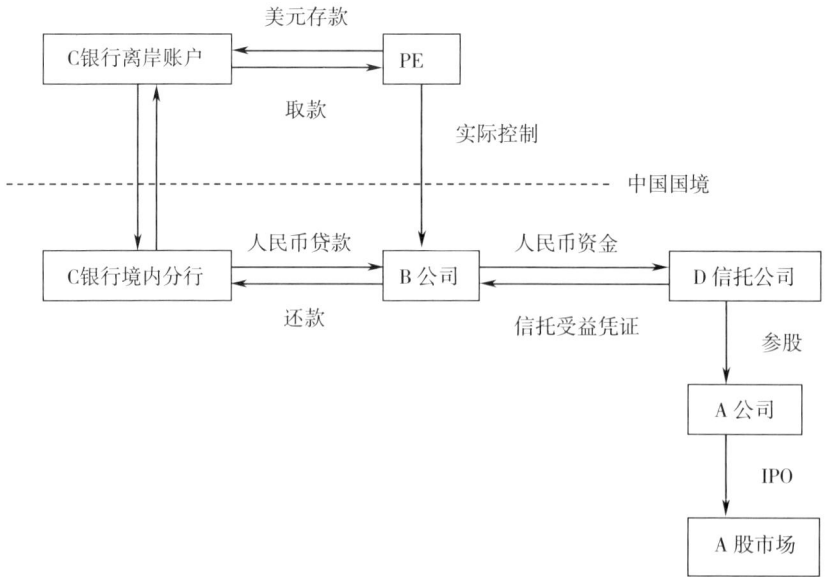

**图8 信托代持股份**

## 七、如何规避政府对企业之间提供贷款的管制——股权回购

境外私募股权基金在投资于中国国内目标企业时，时常遇到以下情况。第一，目标企业具有很高的成长性，它们不愿意接受过多的股权投资，因为这意味着丧失更多的剩余索取权，因此它们往往要求基金在提供股权融资的同时提供配套的债权融资；第二，某些目标企业甚至不愿意接受任何股权投资，而是要求基金提供100%的贷款；第三，某些目标企业规模较小，在较长时间内不能达到上市规模，也很难获得银行信贷，但是企业成长性很强，愿意以很高的利率获得贷款。在上述情况中，虽然提供贷款的行为偏离了基金的投资方向，然而很高的贷款回报率也让基金欲罢不能。

此外，中国政府对非金融企业之间相互提供贷款的行为，存在非常严格的管制，尤其是对贷款利率的管制，要求企业之间的贷款利率不得超过同期银行人民币贷款利率特定的比例。这就对境外私募股权基金对中国目标企业的高息贷款制造了障碍。而基金和企业对此的回应是，采用股权回购方式（假股权真债权）的方法来回避政府对企业间贷款的管制。

### 案例7 假股权真债权

内资企业A公司要求境外私募股权基金提供一笔价值1000万美元，年利率24%，期限为两年的高息贷款，基金打算通过其中国境内投资平台B公司提供贷款。然而，企业之间提供利息如此之高的贷款，违反了中国政府的相关政策。因此，A公司和B公司签订了一份股权投资协议，B公司以1000万美元投资A公司，获得A公司10%的股份。双方同时在协议中约定，两年之后，B公司有权要求A公司回购全部股份，股份作价1480万美元。通过签订股权投资和回购协议，双方就以假股权投资的方式，规避了中国政府对企业间借贷的限制性规定（见图9）。

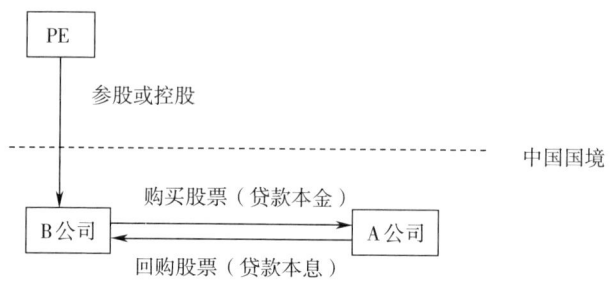

图9　股权回购——假股权真债权

## 八、如何规避政府对外资投资公司的高标准要求——收购控股内资投资公司的境内壳公司

如前所述，中国政府对境外私募股权基金在中国境内设立外商独资投资公司的经营实体，施加了比较严格的限制，例如要求提交申请前一年外国投资者的资产总额不低于4亿美元，投资公司的注册资本不低于3000万美元等。这对中小私募股权基金施加了较高的进入壁垒。此外，虽然境外私募股权基金可以不要境内投资实体，通过借道外资银行、地下钱庄、股东借款、第三方代持股份的方式，投资于中国目标企业，然而以上方式均是需要支付成本的，有些时候成本还相当高昂。因此，境外中小私募股权基金就产生了既想在中国国内设立投资实体，又适当规避中国政府相关规定的需求。资本逐利的动机是无穷的，它们找到了一个方法，即收购控股内资投资公司的境内壳公司。

### 案例8　收购控股内资投资公司的境内壳公司

境外私人股权基金试图持有一家内资身份的投资公司。该基金委托中国境内的一家专门从事企业注册的机构，垫资设立了两家公司A与B，其中A公司是一家内资投资公司（根据政府的要求，最低资本金限额为1000万元人民币），B公司是A公司的控股公司。等A公司和B公司的所有手续办完之后，再由境外基金收购B公司。B公司相应地必须完成企业性质的变更，即由内资企业变更为外资企业。而由于中国相关法律目前存在模糊之处，虽然母公司的性质发生变更，但是并没有强制性规定要求子公司A同时完成性质变更。在这种情况下，基金就成功地钻了法律的空子，通过收购母公司的方法控制了一家内资投资公司。

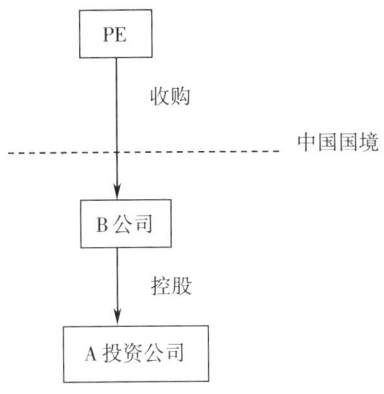

**图10　收购境内投资公司**

## 九、结论

通过上述8个案例的分析，我们比较系统地回顾了境外私募股权基金和中国企业是如何规避中国政府的行业管制和资本项目管制的。其中，红筹上市、盛大模式、境外期权模式是针对中国企业海外上市的，借道外资银行（地下钱庄）、股东借款、第三方代持股份、假股权真债权和收购内资投资公司，是针对中国企业A股上市的。前者是以目标企业为主体，在境外私募股权基金的协助下完成的，而后者是以境外私募股权基金为主体的。通过上述分析，我们可以得到以下几个基本结论。

第一，在高额利润的驱动下，市场主体进行融资结构创新以规避政府监管的动力和智慧是无穷的。实际上没有任何管制体系是完美的，而完美的管制体系绝对是严重束缚生产力发展的。从某种意义上而言，市场主体规避政府监管的行为可能是符合优化资源配置的趋势的。

第二，中国政府对外资投资于特定行业的限制性或禁止性规定，其效果并没有人们想象中那么好。我们认为，政府对行业的管制可分为两类：一类是政府为了维持国有垄断企业的地位而刻意为之，例如石油、电信、医疗、教育等行业，对这些行业的管制可能是违背效率原则的，政府对这些行业的管制应该放开；另一类是真正关乎国家利益的战略性行业，例如稀土资源开发、军工行业等，这些行业应该继续保持严格的管制。从盛大模式和境外期权模式来看，政府未来要加强管制，就不能只依据股权关系来判断外资是否控制了内资企业，而是应该从内资企业主要收入和利润处于谁的控制之下这一角度来进行判断。

第三，中国政府资本项目管制，在一定层面上被私募股权基金成功规避了。资本项目管制虽然没有人们想象中那么有效，然而也并非一无是处。例如，在基金借道外资银行或者通过股东贷款，将境外资金输入国内进行投资后，由于资本管制的存在，投资收益不能随投资本金同时汇出国外。这说明资本管制在某种程度上仍然是有效的。然而，如果中国政府迅速扩大QDII的规模和出台港股直通车政策，那么将会为境外私募股权基金汇出投资收益提供完美的通道。一旦中国经济增长减缓、人民币升值预期变得不明朗，那么扩大资本流出的政策很可能演变为资本外逃的捷径。从这一意义上来讲，我们应该慎重对待资本项目开放。正如余永定（2007）所言，资本项目管制是中国经济应对金融危机的最后一道防火墙，在中国经济体制改革尚未结束之前，金融开放和资本项目自由化的步伐不能太快。

# 中国的资本账户开放：
# 行为逻辑与情景分析*

**摘要：** 新兴市场国家是否应该保留适当的资本流动管理措施以应对日益增强的国际资本流动的波动性，这既是当前国际学术界的热点问题，也是过去几年内中国国内政策界与学术界讨论的焦点问题。最近几年以来，国际学术研究越来越强调新兴市场国家在特定情形下实施资本流动管理的必要性，IMF对资本账户管制的态度也发生了明显的变化。自2012年以来，国内学术界对是否应该加快资本账户开放争论不休，尚未达成共识。中国在资本账户开放方面最初遵循了一条渐进、审慎、可控的路径，但从2008年国际金融危机爆发后，中国开放资本账户的速度明显加快。资本账户开放速度的转变反映了中国政府行为逻辑的变迁，但这背后可能低估了潜在风险。考虑到目前中国经济所处的错综复杂的国内外形势，中国依然应该审慎渐进可控地开放资本账户，否则就可能遭遇系统性金融危机的爆发。因此，中国在未来的资本账户开放中仍应遵循恰当次序，加快建立宏观审慎监管框架，大力推进国内结构性改革以及建立危机预警、管理与应对机制。

## 一、序言

中国在1996年实现了国际收支经常账户的全面开放。1997年至1998年东南亚金融危机的爆发使中国充分认识到资本账户开放可能引致的潜在金融风险，此后中国走上了一条渐进、审慎、可控的资本账户开放道路。截至2011年底，根据国际货币基金组织（IMF）《汇兑安排与汇兑限制年

---

\* 发表于《世界经济与政治》2016年第6期。

报》，在中国资本账户的40个子项目中，实现基本可兑换的项目为14项，主要集中在直接投资及其清盘、信贷工具交易等方面；实现部分可兑换的项目为22项，主要集中在股票市场交易、债券市场交易、房地产市场交易与个人资本交易等方面；不可兑换项目为4项，主要包括非居民参与国内货币市场、基金信托市场以及衍生产品交易等。

2012年2月，中国人民银行调查统计司课题组公开发表了一篇名为《我国开放资本账户条件基本成熟》的研究报告。该报告指出，当前中国正处于资本账户开放的战略机遇期，并提出了在短期（1~3年）、中期（3~5年）与长期（5~10年）内推进资本账户开放的具体建议。这一报告引起了国内外的广泛关注，并在中国引发了当前是否应该加快资本账户开放的学术辩论。

2013年11月，中国共产党第十八届三中全会报告指出，要"推动资本市场双向开放，有序提高跨境资本和金融交易可兑换程度，建立健全宏观审慎管理框架下的外债和资本流动管理体系，加快实现人民币资本项目可兑换"。2015年10月，《中共中央关于制定国民经济和社会发展第十三个五年规划的建议》（以下简称"十三五"规划建议）指出，要"扩大金融业双向开放，有序实现人民币资本项目可兑换，推动人民币加入特别提款权，成为可兑换、可自由使用货币"。资本账户可兑换进入上述两个官方纲领性文件，意味着前者已经成为中国政府的中期政策目标。然而，正如党的十八届三中全会决定中"加快实现人民币资本项目可兑换"与"十三五"规划建议中"有序实现人民币资本项目可兑换"之间存在鲜明对比一样，关于下一阶段究竟应该如何继续开放资本账户，目前在国内的争论依然持续。

本文试图在回顾国内外相关文献的基础上，厘清迄今为止中国资本账户开放的行为逻辑，展望未来中国资本账户开放的可能情景，并借鉴其他新兴市场国家的经验教训，对未来中国政府如何更好地开放资本账户提出政策建议。

## 二、文献综述

根据经典的宏观经济学理论，资本账户开放大致可以为一国经济带来如下好处。首先，资本账户开放有利于资源在全球范围内进行配置，这无疑可以纠正过去存在的市场扭曲，通过提高资源配置效率来增进国民福利。其次，资本账户开放打破了金融抑制的环境，有助于一国居民与企业在全球范围内开展投资，这有助于该国居民与企业提高投资收益率以及规避本国系统性风险。再次，资本账户开放可以通过引入外国投融资主体来增强国内金融市场上的竞争，从而促进金融深化，增强该国金融市场的深度、广度与流动性（Prasad et al.，2003）。最后，资本账户开放通常能够缓解一国中小企业面临的融资约束，降低其融资成本（Forbes，2007）。

然而，近年来尤其是2008年国际金融危机爆发以来，很多开放了资本账户的新兴市场国家都遭遇了短期资本大进大出的冲击，部分国家甚至因此而爆发了金融危机，因此资本账户开放的上述好处遭到了越来越多的质疑，例如，在资本账户开放与资源配置优化以及相应的经济增长之间是否真的存在显著为正的相关性？资本账户开放是否会加剧新兴市场经济体的金融脆弱性，甚至引爆金融危机？究竟是资本账户自由化能够促进金融市场深化，还是深化后的金融市场才能较好地承受短期资本大进大出造成的冲击？

近期文献除了质疑资本账户开放的好处之外，也越来越开始强调适当的资本账户管制或资本流动管理的必要性。例如，安东·科瑞涅克（Anton Korinek）的研究表明，对资本流入激增进行管制并非一种扭曲性政策，而可能是一种最优政策。这是因为，由于投资者并没有将其快速投资与撤资的行为可能给金融体系造成的风险内部化，这可能加剧金融体系的不稳定，因此，为纠正这种内在失灵，对资本流入征收反周期的庇古税就具有理论上的合理性。又如，奥利弗·珍妮（Olivier Jeanne）和科瑞涅克指出，新兴市场国家通常会面临短期资本大进大出的冲击，而实施审慎性资本流动控制可以缓解短期资本流动给新兴市场国家造成的冲击，这意味着新兴市场国家应该在经济繁荣时抑制资本流入，这样就可以降低经济衰退时资本流出的潜在规模。换言之，反周期的资本流动管理可以降低宏观经济的波动性以及增进国民福利。

近二三十年来，国际经济学界有大量的经验研究分析新兴市场国家进行资本账户管制的有效性，这些研究至少形成了以下共识。第一，对资本流入的管制要比对资本流出的管制更加有效（Ariyoshi et al.，2000）。第二，资本流入管制的有效期较短，通常不到一年（Binici et al.，2009）。第三，对资本流入的管制未必能够降低资本流入的规模，但却能够显著改变资本流入的期限结构，即降低短期资本占资本流入的比重（Montiel and Reinhart，1999）。第四，就资本账户管制的具体工具而言，数量型工具造成的经济扭曲要比价格型工具更大（余永定和张明，2012）。

在2008年国际金融危机爆发之后，就连过去支持资本账户自由化的IMF也不得不承认，对跨境资本流动进行某种程度管制的国家，通常是受到金融危机冲击程度较轻的国家（Ostry et al.，2010）。IMF随即提出了资本流动管理的新思维：资本流动管理可以与宏观经济政策、宏观审慎监管一起，成为新兴市场与发展中经济体应对资本流动波动性的工具之一（Ostry et al.，2011）。

波士顿大学帕迪中心（Pardee Center Task Force）提出了一些适用于新兴市场国家资本流动管理的新准则。第一，资本账户管制应该被视为宏观政策工具箱中不可或缺的一部分，而非最后的救命稻草。第二，尽管价格型资本账户管制工具更加具有市场中性，但是数量型资本账户管制工具通常更为有效，尤其是在资本账户比较封闭、中央银行能力较弱以及资本流入的动机很强之时。第三，资本账户管制并不应该仅仅针对资本流入，资本流出管制不仅能够有效地阻吓不合意的资本流入，而且还能发挥其他功用。第四，资本管制措施不应该被视为临时性措施，而应被视为一种熨平经济繁荣与萧条的反周期的永久性机制。第五，资本流动管理的重担不应全部由新兴市场与发展中国家来承担，国际资本的来源国也应该在其中发挥重要作用（Gallagher，Griffith - Jones and Ocampo，2012）。

2012年中国人民银行调查统计司课题组发布的一篇研究报告引发了中国国内关于是否应该加快资本账户开放的学术讨论。该报告认为，基于以下理由，2012年前后正是中国加快资本账户开放的战略机遇期。第一，国际金融危机降低了西方企业的估值水平，因此开放资本账户有助于促进中国企业对外投资。第二，开放资本账户有助于推动跨境人民币使用与人民币离岸中心建设。第三，开放资本账户可以通过促进低附加值产能转移和拓宽家庭海外投资渠道等方式来促进国内经济结构调整。第四，现有资本账户管制效率不断下降。第五，目前中国宏观经济稳定、金融体系稳健、外汇储备充足、金融风险可控，故而满足了资本账户开放的基本条件。中国人民银行调查统计司在2012年发布的另一篇研究报告中声称，一方面，罗伯特·蒙代尔（Robert A. Mundell）的"不可能三角"理论与利率平价理论均存在一定的局限性；另一方面，对美国、日本、英国、德国等国家的经验分析表明，在利率改革、汇率改革与资本账户开放之间并不存在固定顺序。因此，人民币利率市场化改革、人民币汇率形成机制改革与资本账户自由化可以协调推进。

余永定、张明和张斌针对上述央行研究报告提出了以下质疑。第一，考虑到中国经济潜在增速的下行与金融风险的显性化以及美联储即将步入新一轮加息周期，2012年前后如果加快资本账户开放，中国很可能面临规模巨大的资本外流，因此2012年前后绝非加快资本账户开放的战略机遇期。第二，如果在人民币利率与汇率形成机制尚未充分市场化的前提下推进人民币国际化，会造成人民币离岸市场与在岸市场之间的跨境套汇与套利行为大行其道。第三，用开放资本账户来倒逼国内结构性改革的做法是巨大的冒险行为。第四，中国的资本账户管制依然大致有效，在人民币离岸与在岸市场之间存在的较大息差就是证据。第五，资本账户开放需要遵循适当的顺序（余永定、张明和张斌，2013）。林毅夫也提出了以下理由来反对过快开放中国的资本账户。第一，短期国际资本通常会进入流动性较强且有投机性质的股票市场与房地产市场，因此容易导致股市与房地产泡沫。第二，自20世纪70年代起，发展中国家加快资本账户开放的结果是经济波动更为频繁、金融危机爆发概率大增。第三，发展中经济体在金融结构上本身就是扭曲的，短期资本大进大出可能造成更大的波动。第四，在长期性停滞风险凸显、全球流动性泛滥的背景下，中国加快资本账户开放的结果很可能是资本大进大出。第五，一旦资本账户开放之后要重新收紧管制，那么国内外的既得利益者就会群起反对。泰国在2008年国际金融危机中的表现就是绝佳的例子（林毅夫，2014）。

值得指出的是，目前中国国内关于资本账户是否应该加快开放的争论主要是围绕短期资本流动项目展开的。而关于长期直接投资项目的开放，正反双方都认为没有问题。事实上，无论是对外直接投资还是外商来华投资，只要符合相关产业政策与真实性审核，面临的管制已经基本上放开了，因此未来的资本账户开放进程将主要围绕短期资本流动而展开。

国内正反双方多轮激烈辩论的结果客观上对中国央行下一阶段的资本账户开放进程产生了显著影响。例如，尽管中国央行多次重申要在2015年底实现基本开放资本账户，但央行也多次强调加强宏观审慎监管以及对短期资本流动的监测与管理的重要性。又如，在2015年4月IMF春季年会上，中国人民银行行长周小川表示，中国将从国际金融危机中吸取经验教训，实现有管理的资本账户可自由兑换，这是一种在吸取各种经验教训基础上、基于自身意志而进行的有序安排。事实上，自2015年8月11日汇率改革之后，由于面临短期资本持续流出以及人民币对美元贬值压力，中国央行已经开始收紧对短期跨境资本流动的管理，例如加大对地下非法资本流动的打击、收紧了对居民的换汇限制与汇出限制以及开始限制离岸市场上的非居民通过银行渠道获得人民币等。尽管有央行官员将上述做法解释为加强宏观审慎监管，但宏观审慎监管侧重对金融机构的整体行为以及金融机构之间的相互影响进行监管，上述针对居民换汇、境外非居民获得人民币等行为的限制并不属于宏观审慎监管的范畴，而属于资本管制措施的加强。

## 三、中国资本账户开放的行为逻辑

### （一）迄今为止的中国资本账户开放路径

受东南亚金融危机爆发的经验教训影响，从20世纪90年代晚期开始，中国在资本账户开放方面采取了一条渐进、审慎与可控的开放途径。这条途径可以总结为一是先开放资本流入，再开放资本流出；二是先放开对中长期资本流动的管制，再放开对短期资本流动的管制；三是具体的资本账户开放措施一般采取试点推广的方法，即先在特定资本流动配额下实施开放，在观察开放的效果后决定是否进一步扩大配额，直至最终取消配额管理。

到 2008 年国际金融危机爆发之前，中国的资本账户已经实现了部分开放。首先，在跨境直接投资方面，只要是符合相关产业规定、经过真实性审核以及履行了相应审批程序的，无论是外商直接投资（FDI）还是对外直接投资都已经基本放开。其次，在跨境证券投资方面，中国政府实施了双向额度管理。外国来华证券投资受到合格境外机构投资者（Qualified Foreign Institutional Investor，QFII）制度的额度限制，而中国对外证券投资则受到合格境内机构投资者（Qualified Domestic Institutional Investor，QDII）的额度限制。这种额度管理体系实现了中国政府对跨境证券投资的可控开放。最后，在跨境其他投资（即跨境债权债务类资金流动）方面，中国政府采取了分类管理的做法。第一，对于跨境贸易融资，只要通过真实性审核，基本上可以自由流动。第二，对于外商投资企业，在"投注差"范围内，可以向境外母公司申请跨境贷款。① 第三，对短期外债、外国机构在国内申请贷款或发债等方面，依然存在较为严格的管制。

1999 年至 2011 年，中国国际收支出现了连续 13 年的经常账户顺差与资本账户顺差并存的"双顺差"格局。持续双顺差的一个直接结果，是中国外汇储备规模直线飙升，最高时接近 4 万亿美元，以至于中国成为持有外汇储备最多的国家。由于大部分外汇储备投资于以美国国债为代表的美元资产，中国外汇储备的保值增值问题日益突出。

2008 年美国次贷危机以及 2010 年欧洲主权债务危机的相继爆发深刻改变了全球主要大国在经济领域的力量格局。受到危机冲击，主要发达经济体资产价格下跌、经济增速放缓。相比之下，主要新兴市场经济体受到的危机冲击不大，且受到危机后发达国家集体实施的量化宽松政策所形成的全球过剩流动性的推动，出现了本币汇率升值、资产价格上涨与经济增速较快的局面。中国经济在此期间一举超越日本成为全球第二大经济体，同时成为全球最大的贸易国以及最大的外汇储备持有国。

受到上述相对格局变化的推动，在 2008 年国际金融危机爆发之后，中

---

① "投注差"指外商直接投资在注册资本金与实际投资额之间的差距。一般而言，实际投资额低于注册资本金。在"投注差"范围内，外商投资企业可以向境外母公司申请贷款。

国政府在资本账户开放方面推出了两大新举措。一方面，大力推动中国企业"走出去"，抓住金融危机爆发后发达国家资产价格估值较低、发达国家企业亟须获得资本注入的机会，开展大规模对外直接投资。这样做不仅有助于增强中国企业的国际竞争力，而且有助于更加多元化地利用中国庞大的外汇储备，实现外汇储备的保值增值。另一方面，努力推动人民币国际化，扩大人民币在国际范围内的使用，以此来降低中国在对外贸易与投资中对美元的过度依赖，进而降低外汇储备的积累速度，降低中国企业面临的外汇风险与兑换成本，促进国内金融市场改革。

中国政府采取了一种三管齐下的方式来推动人民币国际化。一是扩大人民币在跨境贸易与投资中的计价与结算；二是发展香港、台北、伦敦等离岸人民币金融中心；三是由中国央行与其他国家或地区的中央银行签署双边本币互换，以此来向各国人民币离岸市场提供流动性。截至2015年6月底，人民币国际化在上述三个维度上已经取得显著进展。当前中国跨境贸易总额已经有大约1/4是由人民币来进行结算的，人民币当前已经在全球结算货币中排到第四位或第五位。当前全球离岸市场人民币存款已经超过2万亿元，其中香港市场人民币存款约为1万亿元。迄今为止，中国央行已经与20多个央行签署了双边本币互换，互换总规模接近3万亿元人民币。

人民币国际化与资本账户开放本质上是一枚硬币的两面（Yu，2012）。事实上，自2009年中国政府推动人民币跨境贸易结算试点以来，中国央行基本上就是在通过推动人民币国际化来实现资本账户的进一步开放。这是因为，为了促进人民币的国际使用，中国政府必须通过特定途径对外输出人民币，也必须通过特定途径实现离岸人民币的回流。只有这样做，才能既满足境外主体获得人民币的需求，又能满足境外主体利用手中的人民币到中国在岸市场开展投资的需求。而人民币的输出与回流就意味着中国政府必须进一步开放资本账户。

在人民币国际化背景下的主要资本账户开放措施包括以下几项。第一，央行放松了对通过人民币结算的跨境贸易与投资的管理。当前，以外币计价的跨境贸易与投资依然由外汇局在各地的分支机构实施管理，而以人民币计价的跨境贸易与投资则由中国人民银行货币政策二司（这是央行为推动人民币国际化而新设立的机构）在各地的分支机构（跨境办公室）负责管理。一般而言，跨境办公室对人民币跨境流动的管理要显著弱于外汇局对外币跨境流动的管理。第二，为了方便境外人民币资金回流至境内，一方面，中国政府对境外央行、境外人民币清算行等机构开放了国内债券市场；另一方面，中国政府推出了人民币合格境外机构投资者（R-QFII）制度，允许境外机构投资者利用在境外获得的人民币资金，在特定额度内投资于中国境内的金融市场。第三，在跨境金融产品提供方面，中国政府鼓励各种类型的境内外机构在离岸人民币市场发行以人民币计价的债券（点心债券），逐渐放开境外机构在在岸人民币市场发行以人民币计价的债券（熊猫债券），并已经推出了沪港通，未来即将推出深港通等境内外资本市场的联通机制。第四，除了传统的 QDII 之外，中国政府还即将推出允许境内个人直接投资于境外金融市场的 QDII2 制度。在前海实验区内，中国政府还推出了不限制境外投资产品类别的 QDLP 制度。

然而，由于中国央行是在人民币利率与汇率形成机制尚未充分市场化的前提下推进人民币国际化以及资本账户开放的，这就造成境内外主体利用离岸与在岸两个人民币市场的利差与汇差进行跨境套利的行为大行其道。一方面，境内在岸人民币市场上，央行对利率与汇率均存在一定程度的干预；另一方面，在境外离岸市场上，人民币利率与汇率是由市场供求力量决定的。这种不同就导致了在很多时候离岸与在岸市场上的人民币价格（包括利率与汇率）存在显著的差距，这就为跨境套利行为提供了空间。第一，2009 年至 2013 年，市场上存在显著的人民币升值预期，造成离岸市场上的人民币价格要显著高于在岸市场，这就使很多关联公司以进口人民币结算为伪装，将人民币从在岸市场输送到离岸市场以赚取汇差收入。第二，2009 年至今，在岸市场人民币利率水平远高于离岸市场人民币利率水平，这就使得很多关联公司以跨境人民币结算为伪装，通过内保外贷的方式从境外银行处借入人民币资金，再运回国内使用以赚取利差收入（张明和何帆，2012）。在过去几年内，跨境套利与套汇行为的规模非常庞大，这种跨境投机行为不仅降低了中国政府宏观调控的效果、损害了中国国民福利,而且导致官方的人民币国际化数据存在明显的"泡沫"。

**(二)中国资本账户开放背后的行为逻辑及其转变**

从上述中国资本账户开放路径来看,在2008年国际金融危机爆发之前,中国的资本账户开放进程总体上是渐进的,而在金融危机之后,中国的资本账户开放速度显著加快。

笔者认为,在2008年国际金融危机爆发之前,中国政府之所以选择渐进的资本账户开放路径,背后的行为逻辑可以归纳如下。

第一,秉持中国渐进式改革的总体策略。改革开放以来,中国政府就一直秉持着渐进式改革路径。与激进式改革路径相比,渐进式改革的好处在于可以通过"试错"+"推广"的模式来探索改革的最优模式、减少改革带来的震荡,并通过增量式改革来凝聚社会各阶层的共识。但渐进式改革路径的问题在于,这种路径倾向于将困难的改革推到后面,从而在改革后期不得不面临"惊险的一跃"。此外,在渐进式改革的过程中将会形成各种新的既得利益集团,而这些利益集团会设法从维持现状中获益,并会阻挠进一步的改革。对于资本账户开放这种不确定性较大、需要较多配套条件的改革而言,采取渐进式改革的策略无疑是利大于弊的占优策略。

第二,配合中国出口导向的发展策略。自改革开放以来,尤其是1994年外汇市场并轨以来,中国在借鉴亚洲"四小龙"发展模式的基础上,选择了出口导向的发展策略。出口导向发展策略具有几大核心要素。一是实现人民币汇率的相对低估,从而保持中国产品在价格方面的国际竞争力;二是压低土地、劳动力等生产要素价格;三是通过加入世界贸易组织(WTO)来降低国际关税与非关税贸易壁垒。此外,大力引入加工贸易型外商直接投资也是中国政府实施出口导向发展策略的重要举措。这就决定了在资本账户开放方面,中国政府优先开放了对FDI的限制。此外,中国地方政府在引入FDI方面给予了非常多的优惠政策,例如所得税减免、廉价土地与财政补贴等。

第三,积累外汇储备资产。截至1996年底,中国的外汇储备仅为1000亿美元左右。1997年至1998年爆发的东南亚金融危机深刻揭示了一旦新兴市场国家爆发金融危机，很难指望美国与 IMF 等发达国家或国际金融机构及时出手相救的事实，这就使包括中国在内的东亚新兴市场经济体走上了通过积累外汇储备来保障自身金融安全的道路。1999 年至 2011 年，中国持续实现了经常账户顺差与资本账户顺差的国际收支双顺差，这最终使中国的外汇储备上升至近 4 万亿美元。之所以中国能够出现持续的资本账户顺差，则是因为中国政府采取了先开放资本流入、再放开资本流出的次序。而随着近年来中国政府开始加速放开资本流出，中国的外汇储备已经由顶峰时期的近 4 万亿美元下降至 2016 年 1 月底的 3.22 万亿美元。

第四，吸取了其他新兴市场国家开放资本账户的经验教训。无论是 20 世纪 80 年代的拉丁美洲债务危机，还是 20 世纪 90 年代的东南亚金融危机，均生动地表明，第一，国际资本的大量流入将会使东道国产生实施顺周期宏观经济政策以及放松资本账户管制与金融监管的诱惑。而当一国屈从于这些诱惑后，金融危机通常会尾随而至。第二，要避免资本流入导致的金融危机，关键在于避免资本流入可能导致的实际汇率升值与经常账户逆差。第三，在资本账户开放的进程中，保留一些能够对资本账户波动性进行直接管理的工具，这一点经验至关重要。中国之所以采取了渐进可控的资本账户开放路径，在很大程度上是充分吸取了其他新兴市场国家的经验教训，尤其是在国内金融市场发展还不健全、金融脆弱性程度还比较高的前提下，应该审慎开放资本账户，特别是应该审慎放开波动性比较强的证券投资与债权类资金流动。此外，中国在资本账户开放的次序方面，事实上也充分借鉴了日本的成功经验。例如，荒卷健二（Kenji Aramamaki）指出，日本的资本账户开放遵循了如下次序，即对内投资的自由化通常先于对外投资的自由化，直接投资的自由化通常先于其他投资的自由化，对跨境证券发行等高风险交易保持审慎态度等。不难看出，中国的资本账户开放也基本遵循了这一次序。

然而，自 2008 年国际金融危机爆发之后，中国的资本账户开放进程明显加快，其背后的行为逻辑自然也发生了重要变化。

第一，中国经济体量的扩张与全球排序的上升使中国试图在全球范围内扮演更为重要的角色，而推进人民币国际化需要资本账户开放的配合。

金融危机爆发之后，欧元区、美国、日本等发达经济体的经济增速显著下滑，而中国经济依然保持了较快的增长速度，这就使中国经济的全球地位在危机后快速上升，超过日本成为全球第二大经济体。然而人民币的国际地位显著落后于中国经济的国际地位，因此，中国试图通过推进人民币国际化来缓解货币地位与经济地位的不匹配现象。而为了更快地推进人民币的跨国使用，中国就需要更快地推进资本账户开放。这一方面要求中国通过贸易、投资与金融渠道向境外输出更多的人民币，另一方面则要求中国通过开放国内债券、股票等金融市场，以吸引海外人民币的回流。

第二，中国的产业结构转型升级需要促进企业对外直接投资。中国经济体量的放大、国内要素价格的上升、人民币汇率的持续升值等因素决定了出口导向发展模式已经难以持续，中国企业需要从传统的低附加值的劳动密集型产业向更高附加值的资本与技术密集型产业转型升级。而为了更好地向"微笑曲线"的两端攀升，通过海外兼并收购来学习外国先进技术与管理经验，再转而用于提高自身国内竞争力，就成为中国企业海外直接投资的重要诉求（Huang and Wang, 2013）。然而，过去中国的资本账户管制对外商直接投资的开放程度较高，而对中国海外直接投资的开放程度较低。因此，放松对中国企业海外投资的各种限制、促进中国企业"走出去"就成为大势所趋。

第三，外汇储备规模已经积累到相当大规模，保值增值面临重大挑战。随着中国外汇储备规模的一路飙升，外汇储备的保值增值问题逐渐成为中国央行面临的一大挑战。迄今为止，中国的外汇储备主要投资于以美国国债为代表的发达国家政府债券。然而，自2008年国际金融危机爆发以来，美国、欧元区、英国与日本央行一方面将经济体内利率下调至接近零的水平，另一方面实施了以量化宽松为代表的非常规货币政策。这就使中国外汇储备既面临投资收益率偏低的局面，还面临着发达国家货币显著贬值可能产生的汇率风险。例如，温家宝总理就曾对奥巴马总统公开表示过对中国外汇储备投资于美国国债的安全问题的担忧。为了提高外汇储备的收益率，中国在国际危机爆发后就开始力推中国企业"走出去"，即鼓励中国企业到海外开展绿地投资或兼并收购，通过增加对外直接投资的规模来提高中国外汇资产的收益率。此外，由于外汇储备规模已经超过了充分适度的水平，中国也改变了过去"宽进严出"的资本账户开放思路，显著放松了对各类资本流出的限制。

第四，中国试图通过资本账户开放来倒逼国内结构性改革。中国经济体制改革已经走过了 30 多年的渐进式改革之路，目前比较容易的改革已经大致上推进完毕，剩下的都是一些难啃的"硬骨头"，如何降低政府税收与企业利润占国民收入的比重、如何打破国企垄断并向民间资本开放服务业、如何进一步实施国内各种要素价格的市场化等。这些改革之所以困难，是因为都涉及存量利益的重新分配，因此必然遭到强势既得利益集团的反对与阻挠。然而，上述改革对于中国经济增长模式的转型与中国经济的可持续增长而言，又是不可或缺的。在国内结构性改革知易行难的背景下，通过资本账户开放来引入外部竞争压力，倒逼国内结构性改革，就成为以中国央行为代表的中国政府做出的重要选择。①

自 2008 年国际金融危机爆发以来，中国央行加快资本账户开放的行为逻辑固然有可圈可点之处，但却在较大程度上忽视了加快资本账户开放的潜在风险，高估了中国政府管理持续大规模资本外流的能力。一旦资本大规模外流引爆金融危机，那么上述中国的战略诉求就可能难以实现。

例如，中国试图通过加快资本账户开放来推进人民币国际化。但由于人民币汇率、利率形成机制尚未充分市场化，导致在过去几年人民币国际化的成就背后存在大量跨境套汇套利交易造成的泡沫。而从 2015 年下半年起，随着人民币升值预期的逆转以及境内外利差的缩小，用离岸人民币存款规模来衡量的人民币国际化的进展已经显著放慢，甚至出现了逆转。如果未来的资本账户开放管理不善，进而引爆金融危机，那么人民币国际化不仅难以更进一步，反而可能停滞甚至逆转。正如 20 世纪 80 年代进展较快的日元国际化因为 20 世纪 90 年代初期的资产价格泡沫破灭而陷入停滞

---

① 一个经常用来作类比的例子是，在 2001 年中国加入 WTO 之时，中国政府承诺要在 6 年时间内实现银行业的对外开放。当时很多人担心一旦对外开放后，中国银行业会爆发重大危机。然而在对外开放的压力下，中国政府成功地实现了对国有商业银行的股份制改革与国内外上市，最终强化而非削弱了中国商业银行的国际竞争力。

一样。

又如，中国试图通过加快资本账户开放来实现外汇储备的保值增值。但如果资本账户开放导致大规模的净资本流出，将会加剧人民币对美元的贬值压力。如果人民币汇率形成机制依然缺乏弹性，那么中国央行将不得不通过出售外汇储备来维持人民币对美元汇率的稳定。换言之，如果在汇率形成机制充分市场化之前过快开放资本账户，非但不能实现外汇储备的保值增值，而且可能造成外汇储备的大量流失。

再如，中国试图通过加快资本账户开放来倒逼国内结构性改革，其最终结果是高度不确定甚至是相当危险的。试想，如果加快资本账户后爆发了金融危机，那么危机爆发后，中国国内的结构性改革究竟是会加快，还是会放缓、停滞甚至逆转？笔者担心后一情形发生的概率更大，正如中国国内的结构性改革在2008年国际金融危机爆发后陷入停滞一样。换言之，通过一个本身后果高度不确定的进程来倒逼阻力很大的结构性改革，是过于理想化的举动。一旦中国政府在资本账户过快开放后遭遇危机，就很可能成为既得利益集团的口实，被后者用来阻挠国内的其他市场化改革。

## 四、未来中国资本账户开放的情景分析

如此所述，中国央行公布了将在2020年底实现资本账户全面开放的时间表。然而在未来5年内，无论全球经济还是中国经济都面临着较大的不确定性。这些不确定性主要体现在以下四个方面。第一，全球经济在2008年国际金融危机爆发之后一直复苏乏力，以至于可能陷入"长期性停滞"的局面。全球经济增速在未来5年内都很难回到危机爆发前5年4%~5%的增长速度。第二，无论是发达国家内部还是新兴市场国家内部，目前都存在复苏路径分化的现象。经济增速的分化将会导致货币政策的分化，而货币政策的分化又会对货币汇率与资本流动产生显著影响。第三，美联储即将在未来几年步入新一轮加息周期。而历史经验表明，每当美联储进入新一轮加息周期之时，就是全球新兴市场国家面临负面冲击甚至爆发金融危机之时。美联储加息的频率在未来几年内都将是全球金融市场面临的重

要震荡之源。第四，在全球经济增速放缓、金融风险日益凸显的环境下，各国之间爆发汇率战与贸易战的概率将会显著上升。WTO等推动的全球贸易规则正在遭遇诸如跨太平洋伙伴关系协定（TPP）、跨大西洋贸易与投资伙伴协议（TTIP）、国际服务贸易协定（TISA）等区域性贸易投资协定的挑战，全球经济的碎片化趋势正在增强。

在未来几年内，中国经济将至少面临如下外部不利冲击。首先，全球经济增长乏力，这意味着中国经济面临的外部需求将持续低迷，通过出口增长来拉动经济增长与就业的空间很小。其次，美联储步入新的加息周期，意味着中国可能持续面临短期资本外流的格局，人民币对美元汇率也可能因此而面临持续的贬值压力。最后，全球需求疲弱与美元升值共同导致了全球大宗商品价格持续低迷，这固然有助于降低中国企业的进口成本，但同时也加大了中国经济当前面临的通货紧缩压力。

此外，中国经济目前还面临如下一些重要的内部问题。第一，随着人口老龄化的加剧、制造业产能过剩的凸显以及国内要素价格的上升，传统的依靠投资与出口来拉动经济增长的模式难以为继，而增长动力的换挡会带来不确定性以及潜在经济增速的下降。第二，在2008年国际金融危机爆发之后，中国政府实施了过度宽松的财政政策和货币政策，出现了地方政府债务大幅上升、房地产市场出现大量库存、企业债务占国内生产总值（GDP）比率攀升等不利后果，而在未来几年内，企业部门的去杠杆、房地产市场的下行以及地方债务的攀升都可能造成中国商业银行体系不良贷款比率显著上升、金融脆弱性明显增强。如果处理不当，很可能会酿成区域性乃至系统性金融危机。

在中国经济内部问题与矛盾增多、全球经济停滞与动荡格局并存的局面下，如何进一步开放资本账户是一件至关重要的事情。如果处理失当，资本账户全面开放之后可能引发短期资本大进大出，很可能给中国的经济增长与金融稳定造成新的挑战，甚至导致中国爆发系统性金融危机，进而陷入中等收入陷阱。笔者认为，从目前来看，中国的资本账户开放可能面临以下四种情景。

第一，快速开放，未出现危机。在这种情景下，中国央行按照之前给出的时间表,在未来 5 年内实现了资本账户的全面开放。而且幸运的是,在资本账户加速开放的过程中以及开放之后,中国并未出现较大规模的金融危机。然而如前所述,在复杂多变、不确定性凸显的国内外背景下,这种情景得以实现的概率非常低。

第二,快速开放,遭遇危机,重新管制。在这种情景下,中国央行按照之前给出的时间表,在未来 5 年内实现了资本账户的全面开放。然而,国内结构性改革的推进跟不上资本账户开放的步伐,会造成结构性改革显著滞后于金融改革的局面。在中国经济增速放缓、金融风险浮出水面,且美联储连续加息增强了美国市场对资金的吸引力的背景下,资本账户加速开放导致中国面临持续大规模的资本净流出。例如,IMF 的一项研究指出,中国的资本账户开放可能导致中国对外资产出现占 GDP 15%~25% 的存量增长、中国对外负债出现占 GDP 2%~10% 的存量增长,这意味着中国的海外净资产(相应的资本净流出)出现占 GDP 11%~18% 的增长(Bayoumi and Ohnsorge,2013)。

资本净流出不但加剧了人民币对美元贬值预期,从而导致更大规模的资本流出,而且国内市场利率的提升会加剧企业部门去杠杆、房地产价格下行以及地方政府债务攀升,从而显著放大国内金融脆弱性。在这一情景下,中国很可能爆发货币危机、银行业危机,甚至主权债务危机。

资本净流出首先可能导致的危机是货币危机。2015 年 8 月 11 日人民币汇率形成机制调整至今,中国央行大致采取了汇率维稳的做法,即通过央行在外汇市场上卖美元买人民币的方式来稳定汇率。这种做法已经导致中国的外汇储备由 2015 年 1 月底的 3.81 万亿美元降至 2016 年 1 月底的 3.23 万亿美元,一年之内缩水近 6000 亿美元。仅仅在 2015 年 12 月这一个月,外汇储备就缩水 1079 亿美元。① 如果这种外汇储备缩水的趋势持续下去,中国目前 3.23 万亿美元的外汇储备可能在两三年内就消耗殆尽,届时人民币对美元汇率可能出现大幅贬值,即爆发货币危机。

紧随着货币危机的可能是银行业危机。一方面,人民币贬值预期的加

---

① 数据来自国家外汇管理局网站。

强将会导致更大规模的资本净流出,如果央行没有能够及时对冲,国内银行间利率水平可能显著上升;另一方面,为了保卫本币汇率,中国央行可能被迫加息。国内利率水平的上升将会加快企业部门去杠杆的速度以及房地产市场的下行速度,同时也会加快地方政府债务水平的上升幅度。如果控制不好,房地产泡沫破灭、地方政府债务违约可能接踵而至,而这最终将会导致银行体系坏账规模显著增长,甚至引爆银行业危机。

银行业危机之后,可能爆发主权债务危机或者引起高通货膨胀。无论是房地产泡沫破灭、地方政府债务违约还是银行业危机爆发,最终都需要中国政府动用财政资金进行救援。但考虑到目前中国政府广义负债占GDP规模已经超过70%,如果中国再次动用财政资金大规模救市,中国政府负债占GDP规模超过90%的国际警戒线,这可能引发市场对于中国政府债务可持续性的担忧,甚至引发做空行为。而为了缓解债务负担,中国可能被迫通过制造通货膨胀的方式来稀释债务负担。

最悲观的情景是上述危机相继爆发,从而酿成系统性金融危机。而一旦危机爆发,中国很可能通过重新收紧资本账户管制的方式来缓解危机冲击。这不仅意味着中国的资本账户开放进程走了"回头路",而且会对中国经济与金融市场造成显著负面冲击。

第三,审慎开放,未出现危机。在这种情景下,考虑到内外经济面临的不确定性,中国央行在未来的资本账户开放方面依然采取了渐进、审慎与可控的方式。在逐渐取消数量型管理措施的同时,引入了大量新的反周期的宏观审慎监管政策,并保留了在特定情景下重新采用数量型管制措施的权利。虽然中国经济增速的放缓与金融风险的显性化给中国经济增长与金融稳定依然造成了一定的负面冲击,但由于没有出现短期资本大进大出的状况,中国依然有充裕的国内政策空间来应对上述负面冲击,因此最终并未出现大规模金融危机。中国经济实现了理想中的平稳过渡。

第四,审慎开放,遭遇危机,开放放缓。在这种情景下,尽管中国央行在未来的资本账户开放方面采取了渐进审慎的方式,但由于国内积累的金融风险太高,抑或是外部冲击过于持久与剧烈,最终中国依然爆发了一定程度的金融危机,不过危机程度显著低于第二种情景。危机爆发后,为了应对危机造成的负面冲击，中国央行不得不收紧资本流动管理，资本账户开放进程也发生了一定程度的放缓。但与情景二相比，资本账户开放的逆转幅度较小，对中国经济与金融市场造成的负面冲击也相对较小。

通过比较上述四种情景，不难看出，未来潜在风险最大的是第二种情景，因此这应该是中国央行需要竭力防范与避免的。尽管第一种情景看似是一种合意的结果，但能够实现的概率太低。因此，审慎开放资本账户就成为未来中国央行的一种理性选择。

## 五、结论

本文梳理了关于新兴市场国家资本账户开放的理论与实证文献，回顾了近年来中国国内学术界与政策界关于当前是否应该加快资本账户开放的讨论，分析了迄今为止中国政府开放资本账户的行为逻辑，并展望了未来中国政府开放资本账户的潜在路径。

本文得到的主要结论如下。第一，自2008年国际金融危机爆发以来，越来越多的国际文献开始质疑资本账户开放与经济增长以及金融深化之间的关系，并开始强调资本自由流动可能加剧金融脆弱性，因此，新兴市场国家应该将资本流动管理作为抵御短期资本流动波动性的工具，已经成为国际学界的主流看法。第二，2012年之后中国国内针对是否应该加快资本账户开放展开了激烈讨论，尽管正反双方并未达成共识，但这一讨论事实上已经影响到央行进一步开放资本账户的行为。第三，在国际金融危机之前，中国政府在资本账户开放方面采取了渐进、审慎、可控的做法。国际金融危机之后，在大力推进人民币国际化的背景下，资本账户开放明显加快，但这造成了跨境套利交易大行其道等新问题。第四，在全球经济处于停滞、分化与动荡格局以及中国经济增速下行与金融风险凸显的背景下，为了避免金融危机的爆发以及资本账户开放的逆转，中国政府最好依然遵循渐进审慎的资本账户开放模式。

为了更加稳健、可持续地开放中国的资本账户，笔者提出以下政策建议。第一，未来的资本账户开放仍应遵循特定的次序。在人民币汇率形成机制市场化改革基本结束之前、在金融市场充分消化人民币利率市场化改革造成的冲击之前、在当前国内金融市场的脆弱性充分暴露并得到妥善解决之前，中国政府不宜过快开放资本账户。第二，尽管总体上中国资本账户开放应该审慎渐进，但中国政府应该进一步鼓励中国企业海外直接投资，尤其是应该简化民营企业海外直接投资的各种审批程序。第三，对于当前的资本流动管理，中国央行应该逐渐用一些价格型工具（例如托宾税等）来替代数量型工具，但也不要主要放弃在极端情形下重新使用数量型工具的权利。此外，中国央行应该加快构建宏观审慎监管体系，并逐渐用宏观审慎监管措施来逐渐替代资本流动管制措施。第四，中国政府应该突破利益集团阻力，大力推动包括国企改革、土地改革、服务业开放、国内要素价格市场化等在内的结构性改革，只有推动上述结构性改革，才能重塑中国经济的中长期增长动力，也才能在较快的经济增长中来消化过去积累的金融风险。第五，中国政府应该未雨绸缪，建立金融危机预警、管理与应对机制。毕竟，在过去所有的国家跨越中等收入陷阱成为发达国家的过程中，都无一例外地经历了金融危机的洗礼，中国恐怕也不能例外。金融危机爆发本身并不可怕，但在金融危机爆发后惊慌失措、束手无策，才是最可怕的。

# 附 录

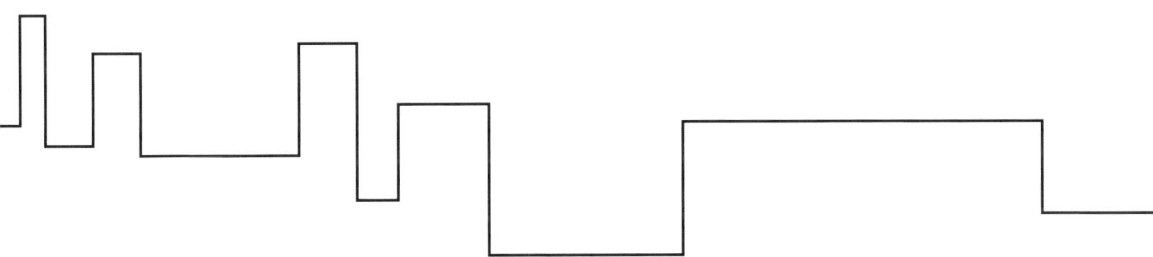

附录

# 审慎对待资本账户开放[*]

近期,关于中国政府可能加快资本账户开放的传闻与表态纷至沓来。有传闻表明,中国政府有可能在今年下半年宣布一个资本账户开放的时间表。根据这个时间表,中国政府将在2015年实现资本账户的基本开放,在2020年实现资本账户的全面开放。一旦上述传闻变成现实,这意味着中国的资本账户开放进程将显著提速。

当前环境下谈论要不要进一步开放资本账户,主要的谈论内容是要不要开放跨境短期资本流动。迄今为止,中国的资本账户开放进程已经取得较大进展。中国人民银行调查统计司在2012年发布的一份报告表明,在IMF规定的资本账户管制的40个子项中,中国已经有14项为基本可兑换、22项为部分可兑换,仅有4项为不可兑换。目前中国对中长期性质的双向直接投资与贸易融资已经基本放开,但在证券投资、跨境借贷与衍生品交易等短期资本流动仍存在较为严格的管制。因此,进一步开放资本项目,主要的开放内容是短期资本流动。

赞成加快资本账户开放的理由主要包括以下五个方面。第一,实现跨境资金流动的平衡管理。长期以来,中国政府对跨境资本流动采取了"宽进严出"的管理策略,该策略在中国国内外汇资金短缺时固然发挥了重要作用,但当市场环境变化后,该策略导致中国外汇储备攀升、央行冲销压力巨大、国内流动性过剩,因此,通过放宽对资本流出的管理,既有助于降低央行的资本管理与冲销压力,也有助于缓解人民币升值压力。第二,通过加快资本账户开放来倒逼国内结构性改革。由于中国经济体制改革已经进入存量改革阶段,在既得利益集团的阻挠下,各种结构性改革举步维

---

[*] 与余永定、张斌合作,发表于FT中文网(2013年)。

艰。通过开放资本账户来倒逼国内结构性改革,或许能够发挥与2001年通过加入WTO来倒逼银行业改革相似的作用。第三,进一步推动人民币国际化。目前人民币国际化进程受制于离岸人民币规模有限、全球范围内以人民币计价的金融产品供给不足等因素,而资本账户开放则有望缓解上述约束、进一步推进人民币的跨境使用。第四,国际金融危机的爆发为中国开放资本账户提供了一个"战略机遇期",特别是发达国家公司估值处于低位、对外部资金的需求较为强烈,这为中国企业的海外投资提供了良机。第五,现有的资本管制措施很难真正管得住资本流动。在经常项目已经可兑换的条件下,很多资本可以通过变通的办法躲避资本管制措施。与其这样,还不如放松管制,让藏在地下的资本流动浮上水面,以此提高跨境资本流动透明度,让监管更加有效。

我们认为上述有些理由反映了包括资本管制政策在内的一些宏观经济管理措施的弊端。中国有必要进一步完善资本项目管理。但是,大幅放松对短期资本流动的管制需要格外审慎,这必须要在以汇率形成机制市场化改革等一系列相关改革措施配套的情况下,才能逐步推进。在没有其他改革措施的配合下,单方面地扩大资本项目开放,未必能实现改革初衷。

试图实行对跨境资本流动的平衡管理,这一目标无可厚非。但问题在于,短期资本流动通常是顺周期的,放送对短期资本流动的限制未必能实现资本平衡流动。短期资本流动的顺周期特征,通常是在中国政府不希望资金大规模流入时(例如经济过热、资产价格泡沫、流动性过剩),短期资本会大规模流入;而当中国政府不希望资金大规模流出时(例如国内流动性不足、爆发金融危机、美联储加息),短期资本却偏偏会大规模流出。因此,加快开放资本账户,未必能够真正实现跨境资本流动的平衡,而很可能会放大短期资本流动的规模与波动性。

加快资本账户开放未必能够稳定人民币汇率,反而可能导致人民币汇率出现超调。以2013年第一季度为例,尽管经常账户占GDP比率处于较低水平,但人民币对美元名义汇率以及人民币有效汇率均出现大幅升值,这在很大程度上是由短期资本流入激增导致的。尽管我们自2003年以来就一直呼吁加快人民币汇率形成机制的市场化改革,但我们认为,这一改革得以完成的前提条件，是中国政府依然保持适当的资本管制，从而使得人民币汇率走势主要反映经常账户的变动。否则，短期资本的大进大出将导致人民币汇率大起大落，从而给汇率形成机制改革造成阻力。

如果央行基本不直接干预外汇市场汇率，在市场供求关系的作用下汇率将围绕均衡汇率上下波动。在这种情况下，尽管汇率的波动幅度可能较大，但由于波动的双向性，汇率投机将受到抑制，持续的升值（贬值）压力将因套汇资本流入的减少而减少。如果央行不希望看到汇率升值（贬值）过快而维持对汇率的干预，在没有资本管制的情况下，投机资本就会不断流入（流出），从事无风险套汇。套汇资本的流入（流出）必然加大或大大加大升值（贬值）压力。通过干预实现小幅升值的政策或许可以减缓对出口（进口）企业的经营压力，但却会造成国民福利的巨大损失，造成资源配置的极大扭曲。如果央行认为，在目前政治、经济条件下，让人民币逐步升值是唯一的选择，央行就应该尽可能维持资本管制，抑制热钱流入，以减少升值压力和国民福利损失。可以说，在持续干预外汇市场的同时实行资本项目自由化，是所有可能的政策组合中最不合理的一种。

"以开放促改革"的经验有成功的经验，也有不成功的经验，国内国外皆如此。我们尤其不赞成以加快资本账户开放来促进国内结构性改革的做法。压力面前，未必一定作出正确选择，以放松短期资本流动倒逼国内改革是巨大的冒险。其一，与商品贸易的开放不同，资本账户开放对一国宏观经济与金融市场的冲击可能是巨大的、存在较大的不确定性，而且一旦开放后很难逆转；其二，如果未来几年内，资本账户过快开放导致国内爆发系统性危机，那么危机之后，对中国经济可持续增长而言不可或缺的结构性改革，可能被再度推迟。

从短期与中期来看，加快资本账户开放与推进人民币国际化相辅相成，如同一枚硬币的两面。然而，在人民币利率与汇率形成机制尚未充分市场化的前提下推进人民币国际化，会导致人民币离岸市场与在岸市场之间的套利与套汇行为大行其道。目前大部分跨境贸易人民币结算发生在内地与香港之间，而非大中华区与全球其他地区之间，这不是中国政府推进跨境贸易人民币结算的初衷。从国际金融的历史来看，货币国际化是市场选择的结果,而非政府人为推动的结果。只要中国经济在未来20年能够保持持续较快增长、中国金融市场能够发展壮大并避免系统性金融危机的爆发,人民币必将成长为重要的国际货币。而日元国际化的教训表明,如果政府过快开放资本账户导致系统性金融危机的爆发,那么货币国际化的步伐不仅可能显著放慢,而且可能归于失败。

当前并非中国加快资本账户开放的时间窗口或"战略机遇期"。目前发达国家央行正在集体实施量化宽松政策、全球流动性过剩加剧、新兴市场经济体正在面临大规模短期资本流入,一旦中国加快资本账户开放,那么中国很可能首先面临大规模短期资本流入,而随着美国逐渐削减量化宽松政策并步入新的加息周期,中国很可能接着面临大规模短期资本流出。短期资本的大进大出会严重损害中国的宏观经济与金融市场稳定。从国际层面来看,巴西、韩国等过去已经充分开放资本账户的国家,在意识到不受约束的短期资本频繁流动的坏处后,开始考虑重新引入新的资本流动管理措施。而过去几十年一直以推进资本账户自由化为己任的IMF,最近两年也改变了对资本管制的态度,认为资本管制应该与宏观经济政策、宏观审慎监管一起成为新兴市场国家管理资本流动的工具。

中国的资本管制体系的确存在一些漏洞,且管制效力近年来有所下降,但中国的资本账户管制依然大致有效。尽管中国政府尚未全面开放资本账户,但近年来中国面临的国际资本流动规模明显放大,波动性也明显增强,这被一些政策制定者与研究者解读为资本账户管制已经无效,因此不如尽快开放。然而,近年来大多数研究中国资本账户管制的实证文献均发现,尽管中国资本账户存在一些漏洞,但大体上依然是有效的。在岸人民币市场与离岸人民币市场存在显著的息差与汇差,就是中国的资本账户管制依然有效的明证。此外,在岸与离岸市场的抵补利率平价存在显著偏差,意味着跨境套利者依然面临着较大的交易成本,这也说明了资本账户管制的效力。如果中国政府明文规定一些跨境资本转移行为属于非法行为,并承诺进行严厉惩罚,这应当能够起到一定的阻吓作用。从这一意义上而言,我们高度赞赏近期国家外汇管理局出台的抑制短期资本流动的规定。我们相信,只要中国政府真正想抑制短期资本流动,在现有体制下,中国政府就能找到办法加强资本账户管制。一个贴切的比喻是，目前国内外流动性水位均处于高位，而资本账户管制就是一道防护中国金融安全的大坝。目前这个大坝已经出现了一些管涌。我们究竟是应该修补漏洞加固大坝呢，还是干脆炸掉大坝？结论是不言自明的。

将2015年作为资本账户基本开放的时点具有较大风险。从国内来看，随着潜在增长率的放缓，未来几年中国企业部门将面临去杠杆化冲击，地方政府债务风险也可能加剧，中国商业银行不良贷款率可能显著上升，国内金融市场脆弱性不断累积，这将导致中国居民与企业对中国经济信心下降，将资金撤离中国的动机增强。从国外来看，再经过两年左右的调整，美国经济有望在2015年前后强劲复苏，而美联储也可能从2014年底或2015年初开始加息。外部吸引力的增强可能导致中国资金加快外流。在上述国内外因素的冲击下，中国可能面临巨大的资本外流。考虑到中国外汇储备/M2比例并不算高，大量的资本外流将导致中国外汇储备规模迅速下降，加剧人民币贬值预期。而在人民币贬值预期下，可能发生更大规模的资本外流。巨大的资本外流可能导致中国爆发与1997年至1998年东南亚金融危机相似的危机。因此，中国未来几年面临的真正威胁并不是大规模资本流入，而是大规模资本外流。

中国仍应审慎、渐进、可控、有序地开放资本账户，以维护宏观经济与金融市场稳定。中国应该坚定不移地克服既得利益集团阻力，推进国内结构性改革，而不能因为结构性改革难度很大就回避这些改革。中国需要改善国民收入在居民、政府与企业三部门之间的分配，以及居民部门内部的收入分配；中国需要尽快打破若干服务业部门内国有企业的垄断，对民间资本真正开放这些部门；中国需要加快推进包括利率与汇率在内的要素价格市场化改革。当人民币汇率与利率市场化改革基本结束、中国金融市场发展到一定水平（对国内资本已经充分开放）、中国经济已经大致完成增长方式由投资与出口驱动向消费与投资平行驱动的转型后，无论是资本账户的全面开放，还是人民币国际化，都将成为水到渠成的事情。基于以上分析，我们建议，中国与其给出资本账户开放的时间表，不如给出推动国内结构性改革的时间表。对于资本账户开放而言，中国最好不要给出特别具体的时间表,而是阐明资本账户开放的大致方向,根据国内外形势变动以及国内结构性改革节奏,在风险可控的前提下灵活地把握资本账户开放的节奏,而不受事先承诺的资本账户开放时点的掣肘。

附　录

# 加快资本账户开放的八大迷思[*]

目前，中国国内关于是否应加快资本账户开放的讨论非常热烈。从近期央行高层官员的一系列表态来看，似乎支持加快资本账户开放的声音占了上风。有市场传闻表示，中国有望在2015年实现资本账户的基本开放，在2020年实现资本账户的全面开放。然而，笔者反对在当前加快资本账户的开放，而是认为中国仍应渐进、审慎、可控地开放资本账户。

在本文中，笔者将梳理并评论关于支持加快资本账户开放的八个主要理由，并指出这些理由大多似是而非、站不住脚。

迷思之一：当前的资本账户管制是无效的，既然无效，不如放开。

诚然，尽管中国尚未全面开放资本账户，但近年来中国面临的国际资本流动规模明显放大，波动性也明显增强。不过，这并不意味着中国的资本账户管制是无效的。事实上，近年来大多数研究中国资本账户管制的实证文献均发现，尽管中国资本账户存在一些漏洞，但大体上依然是有效的。在岸人民币市场与离岸人民币市场上存在显著的息差与汇差，就是中国的资本账户管制依然有效的明证。此外，在岸与离岸市场的抵补利率平价存在显著偏差，意味着跨境套利者依然面临着较大的交易成本，这也说明了资本账户管制的效力。

迷思之二：加快资本账户开放有助于优化资源配置。

这个判断原则上是没有问题的，但在现实世界中却面临两个挑战。其一，很多经验研究显示，从中长期来看，放松资本账户管制未必能够促进经济增长。原因在于，在一国存在较大的金融脆弱性前提下，过快开放资本账户很可能会导致金融危机爆发，而金融危机将会损害资源优化配置；其二，资本账户开放与金融市场开放通常是并行的。而相关研究表明，只

---

[*] 发表于《财经》（2013年）。

有当一国金融市场发展到一定的"门槛"水平后,金融开放(资本账户开放)才能够促进经济增长(资源优化配置)。

迷思之三:加快资本账户开放特别是促进资本流出,将有助于缓解人民币升值压力。

据说,这是央行内部支持放松资本账户管制的一个很重要理由。然而问题在于,当短期国际资本波动频繁,规模与波动性都显著放大之时,放松资本账户管制,可能会加剧人民币对主要货币的汇率波动。例如,2013年第一季度,放松资本账户管制意味着人民币对美元汇率加速升值。此外,从连续两年来中国经常账户顺差占GDP比率均低于3%来看,目前人民币汇率距离均衡水平已经不远,并不存在通过放松资本账户管制来缓解人民币升值压力的强烈需求。

迷思之四,加快资本账户开放有助于倒逼国内结构性改革。

笔者认为,这是支持加快资本账户开放的最强有力的一个理由。支持者表示,在国内改革进入存量改革阶段后,由于受到既得利益集团阻挠,国内结构性改革很难推动。因此,通过加快资本账户改革,可以引入外部压力来推动国内改革,即所谓"以开放促改革",而当年中国加入WTO成功倒逼了银行业改革就是明证。

不过,"以开放促改革"并非在任何时期、任何阶段、任何问题上都适用。倒逼既可能有好的结果,也可能有坏的结果。例如,在中国金融市场尚未对国内民间资本充分开放的前提下,贸然全面对外开放,结果将导致民间金融机构在国有金融机构与外资金融机构的挤压下,丧失掉发展壮大的空间。笔者认为,加快资本账户开放,固然有助于进一步推动汇率与利率的市场化,但很难相信,资本账户开放能够显著推进国内收入分配改革以及在若干服务业部门打破国有企业垄断格局等结构性改革。更进一步来说,如果加快资本账户开放最终导致了金融危机爆发,那么危机之后,恐怕国内结构性改革的步伐将会趋缓,而非加速。

迷思之五,加快资本账户开放有助于推动人民币国际化。

这个判断是完全正确的,因为资本账户开放与货币国际化本就是一枚硬币的两面。但问题在于，为什么中国要大力推进人民币的国际化？人民币国际化能在现阶段对中国经济带来重要的福利增进吗？笔者对此表示怀疑。国际金融历史显示，货币国际化通常是市场选择的结果，而非政府人为推动的结果。在国内金融市场尚未发展到特定水平、利率与汇率形成机制尚存在扭曲的前提下推动人民币国际化，事实上是在鼓励居民与非居民利用在岸与离岸市场的汇差与利差进行跨境套利，这并非真正的货币国际化。人民币在未来要成为真正的国际性货币，归根结底，取决于未来二十年中国经济能否实现持续较快增长、中国金融市场能够继续发展壮大并避免系统性危机的爆发。而加快资本账户开放却可能损害中国的宏观经济与金融市场稳定，因此从中长期来看，加快资本账户开放未必能真正促进人民币国际化进程。

**迷思之六，加快资本账户开放不需要遵循固定次序，可以与利率、汇率市场化改革平行推进。**

无论是新兴市场国家开放资本账户的实践，还是国际经济学界的理论与实证研究，均表明资本账户开放既需要遵循特定的次序，也需要一定的前提条件。在利率与汇率形成机制尚未充分市场化之前，资本账户开放将带来频繁、大规模的跨境套利活动，这会加剧该国金融风险的累积，并造成国民福利的损失。如前所述，金融市场发展到一定水平，也是一国全面开放金融市场与资本账户的前提条件，否则开放未必能够带来持续的经济增长。在笔者看来，中国要全面开放资本账户，必须具备三个前提条件。人民币汇率形成机制市场化改革基本完成、人民币利率市场化改革基本完成、中国金融市场基本实现对民间资本的充分开放。这三个前提条件中国均没有实现，特别是利率市场化与金融市场对内开放的进度，要显著落后于汇率形成机制市场化的进度。

**迷思之七，当前是中国加快资本账户开放的战略机遇期。**

这一判断的逻辑是，国际金融危机爆发造成发达国家资本市场估值下降，这为中国资本的国际并购提供了时间窗口。然而，基于以下三个理由，笔者认为，当前绝非中国加快资本账户开放的战略机遇期。第一，目前美国、日本、欧元区、英国等发达经济体央行均在实施新一轮量化宽松政策，造成全球流动性加剧，而很多新兴市场经济体已经面临持续大规模的短期资本流入；第二，在这一背景下，诸如巴西、韩国等在过去已经充分开放资本账户的新兴市场经济体，近年来也开始重新采纳一些资本流动管理工具以应对大规模资本流入；第三，就连长期以来以推动资本账户自由化为己任的IMF，也在近年来改变了对资本账户管理的看法，表示资本账户管理应该与宏观经济政策、宏观审慎监管一起，成为新兴市场国家管理国际资本流动的重要工具。

迷思之八，中国庞大的外汇储备足以应对资本账户放开后的任何风险。

尽管从大多数指标来看，中国的外汇储备都太多了。然而从外汇储备/M2这一指标来看，中国的外汇储备并非高得离谱。考虑到目前中国居民储蓄规模约为60万亿元人民币，假定资本账户一夜放开，而中国居民试图将四分之一的储蓄移至海外进行多元化投资，这意味着15万亿元人民币的资金流出，而中国外汇储备短期内则可能下降超过60%！再考虑到国内产权改革尚未完成、制度演进尚存在不确定性，一旦国内资本大举外流，极有可能引发羊群效应。因此，真正值得我们担心的恰恰是资本流出，而非当前热炒的热钱流入。

附　录

# 资本账户开放的迷思真的被破解了吗[*]

余永定按语：

六年前，我曾对中国经济学界的辩论发过这样的感慨："在中国，经济学辩论像是一场运动员、裁判和观众一起上阵的'足球比赛'。混战结束后，留下的只是一堆无人认领的鞋子。"中国经济学界存在两个突出的学风问题。第一，缺乏独立思考的精神。中国经济学家，特别是研究宏观经济政策问题的主流经济学家，通常以根据本部门领导意图解释、论证即将或已经推出政策为己任。大家都要做正方，结果就没有反方。即便有不同观点，也要把这些观点表达得尽可能圆通，难以被事实检验。事过境迁，留下一笔糊涂账，"今天天气，哈哈哈"。第二，缺乏反思和自我批评精神。尽管并非常态，但在某些情况下经济学界在某些重大问题上还是发生过重大分歧。正反两方都非常明确地阐明了自己的观点、这种观点的理论和事实依据，以及相应的逻辑推导过程。特别重要的是，这些对立观点是可以被事实检验的，而且确实被事实检验了。在这种情况下，辩论的双方就必须严肃、认真地对自己的观点加以检讨：自己所依据的理论和事实出了什么错？逻辑推导过程出了什么纰漏？没有永远正确的经济学家。凯恩斯、萨缪尔森这样的经济大师都肯于在重大经济理论和政策问题上公开承认错误，但在中国我们却很少看到有错误一方的经济学家大方地说，"在这个问题上我错了"，更遑论去认真寻找错误的原因。另一方面，正确方的中国经济学家也没有勇气说，"对不起，先生，你当时是错的。"否则，就显得没有雅量，甚至会受到鄙视。于是乎，我们就在经济学的论坛上留下"一堆无人认领的鞋子"。

---

[*] 发表于《财经》（2016 年）。

中国的跨境资本流动：规模测算、驱动因素与管理策略

在过去5年，经济学界在人民币国际化和资本项目自由化问题上发生过一场非常尖锐的争论。正、反两方都有明确的立场，而且留下了可以检验的判断。事实的发展已经相当充分地证明哪种观点正确、哪种观点错误。在这场争论中，谁对、谁错并不重要，重要的是什么观点正确、什么观点错误，以及为什么是这样的。我以为，在经济学的辩论中，复盘的机会是不多的。既然有了这样的机会，就不应轻易放弃。只有这样，中国经济学才能在中国这块经济问题丰饶的土地上茁壮成长。

张明博士是过去5年来学界的"人民币国际化和资本项目自由化之争"的主要代表人物之一。由于旗帜鲜明，也可能因为年轻，他的观点受到过一些批评。当下，学界在人民币国际化和资本项目自由化问题上似乎已经没有重大分歧。更重要的是，央行已经在实践中大大加强了对资本跨境流动的管理。在这种情况下，确实也没有必要重翻旧账。张明博士也早已把注意力转到其他研究领域。偶然的机会，我看到几位学者的文章。在文章中，他们对张明提出的有关资本项目自由化的八个命题提出了批评。几年之后，潮水已经退去，事实已经对双方观点的对错做出了裁定。但事实的裁定不等于主观上的和理论上的裁定。现在我们既然有八个可以检验的正、反两方的命题，就不应该放弃这个难得的复盘机会。为了让经济学辩论场地上少留下几双"无人认领的鞋子"，我以老师的身份要求张明写一篇反批评的文章。他不情愿地答应了，于是便有了下文。我相信，这些学者也肯定不会因为张明现在的反批评而心生芥蒂。

2013年5月，笔者在《财经》2013年第14期上发表了《资本账户开放迷思》一文，提出了与加快资本账户开放有关的八大问题，反对过快地开放中国的资本账户。之后不久，一些学者发表文章，对笔者提出的八大问题逐一提出了反驳，支持加快开放中国资本账户。时光飞逝，现在距离当时的讨论已经有3年时间，中国经济面临的国内外形势也发生了很大变化。在这一背景下，重新来回顾当时的讨论，有助于我们更加深入地认识中国资本账户开放这一问题，以避免今后在这个问题上重犯错误。在本文中，我们将重新来审视这八大问题。笔者将分别列示自己的观点（反方，意味着笔者反对在当时加快资本账户开放）、一些学者的批评（正方：意味着

他们支持在当时加快资本账户开放),以及笔者现在对这些批评的评论。

"迷思之一:当前的资本账户开放是无效的,既然无效,不如放开。"

反方(笔者):当前的资本账户管制大体上依然有效,而且只要中国政府愿意,还可以加强资本账户管制。

正方(批评者):中国资本管制有效性下降应是不争的事实。在这种背景下,通过转变管理方式,使隐形资本流动"显性化",同时建立健全跨境资本流动的监测体系和宏观审慎管理框架,将更有利于妥善管理和应对潜在风险。

笔者的评论:

反方的观点很简单和直截了当:资本管制依然有效,不应放弃。既然要进行辩论,正方就应该指出资本管制无效,或资本管制的成本过高,因而应该放弃。但正方并没有采用这种辩论方式。他们仅仅通过一段文字,表达了一种不同意正方观点的意向。严格地说,这不是真正的辩论。

正方这段文字有两个要点:"转变管理方式"和"隐形资本流动'显性化'"。资本管制的另一种比较温和的说法是"跨境资本流动管理"。正方到底是主张"放弃"资本管制还是仅仅主张"转变"资本管制方式呢?在"有利于妥善管理和应对潜在风险"的表达中,这里的风险当然指与资本跨境流动相关的风险。但如果不管理资本跨境流动,由这种流动所带来的风险又如何管理呢?这句话是否暗示正方不反对保留对跨境资本流动的管理,即并不主张完全放弃资本管制?如果是这样,正方同笔者的分歧到底在哪里?笔者以为,这里问题出在正方对"管理"这个概念缺乏清楚的界定。顺便指出,定义模糊,不知不觉中变换概念的问题,在中国经济学的辩论中是屡见不鲜的。

在社会问题的讨论中,我们常常接触到"显性化"的论点:通过使某些活动合法化,这些活动将由地下转到地上,政府便可以对这些活动进行管理,从而最大限度降低这些活动对社会的危害。这种论点不无道理。但重要的是,要具体问题具体分析。

首先,众所周知,在中国一向有合法的资本流动与非法的资本流动。即使中国政府完全开放了资本账户,也必然会对非法的资本流动进行限制

(例如腐败官员将赃款转移至海外、洗钱、为恐怖主义融资等)。因此，即使中国资本账户进一步开放，上述非法资本流动依然会通过地下渠道进行，这类资本流动并不会显性化。

其次，现实情况是，中国的资本项目已经大部分开放，已经"显性化"。而在依然有管制的项目中，对大多数主要项目而言，问题是管制还是不管制，而不是"显性化"还是"非显性化"。例如，对居民换汇的年额度限制是5万美元。由于存在限制，希望在海外购买房产的人可能会被迫通过借用身份证多次换汇，或通过地下钱庄和假海外投资等途径把资金汇出。如果放弃对居民换汇的额度限制，这个人就无须通过其他渠道把资金汇出。如此这般，由于这类资金流动的"显性化"，监管当局能够掌握此类资金跨境流动的真实情况。那又怎么样呢？此时的"妥善管理"又是什么意思呢？如果你要管理此类资本的流出数量和节奏，你就是没有放弃资本管制。如果你不打算这样做，所谓"妥善管理"基本上就是没有管理。2015年以来，短期资本外流与人民币对美元贬值压力相互加强，成为扰动中国与全球金融市场的重要不确定性。面对这种现实，你必须作出的选择是允许还是不允许这类资金流出。其他问题都是旁枝末节。

事实已经证明，在中国现实条件下，不要说放弃换汇额度限制不行，就是提高额度也是相当危险的。试想，在人民币升值压力逆转为贬值压力之后，仅仅在5万美元的换汇额度之下，中国外汇储备就缩水了超过8000亿美元。如果在2013年前后把换汇额度提高到10万美元或20万美元，到现在将会是怎样一种局面？

现在再回到笔者的基本命题："当前的资本账户管制大体上依然有效，而且只要中国政府愿意，还可以加强资本账户管制。"事实已经对这个判断作了最好的回答：从2015年下半年起，随着资本外流的加剧，中国央行明显加强了资本流动管制，例如对居民换汇以及将外汇汇出境外的限制等。而这种管制有效地减轻了资本外流的压力，对人民币汇率稳定作出了重要贡献，以至于国际上有关各方都对中国政府加强资本管制表示理解和支持。遗憾的是，笔者还不能确信，中国经济学界现在已经接受了"中国目前还不能放弃资本管制、必要时还要加强资本管制"的观点。

"迷思之二：加快资本账户开放有助于优化资源配置？"

反方（笔者）：一是放松资本管制未必能够促进经济增长，反而可能爆发金融危机；二是资本账户开放促进经济增长有一定的门槛要求。

正方（批评者）：资本账户开放与金融危机没有必然的联系。宏观基本面的稳健才是抵御各种危机的良方。

笔者的评论：

与上一个问题的辩论类似。正方并未针锋相对地反驳反方的"放松资本管制未必能够促进经济增长，或者放松资本管制可能导致金融危机的爆发"，而是表示"资本账户开放与金融危机没有必要的联系"。"没有必然联系"是什么意思？如果是说资本账户开放不一定会导致金融危机。笔者并无异议。然而重要的是，由于其金融体系的脆弱性，投机资本的跨境流动大大增加了发展中国家出现金融危机的可能性，即便宏观经济基本面比较健康，这些国家也难逃一劫。这一点已经被大量国际经验以及相关实证研究所证明。

从20世纪80年代至今，有大量的新兴市场国家爆发金融危机。当然，不同国家爆发金融危机的具体原因可能并不相同（例如20世纪80年代拉丁美洲国家举借了大量外债、20世纪90年代东南亚国家普遍存在持续的经常账户赤字等），但大多数爆发金融危机的新兴市场国家，都放松了对跨境资本流动的管理。在危机前后，短期资本的大进大出通常都会加剧这些国家危机的严重程度。因此，尽管资本账户开放不是新兴市场国家爆发金融危机的充分必要条件，但很可能是新兴市场国家爆发金融危机的必要条件之一。例如，东南亚金融危机期间，尽管中国国内同样面临严重的银行业坏账问题，但中国并未爆发金融危机，一个很重要的前提条件，就是中国政府当时尚未充分开放资本账户。过去几十年以来，国际上有大量经验研究都指出，即使在控制了其他因素之后，跨境资本大规模流动仍是金融危机爆发的显著驱动因素。在金融全球化的今天，没有灵活的汇率制度或资本管制，一个国家是难以独善其身，保持"宏观基本面的稳健"的。

从2015年起，中国发生的持续资本外流，与人民币贬值预期，股票市场的暴跌以及箱体震荡之间，存在密切的联系。当时，无论国内还是国际

中国的跨境资本流动：规模测算、驱动因素与管理策略

投资者，情绪都发生了显著恶化。如果应对不当，甚至有酿成系统性危机的风险。宏观基本面的稳健当然是重要的，但是随着中国经济潜在增速的下滑以及金融风险浮出水面，中国经济的系统性风险在上升。在这一背景下贸然开放资本账户，后果可想而知。况且，宏观审慎监管的效力，未必有大家期望的那么有效。

自2008年国际金融危机爆发以后，国际经济学界就资本流动问题已经达成以下最低限度的共识。尽管直接投资对经济增长而言是非常重要的，但某些形势的国际资本流动，例如短期债务、套利套汇交易以及相关衍生品交易等，通常会导致金融不稳定与经济不稳定。甚至就连长期资本流动也可能是高度顺周期的，因而也会导致金融与经济的不稳定。既然如此，对某些类型的跨境资本流动进行限制与管理也就成为顺理成章之事（余永定和张明，2012）。

近年来，IMF已经转变了对资本流动管理的看法。IMF的宏观分析团队认为，资本流动管理应该与宏观经济政策、宏观审慎监管一起，成为新兴市场国家管理短期资本大进大出的工具箱。2016年5月，IMF的宏观团队更是在杂志上撰文指出，要反思新自由主义经济学思想，特别是该思想对财政紧缩以及跨境资本自由流动的迷恋（Ostry et al., 2016）。IMF前首席经济学家布兰查德最近也撰文指出，资本管制是应对异常总资本流动的正确的宏观经济工具。特别是当总资本流入骤然上升时，资本管制的作用要优于外汇市场干预（Blanchard，2016）。事实上，这一波关于是否应加快资本账户开放的讨论中的正方，对国际经验以及国际宏观研究近年来的转向，存在认识不足的问题。

"迷思之三：加快资本账户开放特别是促进资本流出，将有助于缓解人民币升值压力？"

反方（笔者）：一方面当前国际资本流动频繁，放松资本管制可能会加剧人民币对主要货币的汇率波动；另一方面，人民币汇率距离均衡水平不远，不存在通过放松资本账户管制来缓解人民币升值压力的强烈要求。

正方（批评者）：当前全球主要发达经济体继续实施宽松的货币政策，资本流入压力仍较为明显，这可能不是一个短期现象。在此情况下推进资

本账户开放，有利于缓解当前人民币面临的较大的升值压力，促进汇率稳定。

笔者的评论：

最近三年发生的事实证明，正方低估了全球资本流动以及中国经济形势发生逆转的可能性。他们认为中国在较长时间内仍会面临资本流入压力，因此加快资本账户开放有助于缓解人民币升值压力。这种论点存在两个问题。第一，在存在升值压力的时候，开放资本项目为什么会缓解而不是加大人民币升值压力呢？正方似乎假设开放资本项目之后，资本的流出将大于资本流入。这种假设是没有理论和事实依据的。第二，正方显然低估了美联储加息可能给全球金融市场以及国际资本流动造成的冲击；事实上美联储加息和对美联储的加息预期已经导致资本从发展中国家向美国流动的显著增加。

很多研究者倾向于将资本流动的方向理想化。例如，一种观点认为，如果中国放开资本账户，尽管中国国内的资金将会流出以寻求全球资产配置，但境外资本将会流入中国，以上两种资本流动能够大体平衡，因此资本账户开放对中国经济的冲击不会太大。这种观点忽视了跨境资本流动的顺周期性。事实上，当一国经济过热时，该国通常会面临大规模的总资本流入（包含外国资本流入与本国资本回流），而当一国经济剧烈下滑或金融危机爆发时，该国通常会面临大规模的总资本流出（包括外国资本回流与本国资本外流）。换言之，本国资本与外国资本的流动方向在很多情形下是一致的、而非相反的，两者的冲击通常会叠加、而非抵消。具体到中国目前而言，过去几个季度内，本国资金外流与外国资金外撤是同时发生的，两者事实上存在着共振（张明，2015）。

从2014年第二季度起至今，中国已经连续8个季度面临资本净流出，而加快资本账户开放事实上加剧了人民币贬值压力。人民币汇率升贬值预期，是驱动中国短期资本流动的最重要因素之一，且短期资本净流入（出）与人民币升（贬）值预期之间，存在着相互强化的关系（张明和谭小芬，2013）。面对人民币贬值压力，央行不得不通过加强资本账户管制的方式来稳定人民币汇率。

"迷思之四：加快资本账户开放有助于倒逼国内结构性改革？"

反方（笔者）：资本账户开放可能挤压国内民间资本的发展空间，也很难显著推进国内收入分配以及在若干服务业打破国有企业垄断格局等结构性改革，反而可能导致金融危机爆发，并进而延缓国内改革。

正方（批评者）：加快资本账户开放对国内相关改革的促进作用可能体现在：进一步提高经常项目的可兑换水平，便利对外贸易和投资，加快"引进来"和"走出去"步伐，帮助我国融入新一轮国际贸易投资一体化；改变我国金融市场相对封闭的状况，促使金融机构摆脱"惰性"，改善和提升民间金融机构的竞争力，构建更具竞争性的金融服务体系，提高金融支持实体经济发展的能力。

笔者的评论：

中国的贸易自由化，特别是加入WTO，确实为中国经济改革注入了新的动力。但是，金融自由化同贸易自由化的性质是完全不同的。如果希望论证加快资本账户开放将会对国内相关改革起到促进作用或"倒逼"改革，就必须具体论证这种促进或"倒逼"作用是如何发生的。但是我们至今仍未看到过这种论证。①

那种通过资本账户开放（或人民币国际化）来"引入外部压力"，进而"倒逼国内结构性改革"的观点，实在有些过于一厢情愿。与此同时，至少在过去三年内，笔者也并未看见，资本账户开放"改变了中国金融市场相对封闭的状况，促使金融机构摆脱了惰性，改善和提升了民间金融机构的竞争力，构建了更具竞争性的金融服务体系，提高了金融支持实体经济发展的能力"。过去三年内，中国股票市场的暴涨与暴跌、一线城市房地产飙出天价、银行体系拼命掩盖真实坏账水平、企业债违约明显加剧，都生动地表明中国金融体系存在的巨大风险。在将这些风险厘清、处理之前贸然开放资本账户，很可能加剧危机爆发的可能性。

---

① 一种通常被用来佐证"倒逼改革论"的论据是，2001年中国加入WTO（承诺在6年内将会显著开放本国银行业），显著推动了中国国内的商业银行改革。然而，一方面，如果没有从1998年左右开始的通过中央政府财政资源来处理商业银行坏账的努力，中国商业银行市场化改革不会如此顺利；另一方面，2008年国际金融危机爆发以后，中国商业银行将大量信贷资源注入房地产市场与基础设施投资领域，已经为下一轮坏账浪潮埋下了隐患。

2016年第一季度，根据有关报道，中国对外直接投资的规模接近2015年全年。然而，近期中国企业对外直接投资主要以海外并购为主，而非以绿地投资为主。更重要的是，关于不少案例的报道都显示，中国企业在进行海外并购时，开出的价格都显著地高于竞争对手的价格，或者市场估计的公允价格。这种趋势是否反映出，在其他渠道的海外投资受到的监管已经加强的背景下，对外直接投资成为中国资本外流的新渠道？所幸的是，近期中国政府已经明显加强了对对外直接投资的管理。

试想，如果确实因为资本账户开放过快而引发了金融危机，一旦金融危机爆发，诸如国有企业改革、土地改革、金融改革之类的结构性改革，究竟会加快呢？还是会陷入停滞甚至逆转呢？笔者以为后一种情景发生的可能性更大。总之，参加这次辩论的正反双方，在进一步推动结构性改革的方向上是没有分歧的。但笔者认为，结构性改革的推动更多地有赖于社会各界达成共识、推动中国政府进行改革，而非简单地寄希望于"以开放促改革"。

"迷思之五：加快资本账户开放有助于助推人民币国际化？"

反方（笔者）：问题在于"为什么中国政府要大力推进人民币的国际化"，对人民币国际化是否能在现阶段对中国带来重要的福利增进表示怀疑，认为"货币国际化通常是市场选择的结果，而非政府人为推动的结果"。

正方（批评者）：人民币跨境使用的需求不但真实而且旺盛，人民币跨境结算额的突飞猛进和人民币离岸市场的快速发展即是明证。反复强调"加快资本账户开放却可能损害中国的宏观经济与金融市场稳定"，对此如不仔细研究，就有臆断之嫌，其推论的可靠性也难免大打折扣。

笔者的评论：

如果人民币跨境使用的需求真实而且旺盛，那为什么随着人民币升值预期的逆转，香港人民币存款规模已经由1万亿元左右剧烈下降至目前的不到8000亿元？这恰好表明，笔者认为，过去的人民币国际化进展存在较大泡沫，在很大程度上受到跨境套利与套汇行为推动的影响。笔者所在团队早在2011年就曾经预测，随着人民币升值预期的逆转，以及境内外利差

中国的跨境资本流动：规模测算、驱动因素与管理策略

的缩小，无论使用人民币跨境结算额还是用人民币离岸市场规模来衡量的人民币国际化进展，都会显著放慢甚至收缩。当前的现实无疑证实了我们之前的判断。

此外，从2015年下半年起，为了抑制人民币贬值压力，特别是遏制离岸市场上做空人民币的行为，央行对香港离岸人民币市场加强了监管（例如限制本国金融机构为离岸市场提供人民币流动性），这种行为已经导致了香港离岸人民币市场陷入停滞。中国央行干预香港离岸人民币市场的做法受到了有关各方的质疑与担忧，很多外国投资者不再将香港市场视为一个离岸市场。其实，如果没有央行过去快速的"放"，就不会有现在这么被动的"收"。

至少，为了抑制人民币贬值压力，央行在应该降准与降息的时候畏首畏尾，这应该与害怕资本外流加剧密切相关吧？今年春节前后，有央行官员表示，之所以不降准，是因为降准"未必会导致国内流动性水平增加"。这恰好说明，对资本外流以及人民币贬值压力加剧的担忧，已经限制了央行货币政策的独立性。

"迷思之六：加快资本账户开放不需要遵循固定次序，可以与利率、汇率市场化改革平行推进？"

反方（笔者）："资本账户开放既需要遵循特定的次序，也需要一定的前提条件"，而中国必须具备的三个前提条件分别是：人民币汇率形成机制市场化改革基本完成，人民币利率市场化改革基本完成，中国金融市场基本实现对民间资本充分开放。

正方（批评者）：资本账户开放与利率、汇率市场化改革的关系不是绝对的，并不是只有在利率、汇率市场化改革完全到位后才可以启动资本账户开放。近年来中国在利率和汇率市场化方面的进展已经为加快资本账户开放打下了比较良好的基础。

笔者的评论：

迄今为止，有大量的相关文献均指出，要想降低资本账户开放对一国宏观经济与金融市场的负面冲击，或者提高资本账户开放对一国经济增长的贡献，该国的资本账户的开放就需要满足一系列前提条件，例如该国汇

率与利率已经比较充分地市场化、该国金融市场发展已经达到一定的门槛值水平、该国具备了一定的实施逆周期宏观经济政策的政策空间等。

为什么汇率市场化是资本账户全面开放的前提条件呢？这是因为，如果汇率形成机制没有充分市场化，就容易形成本币汇率的持续高估或者低估，这就容易在资本账户开放后导致跨境资本的持续流出或流入（包括引发各种投机性攻击），从而对该国宏观经济与金融市场稳定造成负面影响。

为什么利率市场化也是资本账户开放的前提条件呢？这是因为，如果一国国内利率没有市场化，利率不能根据市场供求充分调整，那么在资本账户充分开放后，境内外依然可能形成较大的利差，这就容易引发各类跨境套利活动，从而冲击宏观与金融稳定。此外，利率管制的环境通常意味着金融抑制，而随着利率市场化的进行，金融抑制的环境将被打破，过去各种隐含的金融风险可能快速显性化，而这将会降低投资者信心，引发大规模的资本外流。而如果能够在资本账户全面开放之前先完成利率市场化，并消化掉利率市场化造成的冲击，再开放资本账户的话，过程将会平稳得多。

2014年以来中国发生的故事，生动地表明，在汇率改革尚未充分市场化的前提下，贸然开放资本账户可能导致的风险。2014年第二季度至2016年第一季度，中国已经连续8个季度面临金融账户逆差，累计资本外流达到7902亿美元。此外，2014年第二季度至2015年第四季度的累计误差与遗漏项净流出也达到3223亿美元。换言之，这一期间中国资本净外流规模之所以超过1.1万亿美元，很大程度上就与市场上持续的人民币贬值预期有关。而如果人民币汇率形成机制改革到位，人民币对美元汇率能够真正实现双向波动的话，人民币对美元汇率就不会形成持续高估，也不会产生持续的人民币对美元汇率贬值预期。简言之，要想在开放资本账户后不发生持续大规模的资本流动，人民币汇率与利率的充分市场化依然是重要的前提条件。

2015年底，中国央行取消了金融机构一年期基准存款利率上限，这意味着狭义的利率市场化基本完成。国际经验显示，在一国利率市场化完成（金融抑制环境被打破）之后的几年时间，通常会面临金融市场动荡。过去潜藏在水下的风险,将会浮出水面。中国目前正在面临影子银行产品违约率快速上升的局面,无论是个人与个人间的小额借贷(P2P)、信托还是银行理财产品,一旦刚性兑付的格局被打破,未来的违约率将会显著上升。2016年上半年以来,企业信用债市场违约率开始激增。试想,如果当年加快开放资本账户,那么在目前违约激增的环境下,将会发生何等规模的资本外流。这说明,利率市场化不仅是资本账户全面开放的前提条件,而且在资本账户全面开放之前,一国最好能够充分应对利率市场化所导致的潜在风险的显性化。

"迷思之七:当前是中国政府加快资本账户开放的战略机遇期?"

反方(笔者):当前绝非中国加快资本账户开放的战略机遇期。第一,主要发达国家均在实施新一轮量化宽松政策,短期资本流入压力较大;第二,在这一背景下,部分新兴市场经济体开始重新采纳一些资本流动管理工具;第三,就连长期以来以推动资本账户自由化为己任的IMF也认可资本账户管理可作为新兴市场国家管理国际资本流动的重要工具。

正方(批评者):第一,推进资本账户开放特别是优先开放更多的流出渠道,有利于促进流出流入平衡;第二,国际上对资本账户开放在实践上和认识上的发展变化,为我国创造了相对宽松的外部环境,无疑有利于我国更加稳妥审慎地推进这一目标。因此,战略机遇期是存在的。

笔者的评论:

这里实际是对经济形势的判断。在判断经济形势时,中国经济学家习惯于把适用于一个历史阶段的长期判断用于定义一个仅仅跨越数年甚至更短的时期。"战略机遇期"这个概念早已被过度消费了。过去几年,在美联储收紧货币政策的背景下,全球经济陷入了停滞、动荡与冲突的环境中。中国遭遇的外部冲击远大于外部机遇,中国经济的下行也给全球经济带来了负面的溢出效应。回头来看,过去几年是中国加快资本账户开放的机遇期的说法,明显存在问题。此外,笔者也并未看到,推进资本账户开放促进了"流出流入平衡"。过去几年,无非是资本外流的失衡替代了资本流入的失衡。

此外,如果认为2012年前后是加快资本账户开放的"战略机遇期",

那么毫无疑问就应该加快资本账户开放。但是正方声称，"国际上重新认识到资本流动管理的重要性，为我国创造了相对宽松的外部环境，无疑有利于我国更加稳妥审慎地推进这一目标，因此战略机遇期是存在的"。这里所谓的外部环境到底指什么呢？IMF"战略机遇期"这种重大判断恐怕不应该指西方国家政府对资本管制采取了较为宽容的态度吧？事实上，当我们希望推行某种政策的时候，我们就会宣布目前是推行这种政策的战略机遇期。真正的论证根本就不存在。此外，正方对自己的论断似乎也不太有信心。如果正方也认为资本账户开放应该"更加稳妥审慎"的话，双方又在辩论什么呢？

"迷思之八：中国庞大的外汇储备足以应对资本账户放开后的任何风险？"

反方（笔者）：一是从外汇储备/M2这一指标来看，中国的外汇储备可能并不高；二是资本账户会一夜放开，而放开后中国居民就会在极短的时间内到海外进行大规模多元化投资，再加上羊群效应，资本就会大举外流；三是一旦资本大举外流，我们的外汇储备显然难以支撑，由此将无法控制风险。

正方（批评者）：外汇储备/M2这种指标是否合理，值得存疑。前面张明还在担忧外围流动性加剧给新兴经济体带来的短期资本持续大规模流入的压力，这里就又开始忧虑资本流出风险了，逻辑上似乎有些混乱。

笔者的评论：

2014年6月底至2016年3月底，中国外汇储备规模由4万亿美元降至3.2万亿美元，不到两年时间缩水了8000亿美元，其中绝大部分是央行用来干预外汇市场、缓解人民币对美元贬值压力的结果。在外汇储备流失最剧烈的几个月内，无论是国内还是国外投资者都在估算，什么规模的外汇储备是中国央行的心理底线？这表明，一旦中国国内主体开始向海外转移资产，中国的外汇储备的确会大幅缩水。8000亿美元是什么概念？无论世界银行还是IMF，其可动用资金都不到8000亿美元。近期我们与很多外国学者和投资者交流时，他们都惊叹，中国政府为了维持汇率稳定，居然这么轻易就花掉了8000亿美元的真金白银！试想，如果我们之前就实施了人

## 中国的跨境资本流动：规模测算、驱动因素与管理策略

民币汇率形成机制的真正市场化，央行就没有必要通过干预外汇市场来维持汇率稳定，我们就不至于损失掉这么多外汇储备。当然，过去我们积累这么多外汇储备是不合理的，这意味着一轮国民财富的损失。然而，如果我们当前为了汇率维稳而轻易花掉这些外汇储备，我们将遭受另一轮更大规模的国民财富损失。这样的财富损失，难道不值得我们为之痛心疾首吗？

其实，外汇储备究竟多少是好，关键要看一国政府想把外汇储备用来干什么。传统上衡量外汇储备充足度的指标包括 3 个月至半年的进口额、一年内到期的外债规模等，这就意味着，如果只是把外汇储备用来支付进口或者偿还外债，那么中国需要的外汇储备并不高，1 万亿美元足够了。但是，如果在短期资本持续大规模外流的情况下，要用外汇储备来干预市场并防止人民币对美元的贬值，那这需要的外汇储备规模无疑就提高了。从后一视角来看，用外汇储备占 M2 比率来衡量中国政府用外汇储备来干预外汇市场的可持续性，未尝不可。例如，IMF 近年来开始使用一系列指标的组合来衡量外汇储备的充足度。对于没有资本账户管制，且试图维持本币汇率对美元稳定的国家而言，充足的外汇储备规模应该同时满足：第一，短期债务的 30%；第二，其他债务的 20%；第三，M2 的 10%；第四，出口额的 10%。根据法兴银行在 2015 年 9 月初作出的估算，按照上述 IMF 的标准，则中国的外汇储备规模不能低于 2.75 万亿美元。[①]不难看出，这距离中国目前 3.2 万亿美元的外储规模已经不远了。这也意味着，如果在不收紧资本账户管制的前提下要继续维持汇率稳定的话，中国能够消耗的外汇储备规模已经不多了。

在 2004 年至 2008 年国际金融危机爆发前，笔者所在团队的确呼吁，积累过多外汇储备弊大于利，其机会成本、汇率风险与冲销成本都不容低估。例如，通过经常账户顺差来积累外汇储备，相当于中国这样的中等收入国家持续借钱给美国这样的发达国家。一方面，我们借钱给美国收取的利息太低，远低于中国国内的投资回报率，因此，这样的做法存在很高的

---

① http：//www.ftchinese.com/story/001063784？print = y.

机会成本；另一方面，如果我们持有太多美元计价资产的话，一旦美元对人民币贬值，我们将遭遇显著的估值损失。而为了不让美元贬值，我们不得不借更多的钱给美国。这就意味着我们陷入了"美元陷阱"。因此，我们当时建议，央行应该顺应市场趋势，让人民币更快地升值，以此来缓解中国经济的外部失衡。

2014年下半年起，笔者所在团队又呼吁，如果人民币对美元汇率面临贬值压力，就应该顺应市场趋势，让人民币汇率及时调整，这样就不会形成持续的贬值预期，更不会使央行不得不通过出售外汇储备的方式来维持汇率稳定。

笔者结语：

笔者之所以在这次关于是否应加快资本账户开放的讨论三年之后再写这篇文章，是因为三年前的这次讨论，正方与反方的观点都得到了忠实的记录。后来的观察者可以通过查阅这一记录，来了解三年前讨论的前因后果、来龙去脉，以及比较正反双方观点的异同，从而自己得出相应结论。事实上，三年前正反双方的观点，基本上都汇集在《资本账户开放：战略、时机与路线图》（陈元、钱颖一主编，中国金融40人论坛系列丛书，社会科学文献出版社，2014年4月版）这本书中。这本书客观上起到了留此存照的作用。三年时间过去了，潮水已经退去。回顾过去三年，以及过去十年学界在资本项目自由化问题上的辩论，哪种观点更为正确似乎已经不必再多加评论。

问题在于，为何三年前，有这么多学者与官员会支持应加快资本账户开放呢？在这种观点的背后是否还有更深刻的原因呢？笔者认为，原因可能包括以下几点。

第一，对中国经济的增长动力、中国金融市场的稳健性以及中国政府管控经济的能力过于自信，认为中国与其他新兴市场是不同的，没有爆发与其他新兴市场类似的金融危机的风险。例如，大家认为，中国政府管理跨境资本流动的能力超过了美联储，外汇局能够从自己的系统中看到任何一笔异常资金流动，并且予以适当管控，因此加快资本账户开放没有什么大问题。然而事实上，从2014年第二季度至2016年第一季度，中国已经

中国的跨境资本流动：规模测算、驱动因素与管理策略

连续8个季度面临大规模资本外流，且近期央行明显收紧了对资本跨境流动的管理，这是否说明了过去的开放可能过快？又如，2015年以来中国股市的大起大落，使国内外市场参与者一度明显质疑相关监管者的监管能力。正如罗高夫与莱因哈特在《这次不一样：800年金融危机荒唐史》中所指出的，历次金融危机的爆发，一大原因就是特定国家政府与监管者认为，该国与其他国家是不一样的，不会重蹈其他国家的覆辙。换言之，我们切不可因为过去中国经济的长期高速增长就对所谓的"中国奇迹"过于乐观，以为我们真的与众不同，能够突破各种经济规律办事。

第二，也是由于对中国的"独特性"过度自信，使一些研究者与官员在一定程度上忽视了新兴市场国家的经验教训，以及国际学界对资本流动管理看法的转变。一方面，若干次新兴市场国家金融危机的经验教训均表明，对跨境资本流动失去了控制，是导致危机爆发或加剧的关键性因素。过早或过快地开放资本账户，或者资本账户开放没有遵循特定的次序，通常会加剧相关国家的金融脆弱性。另一方面，2008年国际金融危机爆发之后，包括IMF在内的国际组织国际学界已经改变了对资本流动管理的看法，它们开始强调新兴市场国家保留对资本流动管理的必要性。未来，我们应该继续加强与国际主流经济学界及政策界的交流，尤其是要密切跟踪最新进展。

第三，在资本账户开放与人民币国际化的相关讨论中，正方对来自市场的微观证据可能重视不足。例如，多年以来，很多在国内外金融市场上工作的金融家与基金经理在与我们交流时，都曾表示，他们私下里赞同我们关于资本账户开放仍应谨慎渐进的观点，但他们在公开场合不会支持我们，因为如果资本账户开放较慢，会影响到他们自己的业务开展。又如，关于人民币国际化的进展，我们多次在香港、广东、福建、云南等地进行调研。我们的调研表明，跨境套利与套汇现象，在人民币国际化的"招牌"下大行其道。在很大程度上而言，人民币国际化的快速开展背后，是由跨境套利套汇行为驱动的。在我们与央行一些官员交流时，他们承认这些现象的存在，但坚持人民币国际化的主流依然是真实需求的交易。时至今日，我们不难发现，随着人民币升值预期的逆转，以及境内外利差的收

窄，无论采用哪种指标衡量的人民币国际化，其速度已经显著放缓。这客观上印证了我们关于套利行为在相当程度上驱动人民币国际化的观点。当然，我们支持实现人民币国际化和资本项目自由化的终极目标，但这个过程应该是渐进的，欲速则不达。

最后，笔者再次强调，撰写这篇文章，并不是为了针对某个机构或某个人，也不是为了证明什么，而是想就关于资本账户开放的讨论作个阶段性总结。笔者真诚地希望，在未来新的讨论中，有关各方都能总结过去的经验教训，使关于中国经济改革开放的学术研究与政策讨论能够健康发展。

# 参考文献

[1] 白钦先, 张志文. 外汇储备规模与本币国际化: 日元的经验研究[J]. 经济研究, 2010 (10).

[2] 边卫红. 离岸人民币市场步入阶段性调整期——人民币国际化与离岸市场发展会议综述[J]. 国际金融, 2017 (1).

[3] 曹媚. 国际投机资本流入中国的贸易根源[J]. 世界经济研究, 2009 (7).

[4] 陈学彬, 余辰俊, 孙婧芳. 中国国际资本流入的影响因素实证分析[J]. 国际金融研究, 2007 (12).

[5] 杜艳. 数千亿美元热钱随时撤离 各部委联手调研[EB/OL]. [2008-06-12]. http: money.163.com/08/0612/05/4E7CFF1M00252G50.html.

[6] 丁志杰, 杨伟, 黄昊. 境外汇款是热钱吗——基于中国的实证分析[J]. 金融研究, 2008 (12).

[7] 冯彩. 我国短期国际资本流动的影响因素——基于1994-2007年的实证研究[J]. 财经科学, 2008 (6).

[8] 冯国钊, 刘遵义. 对美中贸易平衡的新估算[J]. 国际经济评论, 1999 (Z3).

[9] 范小云, 潘赛赛. 国际资本流动理论的最新发展及其对中国的启示[J]. 国际金融研究, 2008 (9).

[10] 何帆, 张明, 高杨主编 (2007). 《中国私募股权基金研究》, 讨论稿.

[11] 何帆, 张斌, 张明等. 香港离岸人民币金融市场的现状、前景、问题与风险[J]. 国际经济评论, 2011 (3).

[12] 荒卷健二. 资本账户自由化——日本经验及其对中国的启示

[G]．载凯文·加拉格等主编．中国资本账户开放：一种平衡的方法[M]．北京：中国金融出版社，2015：34－48．

［13］哈继铭，邢自强，刘奥琳，徐剑．加息延后，升值或提前[R]．北京：中国国际金融有限公司宏观经济周报，2010（100）．

［14］黄济生，罗海波．我国隐性资本流入的影响因素实证研究[J]．世界经济研究，2008（6）．

［15］黄志刚．我国跨境短期资本流动的成因结构分析：2005－2008——一个基于 VAR 模型的实证研究[J]．新疆财经大学学报，2009（1）．

［16］蒋先玲，刘微，叶丙南．汇率预期对境外人民币需求的影响[J]．国际金融研究，2012（10）．

［17］李超．中国的贸易基础支持人民币区域化吗[J]．金融研究，2010（7）．

［18］李东平．近年中国贸易顺差虚假程度及其对货币政策的影响简析[J]．国际经济评论，2008（3）．

［19］李稻葵，刘霖林．人民币国际化：计量研究及政策分析[J]．金融研究，2008（11）．

［20］刘立达．中国国际资本流入的影响因素分析[J]．金融研究，2007（3）．

［21］李建军，甄峰，崔西强．人民币国际化发展现状、程度测度及展望评估[J]．国际金融研究，2013（10）．

［22］李婧，管涛，何帆．人民币跨境流通的现状及对中国经济的影响[J]．管理世界，2004（9）．

［23］李庆云，田晓霞．中国资本外逃规模的重新估算：1982－1999[J]．金融研究，2000（8）．

［24］李晓峰．中国资本外逃的理论与现实[J]．管理世界，2000（4）．

［25］李沂，王铮．中国国际资本流入：周期变动、冲击因素及负面影响[J]．经济经纬，2010（2）．

[26] 李扬. 中国经济对外开放过程中的资金流动 [J]. 经济研究, 1998 (2).

[27] 李瑶. 非国际货币、货币国际化与资本项目可兑换 [J]. 金融研究, 2003 (8).

[28] 林松立. 我国历年热钱规模的测算及 10 年预测 [R]. 国信证券宏观经济深度报告, 2010.

[29] 林毅夫. 我为什么不支持资本账户完全开放 [R]. 载陈元、钱颖一主编. 资本账户开放：战略、时机与路线图 [M]. 北京：社会科学文献出版社, 2014.

[30] 林乐芬, 王少楠. "一带一路"进程中人民币国际化影响因素的实证分析 [J]. 国际金融研究, 2016 (2).

[31] 刘华, 卢孔标. 我国国际资本流入期限结构错配：现状、影响与对策 [J]. 南方金融, 2008 (2).

[32] 刘莉亚. 境外热钱是否推动了股市、房市的上涨——来自中国市场的证据 [J]. 金融研究, 2008 (10).

[33] 刘莉亚, 程天笑, 关益众, 杨金强. 资本管制能够影响国际资本流动吗 [J]. 经济研究, 2013 (5).

[34] 马骏. 热钱流入途径调查（摘要）[EB/OL]. http：mayurong.blog. hexun. com/19707183_d. html.

[35] 马荣华, 唐宋元. 人民币境外流通原因的实证分析 [J]. 当代财经, 2006 (9).

[36] 任惠. 中国资本外逃的规模测算和对策分析 [J]. 经济研究, 2001 (11).

[37] 宋勃, 高波. 国际资本流动对房地产价格的影响——基于我国的实证检验（1998 – 2006 年）[J]. 财经问题研究, 2007 (3).

[38] 孙涛, 张晓晶. 跨境资金流动的实证分析——以香港路径为例 [J]. 金融研究, 2006 (8).

[39] 宋文兵. 中国的资本外逃问题研究：1987 – 1997 [J]. 经济研究, 1999 (5).

[40] 沙文兵，刘红忠．人民币国际化、汇率变动与汇率预期［J］．国际金融研究，2014（8）．

[41] 陶川．人民币升值预期、资产升值预期与热钱流入——基于适应性预期理论的实证分析［J］．南方金融，2008（7）．

[42] 陶川．我国热钱流入的边际成本、热钱的影子价格和托宾q——一个理论分析框架及实证分析［J］．金融研究，2010（12）．

[43] 唐旭，梁猛．中国贸易顺差中是否有热钱，有多少［J］．金融研究，2007（9）．

[44] 王国刚，余维彬．国际热钱大量流入中国论评析［J］．国际金融研究，2010（3）．

[45] 王世华，何帆．中国的短期国际资本流动：现状、流动途径和影响因素［J］．世界经济，2007（7）．

[46] 王琦．关于我国国际资本流动影响因素计量模型的构建和分析［J］．国际金融研究，2006（6）．

[47] 王信，林艳红．90年代以来我国短期资本流动的变化［J］．国际金融研究，2005（12）．

[48] 汪洋．中国的资本流动：1982－2002［J］．管理世界，2004（7）．

[49] 汪洋．中国的热钱：分析视角与行为异常［A］．载庄宗明、何帆主编．后危机时期的世界经济与中国［C］．中国世界经济学会，2010．

[50] 王宇哲，张明．人民币升值究竟对中国出口影响几何［J］．金融研究，2014（3）．

[51] 修晶，张明．中国资本外逃的规模测算与因素分析［J］．世界经济文汇，2002（1）．

[52] 徐高．中国的资本外逃：对1999年到2006年月度数据的分析［R］．北京大学中国经济研究中心讨论稿系列，No. C2007005，2007．

[53] 肖立晟．跨境资本流动月度分析框架［R］．中国社科院世经政所国际金融研究中心工作论文，2014．

[54] 严启发．2000年以来的资本非正常外流：形势与评论［J］．国

际贸易,2010(12).

[55] 杨海珍,陈金贤.中国资本外逃:估计与国际比较[J].世界经济,2000(1).

[56] 杨海珍,昃于靖,石昊,熊园.我国短期国际资本流动动因及其政策启示[J].管理评论,2010(11).

[57] 杨胜刚,刘宗华.资本外逃与中国的现实选择[J].金融研究,2000(2).

[58] 姚枝仲.真实贸易顺差,还是热钱[J].国际经济评论,2008(4).

[59] 姚枝仲.中国急需加强对外资企业留存利润的监测[R].中国社科院国际金融研究中心,Policy Brief No. 08003,2008.

[60] 尹宇明,陶海波.热钱规模及其影响[J].财经科学,2005(6).

[61] 余道先,王云.人民币国际化进程的影响因素分析——基于国际收支视角[J].世界经济研究,2015(3).

[62] 余姗萍,张文熙.中国非FDI资本流入的易变性测度[J].东南大学学报(哲学社会科学版),2008(5).

[63] 余永定.亚洲金融危机的经验教训与中国宏观经济管理[J].国际经济评论,2007(3).

[64] 余永定.从当前的人民币汇率波动看人民币国际化[J].国际经济评论,2012(1).

[65] 余永定,张明.资本管制和资本项目自由化的国际新动向[J].国际经济评论,2012(5).

[66] 余永定,张明,张斌.中国应慎对资本账户开放[EB/OL].[2013-06-04].http://www.ftchinese.com/story/001050727?archire.

[67] 张斌.人民币升值预期、短期资本流动及其影响[J].国际金融,2010(4).

[68] 张斌,徐奇渊.汇率与资本项目管制下的人民币国际化[J].国际经济评论,2012(4).

［69］张国建，佟孟华，梅光松．实际有效汇率波动影响了人民币国际化进程吗［J］．国际金融研究，2017（2）．

［70］张礼卿．人民币国际化面临的挑战与对策［J］．金融论坛，2016（3）．

［71］张明．水来土掩 兵来将挡——我看私募股权基金之三［N］．上海证券报，2017-07-12．

［72］张明．当前热钱流入中国的规模与渠道［J］．国际金融，2018（7）．

［73］张明．略论中国外汇储备面临的潜在资本损失［J］．经济理论与经济管理，2010（1）．

［74］张明．新兴市场国家如何应对资本流入：中国案例［J］．国际经济评论，2011（2）．

［75］张明．中国面临的短期国际资本流动：不同方法与口径的规模测算［J］．世界经济，2011（2）．

［76］张明．论中国金融系统性风险［J］．中国资本市场研究季刊（日文），2014（3）．

［77］张明，徐以升．全口径测算中国当前的热钱规模［J］．当代亚太，2008（4）．

［78］张明，何帆．人民币国际化进程中在岸离岸套利现象研究［J］．国际金融研究，2012（10）．

［79］张明，谭小芬．中国短期资本流动的主要驱动因素：2000-2012［J］．世界经济，2013（11）．

［80］张明，肖立晟．国际资本流动的驱动因素：新兴市场与发达经济体的比较［J］．世界经济，2014（8）．

［81］张明，匡可可．中国面临的跨境资本流动：基于两种视角的分析［J］．上海金融，2015（4）．

［82］张勇．热钱流入、外汇冲销与汇率干预——基于资本管制和央行资产负债表的DSGE分析［J］．经济研究，2015（7）．

［83］周宇．论汇率贬值对人民币国际化的影响——基于主要国际货

币比较的分析［J］．世界经济研究，2016（4）．

［84］张谊浩，裴平，方先明．中国的短期国际资本流入及其动机——基于利率、汇率和价格三重套利模型的实证研究［J］．国际金融研究，2007（9）．

［85］张谊浩，沈晓华．人民币升值、股价上涨和热钱流入关系的实证研究［J］．金融研究，2008（11）．

［86］中国人民银行调查统计司课题组．我国加快开放资本账户条件基本成熟［N］．中国证券报，2012-02-23.

［87］Agosin, M. R. and Huaita. F., "Overreaction in Capital Flows to Emerging Markets: Booms and Sudden Stops." *Journal of International Money and Finance*, 2011, 31（5）：1140-1155.

［88］Ahmed, S., and Zlate. A., "Capital Flows to Emerging Market Economies: A Brave New World?" *Journal of International Money and Finance*, 2013, 48（1）：221-248.

［89］Alfaro, L., Chari. A, and Kanczuk. F., "Are Capital Controls Effective? Firm-level Evidence from Brazil".［2015-01-22］. http://voxeu.org/article/capital-control-effectiveness-firm-level-evidence-brazil.

［90］Ariyoshi, A., et al., "Capital Controls: Country Experiences with Their Use and Liberalization". *IMF Occasional Paper*, 2000, No. 190.

［91］Korinek, A., "The New Economics of Prudential Capital Controls." *IMF Economic Review*, 2011, Vol. 59, No. 3：523-561.

［92］Arellano, M. and Bond, S., "Some Tests of Specification for Panel Data: Monte Carlo Evidence and an Application to Employment Equations". *Review of Economic Studies*, 1991, 58（2）：277-297.

［93］Arellano, M. and Bover, O., "Another Look at the Instrumental Variable Estimation of Error-Components Models". *Journal of Econometrics*, 1995, 68（1）：29-51.

［94］Bacchetta, P. and Van, W., "Theory of Currency Denomination of International Trade". *C. E. P. R. Discussion Papers*, 2002, No. 3120：

295-319.

[95] Bayoumi. T. and Ohnsorge. F. , "Do Inflows or Outflows Dominate? Global Implications of Capital Account Liberalization in China". *IMF Working Paper*, 2013, WP/13/189.

[96] Binici, M. ; Hutchison, M. and Schindler, M. , "Controlling Capital? Legal Restrictions and the Asset Composition of International Financial Flows". *IMF Working Paper*, 2009, No. 09/208.

[97] Blanchard. O. , "Currency Wars, Coordination, and Capital Controls". *Peterson Institute for International Economics*, 2016, No. 22388.

[98] Blundell, R. ; Bond, S. and Windmeijer, F, "Estimation in Dynamic Panel Data Models: Improving on the Performance of The Standard GMM Estimator". *IFS Working Papers*, 2000, WP00/12.

[99] Bruno, V. and Shin, H. S. , "Capital Flows and the Risk-taking Channel of Monetary Policy". *Journal of Monetary Economics*, 2015, 71 (2): 119-132.

[100] Byrne, J. P. and Fiess. N. , "International Capital Flows to Emerging Markets: National and Global Determinants". *Journal of International Money and Finance*, 2016, 61: 82-100.

[101] Caballero, R. J. and Krishnamurthy, A. , "Bubbles and Capital Flow Volatility: Causes and Risk Management". *NBER Working Paper*, 2005, No. 11618.

[102] Calvo, G. A. ; Leiderman, L. and C. M. Reinhart, "Inflows of Capital to Developing Countries in the 1990s". *Journal of Economic Perspectives*, 1996, 10 (2): 123-139.

[103] Calvo, G. A. , Leiderman, L. and Reinhart, C. M. , "Capital Inflows and Real Exchange Rate Appreciation in Latin America: the Role of External Factors". *IMF Economic Review*, 1993, 40 (1): 108-151.

[104] Calvo, G. A. , "Costly Trade Liberalizations: Durable Goods and Capital Mobility". *IMF Economic Review*, 1988, 35 (3): 461-473.

[105] Cai, T.; Dang, V. Q. T. and Lai J. T, "China's Capital and 'Hot' Money Flows: an Empirical Investigation". *Pacific Economic Review*, 2016, 10 (3): 276 – 294.

[106] Cardarelli, R; Elekdag, S. and Kose, M. A., "Capital Inflows: Macroeconomic Implications and Policy Responses". *IMF Working Paper*, 2009, WP/09/40.

[107] Cerutti, E., "Push Factors and Capital Flows to Emerging Markets: Why Knowing Your Lender Matters More than Fundamentals". *Institute of Global Finance Working Paper*, 2015, Vol. 3, No. 1.

[108] Center for Private Equity and Entrepreneurship. Private Equity Glossary. The School of Business at Dartmouth, 2006.

[109] Chinn, M. and Frankel, J., "Will the Euro Eventually Surpass the Dollar as Leading International Reserve Currency". *NBER Working Paper*, 2005, No. 11510.

[110] Chuhan, P.; Claessens, C. A. and Mamingi, N., "Equity and Bond Flows to Asia and Latin America: The Role of Global and Country Factors". *World Bank Policy Research Working Paper*, 1993, No. 1160.

[111] Chuhan, P.; Claessens, S. and Mamingi, N., "Equity and Bond Flows to Latin America and Asia: the Role of Global and Country Factors". *Journal of Development Economics*, 1998, 55 (2): 439 – 463.

[112] Chen, X. and Cheung, Y. W., "Renminbi Going Global". *China and World Economy*, 2011, 19 (2): 1 – 18.

[113] Cline, W., "Discussion." *Capital Flight and Third World Debt (of Chapter* 3), Institute for International Economics, Washington D. C., 1987: 201 – 254.

[114] Cuddington, J. T., "Capital Flight: Estimates, Issues and Explanations". *Princeton Studies in International Finance*, 1986, No. 58.

[115] Dooley, M., "Country – Specific Risk Premiums, Capital Flight and Net Investment Income Payments in Selected Developing Countries". *IMF*

*Departmental Memorandum*, 1986, No. 86/17.

[116] Edwards, S., "Capital Flows, Foreign Direct Investment, and Debt – Equity Swaps in Developing Countries". *NBER Working Paper*, 1990, No. 3497.

[117] Edwards, S., "How Effective are Capital Controls?" *NBER Working Paper*, 1999, No. 7413.

[118] Edwards, S., "Capital Controls, Capital Flow Contractions, and Macroeconomic Vulnerability". *Journal of International Money and Finance*, 2007, 26 (5): 814 – 840.

[119] Eitrheim, Ø. and Teräsvirta, T., "Testing the Adequacy of Smooth Transition Autoregressive Models". *Journal of Econometrics*, 1996, 74 (1): 59 – 75.

[120] Eswar, P., et al., "Effects of Financial Globalization on Developing Countries: Some Empirical Evidence". *IMF Occasional Paper*, 2003, No. 220.

[121] Fernandez – Arias, E., "The New Wave of Private Capital Inflows: Push or Pull". *Journal of Development Economics*, 1996, 48 (2): 389 – 418.

[122] Financial Service Authority. "Private Equity: A Discussion of Risk and Regulatory Engagement". *Discussion Paper*, 2006, No. 06/6.

[123] Forbes, K. J., "Are Trade Linkages Important Determinants of Country Vulnerability to Crises?" *NBER Working Paper*, 2001, No. 8194.

[124] Forbes, K. J., "The Microeconomic Evidence on Capital Controls: No Free Lunch". *NBER Working Paper*, 2005, No. 11372.

[125] Forbes, K. J., "One Cost of the Chilean Capital Controls: Increased Financial Constraints for Smaller Traded Firms". *Journal of International Economics*, 2007, 71 (2): 294 – 323.

[126] Forbes, K. J.; Fratzscher, M., and Straub, R., "Capital – Flow Management Measures: What Are They Good for?" *Journal of International Economics*, 2015, 96: 76 – 97.

[127] Forbes, K. J., and Warnock, F. E., "Capital Flow Waves: Sur-

ges, Stops, Flight, and Retrenchment". *Journal of International Economics*, 2011, 88 (2): 235 – 251.

[128] Forbes, K. J., and Warnock, F. E., "Debt and Equity – Led Capital Flow Episodes". *NBER Working Paper*, 2012, No. w18329.

[129] Fratzscher, M., "Capital Flows, Push Versus Pull Factors and the Global Cinancial Crisis". *Journal of International Economics*, 2011, 88 (2): 341 – 356.

[130] Gallagher, K. P.; Griffith – Jones, S. and Ocampo, J. C., "Capital Account Regulations for Stability and Development: A New Approach". *Pardee Center Task Force Report*, 2012.

[131] Garber, M. P., "What Currently Drives CNH Market Equilibrium?" *International Economic Review*, 2012.

[132] Ghosh, A. R. et al., "Surges". *IMF Working Paper*, 2012, No. 12/22.

[133] Giordani, P. E.; Ruta. M., Weisfeld. H., and Zhu, L., "Capital flow deflection". *Journal of International Economics*, 2014, 14 (145).

[134] González, A.; Teräsvirta, T., and Dijk, D. V., "Panel Smooth Transition Regression Models". *SSE/EFI Working Paper Series in Economics and Finance*, 2005, No. 604.

[135] Greenspan, A., "The Euro as An International Currency Before the Euro 50 Group Roundtable". 2001, https://www.federalreserve.gov/boarddocs/speeches/2001/200111302/.

[136] Griffin, J. M.; Federico. N., and Rene', M. S., "Are daily Cross – Border Equity Flows Pushed or Pulled?" *Review of Economics and Statistics*, 2004, 86: 641 – 657.

[137] Hawkins, L., "The Demand and for Hong Kong Dollar". *HKMA Quarterly Bulletin*, 1997: 2 – 13.

[138] Harris, D., "GMM Estimation of Time Series Models". 1999: 149 – 170.

[139] Holtz-Eakin, D.; Newey. W and Rosen, H. S., "Estimating Vector Autoregressions with Panel Data". *Econometrica*, 1988, 56: 1371-1396.

[140] Huang, Y. P. and Wang, B. J., "Investing Overseas Without Moving Factories Abroad: The Case of Chinese Outward Direct Investment". *Asian Development Review*, 2013, 30 (1): 85-107.

[141] Huang, W., "Private Equity Investment in China". www.heraclesInvestment.com, January 2006.

[142] IMF. "Global Financial Stability Report". 2010a.

[143] IMF, "The Fund's Role Regarding Cross-Border Capital Flows". Prepared by the Strategy, Policy and Review Department, 2010b.

[144] IMF, "Recent Experiences in Managing Capital Inflows - Cross-Cutting Themes and Possible Policy Framework". Prepared by the Strategy, Policy, and Review Department, 2011a.

[145] IMF, "International Capital Flows: Reliable or Fickle". *World Economic Outlook*, 2011b.

[146] Kaminsky, G. L.; Lyons, R. K. and Schmukler, S. L., "Mutual Fund Investment in Emerging Markets: An Overview". *World Bank Economic Review*, 2001, 15 (2): 315-340.

[147] Kant, C., "Foreign Direct Investment and Capital Flight". *Princeton Studies in International Finance*, 1996, No. 80.

[148] Kenen, P. "The Role of the Dollar as an International Currency". *Occasional Papers*, 1983, No. 13.

[149] Kim, Y., "Causes of Capital Flows in Developing Countries". *Journal of International Money and Finance*, 2000, 19 (2): 235-253.

[150] Korinek, A., and Sandri, D., "Capital Controls or Macroprudential Regulation?" *Journal of International Economics*, 2016, 99 (218): 27-42.

[151] Kouri, P. J. K. and Porter, M. G., "International Capital Flows and Portfolio Equilibrium". *Journal of Political Economy*, 1974, 82 (3):

443 - 467.

[152] Laurie, M., "Hot Money Flow in China: A Look at the Rapport Between International Capital Flows and the Business Cycle". *The Conference Board China Center*, 2010.

[153] Leung, F.; Chow, K., Szeto, J. and Tam, D., "Service Exports: The Next Engine of Growth for Hong Kong?" *Hong Kong Monetary Authority Working Paper*, 2008, No. 04.

[154] Li, J., and Rajan, R. S., "Do Capital Controls Make Gross Equity Flows to Emerging Markets Less Volatile?" *Journal of International Money and Finance*, 2015, 59: 220 - 244.

[155] Liu, L. G.; Fan, K. and Shek, J., "Hong Kong's Trade Patterns and Trade Elasticities". *Hong Kong Monetary Authority Research Memorandum*, 2006, No. 18.

[156] Lim, E. G., "The Euro's Challenge to the Dollar: Different Views from Economists and Evidence from COFER (Currency Composition of Foreign Exchange Reserves) and Other Data". *IMF Working Papers*, 2006, 153 (6).

[157] Lu, T. and Zhi, X. J., "How Big is China's Capital Flight", *China Macro Watch*, 2012.

[158] Lucas, R. E., "Why Doesn't Capital Flow From Rich to Poor Counties?" American Economic Review, 1990, 80 (2): 92 - 96.

[159] Milesi - Ferretti, G. and Tille, C., "The Great Retrenchment: International Capital Flows During the Global Financial Crisis". *Economic Policy*, 2011, 26 (4): 285 - 342.

[160] Montiel, P. and Reinhart, C. M., "Do Capital Controls and Macroeconomic Policies Influence the Volume and Composition of Capital Flows? Evidence from the 1990s". *Journal of International Money and Finance*, 1999, 18 (4): 619 - 635.

[161] Morgan Guaranty Trust Company. "LDC Capital Flight". *World Financial Markets*, 1986.

[162] Nier, E. W.; Sedik, T. S. and Mondino, T., "Gross Private Capital Flows to Emerging Markets: Can the Global Financial Cycle Be Tamed?" *IMF Working Paper*, 2014, No. 14/196.

[163] Obstfeld, M., "Capital Flows, the Current Account, and the Real Exchange Rate: Some Consequences of Stabilization and Liberalization". *NBER Working Papers*, 1986, 4 (8): 444–447.

[164] Obstfeld, M., "Financial Flows, Financial Crises, and Global Imbalances". Journal of International Money and Finance, 2012a, 31 (3): 469–480.

[165] Obstfeld, M., "Does the Current Account Still Matter?" *American Economic Review*, 2012b, 102 (3): 1–23.

[166] Obstfeld, M., "Expanding Gross Asset Positions and the International Monetary System". Remarks at the Federal Reserve Bank of Kansas City symposium on "Macroeconomic Challenges: The Decade Ahead", 2010.

[167] Olivier. J., and Korinek, A., "Excessive Volatility in Capital Flows: A Pigouvian Taxation Approach". *PIIE Working Paper Series*, 2010, WP10–5.

[168] Ostry, J. D., et al., "Capital Inflows: The Role of Controls". *IMF Staff Position Note*, 2010, No. 10/04.

[169] Ostry, J. D., et al., "Managing Capital Inflows: What Tool to Use". *IMF Staff Discussion Note*, 2011, SDN/11/06.

[170] Ostry, J. D.; Loungani, P. and Furceri, D., "Neoliberalism: Oversold". Finance & Development, June 2016, Vol. 53, No. 2.

[171] Reinhart, C. M. and Montiel, P., "The Dynamics of Capital Movements to Emerging Economies During the 1990s". *MPRA Paper*, 2001, No. 7577.

[172] Reinhart, C. M. and Reinhart, V. R., "Capital Inflow Bonanzas: An Encompassing View of the Past and Present". *NBER Working Paper*, 2008, No. 14321.

[173] Rey, H., "Dilemma Not Trilemma: the Global Financial Cycle and Monetary Policy Independence". *NBER Working Paper*, 2015, No. 21162.

[174] Rey, H., "International Channels of Transmission of Monetary Policy and the Mundellian Trilemma". *IMF Economic Review*, 2016, 64 (1): 6 – 35.

[175] Shi, J. and Tsang, A., "Cross – Border Fund Flow and Hong Kong Bank's External Transactions vis – à – vis Mainland China". *Hong Kong Monetary Authority Research Memorandum*, 2006, No. 07.

[176] Tavlas, G., "Internationalization of Currencies: The Case of the US Dollar and Its Challenger Euro". *The International Executive*, 1997: 8 – 10.

[177] Taylor, M. P. and Sarno, L., "Capital Flows to Developing Countries: Long – and Short – Term Determinants". *World Bank Economic Review*, 1997, 11 (3): 451 – 470.

[178] World Bank, *World Development Report*. 1985.

[179] Yap, J. T., "Managing Capital Flows to Developing Countries: Issues and Policies". *Discussion Paper Series, Philippine Institute for Development Studies*, 2000, No. 2000 – 41.

[180] Yu, Y. D., "Revisiting the Internationalization of the Yuan". ADBI Working Paper, 2012, No. 366.

[181] Yue, E. and He, D., "The Future of the Renminbi and Its Impact on the Hong Kong Dollar". *Cato Journal*, 2008, 28 (2): 197 – 203.

[182] Zhang, M., "Chinese Stylized Sterilization: The Cost – sharing Mechanism and Financial Repression". *China and World Economy*, 2012, 20 (2): 41 – 58.

[183] Zhang, M. and Tan, X. F., "The Vanishing of China's Twin Surpluses and its Policy Implications". *China and World Economy*, 2015, 23 (1): 101 – 120.

[184] Zhou, X. C., "IMFC Statement on Behalf of China". 31st Meeting of the International Monetary and Financial Committee, 2015.